語録の思想史

語録の思想史

中国禅の研究

小川 隆 著

岩波書店

はじめに

禅は一般に、坐禅によって悟りをめざす宗教だとされている。しかし、坐禅・禅定という行の実践は、特に禅宗に限られたものではなく、さらには仏教に独自のものでさえない。文献としてのこされているものを看るかぎり、禅宗のきわだった特徴は、坐禅よりも、むしろ禅僧どうしの問答にこそあった。

むろん、問答の前提に、坐禅と作務《さむ》からなる修行生活があったであろうことを否定する必要はない。現時点で自らの開悟を目指すのなら、今日でもやはり、自らその道を行くべきなのであろう。だが、かつて歴史上に存在した禅宗思想について考えようとするならば、我々に与えられた道は、書物としてのこされたものを虚心に読み解くことの外にはない。そして、書物のなかで看るかぎり、禅僧の修行はそれのみでは完結せず、多くは問答を契機として道を得ることで、はじめてその最終的な達成を見るのである。したがって、歴史上の禅を学問的に研究しようとするならば、禅の語録のうちに集積された問答群の解読によって、禅というものがそれぞれの時代に、如何に捉えられ如何に表現されてきたか、それを考える作業が必ず基礎とならねばならぬのである。

本研究は、まさにそうした基礎的作業を試みたものに外ならない。禅は論理と時空を超越したものだと、しばしば説かれる。だが、少なくとも語録に記された問答には、言葉としての意味と脈絡があり、時代ごとの思惟と表現の差異がみとめられる。本研究は禅宗の最盛期である中国の唐・宋代の代表的文献から、それぞれの時代の禅宗の思惟と表現を読み取り、それが二〇世紀にどのような形で理解・再編されて今日の禅言説に連なっているかを考えようとするものである。それは厳密に言えば、禅そのものの歴史というよりも、禅者の「言葉」を伝承し編集し解釈した人々の集団的思惟の歴史というべきものであり、本研究を「禅の思想史」でなく、敢えて「語録の思想史」と題した理由がここにある。本書は次の四つの章から構成されるが、いずれの場合も、各文献の語句と文脈に密着してその思惟と情緒を追跡することを趣旨とし、形而上学的思辨による抽象的論述とは一線を画することを身上とする。

(1)　序論　庭前の栢樹子《はくじゅし》――いま禅の語録をどう読むか――

「庭前の栢樹子」と称される有名な禅問答を題材として、禅語録の解読の方法について論ずる。同じ禅問答でも、唐代と宋代では思惟と表現が大きく異なる。唐代の禅問答は、禅宗内で共有されていた問題意識のもとで問答どうしが関連しあっており、その脈絡を復原しながら読み解くことで、一見意味不明な禅問答も、実は有意味なものとして理解されうる。しかし、宋代にいたると、同じ問答が個別の断片として扱われ、不可解ゆえに意味や論理を超越しうるものとされるようになる。この種の考えは、二〇世紀における禅言説の原型ともなっている。

(2)　第一章　『祖堂集《そどうしゅう》』と唐代の禅

中国禅宗の原初の息吹きを最もよく伝えると評される五代の禅宗史書『祖堂集』を主な材料として、唐代禅宗の思想について考察する。

第一節「馬祖《ばそ》系の禅」は、唐代禅宗の主流となった馬祖《ばそ》道一《どういつ》とその門流の禅について論ずる。馬祖の禅は一言でいえば「即心是《そくしんぜ》仏《ぶつ》」、すなわちありのままの自己の心こそが仏だとするものである。その考えは、身心の平常の営みをそのまま仏作仏行《ぶっさぶつぎょう》とみなす「作用即性《さゆうそくしょう》」説や、外なる聖性への追求を一切やめ、ありのままの状態に自足することを理想とする「平常無《びょうじょうぶ》事《じ》」の説などとして表現される。ただし、こうしたありかたには、馬祖の弟子たちの間からも懐疑や批判が提出されるようになり、自己の現実態に対する即自的是認と超越的克服という、その後の禅宗思想史を構成する二本の対立軸が登場する。

第二節「石頭《せきとう》系の禅」では、馬祖禅から分立し、唐代禅宗の第二の主流を形成する石頭希《せきとうき》遷《せん》の系統について考える。馬祖禅が自己の本来性と現実態の無媒介の等置を趣旨とするものだとすれば、石頭系の禅は、その両者を玄妙な不即不離、不一不二の関係ととらえようとするものである。「本来人《ほんらいにん》」「主人公《しゅじんこう》」——すなわち現実態の自己を離れず、しかし、それでいて、それとは次元を異にする本来性の自己——その探求がこの系統の顕著な特色となっている。

（3）　第二章『碧巌録《へきがんろく》』と宋代の禅

禅の思想と気風は、北宋期において大きく変わる。それはひとことで言えば、ありのままの自己肯定を基調とする唐代の禅から、超越的な大悟の体験を志向する宋代的な禅への転換といってよい。むろん、それは一朝一夕の変化でなく、北宋期を通じての種々の演変の結果であり、ここではその過程を、宋代の最も代表的な禅籍のひとつ『碧巌録』のなかから読み取ることを試みる。

まず、第一節「禅者の後悔——『碧巌録』第九十八則をめぐって——」で、唐代の問答が宋代禅籍において大きく趣旨を読み変えられていった実例を紹介し、つづいて第二節「「百丈野《ひゃくじょうや》鴨子《おうす》」の話と圜悟の作用即性説批判」では、『碧巌録』が馬祖禅ふうの「作用即性」説を批判していること、第三節「「趙州七斤布《じょうしゅうしちきんふ》衫《さん》」の話と圜悟の無事禅批判」および第四節「圜悟における無事禅批判と無事の理念」では、同書が「無事」への安住を激しく批判しつつ、劇的な大悟の体験を要求していることを論証する。ただし、『碧巌録』も、究極的には「無事」への帰着を理想としており、そのために「無事」(0度)→「大悟」(一八〇度)→「無事」(三六〇度)という円環の論理が提示されている。この論理は、北宋期の禅門の巨視的動向を総括する意味をもっており、二〇世紀の禅言説でもしばしば踏襲されるものである。

最後に第五節「『碧巌録』における活句《かっく》の説」で、宋代禅の「活句」について考える。本来有意味であったはずの唐代の禅問答も、宋代の禅門ではひとしなみに、没意味的・脱論理的な「活句」として扱われるようになり、『碧巌録』はそうした「活句」の参究を、「無事」を打破し「大悟」をもたらす重要な契機と位置づける。その説がやがて方法化されて大慧《だいえ》宗杲《そうこう》の「看話《かんな》」禅となり、その後の禅のありかたを決定づけることになるのであった。

（4）第三章　胡適《こてき》と大拙《だいせつ》——二〇世紀の禅——

禅が宗門の枠を超え、ひろく学術界・思想界一般の関心事に加わるのは二〇世紀になってのことであり、中国禅宗文献に対する今日の理解は、二〇世紀に再構成された禅言説に大きく規定されている。それを対象化して再検討することなしに、過去の禅籍に虚心に向き合うことは難しい。そこで、ここでは、そうした二〇世紀的禅言説の形成に最も大きな影響のあった、胡適と鈴木大拙の二人について考える。結論からいえば、二〇世紀的禅言説とは、上記のような宋代的禅を西洋近代的思考と組み合わせようとしたものであったと看ることができる。

今日、禅を学問的に扱おうとする場合、厳密な文献批判と史実の考証によって客観的・実証的な論述を行うことが常識となっている。第一節「胡適の禅宗史研究」では、胡適が清朝考証学の手法とプラグマティズムの思考を武器としながらそうした研究方法を確立していった状況を検証し、それと同時に、胡適の禅理解が、思想的内実を軽視し、禅を開悟の方法論としてのみ捉えるという偏向を含んでいたことを解明する。その原因は、内容の差異よりも方法の差異として思想を評価しようとする胡適流プラグマティズムの思考と、大慧流の「看話」禅を禅理解の無意識の前提としていた当時の通念に求められる。

一九五〇年代に胡適と大拙の間でかわされた論争は、禅宗研究史上の有名な話題として語り継がれている。その争点は往々、胡適の合理主義・歴史主義と大拙の直観主義・体験主義という対立図式で捉えられがちだが、実はその奥に、如何に西洋近代に対応するかという共通の課題があったことが見落とされてはならない。ここでは第一節後半でその問題にふれた後、さらに第二節「鈴木大拙の「禅思想」」で大拙の思想について考察する。大拙はしばしば西洋近代の限界を指摘し、それをのりこえるものとして「禅思想」を説いている。しかし、「般若即非《はんにゃそくひ》」「無分別《むふんべつ》の分別《ふんべつ》」「真空妙用《しんくうみょうゆう》」など、多彩な造語を駆使して書かれたその所説は、実は宋代禅ふうの円環の論理を用いながら禅と近代文明の連動を企図するものだったのであり、そこには、戦争という名の歪曲された近代とも、そのまま連動してしまう危うさが潜んでいたのであった。

以上が本書の梗概であるが、しばしば指摘されるように、敦煌出土の初期禅宗文献と馬祖禅以後の伝世資料との間には、決定的な質的断絶がある。本書が論じたのは、もっぱら馬祖以後の、いわば禅宗が禅宗として確立された後の時代の文献であり、異なった分析方法を必要とするそれ以前の禅宗については扱っていない。それについては、すでに『神会《じんね》——敦煌文献と初期の禅宗史』(臨川書店・唐代の禅僧二、二〇〇七年)で独立に詳論しているので、そちらを併せて参照していただければ幸いである。そこでは最初期の禅宗の登場から馬祖禅の成立までの過程が述べてあり、時代的に本書に直接連続する内容となっている。

目次

凡　例

1、『祖堂集』の引用にあたっては、中文出版社・禅学叢書本の頁数と禅文化研究所・基本典籍叢刊本の頁数を併記する。底本（韓国海印寺版）は同じだが、引用は後者のほうに拠っている。影印がより精良で、且つ周到な校記を具えているからである。新文豊出版社、上海古籍出版社の各影印本の頁数は、前者のものと一致する。

2、『景徳伝灯録』の引用は、禅文化研究所・基本典籍叢刊本（北宋・東禅寺版影印）に拠る。

3、その他の文献の引用については、それぞれの箇所で依拠した書物の名称・頁数を原文のあとに注記する。二種の頁数を記している場合は、さきにあげたものが直接引用に用いた書物で、あとに補記したのは、副次的に参照したもの、または一般によく普及していて簡便に参照可能なものである。

4、原文のあとに示す訓読および解釈は、所掲の校訂本・訳注本に多くを負いながらも、最終的にはすべて自身の責任で新たに考えたものを掲げる。したがって、それは、その前に記した訳注本の訓読や訳文とは必ずしも一致しない。ただし、訓読や訳文を先行の書物から借りた場合は、その書名・頁数を訓読・訳文のあとに記す。

5、引用文中、（　）は原文にもとからある注記、〔　〕は引用者による補足、〔＝　〕は原文中の誤字・通仮字などに対応する本来の文字、〈　〉は衍字として解釈から除く文字をそれぞれ表す。ただし、ごく単純な誤記・誤植については、とくにことわらずに改めた場合がある。

6、字体は原則として、新字体に従う。ただし、書き分けの必要な文字、および所引の文献に特徴的な用字や禅籍一般に慣用の字体をのこした場合もある。また、「摩」と「磨」、「恵」と「慧」など、複数の表記が並行している文字については、それぞれの文献の用字に従い、本書を通じての統一は行わない。

序論　庭前の栢樹子

——いま禅の語録をどう読むか——

一　月をさす指

「不立文字《ふりゅうもんじ》」を標榜する禅宗は、それにもかかわらず、ではなく、それゆえにこそ、膨大な量の「語録」を生みだし、代々それを伝えてきた。特定の教条の定立を拒む以上、真実はつねに時と処に応じつつ、箇々の活きた言行によって一瞬一瞬に表現されねばならぬからである。現実の一場面において吐かれた個別の一句は、いかなる上位の定義にも回収されず、また、他のいかなる一句によっても代替されない。「如何なるか是れ祖師西来の意――達摩が西からやってきた意味は何か」、このような定型かつ常見の問いに対してさえ、歴代の禅者たちは、人により、場面によって、そのつど異なった言動を以て応じてきた。それらが語り伝えられ、やがて書物として集積されてきたのが、今に見る大量の禅の「語録」に外ならない。

「禅」は何処にあるかと問われれば、懇切な禅僧なら、あるいは、汝が心にあり、と説くかも知れぬ。だが、古人の営みのうちに嘗て確かに存在した、いわば歴史上の「禅」を知ろうとするならば、我々はそれを「語録」のうちに求めるほかはないであろう。言句《ごんく》のうえに解会《げえ》(知的理解)をなしてはならぬとは、禅者の再三説くところではある。だが、禅者がそう説いてきたことを今日我々が知りうることじたい、「語録」という文字記録なくしては、ありえぬことではなかろうか。

禅のことばは、月をさす指にすぎぬとされる。ならば、なおのこと、「語録」の精確な読解によって、指のさし示す向きを正しく看て取る努力が不可欠であろう。文字にとらわれず、自身の参禅体験を拠りどころとして主体的に語録を読みこなす、という言い方があるが、それはいわゆる「同文同種」の幻想にもたれかかっての言にすぎず、禅の語録がもし漢字以外の、たとえばアラビア文字やハングル文字で綴られていたならば、誰も実参実究だけでそれが読みこなせるとは言わないはずである。その種の言い方が今日もなお行われているとすれば、それは、伝統的な訓読に依存し制約されていることの自己認識が欠如しているだけのことであって、かく、自己の思惟を規定している所与の条件について自覚的な反省をもちえぬ人が、こと禅に関してだけは、あらゆる既成観念の拘束を脱して、自由かつ主体的にそれを解しうるとは考え難い。

とはいえ、私はここで、実参実究の意義を否定し、読書の一方的な優位を主張しようとしているのでは、決してない。文献学的な読解の技術とて、時代的諸条件の制約下にある点にかわりはないし、まして読書という営みが、読解の技術のみで成り立つものでないことは言うまでもない。だが、ひとまずは自己の立場を空しくし、その時代の言語と歴史に即した客観的な読みを追究すること――むろん、その客観性なるものがやはり所与の現実に限界づけられた、いわばカッコつきのものにすぎぬにせよ――やはりそのような努力によって始めて読みとられるものが有るということを、少なくともそれを試みたことのない人は否定する資格をもたぬであろう。参禅体験が「冷暖自知」というならば、いにしえの異国の言葉の世界とて、やはり身をもって知るしかないものである。本読みが参禅のかわりにならぬのと同様、参禅もまた、本読みのかわりにはならない。厳密な古典文献読解の手続きをへず、自身の体験のみをもとに読みとられたものがもし有ったとしたら、それはけっきょく、自身の体験以上のものでも、以外のものでもありえないであろう。(1)

二　趙州「庭前の栢樹子」

禅は菩提達摩《ぼだいだるま》（達磨）というインド僧によって、中国にもたらされた。史実か否かの問題でなく、禅の語録では、ともかく、そういうことになっている。それゆえ、禅問答においては、次のような問いが、数かぎりなく発せられることとなる。

——如何なるか是れ祖師西来の意？

「祖師」とは達摩のこと。「祖師西来意」は単に「祖師意」「西来意」とも言われる。いずれにしても、初祖達摩が西天よりはるばるやってきた意味、それは如何なるものかということで、それを問うということは、すなわち禅の第一義とは何かと問うことである。

この問いに対する答えは、それこそ枚挙にいとまない。そして、それらはしばしばひどく難解か、あるいはほとんど無意味で、とりつくシマがないように見える。唐の趙州従諗《じょうしゅうじゅうしん》の「栢樹子《はくじゅし》」の話《わ》は、そうしたなかで、とりわけよく知られたもののひとつであろう。それは今日、最も一般的には、『無門関』第三十七則によって、次のようなかたちで知られている。

趙州、因僧問、「如何是祖師西来意?」

州云、「庭前栢樹子」。

趙州、因《ちなみ》に僧問う、「如何《いか》なるか是れ祖師西来意?」

州云く、「庭前《ていぜん》の栢樹子《はくじゅし》」。

「栢」は「柏」の異体字だが、邦語で落葉樹「カシワ」を指すのとは異なり、漢語では常緑の喬木「ヒノキ」「コノテガシワ」の類をいう。「子」が名詞の接尾字で特に実義をもたぬこと、「椅子」や「扇子」の場合と同様である。だが、それにしても、「祖師西来意とは何ぞや」。「庭さきの栢樹」。――この不可解な一問一答は、いったい何を意味するのであろうか。眼前の栢樹が、そのまま「西来意」の顕現ないし象徴だとでもいうのであろうか。(2)

この問答は、最も古い記録である五代の『祖堂集《そどうしゅう》』では、次のように記されている。今日知りうるかぎりにおいて、これがこの問答の最も原初的なかたちと考えられる。

問、「如何是祖師西来意？」師云、「亭前栢樹子」。僧云、「和尚、莫将境示人」。師云、「我不将境示人」。僧云、「如何是祖師西来意？」師云、「亭前栢樹子」。（巻十八・趙州章、頁三三四下・頁六六一）

問う、「如何《いか》なるか是れ祖師西来意？」師云く、「亭前《ていぜん》の栢樹子《はくじゅし》」。僧云く、「和尚、境を将《も》って人に示す莫《なか》れ」。師云く、「我れ境を将《も》て人に示さず」。僧云く、「如何《いか》なるか是れ祖師西来意？」師云く、「亭前《ていぜん》の栢樹子《はくじゅし》」。

「祖師西来意とは如何なるものぞ？」「庭前の栢樹子」。「亭」は「庭」の同音通用で、のちの諸本はみな「庭前」に作る。質問の僧はくいさがる。「和尚、〝境〟で示すのはおやめ下さい」。「境」は認識の客体となる外在の事物・事象をいう。ふつうはそれにとらわれてはならぬと戒められるもの。「庭前の栢樹子」は「境」であって、「祖師西来意」とは無縁のものではございませぬか。すると、趙州はいう、「わしは〝境〟でなど示しておらぬ」。「しからば、祖師西来意とは如何なるものにございましょう」。趙州いわく、「庭前の栢樹子」。

三　高次の分節

　井筒俊彦「禅における言語的意味の問題」(一九七五年／今、『意識と本質――精神的東洋を索めて』岩波文庫、一九九一年に拠る)は、この「栢樹子」の話を主たる例として、禅の言葉が「無意味」であることの禅的意味を分析する――「存在」そのもの(仏教語でいえば「真如」「一法界」)は「根源的に無限定で、絶対にあるものとして把捉しがたい窮極者」(頁三五九)である。それは「根源的非限定者」(頁三五九)「絶対的無意味性」「絶対的無限定」「絶対的非分節」(頁三六九)などとも称される(仏教語でいえば「無相」「一如」ということであろう。むろん、いずれも、本来、言葉によっては語りえぬところを、説明のために強いて名づけた「仮名《けみょう》」であるから、論文では――おそらく慎重な用意のもとに――そのつど異なった表現が用いられている)。ところが人間はそれを言語＝記号(「名字《みょうじ》」「言説《ごんぜつ》」)によって分節(「分別《ふんべつ》」)し、その結果「世界はばらばらに切り離されて独立に存在する事物の集合体として現れる。暗闇の舞台に無数のスポットライトが照らされ、数限りないものが浮かび出る。ハイデッガー的に言うと、「存在」は見失われ、「存在者」のみが顕現する」(頁三六二)。つまり全一にして無分節なる「存在」は、言語によって分節された箇々の「もの」＝「存在者」の世界、すなわち有意味な記号の網(「有相《うそう》」「差別相《しゃべつそう》」)によって覆いつくされ、そして、人はその覆いのほうを実在と見誤ることによって、「存在」を喪失し、迷妄に陥ることになるのである。

　ならば、人がその迷妄を克服し、本来の「存在」そのものに立ち返るには、どうすればよいのか。言語の使用を全面的に停止するしかないのであろうか。たしかに、そういう方法もある。維摩の一黙や禅者の「良久《りょうきゅう》(＝沈黙)」「棒喝」などはそれであろう(頁三六二参照)。だが、禅者は、しばしばその逆をゆく。「禅はこの覆いを一挙に取りはらうために言語を使用する。言語の意味的志向性によって分節された存在を、瞬間的にもとの非分節の姿に還らせるために分節的言語を逆用するのである」（頁三六二／傍点、引用者）。いわば、言語体系という回路を停電させるのではなく、むしろ逆向きから高圧の電流を通すことで、その回路全体を瞬時に無化するというわけであろう。禅者が「祖師西来意」を問われて「栢樹子」と答え、あるいは「仏」を問われて「麻三斤《まさんぎん》」と答えるような、「答えとしては意味をなさない」「問いと答えの間に何の聯関もない」（頁三五七―三五八）、一見、意味不明の禅問答を行うのは、まさにこのために外ならない。

だが、禅は、有意味な分節的言語の体系を解体し、「非分節」の「存在」に立ち返ることをもって能事畢《おわ》れりとするものではない。

……なぜなら「山は山にあらず」は、周知のように、決して禅の究極の立場をあらわすものではないからである。禅本来の見所から言うと、「山は山にあらず」という矛盾命題の指示する絶対無意味の次元から、人はさらに翻ってまたふたたび「山は山」という有意味性の次元に戻らなくてはならない。但し、今度は山という結晶体（＝被分節の「もの」）を動きのとれない結晶体としてただ眺めるのではなくて、根源的非結晶性（＝絶対非分節的な「存在」）が結晶体に転ずる形而上学的瞬間を通じて山を見るのであるけれども。この境位においては「山」は山を分節的に指定し指示する、が、同時にそれは山という分節を超えて絶対非分節的な「存在」をも指示する。（頁三六七／〔　〕内は引用者）

かくてはじめて「無意味」な問答の禅的意味がまっとうされるのである。

論文はこのような観点にたって、趙州の「栢樹子」の話を次のように解釈する。

> このような境位で、本来的に禅的な形で分節されたものは勿論外的世界にあって「主」と対立し、その認識の対象となるただのものではない。表面的にこそ現われていないが、人もそこにある。全世界がそっくりそこにある。このことを『趙州録』に見られる柏樹子公案の原話が実にはっきり示している。曰く、「時に僧有り、問う『如何なるかこれ祖師西来の意』（仏教から見た絶対的真理、つまり我々のいわゆる禅的無分節の場、とはどんなものか、と問いかける）。師云く『庭前の柏樹子』（僧はこの答えに不満である）。『和尚、境を将って人に示す莫れ』（外界の事物など持ち出してきても答えにならぬ）。師云く『我、境を将って人に示さず』（わしは外界のもののことなど言っているのではない）。（そこで僧があらためて問う）『如何なるかこれ祖師西来の意。』師云く『庭前の柏樹子』。」この問答で質問者が理解している柏樹は普通に分節されたものである。それは我に対立し、他の一切のものに対立して独立する柏樹である。趙州の柏樹は禅的に高次の分節によって成立するものである。それは我をも他の一切のものをも全てを一点に凝集した柏樹である。このように高次の分節によって成立したものを、臨済は「奪人不奪境」と呼ぶ。
> （頁三七一／傍点、原文）

さきに引いた語をかりて言えば、栢樹という「もの」を分節的に指定し指示しながら、同時に栢樹という分節を超えて、絶対非分節的な「存在」そのものをも指示する語、そのような「高次の分節」の語として「栢樹子」を解するというわけである。そのことを論文はまた、哲理詩ふうの暗示的表現によって、次のようにも描き出している。

> そこには一たん無化された柏樹が、依然として、柏樹として現存しており、絶対無限定者が刻々に柏樹という形で新しく自己限定していく姿がありありと見える。「山は山、水は水」。[3] 無数のものたちが親しげな顔をのぞかせる。駘蕩たる万物の春。禅ではこれを人境倶不《にんきょうぐふ》奪《だつ》の境地と言う。（頁三六七）

四　祖師西来意

以上のような論理はのちに「意識と本質Ⅶ」において「分節(Ⅰ)→無分節→分節(Ⅱ)」という形に定式化され(前掲『意識と本質』頁一四三)、さらに『意識の形而上学――《大乗起信論》の哲学』(一九九三年／今、中公文庫、二〇〇一年)では、『大乗起信論』の理論的再構成という形を借りて、いっそう精緻に集約されている。この論理は、おそらく、いにしえの禅僧たちが直観的に前提としていた存在と認識の構造を、的確かつ明晰に論理化したものと言ってよく、確かに、これを踏まえることで合理的な解釈を与えうる問答は少なくない。[4]だが、趙州が当時そのような論理にそって「栢樹子」の問答をおこなったのかと言えば、それはまた別の問題である。唐代の禅者には、より切実で直接的な問題関心があり、右のような論理もその探究のためにこそ意味をもつものだったからである。

按ずるに、井筒論文の解釈では、次の二つの点が与件とされている。

(一)「祖師西来意」の問いは「仏教から見た絶対的真理」すなわち「禅的無分節の場」を問うものだということ。

(二)したがって、それに対して「栢樹子」と答えたこの問答は、問いと答えとのあいだに有意味な対応関係のない、対話としてはナンセンスなものだということ。

しかし、これは最初に掲げた『無門関』のような本文を対象とすることで始めて設定される前提である。論文がその種の本文を念頭に置いていることは、はじめのほうでそのような一問一答としてこの話を紹介し(頁三五七)、また、あとで『趙州録』のほうを「原話」と称していたことなどから確かめられる。だが、右の二点は、『無門関』のごとき単純な一問一答には言えても、これをそのまま――論文が行っているように――「原話」に遡ってあてはめるわけにはゆかない。「原話」を唐代の禅の文脈に還《かえ》して考えるならば、「祖師西来意」の問いは決してこのような形而上学的な問題を問うものではなく、その問いと答えのあいだにも、唐代禅固有の有意味な論理が読みとられるからである。「祖師西来意」の問いはたしかに禅の第一義を問うものには違いない。だが、唐代の禅の問答において、この言葉によって問われる第一義とは、もっと具体的で我が身に即したものであった。唐代禅の主流ないし基調を確立した馬《ば》祖《そ》道一《どういつ》は、修行僧たちに向かって常にこう説いていたという――

毎謂衆曰、「汝今各信自心是仏、此心即是仏心。是故達摩大師従南天竺国来、伝上乗一心之法、令汝開悟。……」
（『祖堂集』巻十四・馬祖章、頁二六〇上・頁五一四／入矢義高編『馬祖の語録』禅文化研究所、一九八四年、頁一七、参照）
毎《つね》に衆《しゅ》に謂《い》いて曰く、「汝《なんじ》ら今《いま》各おの、自らの心是れ仏、此の心即ち是れ仏心なりと信ぜよ。是《こ》の故《ゆえ》に達摩《だるま》大師は南天竺国《なんてんじくこく》より来《きた》り、上乗一心の法を伝え、汝らをして開悟せしめんとせり。……」

馬祖は言う、「諸君、今ここで、各自こう信ぜよ、自己の心は仏である、この心がそのまま仏心にほかならぬ、と。達摩大師は南天竺国からやって来て、上乗一心の法をお伝えになり、諸君にこのことを悟らせようとされたのだ」。

これこそ達摩が中国にやって来た目的、つまり「祖師西来意」に対する、唐代禅の最も基本的な定義と言ってよい。臨済義《りんざいぎ》玄《げん》の師であり、馬祖にとっては再伝の弟子にあたる黄檗希《おうばくき》運《うん》も、次のように説いている。

汝但除却凡情聖境、心外更無別仏。祖師西来、直指一切人全体是仏。汝今不識、執凡執聖、向外馳騁、還自迷心。所以向汝道、即心是仏。（入矢義高『伝心法要・宛陵録』筑摩書房・禅の語録八、一九六九年、頁六七）

汝但《た》だ凡情聖境をさえ除却《のぞ》かば、心の外に更に別の仏無し。祖師西来して、一切人の全体是れ仏なることを直指《じきし》す。汝今《いま》識らず、凡に執し聖に執して、外に向いて馳騁《ちてい》し、還自《かえ》って心を迷《みうしな》う。所以《ゆえ》に汝に向いて道《い》う「即心是仏」と。

「即心是仏――心そのままが仏である」。そう説かれる「心」とは、いったいどの「心」なのか、「凡」なる心か「聖」なる心か、そうした問いに答えて黄檗は言う。ただ凡・聖の意識をさえ除き去れば、この心のほかに別の仏が有るわけではない。祖師達摩は西来して、いかなる人も、その全体まるごとが仏であると直指せられた。なのに、お前はそれをわきまえず、凡・聖の区分に執着して、外に向かって駆けずりまわり、逆に自分で自分の心を見失っている。だからこそ、そのようなお前に「即心是仏」と説くのである、と。

黄檗にはほかに「祖師は西来して、唯だ心仏を伝え、汝等の心の本来是れ仏なるを直指せり（祖師西来、唯伝心仏、直指汝等心本来是仏）」（『宛陵録』頁一一七）という言葉もある。要するに唐代の禅において、「祖師西来意」とは「即心是仏」――自己の心がそのまま仏である――という一事実を指すものに外ならない。なぜ、そうであるかという論証はない。それは禅者にとって、あまりにも自明の前提だからである。なら自明であるにも関わらず、なぜ、それがくり返し問われるのか。それは質問者がその自明の事実を、身に徹して我がものとすることができずにいるからである。質問者が求めているのは「祖師西来意」という設問に対する正解ではない。彼らは「即心是仏」という事実を、我と我が身に徹して悟る激発の契機、それをこそ求めて行脚の旅をつづけていたのであった。

記録のうえで「祖師西来意」の問答の最も早い例とされているのは、老安国師（嵩山慧安《すうざんえあん》）の次の一段である。

坦然禅師問、「如何是祖師西来意旨？」
師曰、「何不問自家意旨？　問他意旨作什麼？」……（『祖堂集』巻三・老安章、頁五五下・頁一〇八／『宗鏡録《すきょうろく》』巻九十七、大正四八―九四〇下）

坦然《たんねん》禅師問う、「如何《いか》なるか是れ祖師西来の意旨？」
師曰く、「何ぞ自家の意旨を問わざる？　他《かれ》の意旨を問うて什麼《なん》と作《す》る？」……

「祖師西来意とは如何なるものにございましょう」。「どうして自己の意（「自家意旨」）を問わぬ。かれ（達摩）の意など問うてどうするのだ」。問答はさらにつづき、そこには重要な問題が含まれているが、今は省く。ここで注目したいのは、「西来意」を問われた老安が、なぜ自己の意を問わぬ、と即座に切り返しているところである。老安は問いをそらし、「西来意」には答えていないのか……。いや、そうではない。「西来意」を問うことは、ただちに「自己の意」を問うことでなければならぬ。そして「自己の意」を答えうる者は、自己をおいて他にない。老安はそのように、「西来意」の問いを問者自身に突き返しているのである。

馬祖にも次の問答がある。

僧問、「如何是西来意？」

師云、「即今是什麼意?」（『景徳伝灯録《けいとくでんとうろく》』巻六・馬祖章、頁八九下／『馬祖の語録』頁九三、参照）

僧問う、「如何《いか》なるか是れ西来意?」
師云く、「即今《そっこん》は是れ什麼《なん》の意ぞ?」

「祖師西来意」とは遠い昔、達摩がやって来た時の話ではない。それはまさしく「即今《そっこん》」ただ今の「自己の意」のことでなければならぬ。馬祖もやはりそのことを、僧自身に気づかせようとしているのである。

そこで、馬祖の語録には、さらに次のような一段も見える。

僧問、「如何是西来意?」
師便打、乃云、「我若不打汝、諸方笑我也」。（同前、頁八九下／『馬祖の語録』頁九六、参照）

僧問う、「如何《いか》なるか是れ西来意?」
師便ち打ちて、乃ち云く、「我れ若《も》し汝を打たざれば、諸方我《われ》を笑わん」。

僧が「西来意」を問うや、馬祖はただちに打ちすえた。「お前を打っておかねば、諸方の老師たちがわしを笑うことになろう」（「也」は文語の「ナリ」ではなく、現代漢語の文末の「了」にあたる口語の用法。事柄の変化や完成を表す）。「西来意」とは人さまでなく、即今の自己にこそ問うべきもの。それを今、この痛打によって思い知らせておかなければ、お前はあちこちで同じことを問うてまわるに相違ない。そうなったら、恥をさらすのはこのわしだ。

次に引く天柱山崇慧《てんちゅうざんすうえ》の問答は、禅の問答には珍しく、以上の道理をたいそう懇切に説き聞かせている。

問、「達磨未来此土時、還有仏法也無？」師曰、「未来時且置、即今事作麼生？」曰、「某甲不会、乞師指示」。師曰、「万古長空、一朝風月」。良久又曰、「闍梨会麼？　自己分上作麼生？　干他達磨来与未来作麼？　他家来大似売卜漢相似、見汝不会、為汝錐破卦文、纔生吉凶。在汝分上一切自看」。（『景徳伝灯録』巻四・崇慧章、頁五一上）

問う、「達磨未《いま》だ此の土（中国）に来《きた》らざる時、還《は》た仏法有り也無《や》？」師曰く、「未だ来らざる時は且《しば》らく置き、即今の事は作麼生《いかん》？」曰く、「某甲《それがし》、会《え》せず、師の指示を乞う」。師曰く、「万古《ばんこ》の長空、一朝の風月」。良久して又た曰く、「闍梨《そなた》、会《え》す麼《や》？　自己の分上は作麼生《いかん》？　他《か》の達磨の来《きた》れると未《いま》だ来《きた》らざるとに干《かか》わりて作麼《なんとす》る？　他家《かのひと》の来れるは大いに売卜漢の似《ごと》くに相い似たり。汝の会《え》せざるを見て、汝が為に卦文《かもん》を錐破して纔《はじ》めて吉凶生《しょう》ず。汝が分上に在りて一切をば自から看よ」。

僧が問う、「達磨がまだ来ていなかった時、中国には仏法が有ったのでしょうか」。崇慧、「達磨が来ていなかった時のことはともかくとして、ただ今の事（「即今事」）はどうなのか？」「わたくしには解りません。ご指教をお願いいたします」。「永遠《とわ》にかわらぬ悠久の空に、一日ごとのうるわしき風光」。

しばしの沈黙（「良久」）ののち、崇慧はさらに説いた。「お解りか。自分自身の事（「自己分上」）はどうなのか。あの達磨というお人が来たの来ていないの、そんな事にかかずろうて何とする。あのお人（達磨）は八卦見のようなもの。おぬしが何も解らずにいるのを見れば卦を立てる、そこで始めて、吉や凶がこしらえられる。だが、そんな、人から授かる見立てでなく、すべてをおぬし自身の身の上（「汝分上」）に、自分自身で看てとる（「自看」）のだ」。[5]

五　本分事

「如何なるか是れ祖師西来意」という問いは、実は、自己とは何かを問うものであり、その答えはつまるところ「即心是仏」の一事に尽きている。それは自己が「仏」に成ることでも、また、自己に新たに「仏」という聖性を付与することでもない。今、現にこうしてある自己、自己がまさしく自己以外のなにものでもないという事実、それを「仏」と称しているだけである。そのことを修行者自身に気づかせることがこの種の問答の目ざす所であり、そして、それは本人が自ら得心するしかないものである。崇慧はそのことを「自己の分上」「汝の分上」とよんでいた。同じことは、問答において、しばしば「本分事《ほんぶんじ》」とも称される。潙山霊祐《いさんれいゆう》は、ある時、弟子の香厳智閑《きょうげんちかん》に、こう迫った。

汝従前所有学解、以眼耳於他人見聞及経巻冊子上記得来者、吾不問汝。汝初従父母胞胎中出未識東西時本分事、汝試道一句来。吾要記汝。（『祖堂集』巻十九・香厳章、頁三五四上・頁七〇〇）

汝が従前の所有る《あらゆ》学解《がくげ》、眼耳《げんに》を以て他人より見聞し、及び経巻冊子上より記《おぼ》え来《きた》れる者は、吾れ汝に問わず。汝、初めて父母の胞胎中より出て、未だ東西を識《わきま》えざりし時の本分事、汝、試みに一句を道《い》い来れ、吾れ汝を記せんと要《ほっ》す。

「これまで学んできたすべてのこと、他人から見聞し、書物・経巻からおぼえてきたもの、そんなものをわしはお前に問うつもりはない。父母のはらから今まさに生まれ落ち、なお右も左も辨じなかったその時の〝本分事〟、それを一言で言うてみよ。そうしたら、わしが証明を与えてやろう」。

後天的に付加されるあらゆる意味や価値、そうしたものに規定される以前の「本分事」。それは「仏」と名づけることさえ不要の、まっさらな本来の自己そのものの謂いであろう。潙山はそれをここに示せと要求する。

「本分事」については、たとえば霊巌慧《れいげんえ》宗《そう》にも、次のような問答がある。

僧問、「如何是学人自己本分事？」

師云、「抛却真金拾得瓦礫作什麼？」（『祖堂集』巻九・霊巌章、頁一八六上・頁三六六）

僧問う、「如何《いか》なるか是れ学人《それがし》の自己本分事？」

師云く、「真金を抛却《なげう》ち、瓦礫《がりゃく》を拾得《ひろ》いて、什麼《なん》と作《す》る？」

「私めの〝自己本分事〟とは如何なるものにございましょう」。「自分自身を捨ておいて、人さまからそれをもろうてどうするのだ」。現にある即今の自己こそが真の純金、他人から与えられる「自己」という観念は所詮ガレキにすぎぬ、というわけである。

また、「栢樹子」の趙州にも、次の問答がある。

問、「如何是本分事？」師指学人云、「是你本分事」。僧云、「如何是和尚本分事？」師云、「是我本分事」。（『祖堂

集』巻十八・趙州章、頁三三三下・頁六五九）

問う、「如何《いか》なるか是れ本分事？」

師、学人を指して云く、「是れ你《なんじ》が本分事」。

僧云く、「如何《いか》なるか是れ和尚の本分事？」

師云、「是れ我《われ》の本分事」。

「〝本分事〟とは如何なるものにございましょう」。趙州は僧本人をずばりと指していう、「それはおまえ自身の本分事だ」。「しからば、和尚さまの〝本分事〟は如何なるものにございます」。「それはわし自身の本分事だ」。いずれの問答も、旨趣はさきに見た「祖師西来意」に関するものとかわらない。「自己本分事」とは、他人と貸し借りもできず、とりかえもきかぬ、自己が自己であるという事実。それをいくら人さまに問うても、ラチのあくものではない。趙州には次のような言葉もある、「尿は是れ小事なるも、須是《すべか》らく老僧自《われ》ら去《ゆ》きて始めて得《よ》し——小便というのはつまらぬことだ。だが、必ず自分で行くしかない」（『趙州録』巻中、頁二六二）。

井筒論文は『趙州録』を「栢樹子」の話の「原話」として引いていた。だが、「原話」というべきはさきに引いた『祖堂集』のような本文であって、実は『趙州録』巻上の本文は、そこにさらに次のような長い前段を加えたかたちになっている。これによって、くだんの「栢樹子」の問答もまた「本分事」を主題とするものであったことが明らかとなる。

師上堂謂衆曰、「此事的的、没量大人出這裏不得。老僧到潙山、僧問、如何是祖師西来意？　潙山云、与我将牀子来。若是宗師、須以本分事接人始得」。

時有僧問、「如何是祖師西来意？」師云、「庭前栢樹子」。学云、「和尚、莫将境示人」。師云、「我不将境示人」。云、「如何是祖師西来意？」師云、「庭前栢樹子」。（秋月龍珉『趙州録』筑摩書房・禅の語録十一、一九七二年、頁三五）

師、上堂して衆《しゅ》に謂いて曰く、「此の事的たり、没量《もつりょう》の大人も這裏（しゃり／ここ）を出で得ず。老僧《われ》、潙山《いさん》に到りしに、僧問う、如何《いか》なるか是れ祖師西来意。潙山《いさん》云く、我が与《ため》に牀子を将《も》ち来《きた》れ。若是《もし》宗師ならば、須《すべか》らく本分事を以て人を接《みちび》きて始めて得《よ》し」。

時に僧有りて問う、「如何《いか》なるか是れ祖師西来意？」師云く、「庭前《ていぜん》の栢樹子《はくじゅし》」。学云く、「和尚、境を将《も》って人に示す莫《なか》れ」。師云く、「我れ境を将《も》って人に示さず」。云く、「如何《いか》なるか是れ祖師西来意？」師云く、「庭前《ていぜん》の栢《はく》樹子《じゅし》」。


趙州が上堂して言った。「此の事（此事）は明々白々である。あらゆる既成の枠組みを超えた大人とて、ここ（這裏）のところばかりは出ることができぬ。わしが昔、潙山禅師のところへ行ったとき、ある僧が〝祖師西来意とは如何なるものぞ〟と質問した。潙山の答えはこうだった。〝腰かけを持ってきてくれ！〟もし正統の師家ならば、必ずや本分事によって学人を導くのでなければならぬ」。

ここに言う「此の事」も「這裏」も、「本分事」の言いかえである。だが、趙州はまるで、潙山の答えでは「本分事」による接化《せっけ》になっていない、そう言わんばかりの口ぶりである。

趙州のこの言葉を聞いて、ひとりの僧が進み出る、「祖師西来意とは如何なるものでございますか」。そこまでおおせなら、この自分をみごとその「本分事」によって接化して頂きたい。そこで趙州は答えた、「庭前の栢樹子」。だが、僧は納得がゆかぬ。「和尚、〝境〟で示すのはおやめ下さい」。「栢樹子」という外在の対象物は、自己本分事とは正反対のものではありませぬか。趙州、「わしは〝境〟でなど示しておらぬ」。「栢樹子」の語で指したものは外境ではなく、正しく汝の「本分事」にほかならぬ、そこのところが解らぬか。「しからば、祖師西来意とは如何なるものでございましょう」。趙州いわく、「庭前の栢樹子」。

右のような前置きがなくとも――つまり『祖堂集』のままでも――唐代禅の問題関心に沿って「祖師西来意」の語を解するかぎり、問答から「本分事」という主題を読みとることは困難ではない。だが『趙州録』は右のような増広を施すことによって、問答の主題が「本分事」であることを、紛れようもなく明示する。僧が趙州の意図をとらえそこねてスレ違いにおわってはいるものの、ここにおいて問答全体は、決してナンセンスなコンニャク問答にはなっていない。それは右のように、「本分事」という主題をめぐる、有意味な脈絡をもった対話としてこそ解されるべきものであった。

では、「栢樹子」と答えることが、なぜ質問者の「本分事」を直指することになるのか。主客の対立が解消された境地では、汝があの栢樹子であり、あの栢樹子が汝である。そういう解釈もあろうことだが、趙州の意図はおそらくそうではない。その意図する所は、『趙州録』巻上に録された次の問答によって考えうる。

問、「如何是学人自己？」

師云、「還見庭前栢樹子麼？」（頁六一）

問う、「如何《いか》なるか是れ学人の自己？」
師云く、「還《は》た庭前の栢樹子を見る麼《や》？」

問う、「それがしの自己とは如何なるものにございましょう？」趙州、「庭さきの栢樹が見えるか？」

ここでは質問も率直に「自己」そのものを問うている。それに対して趙州は「栢樹子」が汝の「自己」である、とは言っていない。「庭前の栢樹子が見えるか」。今、現に「栢樹子」を見ている、その汝を置いてどこに「自己」があるか、趙州は僧自身にそう問い返しているのである。(6)「庭前の栢樹子」の一則も、これと同義に解することができる。「庭前の栢樹子」は、今、現にそれを目にしている即今の汝自身の本分事、それをこそ直指した一句なのであった。

六　境を将って人に示す莫れ

以上の私見と井筒論文のあいだで、字句の理解が明瞭な対立を示しているのは、「我れ境を将って人に示さず」の一句である。井筒論文がこれを「わしは外界のもののことなど言っているのではない」と解しているのは、わしの言う「栢樹子」とは、言語によって分節された箇々の「もの」＝「存在者」としての栢樹ではない、同時に非分節の「存在」＝「絶対無限定者」をも示す「高次の分節」としてのそれなのだ、という意であろう。だが、「自己本分事」を主題とするやりとりにおいてなら、この一句はこう解されなくてはならない――わしは「栢樹子」という外物を指しているのではない、その「栢樹子」を見る汝その人を指しているのだ、と。

「境を将って人に示す莫れ」という僧の言葉に関しては、潙山の弟子、仰山慧寂《きょうさんえじゃく》の問答に次のような類例が見える。

師見僧来竪起払子。其僧便喝。師曰、「喝即不無、且道老僧過在什麼処？」僧曰、「和尚不合将境示人」。師乃打之。（『景徳伝灯録』巻十一・仰山章、頁一七四）

師、僧の来るを見て払子《ほっす》を竪起《じゅき》す。其の僧、便ち喝す。師曰く、「喝は即ち無きにあらざるも、且《しばら》く道《い》え、老僧《わし》が過《とが》、什麼処《いずく》にか在る？」僧曰く、「和尚、合《まさ》に境を将って人に示すべからず」。師乃ちこれを打つ。

「払子」とは禅僧の持ち物のひとつで、獣毛をふさ状に束ねて柄をつけたもの。インドでは虫よけのための実用品であったが、中国では、問答や法要のさいに禅僧がもつ象徴的な儀器となった。六朝の名士が清談の際に手にもった「麈尾《しゅび》」と同類のもので、禅録では、老師がいきなり払子を立て、修行僧に一句を求めるという問答がしばしば見える。右の問答の少しまえにも、行脚の僧が来るたびに、仰山が払子を立ててその境涯を試みたという記述がある。

さて、ここでも僧がやって来たのを見て、仰山はなにも言わず、手にもった払子を立てて見せた。さあ、この関門をいかに突破して入門の許可を得るか。だが、この僧のほうも、すでに諸方を行脚して、相応の禅機を習いおぼえていたらしい。目の前にぬっと立てられた払子を見て、わずかの驚きもたじろぎもなく、逆にこちらのほうからすかさず烈しい一喝をくらわせた。

そこで仰山は問う、「ふむ、一喝するのはよいとして、なら、わしの何処を誤りと看ての一喝か」。そこで僧は言う、「和尚さま、〝境〟でもって人に示すべきではありませぬ」。「払子」という外物によっては、けっして真実は示されえぬ、そこを突いての一喝だったというのである。

仰山はその言葉を聞くと、何もいわずに僧を打った。

この問答も、さきの井筒論文の論理にしたがって、整合的な解釈を得ることは容易である。仰山が立てて見せた払子は「高次の分節」(「分節Ⅱ」)としてのそれであった。だが、僧はそれをただの「もの」(「分節Ⅰ」)としてしか捉えることができなかった。それで仰山に打たれたのである、と。

だが、これを、さきの「栢樹子」の場合と同じく、次のように解釈することもできるであろう。すなわち、仰山は払子を示したのではなく、それを見る僧自身を直指しようとした。だが、僧はすでに対象物としての払子に心うばわれて、自己不在となっている。だから、仰山は僧を打ちすえた。それは誤解に対する体罰ではなく、さきの馬祖の「西来意」の問答のごとく、汝が汝であるという事実、それを身をもって思い出せとの一打であった。

このように考えるのは、ここでもやはり、別に次のような百丈懐海《ひゃくじょうえかい》の問答を見るからである。百丈は馬祖の弟子であり、また潙山の師にあたる人でもあった。

問、「如何是仏?」師云、「汝是阿誰?」僧云、「某甲」。師云、「汝識某甲否?」僧云、「分明箇」。師乃挙起払子云、「汝還見麼?」僧云、「見」。師乃不語。(『景徳伝灯録』巻六・百丈章、頁九八下)

問う、「如何《いか》なるか是れ仏?」師(百丈)云く、「汝は是れ阿誰《たれ》ぞ?」僧云く、「某甲《なにがし》なり」。師云く、「汝、その某《なに》甲《がし》を識《し》る否《や》?」僧云く、「分明箇《ふんみょうに》」。師乃ち払子《ほっす》を挙起《とりあげ》て云く、「汝還《は》た見る麼《や》?」僧云く、「見ゆ」。師乃《すなわ》ち不語。

「仏とは如何なるものにございましょう」。「そういうお前は誰なのだ」。「はい、ナニナニです」(実際には自分の名前を答えたのが記録上「某甲《なにがし》」と表記されたもの）。「ならば、そのナニナニという人間を知っておるか」（「識」は知識や情報として知るのでなく、じかに見知っている、顔見知りである、という意。現代漢語の「認識」にあたる）。「はい、はっきりと」（「〜箇」は副詞接尾）。

仏とは何か。現に今それを問うている自己、それを置いて「仏」はない。なのに、それを置き去りにし、外に「仏」を求めてどうするか。禅僧が修行者に、お前は誰か、お前の名は何か、そう問うのには、往々そのような意が含まれている。そして現にそのような問答で瞬時に悟った人も少なくない。

……谷乃問、「阿誰?」師云、「良遂」。纔称名、忽尓契悟。（『宗門統要集《しゅうもんとうようしゅう》』巻四・寿州良遂章、禅学典籍叢刊一―八二下）

……谷〔麻谷《まよく》〕乃ち問う、「阿誰《たれ》ぞ?」師〔良遂〕云く、「良遂《りょうすい》」。纔《わず》かに名を称《な》るや、忽尓《たちまち》に契悟せり。

……問、「如何是仏?」浄慧曰、「汝是慧超」。師従此信入、其語播于諸方。（『景徳伝灯録』巻二十五・帰宗策真章、頁五二三上）

……〔慧超〕問う、「如何《いか》なるか是れ仏?」浄慧《じょうえ》〔法眼〕曰く、「汝は是れ慧超《えちょう》」。師〔慧超〕此れ従《よ》り信入し、其の語、諸方に播《ひろ》まれり。

禅僧があらためて相手の名を確認するのは、身元調べのためではない。自己がまさしく自己である、その端的な事実を質問者自身に思い出させんがためである。だが、百丈に参じた僧には、その意が通じない。彼は百丈の問いを文字どおりにとり、そして、文字どおりに答える。「はい、ナンのナニガシです」。百丈としては、この瞬間、右の良遂や慧超のように、ハッと気づいてもらいたかったであろう。だが、その一瞬は空しく過ぎ去った。そこで、百丈はさらに老婆心切を尽くす。「では、そのナンのナニガシのことを見知っておるか」。おまえがおまえである、そこのところに、今いちど、自らよく目を向けてみぬか。だが、これも僧には通じない。「ええ、もちろん、はっきりと」。そりゃあ、自分のことですから、見ず知らずのはずはございません。

意味は通じているが、意図は通じていない。問いと答えは一見かみあっているようで、実はまったくの素通りである。

百丈はやむなく手をかえ、にわかに払子を持ち上げて問いなおす。これで気づいてくれなければ、もう、なすすべはない。

「ほれ見えるか」。

だが、僧の答えはあいかわらずであった。「はい、見えます」。ならば、現にそう見ているのは誰なのだ、もとにもどって一からそう問い直す気力は、もはやのこされてはいなかった。ここに至ってはさすがの百丈も、ただ黙りこむしかない（禅録では多く、無分節の本来性を示すための沈黙を「良久」、語に窮して黙りこむことを「無語」「無対」と記す。「不語」は後者の意）。

結果的には空振りに終っているものの、それだけになんとか自己本分事を覚らせようと、百丈があれこれ問いかたを換えており、おかげで我々は前後をたよりに論旨をたどってゆくことができる。払子を提起して「見えるか」と問うことが、最初の「おまえは誰なのだ」——おまえがおまえ自身であることに気づけ——という問いの言いかえであることは、この文脈において明らかである。そして、この例からうかがうに、「見えるか」という問い方は、だしぬけに払子を提起するのに比して、同じ意図を初心者むけに懇切に教え示すものであるらしい。ここから推すならば、仰山が払子を竪起した意図も、また「自己」なるものを問われた趙州が「栢樹子が見えるか」と応じた意図も、ともに同じ旨趣に解することができるであろう。
趙州に西来意を問うて「庭前の栢樹子」と示された僧も、仰山に払子を竪起された僧も、「境」をもって人に示すのはやめてくれと言っていた。だが、いずれの場合もその言葉は、そう言う僧自身が、それを「見る」自己を置き忘れ、栢樹子や払子をただの「境」にしてしまっていることの、語るに落ちた露呈であった。趙州が「わしは〝境〟など示しておらぬ」と言い、仰山が厳しく僧を打ちすえたのは、そうした僧自身に自らの「本分事」――今それを見ているまぎれもなき自己そのもの――それを取り戻させんがための為人の対処に外ならないのであった。

同じ「祖師西来意」の問いに対し、ある時、趙州は次のように応じている――

問、「如何是祖師西来意？」師云、「如你不喚作祖師意猶未在」。云、「本来底如何？」師云、「四目相観、更無第二主宰」。（『趙州録』巻中、頁二四〇）

問う、「如何《いか》なるか是れ祖師西来意？」師云く、「如《も》し你《なんじ》喚びて祖師意と作《な》さざるも、猶《な》お未在《いまだし》」。云く、「本来底は如何《いかん》？」師云く、「四目相《あいみ》観て、更に第二の主宰無し」。

僧、「祖師西来意とは」。趙州、「〝祖師意〟と喚ばなかったとしても、まだダメだ」。喚ばなくともまだ（「猶」）ダメだということは、まして「祖師意」と喚びなしてしまってはもう話にならぬ、ということで、即今の自己をこそ問うべしという例の意を、裏返しに言ったもの。ここで問うべきは、「祖師意」などと喚ばれる人さまの問題ではないはずだ。そこで僧は問いなおす、「しからば、〝本来〟のものとは？」「本来底」はさきの自己本分事と同義。祖師達摩という他人の意ではなく、自己本来の意とは如何なるものか。趙州は答えていった、「わしとそなたが、現にこうして互いに二つの目で見おうておる、そのほかにもう一人の主人公など存在せぬ」。

七　公案

唐代の禅問答を唐代の禅僧たちの問題意識と用語法に沿って、有意味な活きた対話として読んでみる。そのような読解を、趙州の「栢樹子」を例に試みた(7)。どのような問答を選んで突き合わせるか、そしてそれらを箇々にどう解するか、すべてが可変的な要素であり、それらを相関させながらの推論であるから、これを唯一の正解と言うつもりはない。まして、以上は唐の禅者の問題意識の一面を看たものにすぎず、禅の語録からはもっと多くの問題とそれに対する種々の立場を見出すことができる(8)。しかも、ひとたび吐かれた語は見事であればあるほど、たちまちのうちに喧伝され、修行僧を束縛する旧套となって硬直する(9)。そこで、それを回避するために、一人の禅者がまったく正反対の語を説いたり、自分の語をあとで事もなげに反転させることが珍しくない(10)。禅者の言葉は、しばしば問題の解決ではなく、時には新たな問題の発端であり、時には発問の前提を解消し、質問者を問題以前に突きもどすための反問である。禅録を念入りに読めば読むほど、禅では、と概括することの困難に嘆息せざるをえない(11)。

趙州には「西来意」に関する、次のような問答もある。

僧問、「如何是西来意?」師下禅牀立。僧云、「莫即這箇便是否?」師云、「老僧未有語在」。(『景徳伝灯録』巻十・趙州章、頁一五五下)

僧問う、「如何《いか》なるか是れ西来意?」師、禅牀《ぜんしょう》より下《お》りて立つ。僧云く、「即《まさ》しく這箇《これ》こそ便ち是れなるに莫《あら》ず否《や》?」師云く、「老僧《われ》未だ語有らざる在《なり》」。

僧「西来意とは?」趙州は黙って座からおり、すっくと立った。僧は――たぶん目を輝かせて――言った。「これがすなわち西来意だ、というわけですね!」現にこうしてここにある自己がそのまま「西来意」に外ならぬ、老師はそうお示しなのですね(「莫……否?」はそうだと思いながら、「……ではありませんか」「……ですね」と念をおすような疑問の句型。禅録では、さっさと会得したつもりの僧の早合点の言葉によく見られる)。

そこで、趙州はぼそりと言った――

「わしはまだ何も言うておらぬ」。

井筒論文の所説は、きわめて説得的であるだけでなく、また、たいそう魅力的でもある。だが、そのような論理が禅問答の前提として潜在しているということと、ひとつの問答をその論理の平面的な図式として解釈するということとは、おそらく別のことである。禅の問答は、本来、現実の即物的な場面において、生き身の人間の活きた言葉のやりとりとしてなされたものであり、しかもそれは「自己本分事」の把握という主題を終始離れぬものであった。(12)

しかも、忘れてならないことは、井筒論文の所説が「東洋哲学全体を、その諸伝統にまつわる複雑な歴史的聯関から引き離して、共時的思考の次元に移し、そこで新しく構造化しなおしてみたい」(『意識と本質』頁七)という独自の意図のもとに構成されたものだということである。そして、論文があまり目だたぬかたちでことわっているように、かかる考察の対象として選ばれている禅は、実は「中国の宋時代以後歴史的に形成された禅の形態」「臨済禅において確立された公案組織」（頁三六三）――つまり、宋代に大慧《だいえ》宗杲《そうこう》によって創出された「看話《かんな》禅」に外ならなかった。論文が「栢樹子」を解釈するにあたって『無門関』の本文を対象としていたのもそのためで、南宋の『無門関』は、第一則「趙州無字」の扱いに顕著に現れているように、大慧系「看話禅」の参究という目的に特化した書物であった。[13]

大慧は「栢樹子」の話をとりあげて、次のように書いている。

若卒討巴鼻不著、但只看箇古人入道底話頭。僧問趙州、「如何是祖師西来意？」州云、「庭前栢樹子」。僧云、「和尚莫将境示人」。州云、「我不将境示人」。僧云、「既不将境示人、却如何是祖師西来意？」州只云、「庭前栢樹子」。其僧於言下忽然大悟。伯寿但日用行住坐臥処、奉侍至尊処、念念不間断、時時提撕、時時挙覚、驀然向栢樹子上心意識絶気息、便是徹頭処也。（『大慧語録』巻二十三・法語「示太虚居士」、禅宗全書四二―四〇五上）[14]

若《も》し卒《にわか》に巴鼻《はび》を討《もと》め不著《えざ》れば、但《た》だ只《ひたす》ら箇の古人入道底の話頭を看よ。「僧、趙州に問う、如何《いか》なるか是れ祖師西来意？　州云く、庭前《ていぜん》の栢樹子《はくじゅし》。僧云く、和尚、境を将《も》って人に示すこと莫れ。州云く、我れ境を将《も》って人に示さず。僧云く、既《すで》に境を将《も》って人に示さざれば、却って如何《いか》なるか是れ祖師西来意？　州只だ云く、庭前《ていぜん》の栢《はく》樹子《じゅし》。其の僧、言下に於て忽然と大悟す」。伯寿〔この文章を与えた相手の名〕よ、但《た》だ日用《にちゆう》の行住坐臥《ぎょうじゅうざが》の処、至尊に奉侍《つか》うる処、念念に間断せず、時時に提撕《ていぜい》し、時時に挙覚《こかく》せよ、かくて驀然《まくねん》と「栢樹子」上に向《お》いて心意識、気息《きそく》を絶さば、便ち是れ徹頭《てっとう》の処《ところ》なり。

もし、すぐには手がかりが得られぬとなれば、ともかく只だひたすら古人の入道の話頭を看よ――「僧が趙州に問う、如何なるか是れ祖師西来意？　州云く、庭前の栢樹子。僧云く、和尚、境によって示すなかれ。州云く、我れ境によって示さず。僧云く、境によって示さぬのであれば、では、如何なるか是れ祖師西来意？　州只だ云く、庭前の栢樹子。其の僧、言下に於て忽然と大悟す」。

　伯寿どの、ともかく日常の起居動作のところ、天子にお仕えするところにおいて、一念一念とぎれることなく、常に参究し、常に警覚するのだ。かくて突如、この「栢樹子」の一点において心意識の息の根がとまったら、そこがすなわち大悟徹底のところなのである。

「栢樹子」の問答は上に検討したものと一見ほとんど同じである。だが、「庭前の栢樹子」の一語で僧が「忽然大悟」したと明記する点は決定的な改変である。そして、この改変は、「栢樹子」の一語にひたすら精神を集中することで、感情や思考を完全に断滅した――「心意識」が「気息を絶」した――「徹頭の処」に至れとする要求に対応する。ここに至って「栢樹子」は、「境を将って」云々という中間のやりとりを辿るべきものではもはやなく、概念的思考を拒否した「栢樹子」一語として「只だ」言われたものとされている。『無門関』その他、宋代の禅籍がしばしばこれを、あっさり中間を省いた一問一答にまとめてしまっているのは、この目的にとって、きわめて実用的・効率的な措置であったと言ってよい。[15]

　大慧系の「看話禅」が中国禅の歴史的演変の最終段階に位置し、その後、中国・朝鮮・日本の禅の主流となったものであることは周知の所であろう。とくに日本では江戸期の白隠慧《はくいんえ》鶴《かく》が看話禅の階梯的な体系化に成功し、その影響力は今日にまで及んでいる（井筒論文に「臨済禅において確立された公案組織」とあったが、この表現は白隠の禅にこそ相応しい）。近代日本の思想家が接した禅も、二〇世紀に欧米社会に伝播された「ZEN」も、主にはこの系統のものであり、それにつれて、中国でも朝鮮でもほとんど読まれた形跡がなく、もっぱら日本でのみ行われていた『無門関』が、いつしか『碧巌録』とならぶ代表的禅籍と目されるようになり、現代の日本および欧米で最も翻訳の多い禅籍となっていった。したがって、井筒論文が禅を論ずる際に、看話禅と『無門関』が念頭におかれたのは、ごく自然ななりゆきだったはずであり、おそらく氏自身には、中国禅の歴史のなかからある特定の一段階を選びとったという意識はなかったものと想像される。

一時代の歴史的所産である特定の禅をそのまま一足とびに普遍化するという飛躍は、氏の意図にしたがうかぎり、必ずしも不当なことでない。かつての鈴木大拙《だいせつ》や京都学派の哲学者たちの思索も、やはりこの「看話禅」——とくに白隠禅——への実参の体験を共時的に現代の思惟と連続させるところから始まった。現に井筒論文の論理は、表現は明晰かつ新鮮になってはいるものの、その基本的な論旨は大拙の「般若即非《はんにゃそくひ》の論理」とかわらない。そうした現代的思惟から学ぶものはむろん計り知れぬほど多いのだが、しかし、もし立場をかえて、禅をあくまでも「歴史的聯関」に即して通時的に捉えようとするならば、唐の禅と宋の禅の断絶の一面は無視できないし、そのような飛躍によって脱け落ちる唐代禅の精彩は、あまりにも捨て難いものに思われる。

禅問答の問いと答えを有意味な対応関係をもたぬ脱意味的なもの——いわゆる「活句《かっく》」「無義語」「無理会話」等——と解するのは、宋代禅にひろく見られる傾向であり、それ以後、その種の考え方が、今日に至るまで禅問答理解の主流をなしてきた。(16) しかし、唐の問答は、本来、そのようなものではなかった。そこでは、禅門という一種の共同態のなかでいくつかの問題関心とそれに関する先行の問答の記憶が共有され、そのなかで新たな問答が展開されていた。碁の布石が箇々の石自体にではなく、石と石とのあいだに論理をもつごとく、唐の禅門においては、箇々の問答が一見意味不明のごとくでありながら、問答と問答のあいだに文脈があり、それに支えられて箇々の問答が実は有意味となっていたのである。それが宋代になると、問答は相互の聯関から切り取られて単独・孤立の参究の題材とされ、それとともに問いと答えは、無関連で非概念的な断片として扱われるようになっていった。盤のうえから白紙のうえに移されたひとつの碁石は、もはや意味の脱落したオブジェであり、かくて問答は「公案《こうあん》」となった。(17)

活きた対話でなく、すでに無機質な表徴となった「公案」について、井筒説の論理は直接に適用可能であり、しかもきわめて有効である（論文第四節は「公案」の次元と「公案」以前の「生の姿の禅的言表」を分けて論ずるが、結局、前者の理解を後者にあてはめる結果に終っている）。それに比べれば、ここに試みたような我々の読み方は、おそらく、あまりにも迂遠なものと映るに違いない。しかし、禅に何らかの意味の現代性があるとすれば、それは唐代禅なら唐代の、宋代禅なら宋代の、それぞれの同時代における「現代性」を読みとるところから考えられるべきであろう。歴史的文脈と無縁に、現代思想の関心にしたがって随意に禅籍が裁断されたとしたら、得られるものは、結局、禅籍を鏡とした現代思想の自画像にしかなり得まい。まして、禅籍をまともに読まぬまま、井筒論文の用語や著想をかりて禅の言語を云々する昨今の一部の論考は、禅の理解において無益であるだけでなく、おそらく現代思想に対しても何ら加えるものをもち得ぬであろう。ことは冒頭に述べた、参禅と読書の関係に一般である。

（1）　禅宗文献の語学的・文献学的読解は、二〇世紀の後半、故入矢義高教授によってほぼ独力で開拓された。禅籍に関するその文章は『求道と悦楽――中国の禅と詩』（岩波書店、一九八三年）、『自己と超越――禅・人・ことば』（同、一九八六年）、『空花集――入矢義高短編集』（思文閣出版、一九九二年）に収められており、他の業績については『入矢義高先生追悼文集』（汲古書院、二〇〇〇年）によって知ることができる。また、禅籍読解の具体的な方法と手段については、衣川賢次「古典の世界――禅の語録を読む」（一）～（三）（月刊『中国語』内山書店、一九九二年一一月号～九三年一月号）、および、小川「V原典読解のための基礎知識　一　中国の原典読解」（『禅学研究入門』第二版、大東出版社、二〇〇六年）を参照されたい。なお、本稿に述べる趙州「栢樹子」の解釈は衣川「古典の世界――禅の語録を読む（二）」に多くを負うており、また、本稿の構想じたい、思想史的に語録を読めという衣川の日頃の指教によって啓発されたものである。所引の文献の読みについても、衣川から教示を受けた箇処がある。

（2）　そのような解釈もある。「達摩大師はちょうど庭先の栢の老木のようなものだな、意志があるようで毛頭ない。ないようで大いに有る。無用の長物の如くであって、しかも最も偉大なる大用を現わしている。この達摩栢槙のために全世界が静かに治っているようだ、と趙州は、そう答えられた」（山田無文『むもん関講話』春秋社、一九七六年、頁二九三）。

（3）　柴山全慶『無門関講話』に次のようにある。「……全宇宙が栢樹子ならば、一切が栢樹子に収まって栢樹子はない。全宇宙が自己ならば、一切が自己に収まって自己はない。どこに自他、人境の沙汰があろうか。つけるべき何の名相があろうか。この時——真実の自己、すなわち無我に生まれ変る時——真の栢樹子が、そして生きた趙州禅師が、はっきりとうなずけるであろう」（工藤智光編、創元社、一九七七年、頁三九七）。一見、超論理的な「悟り」の境地の表白と見えるが、「全宇宙」を無分節の「存在」、「沙汰」「名相」を「分節的言語」、そして「真の……うなずけるであろう」を「高次の分節」と置き換えれば、これも井筒論文と同じ旨趣を述べたものであることがわかる。

（4）　たとえば『景徳伝灯録』巻十四・薬山章、「僧有りて問う、兀兀地として（枯木のごとく茫然と坐して）什麼《なに》をか思量す。師曰く、箇の〝不思量底（思量せぬもの）〟を思量す。曰く、不思量底、如何が思量す。師曰く、非思量」（頁二七三下）。これは個別の分節作用を拒否すること（「不思量」）によって「存在」そのものに同化する、無分節にして全一なる意識（「非思量」）を説いたものと解し得る。

（5）　以上に述べた「祖師西来意」の基本義については、小川『語録のことば——唐代の禅』（禅文化研究所、二〇〇七年）二〜四、参照。

（6）　この種のやりとりは、この一回の偶然でなく、ほかにもいくつか類例がある。たとえば敦煌出土の『歴代法宝記』に、次のやりとりが見える。「相公（杜鴻漸）聞説《きき》て、和上（保唐寺無住）に白《もう》す、庭前の樹を見る否《や》？　和上答う、見る。……」（柳田聖山『初期の禅史Ⅱ』筑摩書房・禅の語録三、一九七六年、頁二〇〇）。これはおそらく最も古い例だが、ただし、そこではまだ見聞覚知のはたらきに関する形而上的な討論が主眼になっている（小川『神会——敦煌文献と初期の禅宗史』臨川書店・唐代の禅僧二、二〇〇七年、頁二〇〇）。くだって『景徳伝灯録』には、次のような類例が見出される。「僧問う、如何なるか是れ祖師西来意？　師云く、還《は》た庭前の花薬欄を見る麼《や》？」（巻十一・潞州淥水和尚、頁一九二上）。「問う、如何なるか是れ西来意？　師曰く、還《は》た庭前の杉檆樹を見る否《や》？」（巻十七・白水本仁和尚、頁三三九上）。いずれも意は趙州の「還《は》た庭前の栢樹子を見る麼《や》？」の問答と同じであろう。これらの問いと答えから「西来意」＝「学人の自己」＝「庭前の〜を見る汝自身」という等式を読み取ることはさして困難ではあるまい。夢窓疎石の次の言は、こうした唐代における「祖師西来意」の問答の原意をきわめて的確に捉えたものと思われる。「……かやうの人は、本分の題を忘れぬ学者なり。古人悟道の機縁を見れば、上代なりし故にや、直下に大悟することはなかりし人も、本分の題をば信ぜし故に、本分にかなふべきための工夫用心とて、人にたづね問へることはなし。ただ直に問うて云はく、如何なるかこれ仏、如何なるかこれ禅、如何なるかこれ仏法的々の大意、如何なるかこれ祖師西来の意、如何なるかこれ諸仏出身の処と云云。学者の問ひもかやうに直問なり。知識の答へも亦直答にして、或は即心即仏と答へ、或は庭前の栢樹子と示し、或は東山水上行といふ。宗師かやうに答ふること、皆これ本分の直示なり。この語を以て修行の資粮となさしめむためにはあらず」(川瀬一馬校注・現代語訳『夢中問答集』講談社学術文庫、二〇〇〇年、頁一五三／傍点は引用者)。なお、以上に述べた「栢樹子」解釈の要旨は、かつて前掲の衣川論文に依りつつ、小川「語録のことば(五)」(『傘松』二〇〇三年八月号)に書いたことがある。論点は同じだが、引証の資料に出入があるので本稿とあわせ看ていただければ有り難い。前掲、小川『語録のことば——唐代の禅』再録。

(7) そのような読み方については、すでに入矢「麻三斤」(一九八三年)、同「乾屎橛」(一九八五年)に先例がある(いずれも『自己と超越』所収)。

(8) 今回、論じたのは唐代禅の主流であった馬祖の系統の禅である。ただし、実際には馬祖系の禅にも相当の多様性があり、さらにそれに対抗して後起した、いわば第二の主流ともいうべき石頭系の禅——注(4)の薬山もこの系等——には、馬祖系とはさらに方向を異にする独特な「自己」の探究が見られる。これについては、小川「唐代禅宗の思想——石頭系の禅」(東京大学東洋文化研究所『東洋文化』第八三号「特集・中国の禅」、二〇〇三年／本書第一章第二節、加筆再録)を参照ありたい。

(9) それゆえ趙州の弟子、覚鉄觜《かくてつし》は「先師に此の語(「栢樹子」)無し！　先師を謗《そし》ること莫《な》くんば好《よ》し」と断言せざるを得なかった。後注(15)および『語録のことば——唐代の禅』五、参照。

(10) 馬祖本人からして「即心是仏」を「非心非仏」に転じたとされている。そのことは、このあと第一章第一節であらためて論ずる。

(11) 『祖堂集』巻十八・仰山章に、「樹子」——「栢樹子」ではないが——をめぐる潙山と仰山の問答がある。そこで潙山が「色(樹子)を見るは便ち心を見るなり」とするのに対し、仰山は、樹子は樹子、我れは我れ、とする立場を対置する。また、『景徳伝灯録』巻十・蘇州西山和尚章にも西山が払子を挙げ、僧がそれを「境」に過ぎぬと斥ける話がある。それを踏まえて雪峰が示したのは、自己を生き身の個体においてでなく、宇宙大の意識(「尽乾坤是箇眼」)として捉えようとする——いわば「本分事」の法身化とでも言うべき——新たな展開であった。ただし、その立場も、その弟子の雲門や玄沙によってさらに批判的に乗り越えられてゆくことが、入矢「雪峰と玄沙」(一九八三年)、「雲門の禅・その〈向上〉ということ」(一九八四年)に詳論されている(ともに『自己と超越』所収)。なお、趙州自身にはもうひとつ、「虚空」が地に落ちるとき「栢樹子」が成仏し、「栢樹子」が成仏するとき「虚空」が地に落ちる、と説く問答がある(『祖堂集』趙州章、『趙州録』巻中)。それが何を意味し、「庭前栢樹子」の問答とどう関連するのか、今のところよく解らない。『景徳伝灯録』趙州章が「栢樹子」に関する問答を一則も収めないことと併せて後考に俟つ。

(12)『景徳伝灯録』巻十・趙州章、「師、火を敲きて僧に問うて云く、老僧は喚びて〃火〃と作す。汝は喚びて什麼《なに》とか作《な》す。僧無語。師云く、玄旨を識らず、徒《いたず》らに念静を労す」(頁一五五上)。「火」とよばずに新たな名をつけてみよという趙州の要求に、僧がなにも応えられなかったという問答である。これを「火はつまり火なのだから、おまえだって、ただ〃火〃とよべばよいではないか。なにを閑葛藤に陥っておる」という旨趣に解するのが、最も素直なとりかたであろう。だが、井筒論文の論理に依拠しつつ、これをこう解することもできる。すなわち、「火」という「分節的言語」(「分節Ⅰ」)を離れつつ、なおかつこれに「高次の分節」(「分節Ⅱ」)を与えてみよ、と。だが、そう解したとしても、最終的に問題とされているのは、あくまでもその命名の主体たる「一切の存在の主宰者」としての「自己」なのであった。入矢「禅問答ということ」参照(一九七四年/『求道と悦楽——中国の禅と詩』頁九七)。

(13)「看話禅」の特質とその歴史的位置については、石井修道『禅語録』の解説「四、看話禅の性格」を参照(『大乗仏典』中国・日本篇第十二巻、中央公論社、一九九二年)。また『無門関』の特質は、「看話禅」の席巻とともに宋代禅宗文献が歴史書から公案集へと変遷していった過程のうえに、巨視的に位置づけられねばならない。それについては、同「『無門関』の成立・伝播・性格をめぐって」(愛知学院大学人間文化研究所紀要『人間文化』第一六号、二〇〇一年)、「南宋禅をどう捉えるか」(鈴木哲雄編『宋代禅宗の社会的影響』山喜房仏書林、二〇〇二年)、「宋代禅宗史の特色——宋代の灯史の系譜を手がかりとして」(前掲『東洋文化』「特集・中国の禅」)等に詳論がある。看話禅の形成については、のちに本書第二章であらためて考察する。

(14)前注、石井『禅語録』頁二〇七の訳・注を参照。

(15)「栢樹子」の話をそのような無機質な一問一答の形に縮約して用いる例は、すでに圜悟や大慧にも珍しくない。

『圜悟心要』巻上・示曾侍制

僧問趙州、「如何是祖師西来意?」州云、「庭前栢樹子」。天下参問、以為模範、作異解者極多。唯直透不依倚不作知見、便能痛領。纔有毫髪見刺、則黒漫漫地。豈不見法眼挙問覚鉄觜、「趙州有箇庭前栢樹子話、是不?」覚云、「和尚莫謗先師。

先師無此語！」但恁麼体究、便是古人直截処也。〔禅宗全書四一―五五二／新文豊出版公司、影印本、八二丁左〕

僧、趙州に問う、「如何《いか》なるか是れ祖師西来意？」州云く、「庭前《ていぜん》の栢樹子《はくじゅし》」と。天下の参問、以って模範と為し、異解《いげ》を作《な》す者《もの》極めて多し。唯だ直透《じきとう》して依倚《いい》せず、知見《ちけん》を作《な》さざるもののみ、便ち能く痛領せん。纔《わず》かに毫髪ほどの見刺《けんし》有れば、則ち黒漫漫地《こくまんまんち》ならん。豈《あ》に見ずや、法眼《ほうげん》、挙《こ》して覚鉄觜《かくてつし》に問う、「趙州に箇の庭前栢樹子の話なる有り、是《しか》る不《や》？」覚云く、「和尚、先師を謗《そし》る莫《なか》れ。先師に此の語無し！」但《た》だ恁麼《かくのごと》く体究せば、便ち是れ古人直截《じきせつ》の処なり。

『大慧普覚禅師語録』巻十六「悦禅人請普説」

所以五祖師翁有言、「如何是祖師西来意？　庭前栢樹子」。恁麼会、便不是了也。「如何是祖師西来意？　庭前栢樹子」。恁麼会方始是。你諸人還会麼？　這般説話、莫道你諸人理会不得、妙喜也自理会不得。我此門中無理会得理会不得。蚊子上鉄牛、無你下嘴処。〔禅宗全書四二―三五五下／大正四七―八八一中〕

所以《ゆえ》に五祖師翁〔五祖法演〕、言える有り、「如何ナルカ是レ祖師西来意？　庭前ノ栢樹子。恁麼《かくのごと》く会《え》さば、便ち不是と了也《なれり》。如何ナルカ是レ祖師西来意？　庭前ノ栢樹子。恁麼《かくのごと》く会《え》して方始《はじ》めて是なり」と。你《なんじ》ら諸人《しょにん》、還《は》た会《え》す麼《や》？　這般《かか》る説話《せった》は、你《なんじ》ら諸人の理会《りえ》し得ざるは莫道《いうにおよば》ず、妙喜《われ》も也《ま》た自ら理会《りえ》し得ず。我が此の門中には理会《りえ》し得ると理会《りえ》し得ざると無し。蚊子《ぶんす》の鉄牛に上れるがごとく、你《なんじ》の嘴《くち》を下す処無し。

(16)　さしあたり周裕鍇「習禅：見月亡指――中国仏教解釈学研究」〔土屋太祐訳／前掲『東洋文化』「特集・中国の禅」〕参照。この問題については本書第二章で詳しく論ずる。

(17)　夢窓疎石はいう、「かかりし故に、古へ〔「本分の直示」が行われていた唐代において〕は知識〔善知識、老師〕の方より我が語を公案にして、提撕〔参究〕せよとすすめたることもなし。我が語を疑へといへることもなし。疑ふことなかれとも亦いはず。今時〔宋代以後〕の人は、宿習も厚からず、道心も深からず。この故に、知識の一言を聞く時、或は識情を以て推度して、悟り得たる思ひをなして、さてやみぬ。或は最鈍にして、推量もめぐらぬ者は退屈〔挫折〕す。これをあはれむ故に、円悟・大慧よりこのかた、公案提撕の方便を設け給へり」〔前掲『夢中問答集』頁一五七／〔　〕内、引用者〕。宋代禅にいたって、知的思考による推量を遮断し「疑団」をおこさせるための手段として「公案」禅が創出されたとする看方で、この観点を歴史的にあとづけることは、禅宗史研究のきわめて興味ある課題となろう。なお『碧巌録』評唱には、圜悟克勤〔大慧の師〕が、馬祖禅の思想を覆しつつ唐代の問答を宋代禅の論理に読み替えていったようすが看て取れる。以下の拙稿ですでにその問題を論じており、これらをふまえてさらに本書第二章で詳論する。「禅の語録を訳すということ」「同〔之二〕」〔月刊

『東方』第二五二号・第二五六号、東方書店、二〇〇二年二月・六月号）、「禅者の後悔――『碧巌録』第九十八則をめぐって」（『田中良昭博士古稀記念論集・禅学研究の諸相』大東出版社、二〇〇三年）、「『碧巌録』雑考」（一）―（二四）（季刊『禅文化』第一八五号―第二〇八号、禅文化研究所、二〇〇二年七月―二〇〇八年四月）。なお「『碧巌録』雑考」は、のちに小川『続・語録のことば――《碧巌録》と宋代の禅』（禅文化研究所、二〇一〇年）に再編した。

第一章　『祖堂集』と唐代の禅

第一節　馬祖系の禅

一　『祖堂集』を読む

伝説時代のことはひとまず置き、禅宗がひとつの実体的な勢力として中国史の表面に登場してくるのは、初唐末から盛唐期にかけてのことである。「東山法門《とうざんほうもん》」を自称する大通神秀《じんしゅう》とその門下の普寂《ふじゃく》・義福《ぎふく》らが、則天武后から中宗・睿宗、そして玄宗の帰依を受け、長安・洛陽の宗教界に君臨するようになったのが、その始まりであった。彼らは、嵩山を自らの聖地としつつ、次のような伝法系譜をかかげることで、王朝の支持とひろく一般の信仰をあつめることに成功した。

（一）菩提達摩《ぼだいだるま》―（二）恵可《えか》―（三）僧璨《そうさん》―（四）道信《どうしん》―（五）弘忍《こうにん》―（六）神秀《じんしゅう》

だが、普寂・義福らの権勢が頂点にあった玄宗の開元年間の終りごろ、突如、ひとりの無名の僧が現れて、激烈な普寂批判の運動を開始する。僧の名は神会《じんね》、のちに洛陽荷沢《かたく》寺に住したことから荷沢神会と通称されるようになる人物である。神会はたびたび公開の法会を開いて、こう訴えた――神秀は五祖弘忍の嫡流でなく、韶州の恵能《えのう》こそが達摩禅の真の第六祖に外ならない。神秀・普寂の一門は「漸悟」を説く「北宗」の法門にすぎず、「頓悟」を説く恵能の法門こそが正統の「南宗」なのである、と。

神会自身は、その後、不遇のうちに世を去るが、しかし、神会の最晩年に勃発した安史の乱を契機として、各地で禅宗の新たな諸派がにわかに競い起こるようになる。中原には依然、普寂のあとをつぐ「北宗」の法系がつづき、いっぽう四川には浄衆寺《じょうしゅうじ》無相《むそう》の「浄衆宗」や保唐寺《ほとうじ》無住《むじゅう》の「保唐宗」、さらには四川から洛陽に進出して神会の法孫をなのった「荷沢宗」が現れ、江南には別に牛頭《ごず》法融《ほうゆう》を祖とあおぐ「牛頭宗」も登場した。乱によって政治・文化の中心が各地に分散したこと、神会の運動によって達摩禅の系譜意識が相対化されたこと、そうした内外両面の多元化の趨勢——逆にいえば中心的権威の喪失——が、その背景にあった。各地に興起したそれら諸宗派が、より古い起源を主張する新しい系譜と、独自の思想・行法を説きひろめて覇を競いあい、あたかも百家争鳴の観を呈していたが、そのなかで中唐期、最終的にかちのこったのが「洪州宗」、すなわち江西《こうぜい》の馬祖道一《ばそどういつ》の一派であった(1)。

以上のような最初期の禅の歴史は、伝世資料のなかではいくつかの記録が断片的に存するだけで、その全貌は長く知られることがなかった。これが詳しく知られるようになったのは、二〇世紀の初頭に敦煌文献が出土し、そのなかから未知の禅宗文献が多数発見されたことによる。そして、不思議なことに、敦煌禅宗文献のうちには、初期禅宗の記録が伝わるのみで、馬祖以後の禅の姿は見出されず、伝世資料のうちには、逆に馬祖以後の禅宗によって再構成された伝承が記されるのみで、初期禅宗の影は、皆無とは言わぬまでもきわめてうすい。つまり、ごくわずかの例外を除いて言えば、禅宗文献のうちに、敦煌文献＝初期禅宗、伝世文献＝馬祖以後の禅、という、はっきりした断層があるのである。その理由や経緯は不明だが、ひとつ言えることは、今日にまでつづく禅宗の伝統の、その事実上の起点が馬祖禅に在った——言いかえれば、禅宗の伝統とされてきたものは、実は初期禅宗時代の伝承を切り捨て、馬祖以後の立場から新たに再編されたものだった——ということである。

その後の禅宗の伝統のなかで、唐代の禅は、六祖の「南宗」禅が南岳系と青原系の二大系譜に分かれて発展していった歴史として語りつがれるようになってゆく。六祖恵能のもとに南岳懐譲《なんがくえじょう》と青原行思《せいげんぎょうし》の二大弟子が出、南岳の下に馬祖道一、青原の下に石頭希遷《せきとうきせん》、そしてそれぞれの下に代々多くの優れた禅者が輩出され、やがて「潙仰宗《いぎょう》」「臨済《りんざい》宗」「曹洞宗《そうとう》」「雲門宗《うんもん》」「法眼宗《ほうげん》」の五つの宗派、いわゆる「五家《ごけ》」が形成されてゆくという、周知の伝灯録的禅宗史観である。そうした史観は、たとえば次のような形で今日まで継承されている。

大師《だいし》釈尊、霊山会上《りやうぜんゑじやう》にして法を迦葉《かせふ》につけ、祖々正伝して、菩提達磨尊者にいたる。尊者、みづから神丹国《しんだんこく》におもむき、法を慧可《ゑか》大師につけき。これ東地の仏法伝来のはじめなり。

かくのごとく単伝して、おのづから六祖大鑑《だいかん》禅師にいたる。このとき、真実の仏法まさに東漢に流演《るえん》して、節目《せちもく》にかゝはらぬむねあらはれき。ときに六祖に二位の神足《じんそく》ありき。南岳の懐譲《ゑじやう》と青原《せいげん》の行思《ぎやうし》となり。ともに仏印《ぶつちん》を伝持して、おなじく人天《にんでん》の導師《だうし》なり。その二派の流通《るづう》するに、よく五門ひらけたり。いはゆる法眼宗《ほうげんしゆう》・潙仰宗《ゐぎやうしゆう》・曹洞宗《さうとうしゆう》・雲門宗《うんもんしゆう》・臨済宗《りんざいしゆう》なり。見在《げんざい》、大宋には臨済宗のみ天下にあまねし。五家《け》ことなれども、たゞ一仏心印なり。（道元「辦道話」／水野弥穂子校注『正法眼蔵』岩波文庫、一九九〇年、一・頁一四）[2]

むろん、これが客観的な史実の記録というよりも、むしろ後代の意識から遡って再構成された理念としての歴史であったことは、二〇世紀の禅宗史研究が競って解明してきた所である。しかし、だからといって、灯史や語録を読む意味が無くなったかといえば、そうではない。今日、我々がその難解さに悩まされながらも、なお禅の文献を読み解こうとするのは、そこに我々をして読ましむる何ものかが有るからであって、それを読むことで史実が知られるからではない。史実を再構成する直接的な材料を求めて読むことほど、見当違いな禅籍の読み方は無いであろう。我々にとって禅の語録の価値は、そこに書かれている内容が史実であるか否かではなく、それが、何を、如何に語っているか、という点にこそ在る。今日の我々にとって何らかの意味があり、しかし、現代の我々自身からは生み出され難い思惟と表現、それが豊富に含まれていることを、時に実感し時に予感するからこそ、我々は遅々とした歩みを止めることなく禅籍の解読に従事しているのではあるまいか。

　とはいえ、私はここで、禅に対する歴史的理解の排除を訴えたいのでは決してない。無数の人々の口と手を経て伝承された禅籍中の箇々の記述、それが単純に史実と看なせないことは勿論である。しかし、不特定多数の人々によって伝承され共有されてきた数多くの問答や逸話の総体は、まぎれもなく歴史の所産――いわば歴史が創り出した、作者なき作品――なのであり、しかも、中国史上の重大な転換点とされる、いわゆる「唐宋の変革」の時期の産物なのである。時代と作品との関連の解明は、禅宗史の理解のために必須であるのみならず、中国史全体の理解にとってもおそらく有意義なはずである。

　だが、残念ながら、今はまだ、それを遠いさきの課題とするほかない。今、必要なのは――そして、疑古学的批判の先行のために、これまで必要でありながら十分になされてこなかったのは――ともかく、まず、禅籍に書かれていることを、書かれているとおり、精確かつ虚心に読み解いてゆくことではあるまいか。

　ここでは、その手はじめとして、『祖堂集《そどうしゅう》』（九五二年）を主たる対象とし、他の文献――とくに時代の近い『宗鏡録《すきょうろく》』（九六一年）と『景徳伝灯録《けいとくでんとうろく》』巻二十八――を副次的な資料として援用しながら、唐代禅の基本思想を読み取る作業を試みたい[3]。より厳密にいえば、『祖堂集』が唐代禅の思想として書き記しているものを、『祖堂集』の書き記すままに読み取ってみる、それが、さしあたって本章の目指すところである。五代の時期、福建の雪峰義存《せっぽうぎそん》の法系に属する人々によって編まれた禅宗史書『祖堂集』は、さきにいう南岳系・青原系という構図を提示した現存最古の書物であり、馬祖以後の唐代禅の思想的営為を集大成した書物といって過言でない。しかも、二〇世紀の初期、朝鮮・海印寺所蔵の高麗大蔵経の版木のなかから発見され、一冊として伝本が確認されていないというこの書物は、異体字・通仮字の濫用、文中での呼称の不整合、同一問答の重出と齟齬など、編修の不徹底ゆえの読みにくさを随処にとどめているが、それだけに却って、後世の修整を経ない、原初的な素材のままの姿を伝えていると考えられる。現在の形になるまでには何段階かの増広も経てはいるようだが、概して言えば、用字・用語の面でも、また内容の面でも、宋代禅的合理化が施される前の、古い形態と古拙な味わいを伝える書物であることは間違いない。『景徳伝灯録』など宋代の禅籍が、問答を、多く状況ぬきの、無機的な句と句の応酬の形でしか記していないのに対し、『祖堂集』は箇々の問答がなされた場面や経緯を具体的に書き込んでいることが多く、宋代の禅籍で看ると、なぜ、この問いにこんな答えをと不可解に思われる問答が、『祖堂集』で看ると、なるほど、もとはこういう場での発言であったかと腑に落ちることが少なくない。要するに、『祖堂集』は、今看ることができる文献の中で、唐五代の禅の原像に最も近いものなのである。

むろん、ここで原像というのが、唐五代の禅僧たちが共有していた記憶の中の原風景とでもいった意味であって、決して客観的史実の謂いでないことはいうまでもない。いくら年代が古くとも、それが無数の人々の口承や書写による共同態的伝承の集成であるという点では、『祖堂集』も後世の他の文献と一般である。だが、伝承としての古さ豊かさにおいて、『祖堂集』が、他を以って換え難い価値をもっていることは疑う余地がない。ここで試みるのは、あくまでも、歴史の作品として独特の精彩をもつ『祖堂集』という禅宗史書の、その作品世界の読み取りなのである。(4)

二　即心是仏

『祖堂集』巻十四・馬祖章は、序論にも引いた、次の一文から始まっている。

毎謂衆曰、「汝今各信自心是仏、此心即是仏心。是故達摩大師従南天竺国来、伝上乗一心之法、令汝開悟。……」（『祖堂集』巻十四・馬祖章、頁二六〇上・頁五一四／入矢義高編『馬祖の語録』禅文化研究所、一九八四年、頁一七、参照）

毎《つね》に衆《しゅ》に謂《い》いて曰く、「汝《なんじ》ら今《いま》各おの、自らの心是れ仏、此の心即ち是れ仏心なりと信ぜよ。是《こ》の故《ゆえ》に達摩《だるま》大師は南天竺国《なんてんじく》より来《きた》り、上乗一心の法を伝え、汝らをして開悟せしめんとせり。……」

この言葉は、『宗鏡録』巻一にも引かれ（大正四八―四一八中）、『景徳伝灯録』巻六・馬祖章や『四家語録』の最初の『馬祖語録』など、馬祖の語を録す後世の文献でもともに冒頭に置かれており、いわば、馬祖の立教開宗の第一声としてひろく知られたものである(5)。自己の心は仏であり、この心こそが仏心にほかならぬ――これこそが馬祖禅の原点に外ならない。同じ事を、馬祖の再伝の弟子にあたる黄檗希運《おうばくきうん》も、次のように述べている。

黄蘗和尚云、「諸仏与一切衆生、唯是一心、更無別法、覚心即是。唯此一心即是仏、見此心即是見仏。仏即是心、心即是衆生、衆生即是仏、仏即是心。為衆生時、此心亦不減。為仏時、此心亦不添。但悟一心、更無少法可得。此即真仏。……」（『宗鏡録』巻二十四、大正四八―五五〇中／入矢義高『伝心法要・宛陵録』筑摩書房・禅の語録八、一九六九年、頁六、参照）

黄蘗《おうばく》和尚云く、「諸仏と一切衆生《しゅじょう》は、唯《た》だ是れ一心のみ、更に別法無く、心を覚《さと》れば即ち是れなり。唯だ此の一心こそ即ち是れ仏《ほとけ》、此の心を見るは即ち是れ仏を見るなり。仏は即ち是れ心、心は即ち是れ衆生、衆生は即ち是れ仏、仏は即ち是れ心なり。衆生為《た》る時も、此の心亦《ま》た減ぜず、仏為《た》る時も、此の心亦《ま》た添《ま》さず。但《た》だ一心をさえ悟らば、更に少《わず》かの法も得《う》る可《べ》き無し。此れぞ即ち真の仏なり。……」

諸仏と衆生はともにただこの一心に外ならない。そのほかに法は無く、心を覚ればそれがすなわち仏である。この一心こそが仏であり、この心を見ることがつまり仏を見ることに外ならない。仏は心、心は衆生、衆生は仏、仏は心、というわけである。衆生でいる時もこの心は減らず、仏である時もこの心は増えない。ただ、この一心をさえ悟れば、そのほかには得るべきわずかの法も無い。これこそが真の仏というものである。

この趣旨を簡潔に集約した成語が、よく知られた「即心是仏」ないし「即心即仏」である。(6) たとえば『祖堂集』巻十五・汾州無業《ふんしゅうむごう》章によれば、汾州無業が参じた時の馬祖の応対は、次のようなものであった。

後聞洪州馬大師禅門上首、特往瞻礼。師身逾六尺、屹若立山。馬大師一見、異之曰、「巍巍仏堂、其中無仏」。師礼而問曰、「三乗至教、粗亦研窮。常聞禅門即心是仏、実未能了。伏願指示」。馬大師曰、「即汝所不了心即是、更無別物。不了時即是迷、了時即是悟。迷即是衆生、悟即是仏。道不離衆生、別更有仏也？　亦如手作拳、拳作手也」。師言下豁然大悟、涕涙悲泣、白馬大師言……。(頁二九三上・頁五七九／『馬祖の語録』頁一四二、参照)

後、洪州の馬大師《ばだいし》の禅門の上首たるを聞き、特に往《ゆ》きて瞻礼《せんらい》す。師〔無業〕は身《み》六尺を逾《こ》え、屹として立山の若《ごと》し。馬大師一見して、之を異として曰く、「巍巍たる仏堂、其の中に仏《ほとけ》無し」。師、礼して問うて曰く、「三乗の至教は、粗《ほ》ぼ亦《ま》た研窮《きわ》む。常に禅門は〝即心是仏〟なりと聞くも、実は未《いま》だ了《さと》る能《あた》わず。伏して願くは指示せよ」。

馬大師曰く、「即《まさ》に汝の了《さと》らざる所の心こそ即ち是れなり、更に別物無《な》し。了《さと》らざる時は即ち是れ迷《まよい》、了《さと》れる時は即ち是れ悟《さとり》。迷わば即ち是れ衆生《しゅじょう》、悟らば即ち是れ仏《ほとけ》なり。道は衆生を離れず、別に更に仏《ほとけ》有らん？　亦《ま》た手の拳《こぶし》と作《な》り、拳《こぶし》の手《て》と作《な》るが如し」。師、言下《ごんか》に豁然《かつねん》と大悟《たいご》し、涕涙悲泣して、馬大師に白《もう》して言く……。

無業はその後、洪州の馬祖が禅門の代表であると聞き、わざわざ拝謁に出向いていった。身の丈、六尺をこえ、屹立せる山のごときその姿を一目見て、馬祖は、これは並みのものではないと認めて（敢えて挑発的に）言った。「いかにも堂々たる仏殿だが、そのなかに仏は無い」。

無業は礼拝していう、「尊き三乗の御教えはおおむね窮めました。しかし、禅門で説かれるという〝即心是仏〟の旨、それが実のところまだ解りませぬ。伏してご指教をお願い申し上げまする」。

馬祖、「ほかならぬ、その解らぬという心、それがまさしく仏なのだ。その他に何かが有るのではない。解らぬのが迷い、解るのが悟り、迷えば衆生、悟れば仏、である。道は衆生を離れない。衆生のほかに別に仏が有りえようか？　それはまた、手が拳となり、拳が手となるのと同じことなのである」。

無業は言下にからりと大悟し、涙を流して馬祖に申し上げた……。

ここでの馬祖の語はかなり説明的だし、このあとにはさらに無業と馬祖のやや冗長な教理的解説も加わってゆく。だが、今は、ただ、「即心是仏」が「即《まさ》に汝の了《さと》らざる所の心こそ即ち是れなり」、そう言い換えられていることが確かめられれば、それでよい。「即心是仏」といっても、「仏」と等置されるべき特別の「心」がどこかにあるのではない。解らぬなら解らぬというこの「心」、それがそのまま「仏」なのであり、そのほかに「仏」は存在しないというのである。そこで馬祖のいまひとりの法嗣、大珠慧《だいじゅえ》海《かい》にも次の問答がある。

有行者問、「即心即仏、那箇是仏?」師云、「汝疑那箇不是? 指出看」。行者無対。師云、「達則遍境是、不悟則永乖疎」。(『祖堂集』巻十四・大珠慧海章、頁二六七上・頁五二八)

行者《あんじゃ》有りて問う、「〝即心即仏〟、那箇《いずれ》か是れ〝仏〟?」師(大珠)云く、「汝、那箇《いずれ》か不是《しからざ》ると疑う? 指《し》め出《いだ》して看よ」。行者無対《むたい》。師云く、「達すれば則ち遍境是れ、悟らざれば則ち永《とこしな》えに乖疎せん」。

行者、「〝即心即仏〟と申しますが、どの心が〝仏〟なのでしょう」。大珠、「どの心が〝仏〟でないと疑うておるのだ。それを示してみよ」。行者は言葉に窮して黙りこんだ。大珠、「悟ればあらゆる事物がソレ(仏)である、悟らねば永遠にソレ(仏)とは疎遠である」。

「仏」と同定されるべき別の「心」がどこかにあるのではない。と同時に「仏」でない「心」も、決してどこにも存在しない。「即心是仏」とは、今こうして話しているこの場の「心」のことに外ならぬ。大珠はそのことを、行者に気づかせようとしたのである。大珠の説法の冒頭にも「汝の心是れ仏、仏を将って仏を求むるを用いず。汝の心是れ法、法を将って法を求むるを用いず」と明言されている(頁二六五下・頁五二五)。

同様の趣旨は、大梅法常《だいばいほうじょう》が馬祖に参じた際の問答にさらに詳しく示されている。『祖堂集』巻十五・大梅章の記録が最も古くまた最も委曲を尽くしているので、いま仮りにそれを三段に分けて読んでみる。

〔1〕　因一日問、「如何是仏?」馬師云、「即汝心是」。師進云、「如何保任?」(馬)師云、「汝善護持」。又問、

「如何是法?」(馬)師云、「亦汝心是」。又問、「如何是祖意?」馬師云、「即汝心是」。師進云、「祖無意耶?」馬師云、「汝但識取汝心無法不備」。師於言下頓領玄旨、遂杖錫而望雲山。因至大梅山下、便有棲心之意、乃求小許種糧、一入深幽、更不再出。(頁二八六上・頁五六五/『馬祖の語録』頁一四六、参照)

因《ちな》みに一日問う、「如何《いか》なるか是れ〝仏〟?」馬師云く、「即《まさ》に汝が心こそ是れなり」。師(法常)進《かさ》ねて云く、「如何《いか》にか保任《ほうにん》せん?」(馬)師云く、「汝善《よ》く護持《ごじ》せよ」。又問う、「如何《いか》なるか是れ〝法〟?」(馬)師云く、「亦《やは》り汝が心、是れなり」。又た問う、「如何《いか》なるか是れ〝祖意〟?」馬師云く、「即《まさ》に汝が心こそ是れなり」。師進《かさ》ねて云く、「祖には〝意〟無《な》きや?」馬師云く、「汝、但《た》だ汝が心の、法として備《そな》わらざる無きを識取せよ」。師、言《ごん》下《か》に於て頓《とみ》に玄旨を領《さと》り、遂《かく》て錫を杖《つ》きて雲山を望む。因《よ》りて大梅山下に至りて、便ち棲心の意有《あ》り、乃ち小許《わずか》の種糧を求め、一《ひと》たび深幽に入るや、更に再びは出ず。

とある日のこと、法常は馬祖に問うた、「〝仏〟とは如何なるものにございましょう」。馬祖、「ほかならぬ汝の心がそれである」。法常は重ねて問う、「それをどう我が物とすればよろしいのでしょう」。「よく護持してまいれ(現にある心がそうなのだから、ともかく、それをよく守ってゆけばよいのだ)」。また、たずねた。「〝法〟とは如何なるものにございましょう」。「やはり汝自身の心がそれである」。さらに、こうも問うた、「〝祖師西来の意〟とは如何なるものにございましょう」。「ほかならぬ汝の心がそれである」。「では、祖師にはなんの〝意〟も無かったのでしょうか(自分の心が〝祖師意〟だというなら、祖師が伝えたものなど何も無かったということにはなりませぬか)」。「汝自身の心にはすべての法が備わっている、ともかく、そのことだけをよく看て取るがよい」。

法常はこの一言の下、ただちに玄妙の理を悟り、かくて錫杖をついて旅に出、俗塵の外の地をたずね求めた。たまたま大梅山のふもとに至ったところ、隠棲の心をいだき、そこで、わずかな穀物の種を手に入れて山の奥深くに入り、そのご二度と山を出ることがなかったのであった。

「仏」とは、「法」とは、「祖師西来意」とは、と、重ねてたずねてゆく法常。それに対する馬祖の答えはいずれも、ほかならぬ汝の心がまさにそれに外ならぬ、というものであった。すべての法は己が心にもとから具わっており、新たに獲得したり完成したりするものではない。ただ現にあるものを「識取」し「護持」してゆくのみだというのである。その旨を頓悟した法常は、ひとり大梅山の奥深くに入って隠棲し、二度と人里に出ることはなかった。そして、そのまま、約三十年の月日が流れていった。

〔2〕　後因塩官和尚出世、有僧尋柱杖〔＝拄杖〕迷山、見其一人草衣結髪、居小皮舎、見僧先言不審、而言語謇澀。僧窮其由、師云、「見馬大師」。僧問、「居此多少年也?」師云、「亦不知多少年。只見四山青了又黄、青了又黄。如是可計三十余度」。僧問、「師於馬祖処、得何意旨?」師云、「即心是仏」。其僧問出山路。師指随流而去。

後、塩官《えんかん》和尚の出世せるに因み、僧有りて拄杖《しゅじょう》を尋ねて山に迷い、其の一人の草衣《そうえ》結髪《けっぱつ》し、小皮舎に居《す》まうを見る。僧を見るや先に「不審《ふしん》」と言うも、而《しか》れど言語《ことば》は謇澀《けんじゅう》たり。僧、其の由《ゆえ》を窮《きわ》むるに、師〔法常〕云く、「馬大師に見《まみ》えたり」。僧問う、「此《ここ》に居《すま》いて多少の年となれる?」師云く、「亦《ま》た多少の年なるかを知らず。只だ四《よ》の山の青了《あおみて》は又た黄となり、青了《あおみて》は又た黄となるを見しのみ。如是《かくのごと》くして可《ほぼ》三十余度《たび》を計《かぞ》う」。僧問う、「師、馬祖の処《もと》に於て、何の意旨《むね》をか得たる?」師云く、「即心是仏」。其の僧、出山の路を問うに、師、流れに随いて去《ゆ》けと指《しめ》せり。

その後、おなじく馬祖の法嗣である塩官斉安が、住持として世に立つこととなり、ひとりの僧が塩官の拄杖にするための木を捜し求めて大梅山に迷い込んだ。すると、山中でひとりの人に出くわした。見れば、草の葉を身にまとい、長髪を束ね、木膚ぶきの小屋に住んでいる。その人は僧の姿を認めると、自分の方から「不審」と言った。「不審」は僧侶の挨拶の語であるが、しかし、その言葉はつかえがちであり、とぎれがちであった。僧がわけを問い詰めてゆくと、その人は言う、「かつて馬大師に会いもうした」。「では、ここにどれほどの間お住まいで」。「どれほどと言われても分かりませぬが……。四方の山々が青くなっては黄色くなり、青くなってはまた黄色くなり、と、ただ、そのさまを眺めてまいっただけでござる。そうしたことが、かれこれ、三十度あまりにはなりましたろうか……」。「しからば、馬祖のもとで如何なる旨をお悟りになられたのです」。すると、その答えは、きっぱりとただひとこと、

——即心是仏

かくして、僧が山から出る路をたずねると、その人は流れに随ってゆけと指さした。

「流れに随いて去《ゆ》け」が、川の流れに沿ってゆけば里に出られるという意であるのは、間違いない。現に僧はこのあと、この言葉にしたがって塩官のもとに帰り着く。だが、それと同時に、この語は我々に、よく知られた第二十二祖摩拏羅《マヌラ》尊者の次の偈《げ》を想起させる。

心随万境転　　心は万境に随いて転ず
転処実能幽　　その転ずる処　実に能く幽なり

随流認得性　流れに随いて性を認得せば
無喜復無憂　喜も無く復た憂も無し　（『祖堂集』巻二、頁二九上・頁五六）

ここで「流れ」は、外界に反応して転変する表層的な心意識の流れ、すなわち第二句にいう「転処」を指し、「性」は深層の本性・仏性を指す。一首の意は「性」は「流れ」を排除するのでなく、「流れ」に即してこそ悟られるということで、これは、さきに馬祖が汾州無業に言った、「即《まさ》に汝の了《さと》らざる所の心こそ即ち是れなり、更に別物無《な》し」の意とよく通じあう。僧は気づいていないようだが、「流れに随いて去け」という一言は、実は「即心是仏」の語とひそかに共鳴しあっているのである。

〔3〕　其僧帰到塩官処、具陳上事。塩官云、「吾憶在江西時、曾見一僧問馬大師仏法祖意、馬大師皆言〝即汝心是〟。自三十余年、更不知其僧所在。莫是此人不?」遂令数人教依旧路斫山尋覓。如見、云、「馬師近日道〝非心非仏〟」。其数人依塩官教問。師云、「任你非心非仏、我只管即心即仏」。塩官聞而嘆曰、「西山梅子熟也。汝曹可往彼随意採摘去」。如是、不足二三年間、衆上数百。凡応機接物、対答如流。

其の僧、帰りて塩官《えんかん》の処に到り、具《つぶ》さに上事を陳《の》ぶ。塩官云く、「吾れ憶《おぼ》ゆるに、江西《こうぜい》に在りし時、曾て一僧の馬大師に〝仏〟〝法〟〝祖意〟を問えるに、馬大師皆《み》な〝即《まさ》に汝が心こそ是れなり〟と言えるを見たり。自《それよ》り三十余年、更《たえ》て其の僧の所在を知らず。此の人に莫是《あらざ》る不《や》?」遂《かく》て数人をして旧路に依り、山を斫《き》りて尋覓《たず》ねしむ。如《も》し見《あ》わば、云え、「馬師、近日は〝非心非仏〟と道《い》う」と。其の数人、塩官の教えに依りて問う。師云く、「任你《たと》い〝非心非仏〟なるも、我れは只管《ただ》〝即心即仏〟なるのみ」。塩官聞きて嘆じて曰く、「西山に梅子《うめのみ》熟せり。

汝曹《なんじら》、彼《かしこ》に往《ゆ》き意の随《まま》に採摘《つみと》り去る可《べ》し」。如是《かくのごと》くして、二三年に足らざる間に、衆《しゅ》、数百に上《のぼ》る。凡《およ》そ応機接《おうきせつ》物《もつ》、対答《こた》えること流《なが》るるが如し。

その僧は塩官のもとに帰り着き、ことの次第を詳しく報告した。塩官は言う、「そういえば、江西の馬大師のもとで修行しておったころ、ひとりの僧が大師に〝仏〟とは、〝法〟とは、〝祖意〟とは、と問うた。馬大師のお答えはどれも〝ほかならぬ汝の心がそれだ〟というものであった。それから、もう三十年余り、その僧の行方をとんと聞かぬが、まさにその人ではあるまいか」。

そこで門下の数人に、もとの路をたどり、山路を切り開いてその人をさがすよう命じた。もし出逢えたならば、そのお人に「馬大師は近頃では〝非心非仏〟と説いておられます」、そう問うてみよ、と。命ぜられた者たちがようやく法常を探し出し、塩官が教えたとおりに問うと、法常は言った。

――師が〝非心非仏〟であろうと、わしはただ〝即心即仏〟であるのみです。

報告を聞いた塩官は嘆息する。「西の山で、梅の実がみごとに熟れておる。そのほうら、出かけていって思うさま摘み取ってくるがよい」。

かくしてわずか二、三年を経ぬうちに、参ずる衆僧が何百人にもなった。三十年、山中にあって言葉を話すのを忘れていた法常も、その頃には修行者の機根と状況に応じつつ、流れるがごとく接化《せっけ》の語を説くようになっていた。

「非心非仏」については、後にあらためてふれる。簡単にいえば、最も本質的なものは「心」でもなく「仏」でもない、ということで、要は「即心是仏」「即心即仏」の語を反転した言葉である。だが、馬祖の指教がそうした逆の説に変わったと聞かされても、法常には何の動揺も不安も起こらない。「即心是仏」はもはや馬祖から授かった正解ではなく、法常がわが身の上に自ら「識取」した明白な事実だったからである。『祖堂集』大梅章は、後文に次のような問答を録している。

有人問塩官、「如何是西来意？」官云、「西来無意」。僧挙似師。師云、「不可一箇棺裏著両箇死屍」。

人有り塩官に問う、「如何《いか》なるか是れ西来意？」官〔塩官〕云く、「西来無意」。僧、師〔大梅〕に挙似《はな》す。師云く、「一箇《ひとつ》の棺裏に両箇《ふたつ》の死屍《むくろ》を著《お》く可からず」。

ある僧が塩官に問う、「祖師西来意とは如何なるものぞ」。塩官、「西来に意など無い」。僧がその経緯を大梅に話したところ、大梅いわく、「ひとつの棺にふたつの亡骸をいれてはならぬ」。

「西来意」の語があらかじめ「即心是仏」の意を内包していることは、すでに看た。塩官はおそらく「非心非仏」の観点から、それを否定して見せたのであろう。だが、それは「即心是仏」の信念の揺らぐことなき大梅にとって、到底許容しうるものではなかった。大梅から看れば、己が心を置き忘れて他人に「西来意」を問う僧も、また、それを平然と無みする塩官も、ともに「即心是仏」の一事を見失った生ける屍──すなわち「西来意」という一つの棺桶のなかの二つの屍《しかばね》──に外ならないのであった(7)。

三　作用即性

以上の例から、「即心是仏」が馬祖禅の原点であり核心であったことがわかる。だが、己れの心が仏だというだけならば、必ずしも馬祖の独創というわけではない。そのような説は馬祖以前にも多くの先蹤がある。(8) 馬祖禅の独自性は、その一事を理論的考察の帰結として教示するのでなく、我が身のうえの活きた事実として、学人に自ら身をもって実感させ体得させるという点にこそあった。

さきに引いた馬祖と汾州無業の因縁は、『祖堂集』巻十四の馬祖章のほうには、次のような形で録されている。

> 汾州和尚為座主時、講四十二本経論。来問師、「三乗十二分教、某甲粗知、未審宗門中意旨如何？」師乃顧示云、「左右人多、且去」。汾州出門、脚纔跨門閫、師召座主。汾州回頭応喏。師云、「是什摩？」汾州当時便省、遂礼拝、起来云、「某甲講四十二本経論、将謂無人過得。今日若不遇和尚、泊合空過一生」。（頁二六四下・頁五二三／『馬祖の語録』頁七一、参照）

> 汾州和尚、座主《ざす》為《た》りし時、四十二本の経論を講ず。来りて師〈馬祖〉に問う、「三乗十二分教は、某甲《それがし》粗ぼ知る、未審《しら》ず、宗門中の意旨は如何？」師乃ち顧示して云く、「左右、人《ひと》多し、且《しば》らく去れ」。汾州、門を出《い》ず。脚纔《わず》かに門閫《もんろう》を跨《また》ぐや、師「座主《ざす》！」と召《よ》ぶ。汾州、回頭し応喏す。師云く、「是れ什摩《なん》ぞ？」汾州当時《そのとき》便ち省す。遂《つい》で礼拝し、起来《たちあが》りて云く、「某甲《それがし》、四十二本の経論を講じ、人の過得《こゆ》るもの無しと将謂《おも》う。今日、若《も》し和尚に遇《あ》わざれば、泊合《あや》うく空しく一生を過《すご》せしならん」。

汾州無業は、座主であった頃には四十二種の経論の講義ができた。それが馬祖のもとを訪ねてきて問うた、「三乗十二分教、あらゆる経典のことは、それがし、あらまし心得ております。さて、それに対し、禅宗の本旨とは如何なるものにございましょう」。

馬祖は周囲を看まわして言う、「まわりに人が多い。今はひとまず去れ」。言われて無業は、おとなしく門を出る。ところが、その脚が一歩、外に出かかったところで、馬祖がだしぬけに呼んだ、「座主よ！」無業ははっとふりかえり、ハイと返事をする。そこへ馬祖はすかさず問うた、「何だ？」

無業はその瞬間、はたと気がついた。そして馬祖を礼拝し、起ちあがって申しあげた、「それがし、四十二種の経論の講義をし、己に勝る者などおらぬものと思うておりました。もし、今日、師に出逢うておらねば、すんでのところで、空しく一生を終えるところでございました」。

禅門の第一義、それは言葉で説き聞かせるものでもなく、他者と共有しうるものでもない。だから、馬祖は、周りの者に聞かれてはまずい、と、ひとまず秘密めかせて無業を退き下がらせる。だが、実は、この場での開示を拒んだわけではなかった。無業が門を一歩出ようとしたその刹那、馬祖は背後からいきなり呼びかける、「座主よ！」無業は思わずふりかえり、ハイと応ずる。そこへ馬祖は間髪を容れず問う、「何だ？」今、おもわず「回頭」し、「応喏」した当のもの、それはいったい何なのか。汝の問うた禅門の第一義、それがここに在るではないか。

無業はそこでみごとにそれを悟ったが、何を悟ったのかは、ここでは説明されていない。そこで、汾州無業章のさきの記述と結びつけて考えることが必要となり、現に『宗鏡録』が、この両種の伝承を次のようにまとめている。『景徳伝灯録』以下、宋代の典籍でも基本的にこの形が踏襲されてゆく。

汾州無業和尚、初問馬祖、「三乗至理、粗亦研窮。常聞禅師即心是仏、実未能了。伏願指示」。馬祖曰、「即汝不了底心即是、更無別物。不了時是迷、了時是悟。亦猶手作拳、拳作手也」。師又問、「如何是祖師西来密伝心印？」祖曰、「大徳正鬧在。且去、別時来」。一足始跨門限、祖云、「大徳！」便却迴頭。祖云、「是什麼？」遂豁

然大悟。（巻九十八、大正四八—九四二下）

汾州無業和尚、初めて馬祖に問う、「三乗の至理は、粗《ほ》ぼ亦《ま》た研窮《きわ》む。常に禅師は〝即心是仏〟なりと聞くも、実は未《いま》だ了《さと》る能《あた》わず。伏して願くは指示せよ」。馬祖曰く、「即に汝の了《さと》らざる心こそ即ち是れなり、更に別物無《な》し。了《さと》らざる時は即ち是れ迷《まよい》、了《さと》れる時は即ち是れ悟《さとり》。亦《ま》た猶お手《て》の拳《こぶし》と作《な》り、拳《こぶし》の手《て》と作《な》るがごとし」。師（無業）又た問う、「如何《いか》なるか是れ祖師西来密伝の心印？」　祖（馬祖）曰く、「大徳、正に鬧在《さわがし》。且《しば》らく去れ、別時に来れ」。一足始《わず》かに門限を跨《また》ぐや、祖云く、「大徳！」　便ち却って迴頭《ふりむ》く。祖云く、「是れ什麼《なん》ぞ？」　遂《かく》て豁然と大悟せり。

汾州無《む》業《ごう》は初めて馬祖に参じたとき、こう問うた、「尊き三乗の御教えはおおむね窮めました。しかし、常々、禅師は〝即心是仏〟とお説きと聞いております。それが実のところまだ解りませぬ。伏してご指教を願い上げます」。馬祖はいう、「ほかでもない、その解らぬという心、それがまさしく仏なのだ。その他に（「仏」と認めうる）何かが有るのではない。解らねば迷い、解れば悟りなのである。それはまた、手が拳となり、拳が手となるようなものである」。

だが、無業はその意を悟らず、なおも質問を重ねる、「祖師が西来して密かに伝えた心の証明とは、如何なるものにございますか」。馬祖、「大徳よ、そなたも、うるさいことじゃ。ひとまず去って、改めて出直せ」。言われて無業が一歩外に出かかったところで、馬祖が呼ぶ、「大徳よ！」　無業はとっさにふりむく。馬祖、「何だ？」　そこで無業は大悟した。

このように二つの話を結びつけて考えれば、馬祖の意とされているものは、明白である。解らぬという「心」のほかに、解る「心」があるのではない。迷いの「心」を捨てて、悟りの「心」を得るのでもない。呼ばれれば、考えるいとまもなく、即座にふりむき（「回頭」「迴頭」）、ハイとこたえる（「応喏」）。そうした自然な反応に現れ出ているナマの「心」、それがそのまま「仏」なのである。これが馬祖のいう「即心是仏」であった。それは教示されるべき正解でなく、理解されるべき理念でもない。このように我が身のうえに、活き活きと体感されるべき事実なのである。「即心是仏」という道理を教えるのでなく、それを活きた事実として学人自身に自ら実感させ体認させる、そこにこそ馬祖禅の特色があった。

そうした接化の例は、馬祖とその門下の語録のうちに頗る多い。むろん、それが成功するか否かは学人しだいであるから、常にうまくゆくとは限らない。馬祖章には次のような例も録されている。やはり座主が訪ねてきて、教義にからめた数段の問答があったが、すれ違いに終ったところである。

……師云、「不出不入是什麼法？」座主無対。遂辞出門、師召云、「座主！」座主応喏。師云、「是什麼？」座主無対。師呵云、「這鈍根阿師！」後百丈代云、「見麼？」（頁二六四下・頁五二三）

……師（馬祖）云く、「不出不入なれば是れ什麼《なん》の法ぞ？」座主《ざす》無対。遂《かく》て辞して門を出るや、師召《よ》びて云く、「座主！」座主応喏す。師云く、「是れ什麼《なん》ぞ？」座主無対。師、呵して云く、「這《こ》の鈍根《どんこん》の阿師《あし》！」後に百丈《ひゃくじょう》代りて云く、「見《み》ゆる麼《や》？」

……馬祖が問う、「不出不入であれば、それは何の法ということになるのか」。座主は答えられなかった。そこで辞去し門を出たところで、ふいに馬祖が呼ぶ、「座主よ！」座主はハイとこたえる。馬祖はすかさず、「何だ？」だが、座主はやはり答えられなかった。馬祖は叱りつけた、「このボンクラ坊主めが！」
　のちにこの話を聞いた百丈懐海《ひゃくじょうえかい》が、座主に代わってこう言った、「見えましたか？」

『景徳伝灯録』巻六・馬祖章（頁九〇上）、『馬祖語録』（『馬祖の語録』頁一〇三）などでは右の「応喏」が「廻首」になっているが、趣旨は変わらない。この座主は汾州無業の場合と違い、呼ばれて「応喏」し「廻首」した当のものに、自ら気づくことができなかったのである。

馬祖の弟子、百丈の代語は、「是れ什摩ぞ」などと問わずとも、わが「応喏」底は、ほれ、ご覧のとおりでございます、という意であろう。呼べば応える活きたはたらき、それはあらためて説明する必要のない、見てのとおりのものでございます。

後ろから呼びかけて、すかさず「是れ什摩ぞ」と問う接化のしかたは、かくいう百丈にもそのまま継承されている。『祖堂集』ではそのことが百丈の章ではなく、巻四の薬山惟儼《やくさんいげん》章に記されている。史実としては疑問視されているが、『祖堂集』は道吾円智《どうごえんち》と雲巌曇晟《うんがんどんじょう》を血のつながった兄弟とし、さきに出家して百丈懐海の侍者となっていた雲巌を、あとから出家して薬山の弟子となっていた道吾——兄ではあるが禅門では師弟《すてい》（おとうと弟子）にあたる——が懸命に手を尽くして薬山下に転向させるという長い物語を記す。次に引くのはそのなかの一部で、百丈のほうが配慮して、雲巌に手紙をもたせ、薬山のところに使いに行かせたという場面である。

雲巌奉師処分、持書到薬山。道吾相接、引去和尚処達書。一切了後、薬山問、「海師兄尋常説什摩法？」対曰、「三句外省去」。亦曰、「六句外会取」。師曰、「三千里外！　且喜得勿交渉」。又問、「更有什摩言句？」対曰、「有時説法了、大衆下堂次、師召大衆。大衆廻首、師曰〝是什麼？〟」。薬山曰、「何不早道？　海兄猶在！　因汝識得百丈矣」。（頁八九上・頁一七四）

雲巌、師〔百丈〕の処分《いいつけ》を奉じ、書《ふみ》を持して薬山に到る。道吾相接《むか》え、引《みちび》きて和尚〔薬山〕の処《もと》に去《ゆ》きて書を達す。一切了《おわ》りて後《のち》、薬山問う、「海師《す》兄《ひん》〔百丈〕尋常《ひごろ》、什麼《なん》の法をか説く？」対《こた》えて曰く、「三句の外に省《さと》り去れ」。亦《ま》た曰く、「六句の外に会《さと》り取れ」。師〔薬山〕曰く、「三千里外！　且《まず》は喜《め》得《で》たくも勿交渉《かかわりなし》」。又た問う、「更に什麼《なん》の言句《ごんく》か有る？」対《こた》えて曰く、「有る時、説法し了《おわ》り、大衆下《あ》堂《どう》せる次《おり》、師〔百丈〕、大衆！と召《よ》ぶ。大衆廻首《ふりかえ》るや、師曰く〝是れ什麼《なん》ぞ？〟」。薬山曰く、「何ぞ早う道《い》わざる？　海《かい》兄《ひん》、猶《な》お在《いま》す！　汝に因《よ》りて百丈を識《し》得《れ》り」。

雲巌は百丈老師の命を奉じ、手紙をもって薬山にやってきた。道吾はそれを出迎え、薬山老師のもとに案内する。相見の作法がひととおり終ったあと、薬山が問うた。「懐海師兄どのは、近頃、どのような法を説いておいでか？」雲巌は答えていう、「三句を超えたところで悟れ」、あるいは「六句を超えたところを会得せよ」、そう説いておられます、と。薬山は、落胆し、憤慨する。「それでは三千里のかなた、お目出度いほどの見当ちがいではないか！」そして、気を取り直して問い直す、「師兄どのには、そのほかにどのようなお言葉がある」。雲巌はふたたび答えていう。「ある時、説法が終り、大衆が法堂から下がろうとしておりましたところ、百丈老師は、諸君！と声をかけられました。大衆が思わずふりむきますと、老師は言われました――〝何だ？〟」

薬山はそれを聞いて快哉を叫ぶ、「なぜ、それを早う言わぬ。懐海師兄はなおご健在じゃ！　おぬしのおかげで百丈というお人がようわかった(9)」。

「三句外」云々については『祖堂集』巻十四・百丈章で百丈自身が「只《ともか》く如今《いま》、倶《とも》に一切の有無《うむ》の諸法を離れ、三句の外に透過《つきぬ》けなば、自然《おのず》と仏と差《へだたり》無からん」と説いており(頁二七六上・頁五四六)、「六句」については同巻十七・処微章に「語底・嘿底・不嘿底・不語底・惣《すべ》て是《ぜ》・惣《すべ》て不是《ふぜ》」のこと、という解説が見える(頁三一七上・頁六二七)。要するに「四句百非を絶して」などというのに同じく、あらゆる形式の言語・論理を超えたところを悟れ、ということだが、薬山はそうした説法を百丈らしからぬ無用の閑葛藤と斥ける。そして、背後からだしぬけに呼びかけ、とっさに「廻首」したところへすかさず「是れ什摩ぞ」と問う件のやりかたを聞き、一転、それでこそ百丈と快哉を叫ぶのであった。第二節であらためて述べるように、薬山は石頭希遷に法を嗣ぎ、馬祖系とは異なった別種の禅を挙揚する。しかし、馬祖系の禅の方法についても、それはそれとして高く評価し、時には自らもそれを自家薬籠中のものとして活用してみせる。たとえば『祖堂集』巻十四に馬祖の弟子、紫玉道通《しぎょくどうつう》の次のような問答が録されている。相手は襄州刺史であった「于迪《うてき》相公」である。

又問、「如何是仏?」師喚于迪、相公応喏。師云、「更莫別求」。相公言下大悟、便礼為師。(頁二七〇下・頁五三五)

又た問う、「如何《いか》なるか是れ仏?」師(紫玉)、于迪《うてき》を喚ぶ、相公応喏す。師云、「更に別に求むる莫《なか》れ」。相公、言下《ごんか》に大悟し、便ち礼して師と為す。

于迪はさらに問う、「仏とは如何なるものぞ」。紫玉は于迪の名を呼ぶ。于迪はハイと応える。そこで紫玉、「そのほかに別に求めてはなりませぬ」。于迪は言下に大悟し、礼拝して紫玉を師と仰いだ。

ここまでは分かりやすい。呼ばれれば思わずハイと応える活き身のはたらき、それを置いて求めるべき仏などありはしない、というわけで、「仏」＝「応喏」という馬祖禅の定式がきわめて明瞭に示されている。
ところが、この一段にはさらに次の後日談が付記されている。

有人挙似薬山、薬山云、「縛殺者箇漢！」僧便問、「和尚如何？」薬山云、「是什麼？」

人有りて薬山に挙似《はな》すに、薬山云く、「者箇漢《こやつ》を縛り殺せ！」僧便ち問う、「和尚は如何《いかん》？」薬山云く、「是れ什麼《なん》ぞ？」

ある僧がこのやりとりを薬山に伝えた。すると薬山は怒っていう、「そんなやつ、縛り殺してしまえ！」そこで僧は問う、「しからば和尚さまなら、その場で、どうなさいます」。薬山いわく、「是れ什麼《なん》ぞ？」——わしなら、そこで、すかさず「何だ」と切り込んだろう。[10]

按ずるに、紫玉の言いかたでは、「応喏」＝「仏」という道理を後から解説しているだけであって、活きた「応喏」のはたらきそのものはとうに過ぎ去ってしまっている。馬祖の弟子ならば、その一刹那をすかさず捉え、活きてはたらく当のものを、本人に自ら気づかせなくてはダメではないか、薬山はそう非難しているのである。
以上ふたつの薬山に関する記録から、「迴首」「応喏」の瞬間、すかさず「是れ什麼ぞ」と問いかける方法が、馬祖禅の特色としてひろく認められていたことがうかがわれよう。そうした方法を成り立たせているのは、馬祖の次のような考え方である。

馬祖大師云、「汝若欲識心、祇今語言、即是汝心。喚此心作仏、亦是実相法身仏、亦名為道。……今見聞覚知、元是汝本性、亦名本心。更不離此心別有仏。此心本有今有、不仮造作。本浄今浄、不待瑩拭。自性涅槃、自性清浄、自性解脱、自性離故。是汝心性、本自是仏、不用別求仏。……」（『宗鏡録』巻十四、大正四八—四九二上／『馬祖の語録』頁一九八）

馬祖大師云く、「汝若《も》し心を識らんと欲さば、祇今《いま》語言する、即ち是れ汝が心なり。此の心を喚《よ》びて仏と作《な》し、亦《ま》た是れ実相法身仏にして、亦《ま》た名づけて道とも為す。……

今、見聞覚知するは、元《もと》より是れ汝が本性にして、亦《ま》た本心とも名づく。更《さら》に此の心を離れて別に仏有るにはあらず。此の心は本有《ほんぬ》今有《こんぬ》にして、造作《ぞうさ》を仮《か》らず、本浄今浄にして、瑩拭《えいしょく》を待たず。自性涅槃、自性清浄、自性解脱、自性離るるが故に。是《まさ》に汝が心性、本自《もとよ》り是れ仏なり、別に仏を求むるを用いざれ。……」

「心」なるものを識りたければ、今、現にこうして話している、それが汝の「心」に外ならない。この「心」をこそ「仏」と呼び、「実相法身仏」といい、また、「道」ともいうのである。……

今、見聞覚知しているのが、そもそも汝の「本性」であり「本心」である。この「心」を離れて別に「仏」があるのではない。この「心」は、本から有り今も現に有るものであって、人為的に拵えるには及ばない。また本から清浄であり今も現に清浄であるものであって、拭き清める必要もない。自性そのものが涅槃であり、自性そのものが清浄であり、自性そのものが解脱し、自性自身が汚れから離れているからである。ほかでもない、汝のこの「本心」「本性」こそが、もともと「仏」なのであり、このほかに別に「仏」を求めてはならぬのである。

馬祖の語録にはほかに「一切衆生は、無量劫より来《このかた》、法性三昧を出《い》でず、長《つね》に法性三昧中に在りて、著衣喫飯し、言談祇対す。六根の運用、一切の施為《ふるまい》は、尽《ことごと》く是れ法性なり」という言葉も伝えられている（『馬祖の語録』頁二四）。語彙はまちまちだが、要するに、今げんに現れている現実態の作用（「語言」「見聞覚知」「著衣喫飯」「言談祇対」「六根運用」「一切施為」）、それがそのまま本来性（「仏」「本性」「本心」「法性」）に外ならないという説で、このように身心の生理的作用を無媒介に仏性と等置する考え方は、一般に「作用即性《さゆうそくしょう》」説などと呼ばれている。[11]「廻首」や「応諾」の問答は、こうした考えを、理論としてでなく、活きた実感として学人に捉えさせようとしたものであった。同じことは黄檗『宛陵録』でも次のように説かれている。

即心是仏。上至諸仏、下至蠢動含霊、皆有仏性、同一心体。所以達摩従西天来、唯伝一心法、直指一切衆生本来是仏、不仮修行。但如今識取自心、見自本性、更莫別求。云何識自心？　即如今言語者、正是汝心。若不言語、又不作用、心体如虚空相似、無有相貌、亦無方所、亦不一向是無、有而不可見。……若不応縁之時、不可言其有無、正応之時、亦無蹤跡。（入矢『伝心法要・宛陵録』頁一三四）

即心是仏。上は諸仏に至り下は蠢動含霊に至るまで、皆《み》な仏性、同一心体を有す。所以《ゆえ》に達摩、西天従《よ》り来り、唯だ一心の法をのみ伝え、一切衆生は本来是れ仏、修行を仮《か》らずと直指《じきし》せり。但だ如今《いま》、自心を識取し、自の本性を見て、更に別に求むる莫《なか》れ。云何《いかん》が自心を識る？　即《まさ》しく如今言語する者、正に是れ汝が心なり。若《も》し言語せず、又た作用もせざれば、心体は虚空《こくう》の如くに相い似て、相貌有ること無く、亦《ま》た方所も無く、〔さりとて〕亦た一向《いちず》に是れ無なるにもあらず、有れども見《み》る可《べ》からざるなり。……若《も》し縁に応ぜざるの時には、其の有無を言う可からず、正に応ずるの時にも、亦た蹤跡《しょうせき》無し。

「即心是仏」――「心」がそのまま「仏」である。上は諸仏から下は虫けらに至るまで、みな「仏性」、すなわち同一の「心」の本体を具えている。だからこそ達摩は西来して「一心」の法を伝え、一切衆生は本より「仏」、あらためて修行するには及ばぬと直指せられたのである。だから、ともかく今この場で自らの「心」、自らの「本性」を看て取り、そのほかに別に求めることをやめるのだ。

では、自らの「心」をどう看て取ればよいのか。それはほかでもない、今、現にこうして話しているもの、それこそが汝の「心」なのである。ものも言わず、さらには何の作用もなしていない時、その「心」の本体はあたかも虚空のごとく、姿かたちも無ければ、方向も位置ももたぬ。だが、さりとて、まったくの無というわけでもない。有っても目には見えぬのである。……外境に応じていない時には有るとも言えず無いとも言えず、外境に応じてはたらき出た時にも、何ら痕跡を残さぬものなのである。(12)

馬祖の一段は「祇今語言」＝「心」という論点から始まって「心性」＝「仏」という結論に至り、いっぽう黄檗は「即心是仏」の論点から始めてそれを「如今言語者、正是汝心」という説に敷衍している。順序は逆だが、言わんとする所は同じである。これらの言から窺われるように、「作用即性」と「即心是仏」とは表裏一体の考え方であり、論理的には「即心是仏」の一事が日常の一挙一動のうえに演繹されて「作用即性」説となり、実地の接化においては、逆に応諾や廻首などの箇々の「作用」を通じて「即心是仏」の一事に気づかせる、という手法となるのであった。序論で考えた「栢樹子」の問答も、やはりこうした考えを前提に行われたものに外ならない。

四　平常無事

右の黄檗『宛陵録』の一段に、次のような言葉があった。

所以《ゆえ》に達摩、西天従《よ》り来り、唯だ一心の法をのみ伝え、一切衆生は本来是れ仏、修行を仮らずと直指《じきし》せり。但だ如今《いま》、自心を識取し、自の本性を見て、更に別に求むる莫《なか》れ。

祖師西来の目的は「即心是仏」の一事を直指することにある、そのことはすでに述べたとおりである。ここで注目したいのは、そのことが「一切衆生は本来是れ仏、修行を仮らず」と敷衍されていることである。もとより仏である以上、仏になるための修行など無用の沙汰だというわけで、こうした考えもまた、馬祖禅の重要な基調のひとつとなっている。馬祖はいう——

道不用修、但莫汚染。何為汚染？　但有生死心、造作趣向、皆是汚染。若欲直会其道、平常心是道。謂平常心、無造作、無是非、無取捨、無断常、無凡無聖。経云、「非凡夫行、非賢聖行、是菩薩行」。只如今行住坐臥、応機接物、尽是道。道即是法界。乃至河沙妙用、不出法界。若不然者、云何言心地法門？　云何言無尽灯？（『景徳伝灯録』巻二十八、頁五七六上／『馬祖の語録』頁三二）

道は修するを用いず、但だ汚染《おぜん》すること莫《なか》れ。何をか汚染と為す？　但有《あらゆ》る生死《しょうじ》の心、造作《ぞうさ》・趣向《しゅこう》は、皆な是れ汚染なり。若《も》し直《じき》に其の道を会《え》さんと欲さば、平常心是れ道なり。謂《いうこころ》は、平常心《びょうじょうしん》とは、造作《ぞうさ》無く、是非《ぜひ》無く、取捨《しゅしゃ》無く、断常《だんじょう》無く、凡《ぼん》無く聖《しょう》無きなり。経〔『維摩経』不思議品〕に云く、「凡夫《ぼんぷ》の行に非ず、賢聖《けんしょう》の行に非ず、是れ菩薩《ぼさつ》の行なり」と。只だ如今《いま》の行住坐臥《ぎょうじゅうざが》、応機《おうき》接物《せつもつ》、尽《ことごと》く是れ道なり。道は即ち是れ法界なり。乃至《ないし》河沙《がしゃ》の妙用《みょうゆう》も、法界を出《いで》ず。若《も》し然《しか》らずんば、云何《いかん》が心地《しんち》法門《ほうもん》と言わん？　云何《いかん》が無《む》尽灯《じんとう》と言わん？

「道」は修めるに及ばない。汚してはならぬ、ただそれだけだ。では、「汚す」とは何か。生死にとらわれた心、「道」を拵えようとする作為、あるいは「道」に向かおうとする意識、それらすべてが「汚す」ことである。もしずばりと「道」そのものを会得したいなら、「平常心」――あたりまえの心――それがそのまま「道」である。

では「平常心」とは何か。それは、作為なく、是非なく、取捨なく、断常なく、凡聖の対立なきものである。それで『維摩経』不思議品にも「凡夫の行でも聖賢の行でもなく（つねにその中間を歩みつづける）菩薩の行なのだ」と説かれている。正しくただ今の一挙一動、諸もろの事物への対応が、すべてそのまま「道」であり、その「道」がすなわち法性なのである。ひいては無数無限のすばらしきはたらきも、すべてこの法界を出ない。そうでなければ、どうして「心地法門」といい、どうして「無尽灯」といおうか。

「平常心是道」は馬祖の語として、あまりに名高い。ふだんの当たり前の「心」が「道」である、というこの語の意は、ありのままの「心」がそのまま「仏」だという「即心是仏」の語と同義である。「道」すなわち「仏」は、修行によって獲得されたり完成されたりするものではない。それは、もともとあるものであって、ただ、よけいな作為によってそれを損なわぬようにするべきなのである。南泉普願《なんせんふがん》の法嗣で、したがって黄檗同様、馬祖からいえば再伝の弟子にあたる長沙景岑《ちょうさけいしん》は、あるとき「平常心」を問われて次のように答えている。

問、「如何是平常心？」師云、「要眠則眠、要坐則坐」。僧云、「学人不会」。師云、「熱則取涼、寒則向火」。（『祖堂集』巻十七・岑和尚章、頁三二五上・頁六四三）

問う、「如何《いか》なるか是れ平常心？」師〔長沙〕云く、「眠らんと要《ほっ》すれば則ち眠り、坐せんと要《ほっ》すれば則ち坐す」。僧云く、「学人《それがし》会せず」。師云く、「熱《あつ》ければ則ち涼を取り、寒《さむ》ければ則ち火に向《あた》る」。

このあとにつづけて、次の一則も録されている。

問、「有人問和尚、和尚則随問答話。惣無人問時、和尚如何？」師云、「困則睡、健則起」。僧云、「教学人向什麼処領会？」師云、「夏天赤骨身、冬天須得被」。

問う、「人の和尚に問う有らば、和尚は則ち問いに随って答話《とうわ》す。惣《すべ》て人の問う無き時は、和尚如何《いかん》？」師云く、「困《つか》るれば則ち睡《ねむ》り、健なれば則ち起《お》く」。僧云く、「学人《それがし》をして什麼処《いずく》に向《お》いてか領会《さと》らしめん？」師云く、「夏天《なつ》には赤骨身《すっぱだか》、冬天《ふゆ》には須《すべか》らく被《ふすま》を得べし」。

熱ければ涼み、寒ければ火にあたる。疲れれば眠り、元気ならば起き、夏にははだか、冬にはちゃんと布団をかける。ただ、あるがままの当たり前、それが「平常心」であり、そこには修行も悟りも必要なく、またそれを加える余地もないのである。

馬祖の弟子たちはこの「平常」のことを、しばしば「無事」という語でも説いている（馬祖自身の語には「無事」の用例は見られない）。たとえば馬祖の法嗣のひとり、大珠慧《だいじゅえ》海《かい》の説法に次のようにある。

諸人幸自好箇無事人、苦死造作、要担枷落獄作麼？　毎日至夜奔波、道我参禅学道、解会仏法。如此転無交渉也。只是逐声色走、有何歇時？　貧道聞江西和尚道「汝自家宝蔵、一切具足、使用自在、不仮外求」。我従此一時休去、自己財宝、随身受用。可謂快活！　無一法可取、無一法可捨、不見一法生滅相、不見一法去来相、偏十方界、無一微塵許不是自家財宝。但自子細観察自心、一体三宝常自現前、無可疑慮。莫尋思、莫求覓。心性本来清浄。……若不随声色動念、不逐相貌生解、自然無事去。莫久立、珍重。（『景徳伝灯録』巻二十八・越州大珠慧海和尚語、頁五七八下）

諸人幸自《さいわい》に好箇の無事の人なるに、苦死《しきり》に造作し、枷《かせ》を担《にな》いて獄に落ちんと要《ほっ》して麼《なん》と作《す》る？　毎日夜《よる》に至るまで奔波《はせまわ》り、我れは〝禅〟に参じ〝道〟を学び、〝仏法〟を解会《げえ》すと道《い》う。如此《かくのごと》きんば転《ますま》す交渉《かかわり》無からん。只だ是れ声色《しょうしき》を逐《お》うて走るのみ、何の歇《や》む時か有らん？　貧道《それがし》、江西《こうぜい》和尚〔馬祖〕の「汝が自家《じけ》の宝蔵、一切具足し、使用《もちう》ること自在、外に求むるを仮《か》らず」と道《い》うを聞く。我れ此《こ》れ従《よ》り一時に休し去り、自己の財宝、身に随いて受用《じゅゆう》す。快活と謂《い》う可《べ》し！　一法の取《と》る可《べ》き無く、一法の捨《す》つる可《べ》き無く、一法の生滅《しょうめつ》相を見ず、一法の去来《きょらい》相を見ず、偏十方界《へんじっぽうかい》に、一微塵許《みじんばかり》も自家の財宝に不是《あらざ》る無し。但自《ただ》子細に自心を観察せば、一体三宝、常自《つね》に現前し、疑慮す可き無し。尋思《じんし》する莫れ、求覓《もと》むる莫れ。心性は本来清浄なり。……若《も》し声色に随いて念を動かさず、相貌《そうぼう》を逐いて解《げ》を生ぜずんば、自然《おのず》と無事となり去らん。久しく立つる莫れ、珍重《ちんちょう》。

諸君は幸いに申し分なき無事の人である。だのに、しゃにむに拵えごとをし、自らにカセをはめ自分から牢獄に身を落とそうとして、何とするか。毎日、夜になるまで駆けずり回り、あげく、おれは「禅」に参じ「道」を学び「仏法」を理解したなどと言う。そんな調子ではますます見当はずれになるばかりだ。それは所詮、己の外の虚妄な現象を追いかけまわすことでしかない。そんなことで、いつ安息の時があろう。

わたくしは江西の馬大師から、「汝自身の宝の蔵にすべてが具わり、自ら使い放題である。外に求めるには及ばない」と言われた。それ以来わたしはすっかり休息し、常に我が身とともにある宝の蔵を享受しておる。なんと痛快なことではないか！　取捨すべき一法もなく、一法の生滅の相も、一法の去来の相も存在しない。この世界いっぱいに、一微塵ほども自身の宝蔵に属さぬものは無い。己の心をとくと観察しさえすれば、一体となった三宝が常に目の前に現れ、わずかも疑う余地が無いのである。思慮してはならぬ、捜し求めてもならぬ。己が心の本性はもともと清浄なのである。……

己の外の現象を追い回して意識を動かし、姿かたちにとりついて観念を起すこと、それがなければ自ずと無事となるであろう。いつまでもここに立っておらんでよい。以上、これまで。

自己の本性は本来清浄であり、そこには一切が具足している。それゆえ、自分の外に「道」や「仏」を求めて奔走する愚をやめて「休歇《きゅうけつ》」しさえすれば、自己はもともと「好箇の無事の人」だ、というわけである。「無事」は唐代禅の関鍵語のひとつであり、その基本義は、六祖《ろくそ》恵能《えのう》の弟子、司空本浄《しくうほんじょう》の次の語によく示されている。法空禅師なる人物に反駁してゆく語の一部である。

然。十二部教、皆合於道。禅師錯会、背道逐教。道本無修、禅師強修。道本無作、禅師強作。道本無事、強生多事。道本無為、於中強為。道本無知、於中強知。如此見解、自是不会、須自思之。（『祖堂集』巻三・司空山本浄和尚章、頁六八下・頁一三四）

然り。十二部教は、皆な「道」に合す。禅師錯《あやま》り会《え》して、「道」に背《そむ》き教を逐う。「道」は本《も》と無修なるに、禅師強《あなが》ちに修す。道は本と無作《むさ》なるに、禅師強《あなが》ちに作《な》す。道は本と無事なるに、強ちに多事を生ず。道は本と無為なるに、中に於て強《あなが》ちに為す。道は本と無知なるに、中に於て強《あなが》ちに知る。如此《かくのごと》き見解《けんげ》なれば、自是《もとよ》り会《え》せず、須らく自《みずか》ら之を思うべし。

本浄はいう、「道は本と無事なるに、強《あなが》ちに多事を生ず」と。「多事」は、多数の事ではなく、よけいな事で、「多《た》子《す》」ともいう[13]。馬祖のいう「造作」「趣向」、大珠のいう「奔波」「尋思」「求覓」等、ことさらに「道」を造り出したり追い求めたりしようとする行為がこれに当たる。「無事」とはそれが無いことで「無多子」とも言う。くだくだしきよけいな事のない、ただ本来あるがままの「平常」の状態ということである。そのことを黄檗『伝心法要』は、次のように簡明に言いきっている。

上堂云、「百種多知不如無求最第一也。道人是無事人。実無許多般心、亦無道理可説。無事！　散去」。（入矢『伝心法要・宛陵録』頁七六）

上堂して云く、「百種の多知も求むる無きの最第一なるには如《し》かざるなり。道人は是れ無事の人。実に許多般《くさぐさ》の心無く、亦た道理の説《と》く可《べ》きも無し。無事！　散じ去れ」。

ありとあらゆる博学も、何も求めぬことの最上なるには及ばない。道の人とは「無事の人」のこと。そこには、あれこれの心も無く、説くべき道理も無い。さあ、そのほかには何事も無い。解散！

五　馬祖系禅者の馬祖禅批判

以上に看てきたように、「即心是仏」の一事から「作用即性」や「平常無事」というありようが自ずからに出てくる。自己の心がそのまま仏なのであるから、自身の行うあらゆる営為はみな仏作仏行《ぶっさぶつぎょう》であり、ことさら「仏」や「道」を求める作為的努力は一切やめて「平常」「無事」のままでいるがよい、というわけである。年代も実際の作者も特定はできないが、『寒山詩』の次の一首は、そうした馬祖禅の思想と情緒をよく反映しているように思われる。

一生慵懶作　　一生　作《な》すに慵懶《ものう》し
憎重只便軽　　重《おも》きを憎んで只だ軽《かる》きを便とす
他家学事業　　他家《たけ》〔よその人々〕は事業を学ぶも
余持一巻経　　余《われ》は一巻の経を持《たも》つのみ
無心装褾軸　　褾軸を装う心《つもり》も無く
来去省人擎　　来去　人の擎《かか》ぐるを省《はぶ》く
応病則説薬　　病《やまい》に応じては則ち薬《くすり》を説き
方便度衆生　　方便もて衆生を度《すく》う

但自心無事　　但自《ただ》心《こころ》無事なれば
何処不惺惺　　何《いず》れの処《ところ》か惺惺ならざる
（項楚『寒山詩注』第二四六首、中華書局、二〇〇〇年）

ここにいう「一巻の経」は、さきに大珠がいっていた「自家の宝蔵」と同じく、自己本分事《ほんぶんじ》の譬喩である。軸装の要もなく、持ち運びの面倒もない、と詠われているのも「自己の財宝、身に随いて受用《じゅゆう》す」と同義であろう。だから心が「無事」でありさえすれば、常に昧《くら》むことなくハッキリとしている、そう結ばれているのである。[14]

こうした考え方は、意味の追求に執われている者を「無縄自縛」から解放するのには、新鮮で効果的であったろう。しかし、これ自体がひとたび既成の正解として前提されるようになれば、人は容易に安穏な凡庸さに自足し、さらには怠惰と愚鈍を誇る逆の慢心にさえ陥りかねない。『寒山詩』にはそうした状況を告発したと思しき、次のような一首も見出される。

世有一等流　　世に一等流《あるやから》有り
悠悠似木頭　　悠悠《ぼんやり》として木頭《でく》の似《ごと》し
出語無知解　　語を出せば知解《ちげ》無く
云我百不憂　　我れは百《なにごと》も憂えずと云う
問道道不会　　道《みち》を問えば道は会《え》せずといい
問仏仏不求　　仏《ほとけ》を問えば仏も求めずという
子細推尋著　　子細に推尋《といつめ》てゆか著《ば》

茫然一場愁　　茫然として一場の愁《うれ》いのみ
（項楚『寒山詩注』第一三六首）

知解なく憂いなき状態をよしとする、ある種の連中。かれらは道を問われれば「道など会さぬ」といい、仏を問われれば「仏など求めぬ」という。そこで子細に問いつめて点検してみれば、結局、こちらが茫然たる失望に陥るばかりだというわけである。安直な「無事」に自足し、さらにはそれを得意げに誇示する口ぶり、それを写して諷刺した一首と看てよかろう。(15)

こうした弊風が蔓延したためか、「即心是仏」「作用即性」「平常無事」といった馬祖禅の基本理念に対する——厳密にいえばそれらの理念を絶対視し教条化しようとする立場に対する——批判や修正の説が現れるようになる。一般にはそれは馬祖自身が自らの所説を反転して「非心非仏」「不是心、不是仏、不是物」と説くようになったところから始まったとされている。『景徳伝灯録』巻六・馬祖章の次の一段などがその例である。

僧問、「和尚為什麼説即心即仏？」師云、「為止小児啼」。僧云、「啼止時如何？」師云、「非心非仏」。僧云、「除此二種人来、如何指示？」師云、「向伊道不是物」。僧云、「忽遇其中人来時如何？」師云、「且教伊体会大道」。
（頁八九上／『馬祖の語録』頁九二、参照）

僧問う、「和尚、為什麼《なにゆえ》にか〝即心即仏〟と説く？」師（馬祖）云く、「小児《しょうに》の啼《な》くを止《と》めんが為なり」。僧云く、「啼《な》き止みし時は如何《いかん》？」師云く、「非心非仏」。僧云く、「此の二種の人を除《のぞ》きて来《きた》らば、如何《いかん》が指示せん？」師云く、「伊《かれ》に向いて道《いわ》ん、〝不是物《ふぜもつ》〟と」。僧云く、「忽《も》し其中《こちゅう》の人の来るに遇《あ》う時は如何《いかん》？」師云く、「且《まず》は伊《かれ》をして大道を体会《たいえ》せしめん」。

僧、「和尚はなにゆえ〝即心即仏〟と説かれるのです」。馬祖、「泣く子をあやすためだ」。「では、泣き止んだらどうなさいます」。「〝非心非仏〟と説く」。「その両種以外の者が来たら、どうなさいます」。「そやつには〝何物でもない〟と言おう」。「しからば、究極のところにある人に出逢うたら、如何なさいます」。「まずはそやつに大道を体得させてやろう」。

「即心是仏」「非心非仏」「不是物」が、いわば初級・中級・上級の三段階の方便として排列され、さらにそれらを超えたところに馬祖禅の真の「大道」があるという論法になっている。ただし、この記録が見られるのは、現存の資料の限りでは右の『景徳伝灯録』馬祖章以後のことであり、ここで唐末五代の比較的古い文献としてあつかっている『祖堂集』および『宗鏡録』『景徳伝灯録』巻二十八には、「非心非仏」や「不是心、不是仏、不是物」を馬祖口づからの発言として記したところは無い。さきの大梅と塩官の因縁でもそうであったように、それらの語は、いずれも馬祖の弟子の発言のなかに、馬祖の所説の引用という形で間接的に記されるのみなのである。たとえば『祖堂集』巻三・慧忠国師(南陽慧忠)章に、馬祖の弟子、伏牛自在《ふくぎゅうじざい》との次のような問答が見える。

伏牛和尚与馬大師送書到師処。師問、「馬師説何法示人?」対曰、「即心即仏」。師曰、「是什摩語話!」又問、「更有什摩言説?」対曰、「非心非仏」。亦曰、「不是心、不是仏、不是物」。師笑曰、「猶較些子」。伏牛却問、「未審此間如何?」師曰、「三点如流水、曲似刈禾鎌」。後有人挙似仰山。仰山云、「水中半月現」。又曰、「三点長流水、身似魚竜衣」。(頁六四下・頁一二六/『馬祖の語録』頁一七九、参照)

伏牛和尚《ふくぎゅう》、馬大師の与《ため》に書《ふみ》を送りて師〔慧忠国師〕の処に到る。師問う、「馬師〔馬祖〕は何の法をか説きて人に示す?」対《こた》えて曰く、「即心即仏」。師曰く、「是れ什摩《なん》たる語話《ことば》ぞ!」又た問う、「更に什摩《なん》の言説《ことば》か有る?」対《こた》えて曰く、「非心非仏」。亦《ま》た曰く、「不是心、不是仏、不是物」。師笑いて曰く、「猶《な》お較《へだ》たること些子《いささか》なり」。伏牛却って問う、「未審《しら》ず此間《こちら》は如何《いかん》?」師曰く、「三点は流水の如く、曲れること刈禾《いねかり》の鎌《かま》の似《ごと》し」。後に人有って仰山《きょうさん》に挙似《はな》す。仰山云く、「水中に半月現《あらわ》る」。又た曰く、「三点長《とこしな》えに水《みず》流れ、身は魚竜の衣の似《ごと》し」。

伏牛和尚が馬祖の手紙を慧忠国師のもとに届けに行った。国師が問う、「馬祖どのは、どのような法を説いておいでか」。伏牛、「〝即心是仏〟と説いておりまする」。国師、「まったく、なんという、けしからん言いぐさ!」国師は気をとりなおして、かさねて問う、「ほかにどんな教えがある」。伏牛、「はっ、〝非心非仏〟と説いております」。「それから〝不是心、不是仏、不是物〟とも」。国師はそれを聞くと、笑っていった、「まあ、いま、ひとつだの」。

こんどは伏牛のほうが問いかえす、「しからば、こちらでは如何なる法をお示しで」。国師はいう、「三つの点は流れる水のごと、曲がれるさまは稲刈る鎌のごと」。

後世、ある人がこの問答のことを仰山慧寂《きょうさんえじゃく》に話したところ、仰山はいった、「水面に半月あらわる」。またいわく、「三つの点はつねに流れつづけ、その身は魚竜の衣のごとし」。

慧忠は馬祖の「即心是仏」から、おそらく「心」の実体視の危険を嗅ぎ取ったのであろう。「非心非仏」「不是心、不是仏、不是物」と言い直したところで、ひとたび実体化した「心」を後からあわてて否定している感は免れず、やはり「猶較些子─いまひとつ」と断ぜざるをえない。それに対する慧忠自身のことばは、「心」という文字の形に言よせつつ、流動的でありながら、すべてを截ち切る鋭さを具えたもの、という新たな「心」の形象を提示したもののようである。さらに後代の仰山の語は、慧忠の語をふまえつつ、ひとつめは虚妄な現象でありながらしかし清澄で鮮明であるという形象、ふたつめは流動的ではあるがしかし活きて躍動する主体、という形象を、それぞれ「心」に加えたものと解せよう。

　ここでもやはり馬祖の語は「即心是仏」「非心非仏」「不是心、不是仏、不是物」の順で引かれている。馬祖の没後、馬祖の弟子たちのあいだで「心」の実体化が問題となり、「即心是仏」への反措定として「非心非仏」の語が生み出され、それがさらに「不是心、不是仏、不是物」に進み、やがてそれらが遡って馬祖に仮託されていった、そう考えることもさほど不自然でないように思われる。「非心非仏」と「不是心、不是仏、不是物」はほとんど同義だが、案ずるに「非心非仏」では、心でも仏でもない「何ものか」が新たに期待されることになる。そのため、さらに何物でもないという意の「不是物」を加えて否定の意が徹底されたのではあるまいか。[16]

『祖堂集』巻十五・東寺《とうじ》如会《にょえ》にはさらに次のような記録がある。

　毎曰、「自大寂禅師去世、常病好事者録其語本、不能遺筌領意、認即心即仏、外無別説、曾不師於先匠、只徇影跡。且仏於何住而曰〝即心〟、心如画師、貶仏甚矣！」遂唱于言、「心不是仏、智不是道。剣去遠矣、尓方刻舟」。時号東寺為禅窟。（頁二八八上・頁五六九／『景徳伝灯録』巻七・東寺章、禅文化研究所訓注本三─頁七五、参照）

　毎《ことごと》に曰く、「大寂禅師（馬祖）世を去りて自《よ》り、常に好事の者の其の語本を録し、筌《ことば》を遺《わす》れて意《こころ》を領《さと》る能《あた》わず、〝即心即仏〟を認めて、外《ほか》に別説無《な》く、曾て先匠を師とせず、只だ影跡にのみ徇《したが》うを病《うれ》う。且つ仏は何《いず》こに住せりとて〝即心〟と曰わん、心は画師の如し、仏を貶《おとし》むるや甚矣《はなはだし》！」遂《かく》て言に唱《とな》うらく、「心は仏に不是《あら》ず、智は道に不是《あら》ず。剣《つるぎ》去ることと遠くして、尓方《なんじはじ》めて舟《ふね》に刻《きざ》む」。時に東寺を号して「禅窟」と為せり。

東寺如会禅師は、事あるごとにこう言っておられた、「馬大師が世を去られてからというもの、わしは常々気に病んでおる。もの好きな連中が師の〝語本〟を編み、意を得て言を忘るということのできぬまま、〝即心即仏〟のひとつおぼえ、先師その人を師とするのでなく、先師ののこした言葉の跡形ばかりに従っておるのだ。そもそも〝仏〟が何処にあると思うて〝心そのもの〟などと言うのか。絵描きの如し（幻影をうみだすもと）とされる〝心〟なぞと同定しては、〝仏〟に対する冒瀆も甚だしいではないか！」

かくして禅師は、こう宣言するにいたった、「心は仏ではない、智は道ではない。（〝即心即仏〟は）ひどい見当ちがいである」と。世の人々はその道場を「禅窟」と称したことであった。

ここでも問題になっているのは、「即心是仏」の教条化とそれにともなう自己の「心」の実体視であり、ここではそれが馬祖没後のこととされている。その風潮への反措定として東寺が提起した語が「心不是仏、智不是道」であるが、後に引くように、この語は『祖堂集』巻十六・南泉章や『景徳伝灯録』巻二十八「南泉和尚語」では南泉の語ともされており、また、さきの「不是心、不是仏、不是物」も、『祖堂集』においては南泉の語、「南泉和尚語」では南泉の説法のなかに引用された馬祖の所説となっている。こうした伝承の振幅は、これらの語が比較的後出のものであること――馬祖や南泉の語として定着するまでにかなりの時間差があったこと――を物語っているように思われる。以上の状況をあわせ考えれば、「非心非仏」や「不是心、不是仏、不是物」の語が、馬祖の思想の副作用を矯めるために後から馬祖に仮託されたものだったのではないかというさきの想像も、必ずしも牽強付会とはいえぬであろう。

『祖堂集』東寺如会章には、さらに次のような一段が見える。南泉が馬祖下の同門である東寺のもとを訪れた際の問答である（問答のあとに記された長慶慧稜《ちょうけいえりょう》と保福従展《ほふくじゅうてん》の批評の語は省く）。

師問南泉、「近離什摩処？」対曰、「近離江西」。師云、「還将得馬大師真来不？」対云、「将得来」。師云、「将来則呈似老僧看」。対云、「只這箇是」。師云、「背後底？」南泉登時休。（頁二八八下・頁五七〇／『景徳伝灯録』巻七・東寺章、禅文化研究所訓注本三―頁七八、参照）

師（東寺）南泉に問う、「近ごろ什摩処《いずく》をか離る？」対《こた》えて曰く、「近ごろ江西《こうぜい》を離る」。師云く、「還《は》た馬大師《ばだいし》の真《えすがた》を将得《もち》て来る不《や》？」対えて云く、「将得《もち》て来る」。師云く、「将《も》ち来れば則ち老僧に呈似《しめ》し看よ」。対えて云く、「只《まさ》に這箇《これ》ぞ是れなり」。師云く、「背後底は？」南泉登時《たちどころ》に休す。

東寺が南泉に問う、「これまで何処の僧堂におった」。南泉、「江西よりまいりました」。「しからば馬大師の肖像を持ってまいったか」。「持ってまいりました」。「持ってまいったのなら、わしに示してみよ」。「これ、このとおりにございます」。すると東寺はいった、「なら、後姿のは？」南泉は何も答えることができなかった(17)。

「近離什摩処」は初相見の際に老師がよく問う定型的な質問で、ここへ来る前はどの老師のもとにいたか、ということだが、そこでどういう修行をし、何をつかんで来たかという点検の意を含んでいることがしばしばである。それに対して南泉は「江西から」と答える。唐代の禅門で「江西」といえば、それはただちに馬祖を指す。そこで東寺は問う、ならば馬大師の肖像を持参したか。師の真面目を我が物としているか、師の本来面目をこの場で体現して見せられるか、という含みである。南泉は迷うことなく答える。

只這箇是——まさしく、これがそうである。

これこのとおり、それがしが、ありのままのそれがし自身であること、それこそが馬祖の教えの紛うかたなき体現だというのである。[18] だが東寺はそれを肯わず、さらに問い詰める。「ならば、後姿の像はどうだ」。『景徳伝灯録』東寺章ではこれを「背後底你？」に作る。「你」は「聻」に同じで、現代漢語の「呢」に当る承前疑問。これこのとおりで終りか、それともそれを反転したところをも示せるか。南泉はそこで答えに窮した。あるがままの自己の即自的是認、そうした馬祖禅の基本思想以上のものをもちあわせていなかったことが露呈したのである。

史実か否かはともかく、この話で南泉は、いわば安易に教条化された「即心即仏」の立場を代表させられており、「心不是仏、智不是道」の立場にたつ東寺がその一面性を批判したという趣旨になっている。東寺（七四四—八二三年）と南泉（七四八—八三四年）は実際にはさほど歳も違わないが、この一段は、すでにひとかどの禅匠として一家をかまえている東寺と、かたや馬祖のもとを離れて間もない一行脚僧たる南泉という設定で記されている。この記述に従うならば、この時の東寺からの影響ということになるが、『祖堂集』巻十六・南泉章では、すでに住持として一家をかまえた後の南泉自身が次のように説いている（以下、全一にして無分節なる本来性そのものを〝道〟と表記し、被分節的観念として用いられた「道」の語と区別する）。

師毎上堂云、近日禅師太多生、覓一箇癡鈍底不可得。阿你諸人、莫錯用心。欲体此事、直須向仏未出世已前、都無一切名字、密用潜通、無人覚知、与摩時体得、方有小分相応。所以道、「祖仏不知有、狸奴白牯却知有」。何以如此？　他却無如許多般情量、所以、喚作如如、早是変也。直須向異類中行。只如五祖大師下、有五百九十九人尽会仏法、唯有盧行者一人不会仏法、他只会道。直至諸仏出世来、只教人会道、不為別事。江西和尚説即心是仏、且是一時間語、是止向外馳求病、空拳黄葉止啼之詞。所以言「不是心、不是仏、不是物」。如今多有人喚心作仏、認智為道、見聞覚知皆云是仏。若如是者、演若達多将頭覓頭、設使認得、亦不是汝本来仏。若言即心即仏、如兎馬有角。若言非心非仏、如牛羊無角。你心若是仏、不用即他。你心若不是仏、亦不用非他。有無相形、如何是道？　所以若認心、決定不是仏。若認智、決定不是道。大道無影、真理無対。等空不動、非生死流。三世不摂、非去来今。故明暗自去来、虚空不動揺。万像自去来、明鏡何曾鑑？　阿你今時尽説我修行作仏、且作摩生修行？但識取無量劫来不変異性是真修行。（『祖堂集』巻十六、頁二九七上・頁五八七／『景徳伝灯録』巻二十八・南泉普賢禅師語、頁五八九上、唐代語録研究会第二班「〈南泉語要〉第一則上堂訳注」、『禅文化研究所紀要』第一九号、一九九三年、頁三、参照）

師〔南泉〕上堂する毎《ごと》に云く――

近日、禅師太《はなは》だ多生《おおし》、一箇の癡鈍底《ちどんてい》を覓《もと》むるも得可《うべ》からず。阿你《なんじ》ら諸人、錯《あやま》りて心を用うる莫《なか》れ。此の事を体せんと欲さば、直《じき》に須《すべか》らく仏未出世已前の、都《すべ》て一切の名字《みょうじ》無く、密用潜通して、人の覚知する無き、与摩《かくのごと》くの時に向《おい》て体得すべくして、方《はじ》めて小分の相応有らん。所以《ゆえ》に道《いわ》く、「祖仏《そぶつ》は有るを知らず、狸奴白牯《りぬびゃっこ》却って有るを知る」。何を以てか如此《かくのごと》くなる？　他《かれ》〔狸奴白牯〕却って如許多般《かくもくさぐさ》の情量無ければなり。所以《ゆえ》に、喚《よ》びて「如如」と作《な》せば、早是《つと》に変ぜり。直《じき》に須《すべか》らく異類《いるい》中に向《おい》て行くべし、という。五祖大師下に只如《いた》っては、五百九十九人有りて尽《ことごと》く「仏法」を会《え》し、唯だ盧行者《ろあんじゃ》〔恵能〕一人のみ有りて「仏法」を会《え》さず、他《かれ》は只だ〝道〟を会《え》すのみ。直《じき》に諸仏の出世し来るに至るも、只だ人に教えて〝道〟を会《え》せしむるのみ、別事を為さず。江西和尚〔馬祖〕の「即心是仏」と説《と》けるは、且《しば》らく是れ一時《いっとき》間の語、是れ外に向いて馳求《ちぐ》する病《やまい》を止《と》めんとする、空拳黄葉、止啼の詞《ことば》なり。所以《ゆえ》に言わく「不是心、不是仏、不是物」と。如今《いま》多く人有り、「心」を喚《よ》びて「仏」

と作《な》し、「智」を認めて「道」と為し、「見聞覚知」をば皆な是れ仏なりと云う。若《も》し如是《かくのごと》くなら者《ば》、演若達多《えんにゃだった》、頭《こうべ》を将《も》って頭《こうべ》を覓《もと》め、設使《たと》い認め得たるも、亦《ま》た汝が本来仏に不是《あら》ず。若《も》し「即心即仏」と言わば、兎馬《とば》に角《つの》有るが如し。若し「非心非仏」と言わば、牛羊《ぎゅうよう》に角《つの》無きが如し。你《なんじ》が「心」、若し是れ「仏」ならば、「即ち他《それ》（＝仏）なり」とするを用いず。你《なんじ》が「心」、若し「仏」に不是《あら》ざれば、亦た「他《それ》（＝仏）に非ず」とするを用いず。有無相《あ》い形《あら》わせば、如何《いか》でか是れ〝道〟ならん？　所以《ゆえ》に若《も》し「心」を認むれば、決定《さだ》めて「仏」に不是《あら》ず。若し「智」を認むれば、決定《さだ》めて〝道〟に不是《あら》ず。大いなる〝道〟は無影、真理は無対。空の不動なるに等しく、生死《しょうじ》の流に非ず。三世に摂《おさ》まらず、去来今に非ず。故に明暗は自《おのずか》ら去来するのみ、虚空は動揺せず。万像は自ら去来するのみ、明鏡何《なん》ぞ曾て鑑《うつ》さん？　阿你《なんじ》ら今時尽《ことごと》く「我は修行して仏と作《な》る」と説《い》う、且《しば》らく作摩生《いかに》か修行せん？　但《た》だ無量劫来の不変異性《ふへんいしょう》を識取せば是れ真《まこと》の修行なり。

近頃は禅師ばかりがむやみに多く、「癡鈍」の者はひとりとして見あたらぬ。おまえたち、まちがった修行をしてはならぬ。究極の一事を体得したければ、仏が未だ出世しておらず（すなわち「仏法」なるものが未だ現れておらず）、いかなる名辞・概念も存在せず、ひそかに〝道〟がはたらいて何びともそれに気づかぬところ、そういうところで体得して、はじめていくらかはモノになろうというものだ。だから、「祖仏はそれ（〝道〟）が有ることを知らず、狸奴白牯《りぬびゃっこ》（山猫および去勢された農耕用の雄牛）のほうが逆にそれ有ることを知っている」というのである。何故かといえば、狸奴白牯にはあれこれの知識や理屈が無いからである。そこで、「如如」とよんだときには、はや（〝道〟ならざる）別物に変じている、だから異類（畜生）の道を歩まねばならぬ、というのである。五祖弘忍大師の門下などは、五百九十人までがことごとく「仏法」を会得しており、盧行者《ろあんじゃ》（のちの六祖恵能）ただ一人が「仏法」を会得していなかった。

かれはただ〝道〟を会得していただけである。諸仏が世に現れたところで、することはただひとつ、人に〝道〟を会得せしむるのみだ。

わが江西の馬大師が「即心是仏」と説かれたのは、さしあたっての一時かぎりの語。己れの外に仏を求めて奔走する人々の病弊を止めんがための、いわば、啼く子をあやす方便に過ぎぬ。そこで、（それに対置して）「不是心、不是仏、不是物」と言うわけである。今では多くの人々が「心」を「仏」と看なし、「智」を「道」と看なし、こぞって「見聞覚知」がすべて「仏」だなどと言いなしている。しかし、もしそうなら、演若達多が自分の頭を捜し求めてまわったという故事と同じこと（『首楞厳経』巻四、大正一九—一二一中）。かりに見つかったところで、それ（「心」「智」「見聞覚知」）は自己本来の仏ではないのである。

「即心即仏」と言えば無いはずのものが有ることになり、「非心非仏」と言えば有るはずのものが無いことになる。だが、汝の心がもし仏なら、ことさら「即仏」と言う必要はなく、もし仏でないのなら、わざわざ「非仏」と言うには及ばぬはずである。かく有と無（「即心即仏」と「非心非仏」）とが相い俟って現されるような、そんなものがどうして〝道〟でありえよう。

ゆえに「心」そのものを看さだめたなら、「心」は断じて「仏」ではない。「智」そのものを看さだめたなら、「智」は断じて〝道〟ではない。大いなる〝道〟そのものは、全一かつ無分節で、そこにはいかなる形相も対比も無い。それは虚空のごとく不動であり、生死の流れに属さず、過去・現在・未来に規定されない。あたかも明暗がそこを勝手に去来するのみで、虚空自体は不動であるごとく。また種々の影像がそこを勝手に去来するのみで、明鏡自体は何ものをうつさぬように。今どき汝らはみな「自分は修行して仏となる」などと言う。では、どのように修行するのか。右にのべた、虚空・明鏡のごとき、大道・真理そのままの、変異なき本性、それを体得することこそが真の修行に外ならない(19)。

難解な箇処も少なくないが、一段の趣旨はおおむね次のように要約できよう――虚空に比せられる全一にして無分節なる〝道〟。修行とはただその〝道〟のままにあることである。「心」「仏」「智」「道」「見聞覚知」、それら被文節的な名辞・概念によって説かれた「仏法」は〝道〟そのものには背くものでしかなく、「即心是仏」も「非心非仏」もつまりは分節された名辞どうしの結合や切断にすぎない。「如如」とよぶことさえ、〝道〟そのものにとっては、よけいなことと言わねばならぬ。したがって、知識や思慮をもたぬ「狸奴白牯」などの「異類」、あるいは一文不知の「盧行者」のごとき「癡鈍底」、そうした者のほうが、「仏法」を説く仏や禅師などよりも、よほど〝道〟そのものに適っていると言えるのだ、と。(20)

この一段では「即心是仏」と「非心非仏」をならべて否定しつつ、それとは別に「不是心、不是仏、不是物」が説かれ、また、それの言いかえとして「若《も》し心を認むれば、決定《さだ》めて仏に不是《あら》ず。若し智を認むれば、決定《さだ》めて道に不是《あら》ず」と説かれている。『祖堂集』の記録にしたがうかぎりでは、これがさきの東寺如会の所説「心不是仏、智不是道」の継承であることは明らかである。また、右の一段では、「不是心、不是仏、不是物」が馬祖の語か南泉の語か不明瞭だが、『祖堂集』南泉章には「師（南泉）趙州に謂いて云く〝江西《こうぜい》の馬大師道《い》わく、即心即仏と。老僧《わし》が這裏《ところ》は則ち与摩《かよう》には道《い》わず。不是心、不是仏、不是物、与摩《かよう》に道《い》うは還《は》た過《とが》有り也無《や》？〟趙州礼拝して出で去る」（頁三〇一上・頁五九五）という問答がある。これによれば「不是心、不是仏、不是物」は南泉自身の語ということになる。もっともこれは、あくまでも『祖堂集』ではそうだというだけで、さきにもふれたように『景徳伝灯録』巻二十八「南泉和尚語」では南泉が「江西大師（馬祖）云く〝不是心、不是仏、不是物〟と」と説いたことになっており（頁五八九下）、「心不是仏、智不是道」のほうは南泉自身の語とされている（頁五八九下）。こうした記録の錯綜は、これらの語がある程度の時間を経つつ、あとから馬祖や南泉に結びつけられていったことを示していよう。もともと誰の語であったかはともかくとして、馬祖の「即心是仏」に対し、馬祖門下の間からまず「非心非仏」、次いでさらに「心不是仏、智不是道」や「不是心、不是仏、不是物」という順序で反措定の語が生み出され、それが遡って馬祖その人に投影されていったのではないかというさきの想像は、それほど無理なものではないように思われる(21)。

もっとも、これは、そう考えれば現存のいくつかの記録の関係を整合的に説明できるというだけで、そうでないかもしれないし、また、そうでなくともかまわない。重要なのは、馬祖の門下のあいだに「即心是仏」の信奉とそれへの反動というふたつの思潮が生じて拮抗していたということである。さきの大梅と塩官の話や、あるいは『祖堂集』巻十四・章敬章に見える次の問答に、そうした状況が象徴的に表れている（……の部分には長慶慧稜の代語が挿入されているが、今は省く）。

有僧持錫到、遶師三匝、振錫而立。師云、「是、是」。其僧無対。……此僧又到南泉、遶師三匝、振錫而立。南泉云、「不是、不是。風力所転、終帰敗壊」。僧云、「章敬和尚向某甲道是、和尚因什摩道不是?」南泉云、「章敬則是、汝則不是」。……（頁二七八上・頁五五〇／『景徳伝灯録』巻七・章敬章、禅文化研究所訓注本三—頁二三、参照）

僧有り錫を持して到り、師〔章敬〕を遶《めぐ》ること三匝し、錫を振いて立つ。師云く、「是《よし》、是《よし》」。其の僧、無対。……此の僧又《ま》た南泉に到り、師〔南泉〕を遶《めぐ》ること三匝し、錫を振いて立つ。南泉云く、「不是《よからず》、不是《よからず》。風力の転ずる所なるのみ、終《つい》には敗壊《はいえ》に帰す」。僧云く、「章敬和尚、某甲《それがし》に向いて是《よし》と道《い》えるに、和尚は因什摩《なにゆえ》にか不是《よからず》と道《い》う?」南泉云く、「章敬は則ち是《よ》きも、汝は則ち不是《よからざ》るなり」。……

ある僧が錫杖をもってやって来た。章敬のまわりを三度まわり、錫杖をじゃらんと鳴らしてすっくと立つ。章敬、

「よし、よし」。僧は何も答えなかった。……
　僧は次に南泉のもとを訪れ、同じように三度まわり、錫杖をじゃらんと鳴らして立った。すると南泉はいう、「だめだ、だめだ。そんなものは、しょせん四大の運動にすぎぬ。やがては滅び去るものだ」。僧は不服である。「章敬和尚はよしと言われましたのに、和尚はなにゆえダメだと仰せられます」。「ふむ、章敬はそれでよいが、おぬしはそれではダメなのだ」。……

　師のまわりを三度まわり、錫杖を鳴らしてすっくと立つ、これは永嘉《ようか》玄覚《げんかく》の有名な「一宿覚」の故事の模倣であり、僧はこの所作によって、過不足なきありのままの自己を堂々と示してみせたのである。それに対し章敬は「是」といい、かたや南泉は「不是」といった。最後の南泉の語からすれば、それは章敬でなく僧自身の問題だということになるが、おそらくそれは章敬への直接の批判を憚ったもので、この「是」「不是」の対比も、実はありのままの自己をありのままに肯定するという立場とそれへの反措定という、くだんの二項対立――さきの東寺と南泉の問答でいえば「只這箇是」と「背後底?」の対立――を表現したものに外ならない。[22]
　馬祖禅の基調は「即心是仏」「作用即性」「平常無事」の三点に要約できる。その中核は「即心是仏」であり、他の二点はその具体的な展開である。ひとことでいえば、自己の現実態の即自的是認、つまりありのままの自己のありのままの肯定、それが馬祖禅の基本思想であった。
　だが、こうした主張は、その単純明快な力強さゆえに、反面、平板な口号に堕しやすく、人を安易な現実肯定に導きやすい。それゆえ、馬祖自身にせよ、その門下にせよ、その本来の生命力の保持のために馬祖禅は、不断の自己否定と度重なる更新を必須とした。おおらかな自己肯定と現実肯定、それに対する不断の反転と徹底的な解体――その両面があって始めて馬祖禅の全体像が成立しているのであり、その後の中国禅宗の思想史も、この両極の間をさまざまな形で往復し続けることとなる。「中国の禅は、実質的には馬祖から始まった」（入矢「馬祖の語録序」）。この言葉は、馬祖その人の教えが中国禅的思惟の起点となっているという点にとどまらず、門下におけるそれの継承と反転の対立が、その後の禅の思想史の運動原理を決定づけている、という点をも含めて理解されてよいであろう。(23)

（1）以上にのべる禅宗の歴史およびそれに関する研究史については、小川『神会――敦煌文献と初期の禅宗史』（臨川書店・唐代の禅僧二、二〇〇七年）で詳論した。

（2）宋代にはさらに臨済宗が黄竜《おうりょう》派と楊岐《ようぎ》派に分かれ、「五家七宗《ごけしちしゅう》」の称が生まれた。北宋の圜悟《えんご》克勤《こくごん》の『圜悟心要』示法済禅師（住泗洲普照勝長老）に曰く、「此れ（達磨から二祖慧可への伝法）自《よ》り便ち西来の旨意を喧伝し、世間は流れに随いて錯を将って錯に就《つ》き、満地に流行し、五家七宗に分れて、逓《しだ》いに門戸を立てて提唱す」（禅宗全書四一―四二一／『圜悟語録』では巻十六・法語「示勝首座」に収む、禅宗全書同―三三〇下）。

（3）『景徳伝灯録』全体は北宋初（一〇〇四年）の成立だが、その巻二十八「諸方広語」所収の諸篇は『祖堂集』『宗鏡録』と文字上の一致点が多く、五代までの単行の語録（「広語」）を集成したものと考えられる。とくに臨済の有名な「無位真人」の一段は『景徳伝灯録』巻二十八の「鎮州臨済義玄和尚語」と同巻十二の臨済章の間で顕著な文字の相違があり、前者は『祖堂集』『宗鏡録』と、後者は『天聖広灯録』以下の宋代禅籍とそれぞれよく一致するという明らかな対比がある。詳しくは柳田聖山『語録の歴史』「五　語録の時代」参照（一九八五年／『禅文献の研究』上、柳田聖山集第二巻、法蔵館、二〇〇一年、再録）。また『景徳伝灯録』の時代的特質については、石井修道『宋代禅宗史の研究』第一章「『景徳伝灯録』の歴史的性格――序論にかえて」に詳論がある（大東出版社、一九八七年）。

（4）『祖堂集』の成立過程、ならびにその文献としての特質については、衣川賢次「祖堂集札記」（『禅文化研究所紀要』第二四号「柳田聖山教授喜寿記念論集」、一九九八年）、同「祖堂集の校理」（東京大学東洋文化研究所『東洋文化』第八三号「特集・中国の禅」、二〇〇三年）、同「柳田先生の『祖堂集』研究」（『禅文化研究所紀要』第三〇号「特集・柳田禅学」、二〇〇九年）、同「泉州千仏新著諸祖師頌と祖堂集――附・省僜（文僜）をめぐる泉州の地理」（『禅学研究』第八八号、二〇一〇年）、を参照。

（5）柳田聖山『語録の歴史』「三九　語本と語録　その一」に各文献の詳しい対照がある。

(6)「即～」は主題を限定的に強く提示する文型。まさに～こそ、ほかならぬ～こそが。詳しくは入矢義高「禅語つれづれ――即」(『求道と悦楽――中国の禅と詩』岩波書店、一九八三年)参照。

(7)『景徳伝灯録』以下、宋代の禅籍では、この問答が「非心非仏」を是とする正反対の趣旨に転換される。詳しくは小川『語録のことば――唐代の禅』(禅文化研究所、二〇〇七年)第I部第三、四節参照。

(8)たとえば、いわゆる「北宗禅」の代表的文献のひとつ『楞伽師資記』にも、つとに四祖道信の説として次のような語が記されている。

『無量寿経』云、「諸仏法身入一切衆生心想、是心是仏、是心作仏」。当知仏即是心、心外更無別仏也。……(柳田聖山『初期の禅史I』(二一六)筑摩書房・禅の語録二、一九七一年、頁二二五)

『無量寿経』(『観無量寿経』)に云く、「諸仏の法身、一切衆生の心想に入りて、是の心、是れ仏、是の心、仏を作るなり」(岩波文庫『浄土三部経』下・頁五三)。当に知るべし、仏は即ち是れ心、心の外に更に別の仏無し、と。

詳しくは小川『神会――敦煌文献と初期の禅宗史』頁八五、参照。また『祖堂集』では六祖恵能およびその法嗣の南陽慧忠、司空本浄らの説示のなかでも「即心是仏」の語が用いられている。

(9)『祖堂集』薬山章には別に次のような一段も録されている。同じ話の異伝であるようだが、ただし「是什麼?」の話が無い。

師問僧、「近離什麼処?」対曰、「近離百丈」。師曰、「海師兄一日十二時中、為師僧説什麼法?」対曰、「或曰三句外省去、或曰六句外会取。或曰未得玄鑑者、且依了義教、猶有相親分」。師曰、「三千里外! 且喜得勿交渉」。(頁八六上・頁一六八)

師(薬山)僧に問う、「近ごろ什麼処《いずく》をか離る?」対《こた》えて曰く、「近ごろ百丈を離る」。師曰く、「海師兄《すひん》、一日十二時中、師僧(修行僧)の為に什麼《なん》の法をか説く?」対えて曰く、「或いは曰く、三句外に省《さと》り去れ、或いは曰く、六句外に会取《えしゅ》せよ。或いは曰く、未《いま》だ玄鑑を得ざる者も、且《しば》らく了義教《りょうぎきょう》(第一義を説いた経典)に依らば、猶お相親(道にふれる)の分有らん」。師曰く、「三千里外! 且《まず》は喜得《めで》たくも勿交渉《かかわりなし》」。

(10)薬山章では次のような形で録されており、ここにも「是什麼?」の語は無い。前注とあわせ考えるなら、薬山に「是什麼?」と言わせる話は、何らかの意図であとから脚色されたものである可能性もある。

因于迪相公問紫玉、「仏法至理如何?」玉召相公名、相公応喏。玉曰、「更莫別求」。師聞挙曰、「搏殺這箇漢!」(『祖堂

集』巻四、頁八七上・頁一七〇）

因みに于迪《うてき》相公、紫玉に問う、「仏法の至理は如何《いかん》？」玉、相公の名を召《よ》ぶ、相公、応喏す。玉曰く、「更に別に求むる莫れ」。師〔薬山〕挙するを聞きて曰く、「這箇漢《こやつ》を搏《う》ち殺せ！」

なお、薬山自身、在俗の士人の接化にあたって、この「応喏」の方法を用いている場合がある。次の李翺《りこう》との問答がそれだが、ここから察するに、薬山の禅は馬祖禅を認めたうえで別の一生面を開いたものだったのであろう。

李翺相公来見和尚、和尚看経次、殊不采顧。相公不肯礼拝、乃発軽言、「見面不如千里聞名」。師召相公、相公応喏。師曰、「何得貴耳而賤目乎？」相公便礼拝。……（巻四、頁八五上・頁一六六）

李翺相公来りて和尚〔薬山〕に見《まみ》ゆるに、和尚、経を看《よ》む次《おり》たりて、殊に采顧《かま》わず。相公、礼拝するを肯《がえ》んぜず、乃ち軽言を発すらく、「面《おもて》を見るは千里に名を聞くに如《し》かず」。師〔薬山〕相公を召《よ》び、相公応喏す。師曰く、「何ぞ耳《みみ》を貴《とうと》びて目《め》を賤《いやし》むを得ん乎《や》？〔世間の評判にばかり気をとられ、自らの〝応喏するもの〟を見ずして何とする〕」相公便《すなわ》ち礼拝す。

……

（11）入矢義高「馬祖の語録序」にいわく——

いま馬祖自身の言葉と、彼が弟子たちを接化した記録、また弟子たちが彼について語った言葉などから帰納して、敢えて一言でその端的をいうならば、「作用即性」または「日用即妙用」ということになろう。ダルマの著と伝えられる『血脈論』に、あたかもこの定理を解説したかとさえ思われる一段がある。曰く、「仏とはインドの言葉で、わが国でいう覚性のことである。覚とは霊覚であり、機に応じ物に対して、眉を揚げ目を瞬《まばた》き、手を働かせ足を動かすという〔日常の営み〕が、すべて自己の霊覚の性にほかならない。性はつまり心であり、心はつまり仏であり、仏はつまり道であり、道はつまり禅である」。いわば教学的な仏の聖性を剝ぎ取って、仏そのものを己《おの》れに奪取し主体化するのである。馬祖が「いま君が見たり聞いたり、知覚したり認識したりするその働き、それがもともと君の本性あるいは本心というものであり、この心を離れて別に仏があるのではない」（『宗鏡録』巻十四）と述べている趣旨も、これと全く同じであり、彼の禅の代名詞ともなっているテーゼ「即心即仏」は、以上の趣旨の要約であったといえる。（『馬祖の語録』、〔　〕内も原文／序は「馬祖禅の核心」と題して『自己と超越——禅・人・ことば』岩波書店、一九八三年にも再録されている）

また柳田聖山「仏教と朱子の周辺」にも次のように見える——

しかし、大慧と全く異った道を歩きはじめた朱子にとって、もっとも黙視できなかったのは、〝作用即性〟の説である。

大慧によると現実の言行のすべては、そのまま自性の働きである。それは、頓悟の禅の自からなる帰結であった。……いったい、〝作用即性〟の説は、唐の『宝林伝』に発する。それは、馬祖にはじまる新しい禅の主張を一句に言いあらわしたものである。この説もまた本来は『楞厳経』にその源を発する。……馬祖門下はこれを更に積極化して、六つの作用がすべて本性の働きだというのである。臨済の説法は、「心法は無形にして十方に通貫す、眼に在りては見といい、耳に在りては聞といい、鼻に在りては香を齅ぎ、口に在りては談論し云々」とする。『宝林伝』の説はやがて『伝灯録』に継承せられる。〝作用即性〟の説は、唐代の禅を総括するものとして、あらためて宋代に継承されるのだ。大慧がこの説に関心を寄せぬ筈はない。（『禅文化研究所紀要』第八号、一九七六年、頁二四。〝〟による強調は引用者）

なお「作用即性」という語は禅籍には見えず、おそらく朱熹などがこの種の説を「作用是性」と称して批判したのが、禅研究の用語にとりいれられたのではないかと考えられる（右の柳田論文頁二五は、『朱子語類』巻五十七の引用にあたり、原文の「作用是性」を「作用即性」と訳している）。よく引かれるように、この説については、宗密が批判的観点から次のように要約しているのが参考になる。

洪州意者、起心動念、弾指動目、所作所為、皆是仏性全体之用、更無別用。全体貪嗔癡、造善造悪、受苦受楽、皆是仏性。如麪作種種飲食、一一皆麪。意以推求、此身四大骨肉・喉舌牙歯・眼耳手足、並不能自語言見聞動作。仮如一念命終、全身都未変壊、即便口不能語、眼不能見、耳不能聞、脚不能行、手不能作。故知能語言動作者、必是仏性。且四大骨肉、一一細推、都不解貪嗔。故貪嗔煩悩、並是仏性。（石井修道「真福寺文庫所蔵の『裴休拾遺問』の翻刻」、『禅学研究』第六〇号、一九八一年、頁八四）

洪州《こうしゅう》〔馬祖禅〕の意は、起心動念、弾指動目、所作所為、皆な是れ仏性全体の用にして、更に別の用無し。全体貪嗔癡《とんじんち》、善を造り悪を造り、苦を受け楽を受く、皆な是れ仏性なり。麪《めん》もて種々の飲食《おんじき》を作れば、一々皆な麪なるが如し。意以て推求するに、此の身の四大骨肉・喉舌牙歯・眼耳手足、並《すべ》て自ら語言し見聞し動作する能わず。仮如《もし》一念に命《いのち》終らば、全身都《すべ》て未だ変壊《へんえ》せざるに、即便《すなわ》ち口は語る能《あた》わず、眼は見る能わず、耳は聞く能わず、脚は行く能わず、手は作《な》す能わず。故に知る、能く語言動作する者は、必ず是れ仏性なり、と。且つ四大骨肉、一々細かく推すに、都《すべ》て貪嗔する解《あた》わず。故に貪嗔煩悩は、並《すべ》て是れ仏性なり。

くだって朱熹の禅批判も、同じくこの種の思想に向けられている。

仏家所謂「作用是性」、便是如此。他都不理会是和非、只認得那衣食作息、視聴挙履、便是道。説我這箇会説話底、会

作用底、叫著便応底、便是神通妙用、更不問道理如何。……（『朱子語類』巻六十二、中華書局点校本、頁一四九七）

仏家の所謂《いわゆる》「作用是性」は、便《すなわ》ち如此《かくのごと》し。他《かれ》ら都《すべ》て是と非とを理会《わきま》えず、只だ那《か》の衣食し息を作《な》し、視聴し挙履するを認得《みと》めて、便ち是れ道なりとするのみ。我という這箇《こ》の会《よ》く説話《ものい》う底《もの》、会《よ》く作用する底《もの》、叫著《よべ》ば便ち応《こた》うる底《もの》こそ、便ち是れ神通妙用なりと説《い》いて、更に道理の如何《いか》なるかを問わず。……

朱熹の禅批判の重点がここにあったことは、早く常盤大定『支那に於ける仏教と儒教道教』（東洋文庫、一九三〇年／東洋書林、一九八二年影印）頁三五七～に詳論されている。

(12) この一段に対しては『寒山詩』の次の二首が恰好の注脚となろう。以下、『寒山詩』の引用は項楚『寒山詩注』（中華書局、二〇〇〇年）に拠り、入矢『寒山』（岩波書店・中国詩人選集五、一九五八年）および入谷仙介・松村昂『寒山詩』（筑摩書房・禅の語録十三、一九七〇年）をあわせて参照する。『寒山詩』のなかに馬祖系の禅との親近性をあらわす作品が少なからず含まれていることについては、つとに入矢『寒山』頁一六に指摘があり、小川隆・胡暁明・陳蕾「寒山詩裏的馬祖与石頭」（『華東師範大学学報（哲学社会科学版）』第三四巻・第四期、二〇〇七年七月）にその具体例が論じてある。

可貴天然物　貴《とうと》ぶ可し天然の物〔＝仏性〕
独一無伴侶　独一にして伴侶《とも》無し
覓他不可見　他《そ》〔＝天然の物〕を覓《もと》むるも見る可からず
出入無門戸　出入に門戸《もんこ》無し
促之在方寸　之《これ》を促《つづ》むれば方寸《こころ》に在り
延之一切処　之《これ》を延《ひろ》ぐれば一切の処なり
你若不信受　你《なんじ》若し信受せざれば
相逢不相遇　相い逢《あ》うも相い遇《あ》わず
（項楚『寒山詩注』第一六一首）

報汝修道者　汝ら修道者に報《つ》ぐ
進求虚労神　〔汝らは己の外に〕進み求めて虚《むな》しく神《こころ》を労するのみと
人有精霊物　人には精霊《せいれい》の物〔＝天然の物〕あり

無字復無文　そは字無く復《ま》た文も無し
呼時歴歴応　呼ぶ時は歴歴《ありあり》と応《こた》え
隠処不居存　隠るる処には居存《おら》ず
叮嚀善保護　叮嚀《とくといいきか》す　善く保護して
勿令有点痕　点痕《あとかた》有らしむること勿《なか》れと
（項楚『寒山詩注』第一七九首）

（13）入矢「禅語つれづれ――多子無し」参照。『求道と悦楽――中国の禅と詩』頁一五五。

（14）『寒山詩』の次の一首は、自己の「本真性」を悟らず、ひろく「諸知見」を学ぶことを「多事」として斥けたもので、「無事」の思想を反面から表現したものといえる。

世有多事人　世《よ》に多事の人有り
広学諸知見　広く諸《もろもろ》の知見《ちけん》を学ぶ
不識本真性　本真性を識《し》らざれば
与道転懸遠　道と転《ますます》懸《はる》かに遠ざかるのみ
若能明実相　若《も》し能《よ》く実相を明かさば
豈用陳虚願　豈《あ》に虚願を陳《の》ぶるを用いんや
一念了自心　一念に自心を了《さと》らば
開仏之知見　仏《ぶっ》の知見《ちけん》を開かん
（項楚『寒山詩注』第一六八首）

なお、懶瓚『楽道歌』（『祖堂集』巻三）には中唐期の典型的な「無事」の思想が詠みこまれている。『祖堂集』では懶瓚を盛唐期の「北宗」の人としているが、歌の内容は明らかに中唐期の馬祖禅の思想を反映したものである。詳しくは、土屋昌明・衣川賢次・小川隆「懶瓚和尚『楽道歌』攷――『祖堂集』研究会報告之三」（『東洋文化研究所紀要』第一四一冊、二〇〇一年）参照。

（15）中唐の宗密『禅源諸詮集都序』（八）が同時代の禅問答のありかたを次のように例示しているのが、そうした状況を裏づける。

故有問修道、即答以無修。有求解脱、即反質有誰縛汝。有問成仏之路、即云本無凡夫。有問臨終安心、即云本来無事。或云、此是妄、此是真？　如是用心、如是息業。挙要而言、但是随当時事、応当時機。何有定法名阿耨菩提？　豈有定行名摩訶般若？　……（石井修道・小川隆「『禅源諸詮集都序』の訳注研究（一二）」、『駒澤大学仏教学部研究紀要』第五三号、一九九五年、頁七三）

故に修道を問う有らば、即ち答うるに無修を以ってす。解脱を求むる有らば、即ち誰か有って汝を縛ると反質す。成仏の路を問う有らば、即ち本より凡夫無しと云う。臨終の安心を問う有らば、即ち本来無事と云う。或いは、此れは是れ妄か、此れは是れ真か、と云う。如是く《かくのごと》心を用い、如是く業を息む。要を挙げて言わば、但だ是れ当時の事に随い当時の機に応ずるのみ。何ぞ定法の阿耨菩提と名づくる有らん。豈に定行の摩訶般若と名づくる有らん。……

(16)「不是心、不是仏、不是物」は、従来、次のように解されてきた。

『華厳経』夜摩天宮菩薩説偈品第十六に、「心仏及び衆生、是の三差別無し」（大正九―四六五下）とあるのにより、ここにいう「物」は「衆生」（一切の迷えるもの）を指す。（西村恵信訳注『無門関』第二十七則注、岩波文庫、一九九四年、頁一一三）

しかし、次のような例から推せば、「不是物」の「物」は衆生でなく、文字通り「モノ」の意でなければなるまい。

『景徳伝灯録』巻二十八・南泉和尚語

曰、「既〝不是心、不是仏、不是物〟、和尚今却云〝心不是仏、智不是道〟未審若何？」師曰、「你不認心是仏、智不是道。老僧勿得心来、復何処著？」曰、「揔既不得、何異太虚？」師曰、「既不是物、比什麼太虚？　又教誰異不異？」（頁五八九下／唐代語録研究会第二班「〈南泉語要〉第一則上堂訳注」、『禅文化研究所紀要』第一九号、一九九三年、頁九、参照）

曰く、「〔馬祖は〕既《すで》に〝不是心、不是仏、不是物〟なるに、和尚今《いま》却って〝心不是仏、智不是道〟と云うは未審《しら》ず若何《いかん》？」師〔南泉〕曰く、「你《なんじ》、心を認めて是れ仏とせず、智も道に不是《あら》ずとなれば、老僧《わし》も心を得《え》来る勿《な》し、復《は》た何処《いずく》にか〔〝心〟なるものを〕著《お》かん？」曰く、「揔《すべ》て既に〝不得〟となれば、何ぞ太虚に異ならん？」師曰く、「既に物に不是ざれば、什麼《なん》の太虚にか比せん〔〝物〟でないという以上、虚空も何も比定しようはない〕？　又た誰《たれ》をしてか異とし不異とせしめん？」

『景徳伝灯録』巻七・興善惟寛章

問、「狗子還有仏性否？」師云、「有」。僧云、「和尚還有否？」師云、「我無」。僧云、「一切衆生皆有仏性、和尚因何独無？」師云、「我非一切衆生」。僧云、「既非衆生、是仏否？」師云、「不是仏」。僧云、「究竟是何物？」師云、「亦不是物」。僧云、「可見可思否？」師云、「思之不及、議之不得、故云不可思議」。（頁一一一下／禅文化研究所訓注本三―頁七一、参照）

問う、「狗子《いぬ》に還《は》た仏性有り否《や》？」師〔興善惟寛〕云く、「有り」。僧云く、「和尚には還た有り否？」師云く、「我には無し」。僧云く、「一切衆生皆《み》な仏性有り、和尚のみ因何《なにゆえ》にか独り無き？」師云く、「我は一切衆生に非ず」。僧云く、「既《すで》に衆生に非ざれば、是れ仏なり否？」師云く、「仏に不是《あら》ず」。僧云く、「究竟《ひっきょう》是れ何物ぞ？」師云く、「亦た物にも不是ず」。僧云く、「見る可《べ》く思う可き否《や》？」師云く、「之《これ》を思うも及ばず、之を議するも得ず、故に不可思議と云うなり」。

このほか『趙州録』巻上にも「師云く、你《なんじ》に向いて〝不是祖仏、不是衆生、不是物〟と道《い》わば得《よ》き麼《や》？」（秋月龍珉『趙州録』筑摩書房・禅の語録十一、一九七二年、頁一四三）、あるいは「問う、〝不是仏、不是物、不是衆生〟這箇《これ》は是れ断語。如何《いか》なるか是れ不断語？」（頁一五二）といった例が見える。以上いずれにおいても、「仏」でも「衆生」でも「物」でもない、という文脈が明らかであろう。

(17) この一段は、『祖堂集』巻十一・保福章では南泉の名を挙げず、東寺と一僧との問答として引かれ（頁二一二上・頁四一八）、『景徳伝灯録』では巻七・東寺章に『祖堂集』東寺章とほぼ同じ形で収めるほかに（頁一一二下）、巻五・光宅寺慧忠（慧忠国師）章にも同じやりとりが慧忠と南泉の問答として録されている（頁八四上）。

(18) 「只這箇是」「只這是」については、小川『語録のことば――唐代の禅』十八「只這箇漢」、参照。

(19) 『祖堂集』巻十八・趙州章に、南泉との次のような問答が見える。南泉は馬祖の「平常心是道」の語を用いながら、重点を「平常心」から「道」のほうに移したうえで、「道」を「知不知」に属さぬ「太虚」のごとき「不擬之道」（虚空のごとく何物にも比擬しえぬ道）と説いていて、ここの上堂語とよく通ずる。『景徳伝灯録』等がこれを「不疑之道」に作るのは訛伝とするべきであろう。

師問、「如何是道？」南泉云、「平常心是道」。師云、「還可趣向否？」南泉云、「擬則乖」。師云、「不擬時如何知是道？」南泉云、「道不属知不知。知是妄覚、不知是無記。若也真達不擬之道、猶如太虚、廓然蕩豁、豈可是非？」師於是頓領玄機、心如朗月。……（頁三二二上・頁六五六）

師〔趙州〕問う、「如何《いか》なるか是れ道？」南泉云く、「平常心《びょうじょうしん》是れ道」。師云く、「還《は》た趣向す可《べ》き否《や》〔心をそれに差し向けることができるか〕?」南泉云く、「擬《ぎ》すれば則ち乖《そむ》く」。師云く、「擬せざる時、如何《いか》んが是れ道なるを知らん?」南泉云く、「道は知不知に属さず。知は是れ妄覚、不知は是れ無記なり。若也《もし》真に不擬之道に達せば、猶《な》お太虚の如く、廓然蕩豁たり、豈《あ》に是非す可けんや?」師、是《ここ》に於て頓《とみ》に玄機を領《さと》り、心は朗月の如し。……

(20) 南泉が遷化にのぞんで「向山下檀越家作一頭水牯牛去」と言ったことはよく知られている(『祖堂集』南泉章、頁二九八下・頁五九〇)。「水牯牛」はここでいう「狸奴白牯」と同義であろう。趙州との次の問答をあわせ看ることで「狸奴白牯」=「知有底」=「水牯牛」という関係を導き出すことができる(ただし、趙州の謝辞には皮肉の気味があるようだが)。

趙州問、「知有底人向什摩処休歇去?」師云、「向山下作一頭水牯牛去」。趙州云、「謝和尚指示」。(同、頁三〇一下・頁五九六)

趙州問う、「有るを知る底の人、什摩処《いずく》に向《おい》てか休歇し去る?」師云、「山下に向《おい》て一頭の水牯牛と作《な》り去る」。趙州云く、「和尚の指示《しじ》を謝す」。

(21) 馬祖の法嗣のひとり盤山宝積《ばんざんほうしゃく》も、次のように「即心是仏」と「非心非仏」を並べて批判し、その双方を超えた虚空のごとき全一無分節の「道」を志向している。南泉の立場が個人の独創というよりも、馬祖門下のある傾向を代表するものであったことがうかがわれる。

師有時示衆云、「心若無事、万法不生。境絶玄機、纎塵何立? 道本無体、因道而得名。道本無名、因名而得号。若言即心即仏、今時未入玄微。若言非心非仏、猶是指蹤之極則。向上一路、千聖不伝。学者労形、如猿捉影。大道無中、復誰前後? 長空絶際、何用量之? 空既如斯、道豈言哉? 心月孤円、光呑万象。光非照境、境亦非存。光境倶亡、復是何物? 禅徳、譬如擲剣揮空、莫論及之不及、斯乃空輪無跡、剣刃非虧。若能如是、心心無知、全心即仏、全仏即人。人仏無異、始為道矣。……」。(『祖堂集』巻十五・盤山章、頁二八二上・頁五五七/『景徳伝灯録』巻七、禅文化研究所訓注本三—頁三五、参照)

師〔盤山〕有る時、示衆して云く、「心、若《も》し無事なれば、万法生ぜず、境、玄機を絶すれば、纎塵何《なん》ぞ立たん? 道は本《も》と無体、道に因《よ》りて名を得《う》。道は本と無名、名に因りて号を得。若し〝即心即仏〟と言わば、今時、未《いま》だ玄微に入らず。若し〝非心非仏〟と言うも、猶《な》お是れ指蹤《ししょう》の極則《ごくそく》〔あとかたを指し示す教え〕なるのみ。向上の一路は、千聖も伝えず。〔にもかかわらず〕学者形《み》を労して、猿の影を捉えんとするが如し。大道には中も無し、復《ま》た誰《たれ》か前後あらん? 長空は際《きわ》を絶す、何を用《もっ》てか之を量《はか》らん? 空既《すで》に如斯《かくのごと》し、道豈《あ》に言あらん哉《や》? 心月は孤円、その光万象《ばんぞう》を呑《の》む。光は境を照《てら》すに非ず、境も亦《ま》た存するに非ず。光と境と倶に亡ず、復《は》た是れ何物ぞ？　禅徳、譬《たと》えば剣《つるぎ》を擲《ふりあ》げて空に揮《ふる》うが如し、及之《とどく》と不及《とどかざ》るとに莫論《かかわら》ず、斯乃《すなわ》ち空輪に跡《あと》無く、剣刃は虧《か》けず。若《も》し能《よ》く如是《かくのごと》くんば、心心無知にして、全心即《すなわ》ち仏、全仏即ち人なり。かく人と仏と異《ことな》る無《な》くして、始めて道と為《な》らん矣。……」。

この論も「全心即仏、全仏即人」と説く点において、最終的には馬祖禅の「即心是仏」の原則に帰着する論と言える。ただ、空を以って空を斬るという新たな形象を「心」に加える点で、いわゆる「そのまま禅」とは一線を画しており、さきに引いた慧忠国師の語に近い面をもっている。また、この記録は、「非心非仏」の出現が比較的早く、「不是心、不是仏、不是物」の語がそれに晩れて提起されたものではないかという、さきの想像を助けるものでもある。

(22)　ただし、南泉も前注の盤山同様、「即心是仏」説の硬直化を批判しているのであって、馬祖の理念や手法そのものを全面否定しているわけではない。南泉も実際の接化では、やはり次のような問答を行っている。

有僧問、「古人道〝摩尼珠、人不識、如来蔵裏親収得〟。如何是如来蔵？」師云、「王老師共你与摩来去是蔵」。進曰、「不来不去時如何？」師云、「亦是蔵」。「如何是珠？」師喚僧、僧応喏。師云、「去！　你不会」。（頁三〇一下・頁五九六／『景徳伝灯録』巻十・終南山雲際章、禅文化研究所訓注本四―頁四九、参照）

僧有りて問う、「古人道《いわ》く〝摩尼珠、人識《し》らず、如来蔵裏に親しく収得《おさ》む〟と。如何《いか》なるか是れ〝如来蔵〟？」師（南泉）云く、「王老師《われ》、你《なんじ》と共に与摩《かく》来去するが是れ〝蔵〟なり」。進みて曰く、「不来不去の時は如何《いかん》？」師云く、「亦《ま》た是れ〝蔵〟なり」。「如何《いか》なるか是れ〝珠〟？」師、僧を喚ぶ、僧応喏す。師云く、「去れ！　你《なんじ》、会《え》せず」。

また、反措定の安易な流行という逆の弊害もあったのであろう、『景徳伝灯録』巻八・南泉章には次のような問答も見出される。

一日有大徳問師曰、「即心是仏又不得、非心非仏又不得、師意如何？」師云、「大徳、且信即心是仏便了。更説什麼得与不得？　只如大徳喫飯了、従東廊上西廊下、不可揔問人得与不得也」。（頁一一九下、禅文化研究所訓注本三―頁一三八、参照）

一日、大徳有り、師（南泉）に問うて曰く、「〝即心是仏〟も又た不得《よからず》、〝非心非仏〟も又た不得《よからず》となれば、師の意は如何《いかん》？」師云く、「大徳よ、且《ま》ずは〝即心是仏〟を信ずれば便ち了《よ》し。更に什麼《なん》の得《よき》と不得《よからず》とを説《い》わん？　大徳の飯《めし》を喫《く》い了《おわ》りて、東廊より上《のぼ》り西廊より下《くだ》るが只如《ごと》きも、揔《いち》いち人の得《よき》と不得《よからず》とを問う可《べ》からざる也《なり》」。

ちなみに、否定の論理の見映えのよさから「非心非仏」の語のみが一方的にもてはやされるという風潮については、宗密

『禅源諸詮集都序』(三九)が次のように批判している。「表」は「表詮」、すなわち「即心是仏」のような正面からの肯定的言説、「遮」は「遮詮」、すなわち「非心非仏」などの否定的言説の謂いである。

空宗之言、但是遮詮。性宗之言、有遮有表。但遮者未了、兼表者乃的。今時人皆謂遮言為深、表言為浅、故唯重非心非仏、無為無相、乃至不可得之言。良由但以遮非之詞為妙、不欲親自証認法体、故如此也。(石井修道・小川隆「『禅源諸詮集都序』の訳注研究(六)」、『駒澤大学仏教学部研究論集』第二八号、一九九七年、頁九三)

空宗の言は、但《た》だ是れ「遮詮」のみ。性宗の言には、「遮」有り「表」有り。但だ「遮」するのみの者は未《いま》だ了《さと》らず、兼て「表」する者にして乃《はじめ》て的《あきらか》なり。今時の人は皆な「遮言」は深為《た》り、「表言」は浅為《た》りと謂《おも》い、故に唯《た》だ「非心非仏」「無為無相」、乃至《ない》し不可得の言のみを重んず。良《まこと》に但だ「遮非」の詞を以って妙と為すのみにして、親自《みずか》ら法体を証認《さと》らんことを欲せざるに由りて、故に如此《かくのごと》き也《なり》。

宗密のこの主張は、さらに永明延寿《えいめいえんじゅ》によって次のように継承されている。

即心即仏是其表詮、直表示其事、令親証自心、了了見性。若非心非仏、是其遮詮、即護過遮非、去疑破執。……今時学者、既無智眼、又闕多聞、偏重遮非之詞、不見円常之理。奴郎莫辯、真偽何分?(『宗鏡録』巻二十五、大正四八—五六〇上)

「即心即仏」は是れ其の「表詮」、直《じき》に其の事を表示して、親《みずか》ら自心を証《さと》らしめ、了了《ありあり》と見性せしめんとするなり。「非心非仏」の若《ごと》きは、是れ其の「遮詮」、即ち過を護《おお》い非を遮《さえぎ》り、疑を去り執を破さんとするなり。……今時の学者、既に智眼無く、又た多聞を闕《か》き、遮非の詞をのみ偏重して、円常の理を見ず。奴《しもべ》と郎《あるじ》すら辯ずる莫《な》し、真と偽と何《なん》ぞ分《わか》たん?

詳しくは、入矢「禅語つれづれ」(『求道と悦楽——中国の禅と詩』頁一一二)および同「表詮と遮詮」(『自己と超越——禅・人・ことば』頁一三)参照。

(23)『景徳伝灯録』には、南泉の法嗣、長沙景岑《ちょうさけいしん》の次のような問答が録されている。「応諾」するものをそのまま自己の本性(「本命」「主人」「本来身」)と等置してはならぬというその主張は、馬祖禅の原理を完全に否定したものとなっており、むしろ次節に考える石頭系の禅の問題意識と接近している。

有客来謁。師召曰、「尚書」。其人応諾。師曰、「不是尚書本命」。対曰、「不可離却即今祇対別有第二主人」。師曰、「喚尚書作至尊、得麼?」彼云、「恁麼揔不祇対時、莫是弟子主人否?」師曰、「非但祇対与不祇対時、無始劫来是箇生死根本」。有偈曰、「学道之人不識真、只為従来認識神。無始劫来生死本、癡人喚作本来身」。(『景徳伝灯録』巻十、頁一四八

上、禅文化研究所訓注本四—頁一二)

客有り来りて謁す。師(長沙)召びて曰く、「尚書」。其の人、応諾す。師曰く、「是れ尚書が本命にあらず」。対《こた》えて曰く、「即今《いま》祇対《こた》うるを離却《はな》れて、別に第二の主人有《あ》る不可《べか》らず」。師曰く、「尚書を喚びて至尊と作《な》すは、得《よ》き麼《や》?」彼云く、「恁麼《かく》なれば捴て祇対《こた》えざる時こそ、弟子《それがし》の主人なるに莫是《あら》ず否《や》?」師曰く、「但《ただ》に祇対《こた》うると祇対《こた》えざるの時のみに非ず、無始劫より来《このか》た是れ箇の生死《しょうじ》の根本なり」。偈有りて曰く——

学道の人の真を識らざるは
只だ従来、識神を認めしが為なり
無始劫来の生死の本
癡人は喚びて本来身と作す

この問答については、小川『語録のことば——唐代の禅』十四「無始劫来生死本」で詳論した。また右の偈が宋代以降も「作用即性」説批判の重要な典故として用いられていたことについては、のちに第二章第二節でふれる。

第二節　石頭系の禅

一　石頭は是れ真金鋪　――青原・石頭の法統――

さきにも述べたように、伝統的な禅宗史書、いわゆる灯史の類は、いずれも六祖恵能以下の諸禅者を、南岳系と青原系の二系統に大分する。すなわち、六祖の下に南岳懐譲と青原行思、ついで南岳の下に馬祖道一、青原の下に石頭《せきとう》希遷《きせん》が出、そしてそれぞれの門流に代々優れた禅者が輩出してゆくという、かの周知の構成である。

だが、これが後世、おおむね晩唐五代の頃の人々によって、あとから遡って整理されたものであろうことは、今日、すでに常識と言ってよい。少なくとも中唐期の史料――圭峰宗密《けいほうしゅうみつ》の著作や当時の禅僧の碑文類――では、馬祖系の隆盛は特筆されているが、かたや石頭の法系について、これを独立の一宗と認めた記録は見出し難い。例えば、宗密の『円覚経大疏証《えんがくきょうだいしょしょう》』巻三之下や『裴休拾遺問《はいきゅうしゅういもん》』(『中華伝心地禅門師資承襲図』)は、当時の禅宗諸派について最も網羅的に記述するものであるが、そのうちに青原―石頭の系統はまったく含まれておらず、わずかに『禅源諸詮集都序』が牛頭禅の同類の禅者として「石頭」の名にふれるにとどまっている。同時期のその他の史料――韋処厚「興福寺内供奉大徳大義禅師碑銘」、賈餗「楊州華林寺大悲禅師碑銘并序」、白居易「西京興善寺伝法堂碑并序」――においても、この系統への言及が無い点はかわらない。むろん、それらの史料に地域的あるいは宗派的な偏りがある可能性は考慮する必要があろう。しかし、それを差し引いても、各地の諸派が列記されてゆくなかに、青原―石頭系への言及が皆無であるという事実は掩うべくもない。また、後代の完成された灯史類において石頭の最も代表的な法嗣とされている薬山惟儼《やくさんいげん》・天皇道悟《てんのうどうご》・丹霞《たんか》天然《てんねん》の三者が、いずれも当初から石頭下と確定していたわけではなく、実際には馬祖とも密接な子弟関係のあったことがここに考えあわされてよい（逆に後文でふれる五洩霊黙《ごせつれいもく》のごとく、石頭のもとで大悟しながら系譜上では馬祖下に列せられている人もある）。それらの状況を再検討したうえでの、葛兆光『中国禅思想史――従六世紀到九世紀』（北京大学出版社、一九九五年）の次の総括は、しごく妥当なものだと思われる。(1)

……中唐の前期には、石頭の系統は確かに「黙々として聞ゆる無し」という状況にあった。しかし、それは、決してこの系統が不振だったからではなく、むしろそれがなお一宗一派を立てるに至っていなかったことによる。当時、石頭系なるものは全く存在しなかった、ないしは石頭系と馬祖系とはそもそも一つのものであったのである。ただ、ほどなく門戸を立てる風が盛んになり、後代の禅者たちが自からの一門を立てんがために、しだいに石頭系なるものを分立させ、直線的で交わることなき法統の伝説が創り出されていったのであった。（第五章第一節「一、灯史馬祖、石頭両系分派之弁証」頁三〇二）

さて、歴史的な経緯はこのようなものであったとして、次に問題となるのは、ならば青原―石頭系という法統を立てた人々が自らを馬祖系と分かつ、その思想的根拠は何であったかということである。馬祖系からの石頭系の分立という歴史を、教団勢力の分裂・拮抗という観点からでなく、思想史の問題として捉えるとしたら、両者の分岐点はどこに見出されるべきなのか。系譜がのちの虚構であったのなら、その虚構によって後者の人々が標榜しようとした、前者に対する自らの独自性はいかなるものであったのか。そうしたことを今、『祖堂集』を材料としつつ、のちの曹洞宗の源流ともなる青原―石頭―薬山―雲巌・道吾―洞山という系譜を中心に考えてみたい。禅宗史を南岳―馬祖系と青原―石頭系に二分するという構成は、現存の灯史の範囲では『祖堂集』に始まるものであり、且つ『祖堂集』自体が後者の流れを汲む人々の編纂にかかり、この系統については『景徳伝灯録《けいとくでんとうろく》』などに見られぬ多くの精彩ある記載が留められている。そこで『祖堂集』に拠りつつ考察を試みるというわけであるが、ここで考えようとするのは、あくまでも『祖堂集』一書に表現されたかぎりでのこの系統の思想史的特質である。そこに記された箇々の禅者の言行が史実であるか否か、したがって系譜に沿って配列されたそれらの記録の先後が歴史的な時系列と実際に一致しているのか否か、そうしたことはもとより問う所ではない。ここではただ『祖堂集』そのものの作品世界を『祖堂集』の記すままに読みとってゆき、そこから、この系統の思想ないし精神が、最終的にどのようなものとして語られているのかということを考えてみたいと思うのである。「石頭は是れ真金鋪、江西〔馬祖〕は是れ雑貨鋪」という、よく知られた言葉がある（巻四・薬山章に見える道吾の語）。本篇はこの一句の含意する所を、『祖堂集』の記述に沿ってたどってゆくものとなるであろう(2)。

二　揚眉動目、一切の事を除却《のぞ》きての外《ほか》　――馬祖禅への批判――

『祖堂集』巻三・靖居《しょうご》和尚章、すなわち青原行思の章に、荷沢神会《かたくじんね》との次のような問答が見える。

師問神会、「汝従何方而来？」対曰、「従曹渓来」。師曰、「将得何物来？」会遂震身而示。師曰、「猶持瓦礫在」。会曰、「和尚此間莫有金真与人不？」師曰、「設使有、与汝向什麼処著？」（頁五六上・頁一〇九）

師〔青原〕、神会に問う、「汝、何方《いずく》従《よ》りしてか来る」。対《こた》えて曰く、「曹渓従《よ》り来る」。師曰く「何物《なに》をか将《も》ち得て来る」。会、遂《かく》て身を震わして示す。師曰く、「猶《な》お瓦礫《がりゃく》を持ち在《お》る！」会曰く、「和尚が此間《ところ》には金真〔真金〕の人に与《あた》うる有るに莫《あら》ず不《や》」。師曰く、「設使《たと》い有るとも、汝に与えて什麼処《いずく》に向《お》いてか著《お》かん」。

曹渓より何を持ち来ったかとは、つまり六祖の宗旨をいかに体得しているかという問いである。神会はそれに応じて、身体を震わせて見せる。だが、青原はそれを肯《うけが》わぬ。「まだ、そんなガレキを抱えておるか！」そこで神会、「しからば和尚のもとには、人に与えるべき真金が有るというわけですな」。青原「有ったところで、おぬしにやっても置き場があるまい」。

これだけだと一見、神会を貶め、青原の優位を誇ろうとした問答のように見える。しかし、これを青原に嗣ぐ石頭希遷の次の語と併せて看たら、どうであろうか。石頭の法嗣、大顚《だいてん》が、かつて石頭のもとで開悟した際の因縁を回憶した一段である。

老僧往年見石頭、石頭問、「阿那箇是汝心？」対曰、「即祇対和尚言語者是。」石頭便喝之。経旬日却問和尚、「前日豈不是？　除此之外、何者是心？」石頭云、「除却揚眉動目一切之事外、直将心来。」対曰、「無心可将来。」石頭曰、「先来有心、何得言無心？　有心無心、尽同謗我」。於此時、言下大悟此境。……（『祖堂集』巻五・大顚章、頁九四上・頁一八四／『宗鏡録』巻九十八、大正四八―九四四上、参照）

老僧《われ》〔大顚〕往年、石頭に見《まみ》ゆ。石頭問う、「阿那箇《いずれ》か是れ汝が〝心〟」。対《こた》えて曰く、「即《まさ》しくこの和尚に祇対《こた》えて、言語する者こそ是れなり」。石頭便ち之を喝す。旬日《とうか》を経《へ》て和尚〔石頭〕に却問《といかえ》せり、「前日豈《あ》に是《ただ》しからざる。此れを除きての外《ほか》、何者か是れ〝心〟ならん」。石頭云く、「揚眉動目、一切の事を除《のぞ》却きての外、直に〝心〟を将《も》ち来《きた》れ」。対えて曰く、「〝心〟の将ち来る可き無し」。石頭曰く、「先来《さき》には〝心〟有りしに、何ぞ〝心〟無しと言うを得ん。〝心〟有るも〝心〟無きも尽同《とも》に我を謾《あなど》るなり」。此の時に於て、言下に此の境を大悟す。……

わしは昔、石頭禅師にお会いした。石頭は問うた、「汝の〝心〟はどれか」。わしは答えた、「現にこうして和尚にお答えし口をきいているもの、それがわが〝心〟に外なりませぬ」。すると石頭は、わしを一喝した。

十日ののち、こんどはわしのほうから石頭和尚に問うた、「先日の答えが、どうして誤りでありましょう。その（祇対言語する者の）ほか、何が〝心〟でありえましょう」。だが、石頭はいった、「揚眉動目、そのほか一切の事を除いて、直に〝心〟そのものをもってまいれ」。「もってこられるような〝心〟などございませぬ」。「さきには〝心〟が有るように言うておったに、今はどうして〝心〟が無いなどと言えるのか。〝心〟が有るというも無いというも、ともにわしに対する冒瀆である」。そこで、わしは言下に大悟した。……

問答はさらに続くが、今は省く。さしあたり、この一段で大顚が提示し石頭が斥けているのが、現にこうして「祇《し》対《たい》」「言語《ごんご》」し「揚眉《ようび》動目《どうもく》」しているもの、それがそのまま自己の「心」にほかならぬという説であることは明らかである。『景徳伝灯録』巻十四・大顚章に録す後年の上堂の語にも、次のように言う。

夫学道人須識自家本心、将心相示方可見道。多見時輩只認揚眉動目一語一黙、驀頭印可以為心要。此実未了。

（頁二七六上）

夫《そ》れ学道の人は須《すべか》らく自家《おの》が〝本心〟を識り、〝心〟を将《も》って相い示して、方《はじ》めて道を見る可《べ》し。多く時輩の只だ揚眉動目、一語一黙をのみ認め、驀頭《まっこう》より印可して以て心要と為すを見る。此れ実は未だ了《さと》らざるなり。

そもそも道を学ぶ者は、己の本来の〝心〟を見究め、〝心〟を示さねばならぬ。それで始めて道を見ることができるのだ。ところが昨今の連中は、ただただ揚眉動目・言語沈黙のところをのみ実体視し、しゃにむにそれを〝心〟の本質と認めておる。それでは実は、未だ悟っていないのである。

さて、石頭や後年の大顚によって批判されているこの種の説が、馬祖系のものとされる次のような主張とよく一致することは、容易に気づかれる所であろう。(3)

馬祖大師云、「汝若欲識心、祇今語言即是汝心。喚此心作仏。亦是実相法身仏、亦名為道。……」（『宗鏡録』巻十四、大正四八―四九二上／入矢義高編『馬祖の語録』禅文化研究所、一九八四年、頁一九八）

馬祖大師云く、「汝若《も》し〝心〟を識らんと欲さば、祇今《いま》語言する、即ち是れ汝が心なり。此の〝心〟を喚びて仏と作《な》す。亦た是れ実相法身仏なり、亦た名づけて道とも為す。……」

太原和尚云、「夫欲発心入道、先須識自本心。……善知識、直指心者即今語言是汝心。挙動施為更是阿誰？　除此之外、更無別心。……」（『宗鏡録』巻九十八、大正四八―九四二中）

太原和尚云く、「夫《そ》れ発心して道に入らんとせば、先《ま》ず須《すべから》く自の〝本心〟を識るべし。……善知識、〝心〟を直指せば、即今《いま》語言する、是れ汝が〝心〟なり。挙動施為するは更に阿誰《たれ》ぞ。此れを除きての外《ほか》、更に別の〝心〟無《な》し。……」

仏是西国語。此土云覚性。覚者霊覚。応機接物、揚眉瞬目、運手動足、皆是自己霊覚之性。性即是心、心即是仏、

仏即是道、道即是禅。……（『血脈論』大正四八―三七五上）

仏は是れ西国の語、此の土には覚性《かくしょう》と云う。覚とは霊覚《れいかく》なり。応機接物、揚眉瞬目、運手動足、皆な是れ自己霊《じこれい》覚《かく》の性《しょう》なり。性《しょう》は即ち是れ〝心〟、〝心〟は即ち是れ仏、仏は即ち是れ道、道は即ち是れ禅なり。(4)……

さらに馬祖の法嗣、大珠慧海の次の問答も、まさしくこのような所説を前提としたものに外ならない。

僧問、「未審託情勢指境勢語黙勢乃至揚眉動目等勢、如何得通会於一念間?」師曰、「無有性外事。用妙者、動寂倶妙。心真者、語黙揔真。会道者、行住坐臥是道。為迷自性、万惑茲生」。（『景徳伝灯録』巻二十八・越州大珠慧海和尚語、頁五八四上／平野宗浄『頓悟要門』筑摩書房・禅の語録六、一九七〇年、頁一八九）

僧問う、「未審《しら》ず、情を託するの勢《ふるまい》、境を指す勢、語黙の勢、乃至《さら》には揚眉動目等の勢まで、如何《いかん》が一念の間に通会《つうえ》することを得《う》るや」。師曰く、「性外の事有《あ》ること無し。妙を用うる者は動寂倶《とも》に妙、〝心〟真ならば語黙揔《すべ》て真、道を会《え》すれば行住坐臥是れ道なり。自性を迷《みうしな》うが為に、万惑茲《ここ》に生ずるのみ」。

このほかにも馬祖自身に「一切衆生は……長《つね》に法性三昧中に在りて、著衣喫飯、言語祇対す。六根の運用、一切の施為《ふるまい》は、尽く是れ法性なり」（『馬祖の語録』頁二四）、「只だ如今の行住坐臥、応機接物は、尽く是れ道なり」（同頁三二）等々の言葉がある。要するに馬祖禅は、「道」「仏」「本性」等の本来性と、「言語」「祇対」「揚眉瞬目」「行住坐臥」等の現実態の作用、その両者を「心」の名のもとに無媒介に等置するものであると言ってよい。(5) そこにおいては日常の身心の営み、挙措動作、言語行為、すべてがありのままに即自的に是認され、それ以外には求めるべき何者も存在しない(6)。石頭らはそれを批判して、現実態とは別次元の本来性をあらたに志向し、それをこそ「心」と名づけようとしているわけである。むろん馬祖禅をそれだけのものとして単純に類型化することは問題であろう。また石頭のほうも最後に「〝心〟有るも〝心〟無きも」――この文脈ではそれぞれ本来性と現実態に相応させてよかろうが――「尽同《とも》に我を謾《あなど》るなり」と言っていたように、けして現実態を否定して本来性を肯定するという二者択一の主張をなしているわけではない。そのことは後にひきつづき考えてゆくが、ともあれ、ここから翻って看るならば、さきの青原と神会の問答も、実はそうした馬祖禅への批判の意を寓した一種の説話と解することができるであろう。そこで青原は神会の「震身」を「猶お瓦礫を持つ」と叱責していた。ここで「瓦礫（震身）」は現実態に、「真金」は本来性にそれぞれ対応しているわけだが、この「まだ今だに……している（猶……在）」という言い方には、これが実際には馬祖系の説の盛行より後の文であることが示されている。また「揚眉動目（瞬目）」の語は、宗密が『裴休拾遺問』で馬祖禅（＝洪州宗）の理論的根拠として次のように指摘する『楞伽経《りょうが》』より出るものであるが、神会に仮託された「震身」の行為も、おそらくそこに見える「動揺等、皆な是れ仏事なり」を演繹したものと看てよかろう。

洪州意者、起心動念、弾指動目、所作所為、皆是仏性全体之用、更無別用。……故知能語言動作者、必是仏性。……彼意准『楞伽経』云、……又云、「或有仏刹、揚眉動目、笑吹（＝欠）謦欬、或動揺等、皆是仏事」。（石井修道「真福寺文庫所蔵の『裴休拾遺問』の翻刻」、『禅学研究』第六〇号、一九八一年、頁八四／石井修道『禅語録』、『大乗仏典』中国・日本篇第十二巻、中央公論社、一九九二年、頁五六、参照）

洪州（馬祖禅）の意は、起心動念、弾指動目、所作所為、皆な是れ仏性全体の用にして、更に別の用無《な》し。……故に知る、能く語言動作する者、必ず是れ仏性なりと。……彼《か》の意は『楞伽経』に准ず、云く、……又た云く、

「或いは仏刹有り、揚眉動目し、笑い欠《あくび》し謦欬《しわぶき》し、或いは動揺する等、皆な是れ仏事なり」（大正一六―四九三上）と。

石頭らは、自身の現実態の作用（「震身」「祇対」「言語」「揚眉瞬目」等）をそのまま本来性と等置する馬祖系の考えを批判しつつ、それとは別の次元に本来性（「心」）を見出そうとする。青原が神会につきつけた「真金」と「瓦礫」の語は、まさにその本来性と現実態の喩えであった。石頭の再伝の弟子にあたる雲巌曇晟の次の問答なども、こうした馬祖系と石頭系の対比を前提とすることで、はじめてその意が解される。

師問尼衆曰、「汝嬭爺還在也無?」対曰、「在」。師曰、「年多少?」対曰、「年八十」。師云、「有箇爺年非八十、汝還知也無?」対曰、「莫是与摩来底是不?」師曰、「這箇猶是児子」。洞山云、「直饒不来、也是児子」。（『祖堂集』巻五・雲巌章、頁九八下・頁一九三）

師（雲巌）尼衆《あま》に問うて曰く、「汝が嬭爺《おやじどの》は還《は》た在《いま》す也《や》無」。対《こた》えて曰く、「在《いま》す」。師曰く、「年《よわい》は多少《いくばく》ぞ」。対えて曰く、「年は八十なり」。師云く、「箇《ひとり》の爺《おやじ》有り、年は八十に非ず、汝還《は》た知る也《や》無」。対えて曰く、「与摩《かく》来れる底《もの》こそ是れなるに莫是《あら》ず不《や》」。師曰く、「這箇《これ》は猶《な》お是れ児子《せがれ》なり」。洞山曰く、「直饒《たと》い来らざるとも、也《な》お是れ児子《せがれ》なり」。

「嬭爺（阿爺）」は父親をさす口語。ただし、はじめにご健在かと問われているのは文字どおりの生みの父のことだが、次によわい八十にあらざるもう一人の「爺」と言っているのは、自己の主人公・本来人のこと、いわば本来性の自己の比喩である。そこで、その問いの意図を察した尼僧は、すかさず答える。「現にこうしてやって来ている、この私こそがそれだというわけでございますね」。だが雲巌はそれはまだ「児子《せがれ》」、すなわち二次的な自己にすぎぬと斥ける。本来性の自己を問われて、それに何の迷いもなく現実態の自己を以て応じた尼僧の見解は、その両者を無条件に一枚のものと看る馬祖禅の立場を代表していよう。しかし、雲巌が要求しているのは、あくまでも現実態とは層次を異にする本来性の「㛹爺」、すなわち石頭が「揚眉動目、一切の事を除却《のぞ》きての外、直に〝心〟を将《も》ち来れ」と言っていた「心」と同じものだったのである。

右の問答に対して「来ようが来まいが、所詮は児子《せがれ》にすぎぬ」――来不来の次元で捉えられるものはすべて二次的な作用でしかない――と評している洞山は、雲巌の弟子、洞山良价《とうざんりょうかい》のことであるが、この洞山にも次の問答があり、右の石頭や雲巌と同じ考えがさらに闡明されている。

師問僧、「名什摩?」対曰、「専甲」。師曰、「阿那箇是闍梨主人公?」対曰、「現祇対和尚即是」。師曰、「苦哉！苦哉！　今時学者例皆如此、只認得驢前馬後将当自己眼目。仏法平沈、即此便是。客中主尚不弁得、作摩生弁得主中主?」……（『祖堂集』巻六・洞山良价章、頁一二〇下・頁一二三七）

師、僧に問う。「名は什摩《なん》ぞ」。対《こた》えて曰く、「専甲《なにがし》」。師曰く、「阿那箇《いずれ》か是れ闍梨《そなた》の〝主人公〟」。対えて曰く、「現に和尚に祇対《こた》うる、即ち是れなり」。師曰く、「苦《く》なる哉《かな》、苦《く》なる哉《かな》！　今時の学者、例皆《ひとしなみ》に如此《かくのごと》し。只だ驢前馬後《ろぜんばご》をのみ認得《みと》めて将《も》って〝自己〟の眼目に当《あ》つ。仏法平沈とは、即《まさ》しく此れぞ便ち是れなり。客中の主すら尚《な》お弁じ得ず、作摩生《いかん》が主中の主を弁じ得ん」。……

洞山が僧に問うた、「名はなんという」。これは初相見の際の常見の問いで、しばしば文字どおりの意とともに、汝の真の自己を提示して見せよという意をふくむ。そこで僧、「ナンのナニガシでございます」（「専甲」は「某甲」に同じ。ここでは「それがし」の意でなく、実際は自己の名を答えたのを、記録上「某某です」と表記したもの）。禅問答において本名の確認は、文字どおりの意のこともあれば、また、ありのままの自己の提示という意味をもつこともある。そこで洞山はそこを確かめるべく、さらに問う。「そなたの〝主人公〟はどれか」。僧、「現にこうして和尚にお答えしているものがそれでございます」。

これがやはり「言語祇対、揚眉瞬目」など、ナマの身心の作用をそのまま本来の自己とみなす見解を表現していることは疑いない。そして、洞山はそれを非難して、二次的な作用を「主人公」「自己の眼目」と見誤り、主中の主はおろか、客と主との区別さえつかぬ「仏法平沈」の見解だと嘆いているわけである。[7] 曹山本寂《そうざんほんじゃく》が初めて洞山に参じた際の問答もこれとよく似たものであったが、曹山は右の僧とは逆に、あるがままの自己とは別次元の自己――ナンのナニガシとは名づけられぬもの――を暗示することで、洞山の認める所となったのであった。

初造洞山法筵。洞山問、「闍梨名什麼？」対曰、「専甲」。洞山云、「向上更道」。師云、「不道」。洞山曰、「為什麼不道？」師云、「不名専甲」。洞山深器之。（『祖堂集』巻八・曹山章、頁一五七上・頁三〇八）

〔曹山〕初めて洞山の法筵に造《いた》る。洞山問う、「闍梨《そなた》、名は什麼《なん》ぞ？」対《こた》えて曰く、「専甲《なにがし》」。洞山云く、「向上《そのうえ》をば更に道《い》え」。師〔曹山〕云く、「道《い》わじ」。洞山曰く、「為什麼《なにゆえ》にか道《い》わざる？」師云く、「専甲《なにがし》とは名《なづ》けざればなり」。洞山、深く之を器《き》とす。

曹山が初めて洞山に参じた時のこと。洞山が問う、「そなた、名は何と申す」。曹山、「はい、ナンのナニガシでございます」。「さらにその上のところを言え」。「いいえ、申しませぬ」。「なにゆえ申さぬ」。「ナンのナニガシとは名づけられぬものだからでございます」。

これを聞いて、洞山はその資質を深く認めた。

「専甲《なにがし》」とは名づけられざる我、それはさきに洞山のいう「主人公」、雲巌のいう年八十にあらざる「爺」のことであり、それはさらに石頭のいう「心」、青原のいう「真金」のことでもあった。洞山に関わる右の二つの問答は、あたかも石頭系の禅における誤答と正答の例になっている。これをさきの石頭・大顛の問答とならべて看るならば、同一の構図と趣旨が、この系統のなかで一貫して受けつがれていることが感ぜられるであろう。雲巌と同門の道吾が「石頭は是れ真金鋪、江西〔馬祖〕は是れ雑貨鋪」といったのは、まさにこうした構図を表現したものなのであった。

三　渠《かれ》は我に似ず、我は渠に似ず　――本来性の自己と現実態の自己――

石頭の門下には、さきの大顛のほか、薬山惟儼《やくさんいげん》・丹霞《たんか》天然《てんねん》・天皇道悟《てんのうどうご》らがあり、薬山の下にさらに雲巌曇晟《うんがんどんじょう》や道吾《どうご》円智《えんち》、そして雲巌の下に洞山良价《とうざんりょうかい》が出る。平常底の現実態に等置しきれぬ自己の本来性の探求は、この人々の一貫した主題となっている。だが、それは決して単純な、前者の否定、後者の肯定を意味しない。

『祖堂集』巻四・薬山章に、石頭と薬山の次のような語が記されている。

師因石頭垂語曰、「言語動用亦勿交渉」、師曰、「無言語動用、亦勿交渉」。（頁八五下・頁一六七）

師〔薬山〕、石頭の垂語《すいご》して「言語《ごんご》動用《どうゆう》も亦《ま》た勿交渉《かかわりなし》」と曰《い》えるに因み、師曰く、「言語動用無きも亦た勿交渉《かかわりなし》」と。

「言語動用」は、さきに見た「言語」「祇対」「揚眉動目」等と同じく現実態の作用の意であろう。それが「勿交渉」、すなわち真実とはまるで無関係であるという石頭らの主張も、すでに看たとおりである。だが、薬山はそれを反転して「言語動用」を否定することもまた「勿交渉」であるという。現実態はそのままで無条件に肯われるものではない。しかし、だからといって、それは単に否定されてよいものでもないのである。両者は、おそらく、一方なくしては他の一方も存在しえないものなのであろう。薬山章には次のような一段もある。

従此後、従容得数日。後昇座、便有人問、「未審和尚承嗣什摩人?」師曰、「古仏殿裏拾得一行字」。進曰、「一行字道什摩?」師曰、「渠不似我、我不似渠。所以肯這箇字」。（頁八五上・頁一六六）

此《こ》れ従り後《のち》、従容《しょうよう》として数日を得《へ》、後、昇座《しんぞ》するや便ち人有りて問う、「未審《しら》ず、和尚、什摩人《なにびと》にか承嗣《つ》ぐ」。師曰く、「古仏殿《こぶつでん》裏に一行の字を拾い得たり」。進みて曰く、「一行の字、什摩《なに》とか道《い》える」。師曰く、「〝渠《かれ》は我に似ず、我は渠に似ず〟と。所以《ゆえ》に這箇《こ》の字を肯《うけが》えり」。

それから、ゆったりと数日を過ごしたのち、陞座《しんぞ》した。ある僧が問う、「おたずねもうします、和尚は何びとより法をお嗣ぎになられました」。薬山、「古い仏殿で一行の文字を拾うた」。「そこには何と?」「〝渠《かれ》は我に似ず、我は渠に似ず〟。そこで、わしはその文字をよしとした」。

これは薬山の事実上最初の上堂、すなわち開堂の説法である。こうした際にまず弟子が「師、誰《た》が家《いえ》の曲をか唱《うた》い、宗風、阿誰《たれ》にか嗣《つ》ぐ」などと問うて、師の法系を確かめることは珍しくない。しかし、ここは誰からと問わず「什麼人――どういう人」からと問うている。単に師承関係を問うのではなく、師を一箇の祖師たらしめているのは何者かという深意を含んだ一問の如くである。それゆえか、薬山の答えもいささか謎めく。古びた仏殿のなかで、いつ誰が書いたとも知れぬ一行の文字を拾った。そこには「渠は我に似ず、我は渠に似ず」、そう書いてあったというのである。「古仏殿」とは、仏の古道が時をこえ、人知れず保たれている場という形象であろう。

さてここに見える「渠」の語は、当時の口語で、三人称の代詞。[8] しかし、禅録において、とくに先行の文脈に承けるべき対象なく唐突に用いられた場合、この語は往々、名を以ては呼びえぬ自己の本来人・主人公、すなわちここでいう本来性の自己を象徴的に表すものとして用いられる。『祖堂集』におけるこの語の用例は、仰山慧寂《きょうさんえじゃく》章の数例をのぞいて、他はすべて石頭系の禅者に偏っており、そのなかでも大顛・丹霞・薬山ら、石頭の弟子の代の人々が用いたのが系譜上での最も早い例となっている。うち丹霞の偈のは、その直前の「世間採取人」を承けるふつうの人称代詞としての例であるが（頁八二上・頁一六〇）、かたや大顛章において、この語は次のように用いられている。

僧問、「其中人相見時如何?」師曰、「早不其中」。進曰、「其中者如何?」師曰、「渠不作這箇問」。（頁九四下・頁一八五）

僧問う、「其中《こちゅう》の人《ひと》相い見《まみ》ゆる時は如何」。師〔大顛〕曰く、「早《とう》に其中にあらず」。進みて曰く、「其中《こちゅう》の者《もの》は如何」。師曰く、「〝渠《かれ》〟は這箇《こ》の問いを作《な》さず」。

「其中」は「その中」ではなく「ここ」の意だが、禅録においては、しばしば言葉を超えた道の当体を指す。したがって「其中人」「其中者」は、道そのものとともにある本来人の謂いととってよい。上の問答は言葉によってそれを客体化したとたん、汝はすでにそこから外れているという旨趣であろうが、ここの「渠」は語法的には先行の「其中者」を承ける人称代詞、内容的にはその先行の語が示す本来人を含意する禅語、という過渡的な様相を呈している。今考えている薬山の語もそれに似て、文脈上では僧のいう「什麼人」の語を承けつつ、語の内実としてはその「什麼人」が暗示する本来性の自己を意味するものとなっている。

——渠《かれ》は我に似ず、我は渠に似ず

これは本来性の自己(渠)と現実態の自己(我)とが、合一することも乖離することもなく、対等に、しかし、決して交わることなく向き合っている姿ではなかろうか。

薬山章にはまた、雲巌との次のような問答も見える。

師問雲巌、「作什麼?」対曰、「担水」。師曰、「那箇尼?」対曰、「在」。師曰、「你来去為阿誰?」対曰、「替渠東西」。師曰、「何不教伊並頭行?」対曰、「和尚莫謾他」。師曰、「不合与摩道」。師代曰、「還曾担担摩?」(頁八六下・頁一六九)

師(薬山)雲巌に問う、「什麼《なに》をか作《な》す」。対《こた》えて曰く、「水を担《にな》う」。師曰く、「那箇尼《アレは》?」対えて曰く、「在り」。師曰く、「你《なんじ》の来去《ゆきき》するは阿誰《たれ》が為ぞ」。対えて曰く、「〝渠《かれ》〟が替《ため》に東西《あちこち》す」。師曰く、「何ぞ〝伊《かれ》〟を教《し》て並頭《とも》に行わしめざる」。対えて曰く、「和尚、〝他《かれ》〟を謾《あなど》る莫《なか》れ」。師曰く、「合《まさ》に与摩《かくのごと》く道《い》うべからず」。師代りて曰く、

「還《は》た曾て担《に》を担《にな》える麼《や》」。（「担担」の後の「担」字は「にもつ」の意の名詞、去声）
薬山「何をやっているのだ」。雲巌「水を運んでおります」。「担」というから、天秤棒の前後に水桶を担《かつ》いで汗だくで運んでいるのであろう、なかなかに骨の折れる仕事である。そこで薬山、「アレは？——お前の本来人はどうした」。雲巌「在り——ちゃんとここに居りまする」。薬山「それならいったい誰の為に、こうアクセク行ったり来たりしておるのだ」。雲巌「そのお人（渠）の為でございます」。薬山「では、そやつ（伊）にも一緒に運ばせればよいではないか」。雲巌「そのお方（他）をばかにして頂いては困ります」。

「渠《かれ》」は決してものの役に立たぬ怠け者ではございませぬ、雲巌はそう反駁しているのであろう。だが、薬山はその答えを斥けて、こう答えるべきだと代って言った。

——そのお人が、ものなど担いだためしがございましょうか。

雲巌のいうごとく、「渠」は言語動用する「我」と、常に同時同処に存在する。しかし、雲巌の最後の答えでは、「渠」も「我」と連動してともに働く者となってしまう。薬山はその点を未だしとして、「我」とともにありながら、しかし、けして「我」と同じ次元で言語動用することのない者、そうした者として「渠」を提示しなおしているのである。

道吾が初めて薬山に参じた時にも、同じことが問題とされている。

薬山示衆云、「法身具四大、阿誰道得？　若有人道得、与汝一腰褌」。師曰、「性地非風、風非性地、是名風大。地水火大、亦復如是」。薬山肯之、不違前言、贈一腰褌。（巻五・道吾章、頁一〇四上・頁二〇四）

薬山示衆《じしゅう》して云く、「〝法身、四大を具す〟、阿誰《たれ》かこれを道《い》い得《う》る。若《も》し人の道《い》い得《う》る有らば、汝に一腰の褌《したおび》を与えん」。師〔道吾〕曰く、「性地《しょうち》は風に非ず、風は性地に非ず、是れ風大《ふうだい》と名づく。地《ち》・水《すい》・火《か》大も、亦復《ま》た如是《かくのごと》し」。薬山之《これ》を肯《うけが》い、前言に違《たが》わず、一腰の褌を贈る。

薬山が示衆していった、「四大を具えた法身、それを言いとめられる者はおらぬか。おらば、その者に一本の下帯を進ぜよう」。

「法身」とはがんらい、四大五蘊という個別的要素によって組成せられるのではない、全一にして普遍なる本来性の謂いであろう。だが、薬山は、それを出しぬけに反転する。地水火風の四大、それを具有せる「法身」を言いとめてみよ、それができた者には「一腰の褌」、すなわち下穿きを一つ進ぜようと（「腰」は「褌」の量詞）。ここで「道得」せよと言っているのは、単に口頭で合理的な説明を与えよというのではない。それを現にここに示し、それに見事この「褌」を穿かせてみよというのであり、つまりは、四大を具し、「褌」を着ける、一箇の受肉せる「法身」として己れをここに提示せよと迫っているのである。

蓋しこの要求にさきの馬祖禅ふうの思想を以て応えることは、さほど難しいことではない。ここにこうして在る、この生き身の自己がそのまま法身にほかならぬ、そう一言いえば、ひとまずは片がつこう。だが当時の学人なら誰もがただちに思いつくであろうその種の回答が、薬山の要求する所であったとは思われない。薬山はおそらくそうした「正解」を百も承知で、なお且つそれを超えたところを要めているのである。

そこで、道吾の答えは、こうであった、「性地は風ではない。それを風大という。地大・水大・火大もまた同様である」。つまり、性地は四大でなく、四大は性地ではない、というのである。

ここにいう「性地」は薬山のいう「法身」と同義であり、つまり、これは本来性と現実態とは別次元のものだという意に解することができる。だが、この言葉だけならば、たしかに馬祖禅ふうの「正解」からは免れているものの、結局はただ、無為法と有為法の違いという素樸な教義上の常識に逆もどりしたにすぎぬであろう。それがなぜ薬山の肯う所となったのか。

あとはもう、この場面を想像してみるほかないのであるが、この言葉を述べた時の道吾は、本来性と現実態の峻別を明言しつつ、しかもそのいずれをも損うことなく自己一身のうえに両立させえていた。或いはそのいずれでもあり、いずれでもないという一箇の自己を示しえていた。薬山はそのような道吾の立ち姿を見て、「禅」を着くる「法身」の資格ありと許したのではあるまいか。「前言に違わず」という記述からは、道吾が薬山の要求に応え得たから、という含意が読みとれる。薬山はこの時、道吾の姿の上に「渠《かれ》は我に似ず、我は渠に似ず」という、あの一行の文字を再び見出していたのかも知れぬ。

薬山は「渠」と「我」の別を説く。しかし、それは決して分裂し破綻した二元的な自己を理想とするものではない。本来性の自己と現実態の自己、その両者の関係は、二にして一、一にして二、或いは不一不異、不即不離などと言うほかないものであろう。両者は互いに相い似ぬものでありながら、しかし自己はあくまでも一箇の自己としてありつづけねばならない。自己が本来性と現実態に分裂したままなら、一つの「禅」を着けることはできぬはずである。

巻五・雲巌章に、雲巌と道吾の次のような問答がある。

師煎茶次、道吾問、「作什麼?」師曰、「煎茶」。吾曰、「与阿誰喫?」師曰、「有一人要」。道吾云、「何不教伊自煎?」師云、「幸有専甲在」。（頁九九上・頁一九四）

師〔雲巌〕、茶を煎ずる次《おり》、道吾問う、「什麼《なに》をか作《な》す」。師曰く、「茶を煎ず」。吾曰く、「阿誰《たれ》にか喫《の》ます」。師曰く、「〝一人《いちにん》〟の要《ほっ》する有り」。道吾云く、「何ぞ〝伊《かれ》〟を教《し》て自ら煎ぜしめざる」。師云く、「幸いに専甲《それがし》有り」。

雲巌が茶をいれているところへ、道吾がやって来た。「何をやっておるのだ」。雲巌「茶をいれておる」。「誰に飲ませるのだ」。「おひとり、茶をご所望のかたがあってな」。「なぜ、そやつに自分でいれさせぬ」。「うむ、折よくそれがしがおったものでな」。

ここで茶を欲する「一人《いちにん》」および「伊《かれ》」と言われているものは、もはや言わずとも明らかであろう。茶をたてる「我」、茶を所望する「渠《かれ》」。しかし、そこに二人の雲巌があるわけではない。自分がいれて、自分が飲む。ただそれだけのことであった。(9)

四　這の岸を離れて未だ彼の岸に到らざる時　——未悟と不説破の禅——

雲巌の下に洞山良价が出、その法系がやがてのちの曹洞宗となる。だが『祖堂集』によるかぎり、雲巌から洞山への系譜は、実は未悟者から未悟者への不連続の相承である。

巻四・薬山章によれば、雲巌と道吾は血縁の兄弟で、道吾が兄、雲巌が弟。ただし出家は雲巌が先で、道吾のほうが雲巌を「師兄《すひん》(兄弟子)」と呼ぶ。修道の進度は道吾のほうが著しく速く、かたや雲巌は凡庸で、いつまでも激発の契機を得ることができない。そんな雲巌を道吾は「師兄」として立てつつ傍らから気づかい、それと目だたぬように導いてゆく。少なくとも『祖堂集』において、二人の姿はそのように描かれている。(10) さきに引いた「石頭は是れ真金鋪、江西(馬祖)は是れ雑貨鋪」の句は、道吾が百丈のもとにいた雲巌を、薬山下に転向させようとして書き送った言葉であった。

『祖堂集』巻十六・南泉普願（嗣馬祖）の章によると、二人はある時つれだって南泉のもとを訪れ、そこで南泉から次のような指教を受けたという（前後の経緯は今省く）。

智不到処、切忌説著。説著則頭角生。喚作如如、早是変。直須向異類中行。（頁三〇三下・頁六〇〇）

智の到らざる処、切に説著《せつじゃく》を忌《い》む。説著すれば則ち頭角《づかく》生ず。喚《よ》びて「如如」と作《な》してさえ、早是《つと》に変ず。直《じき》に須《すべから》く異類中に向《お》いて行くべし。

すでに第一節で看たとおり、南泉は上堂で「所以《ゆえ》に道《い》わく、〝祖仏《そぶつ》は有るを知らず、狸奴白牯《りぬびゃっこ》却って有るを知る〟。何を以てか如此《かくのごと》くなる？　他《かれ》（狸奴白牯）却って如許多般《かくもくさぐさ》の情量無ければなり。所以《ゆえ》に、喚《よ》びて〝如如〟と作《な》せば、早是《つと》に変ぜり。直《じき》に須《すべか》らく異類《いるい》中に向《おい》て行くべし」と説いていた。「智」を絶し、言語による規定を受けつけない〝道〟そのもの、それを知るのは「祖仏」でなく、むしろ「如許多般の情量」無き「狸奴白牯」すなわち「異類」のほうだというのである。「異類中」を行くとは、自らそのようなものとして生きてゆくことに外ならない。

道吾はただちにその意を悟る。だが、雲巌には何のことだかまるで解らなかった。「他《かれ》（雲巌）は薬山と因縁有り矣」、そう思いきわめた道吾は、雲巌をともなって再び薬山のもとへ帰った。

薬山問、「闍梨到何処来？」巌云、「此迴去到南泉来」。薬山云、「南泉近日有什摩方便示誨学徒？」雲巌挙似前話。薬山云、「汝還会他這箇時節也無？」雲巌云、「某甲雖在他彼中、只為是不会他這箇時節、便特帰来」。薬山大笑。雲巌便問、「作摩生是異類中行？」薬山云、「我今日困。汝且去、別時来」。巌云、「某甲特為此事帰来。乞和尚慈悲」。薬山云、「闍梨且去。老僧今日身体痛。別時却来」。雲巌礼拝了便出去。道吾在方丈外立聴、聞他不領覧、不覚知咬舌得血。却後去問、「師兄去和尚処問因縁、和尚道箇什麼?」巌云、「和尚並不為某甲説」。道吾当時低頭不作声。在後各在別処住。

薬山問う、「闍梨《そなた》、何処《いずく》にか至り来る」。巌云く、「此迴《こたび》は去《ゆ》きて南泉に到り来る」。薬山云く、「南泉は近日、什麼《なん》の方便有りてか学徒に示誨《おし》う」。雲巌、前の話を挙似《はな》す。薬山云く、「汝、還《は》た他《かれ》〔南泉〕の這箇《こ》の時節を会《え》す也無《や》」。雲巌云く、「某甲《それがし》、他《かれ》が彼中《ところ》に在りと雖《いえど》も、只だ是れ他の這箇《こ》の時節を会せざるが為に、便ち特に帰り来る」。薬山、大笑す。雲巌便ち問う、「作摩生《いかなる》か是れ〝異類中行〟」。薬山云く、「我れ今日、困《くたぶ》れたり。汝、且《しば》らく去《ゆ》きて、別時に来れ」。巌云く、「某甲《それがし》、特に此の事の為に帰り来る。和尚の慈悲を乞う」。薬山云く、「闍梨《そなた》、且《しば》らく去《ゆ》け。老僧《われ》今日、身体《からだ》痛し。別時に却《ま》た来れ」。雲巌、礼拝し了るや便ち出で去る。道吾、方丈の外に在りて立聴《たちぎき》し、他《かれ》〔雲巌〕の領覧《さと》らざるを聞きて、覚知《おぼ》えず、舌を咬み血を得《いだ》せり。却後《そののち》去きて問う、「師兄《すひん》〔雲巌〕、和尚が処に去きて因縁を問うに、和尚は箇の什麼《なに》をか道《い》える」。巌云く、「和尚、並《すべ》て某甲《それがし》が為に説《い》わず」。道吾、当時《そのとき》、頭《こうべ》を低《た》れて声を作《な》さず。在後《そののち》各おの別処に在《お》いて住す。

もどって来た雲巌に薬山が問う、「そなた、何処へ行ってまいった」。「はい、南泉に行ってまいりました」。「南泉は近頃、どのような方便の語で学人に教えておる」。そこで雲巌は南泉のさきの語を薬山に話した。それを聞いて薬山は問う、「して、南泉の言う所は理解できたのか」。「いえ、あちらには居りましたものの、そこが解らぬので、こうしてわざわざ帰ってまいったのでございます」。

薬山は大笑いする。雲巌は息せき切って問う、「異類〔畜生〕のなかを歩むとは、如何なることにございましょう」。

だが薬山の返答は力ない。「わしは今日、くたびれた。ひとまず去って、出直してまいれ」。「いえ、それがし、この一事のために帰ってまいったのでございます。なにとぞ、お慈悲を」。「まあ、とりあえず下がってくれ。わしは今日は、体が痛い。ほかの時にしてくれぬか」。雲巌はやむなく礼拝してそのまま退出した。

方丈の外で立ち聴きしていた道吾は、雲巌が薬山の意を覚らぬのを聞いて、思わず、血が出るほど舌を咬んでしまった。そして、雲巌のもとへいって、そ知らぬふりで問うた、「師兄よ、和尚のところへ問いに行って、どのようなお示しがありましたか」。「いや、和尚は何も説いては下さらなんだ」。道吾はその言葉を聞くや、うなだれ、そして絶句した。

その後、二人はそれぞれ別の寺に住した。

あらゆる聖なる観念と絶縁し、敢て一箇の異類となって現世の最下層を歩んでゆこうとする南泉。その厳粛で壮絶な言葉に比して、薬山の言は、いかにも、ふがいなく、たよりない。「今日は疲れたからまたにせよ」。「今日は身体が痛いから今度にしてくれぬか」。薬山はまじめに答える気がないのか。否、そうではない。正面から答えれば「説著」を犯して、本来性を毀損する。さりとて黙っていれば本来性のうちに自己完結して、現実態を喪失してしまう。そこで薬山は、言葉を用いながら「説著」を避け、「説著」を避けながら言葉を用いて、本来性と現実態の間にたゆとう姿を示してみせたのである。

この応待は、薬山と雲巌の、もうひとつのやりとりを想起させる。

師問雲巌、「目前生死如何?」対曰、「目前無生死」。師曰、「二十年在百丈、俗気也未除」。巌却問、「某甲則如此、和尚如何?」師曰、「癴癴拳拳、羸羸垂垂、百醜千拙、且与麼過時」。（頁八九上・頁一七四）

師〔薬山〕雲巌に問う、「目前の生死《しょうじ》、如何？」対《こた》えて曰く、「目前に生死無《な》し」。師曰く、「二十年、百丈に在りて、俗気も也《ま》た未《いま》だ除かざる」。巌〔雲巌〕却って問う、「某甲《それがし》は則ち如此《かくのごと》し、和尚は如何？」師曰く、「攣攣拳拳《れんれんけんけん》、羸《るい》羸垂垂《るいすいすい》、百醜千拙、且《しば》らく与麼《かくのごと》く時を過す」。

雲巌が百丈のもとから初めて薬山にやって来たときの問答で、第一節に引いた「何ぞ早う道《い》わざる？　海兄《かいひん》、猶《な》お在《いま》す！」云々の話のつづきである。「是什摩？」の話で百丈の健在ぶりをよろこんだ薬山が、こんどは雲巌自身の境涯を問う、「今、この場での生死の問題は、どうだ」。雲巌、「今、この場に生死などございませぬ」。自分は生死の問題など、とうに超越してしまっているというわけであろう。だが、薬山はこの答えを認めない。「ふん、二十年も百丈におりながら、いまだに俗気もぬけずにおるか」。雲巌は不服げに問い返す、「それがしはかようでございます。しからば、和尚さまはどうなのです」。そこで、薬山は、いかにもみすぼらしくいう。

――ぶるぶる、よぼよぼ、ぶざまでだらしなく、ともかく、こうして何とか、その日その日をやりすごしておりまする……。

なんと情けない言いぐさであろう。だが、生死の問題などハナから存在せぬという、雲巌のすぱりとした迷いなき超越、それは薬山からみれば、聖性の権威のうちに自己完結した鼻持ちならぬ「俗」なありようであった。薬山は自ら老醜をさらして見せることで、その対極のありようを示そうとしたのである。

雲巌が南泉のもとからもどった時の一見たよりなげな応待にも、これと同様の意が感ぜられる。薬山はいわば答えぬということを答えることで、二度までも重ねて雲巌の乞いに報いているのである。だが、雲巌は一向それに気づかぬ。すでにそのやりとりを知り、血の出るほどに歯がみした道吾が、そ知らぬふりを装いながら、和尚は何と答えられたかと問うたのは、和尚は実はちゃんと答えているのだと、自ら気づいてもらいたいからである。だが、それも雲巌には通じない。うなだれ、そして絶句する道吾……。

その後二人はそれぞれ別の寺の住持となる。やがて道吾の臨終のとき、洞山の「密師伯」がやって来た。「密師伯」とは雲巌の弟子、神山僧密《しんざんそうみつ》のことで（『祖堂集』巻六、『景徳伝灯録』巻十五）、師伯――法の上での伯父――とは洞山の弟子たちからの呼称である。

至臨遷化時、見洞山密師伯来。道吾向師伯説、「雲巌不知有這一則事、我当初在薬山時悔不向他説。雖然如此、不違於薬山之子」。道吾却為師伯子細説此事。（頁三〇四上・頁六〇一）

遷化《せんげ》に臨むの時に至りて、洞山の密師伯の来るを見る。道吾、師伯に向いて説く、「雲巌は這《こ》の一則の事《じ》有るを知らず。我れ当初《そのかみ》、薬山に在りし時、他《かれ》〔雲巌〕に向いて説《い》わざりしを悔《くや》む。如此《しかり》と雖然《いえど》も、薬山の子たるに違《たが》わず」。道吾、却って師伯の為に子細に此《こ》の事《じ》を説けり。

道吾の遷化のまぎわ、洞山の密師伯がやって来た。道吾は密師伯にいう、「雲巌はこの一事の有ることを知らなんだ。むかし、ともに薬山のもとにあった時、やつにそれを言うてやらなんだことが悔やまれる。だが、そうではあるが、やつが薬山の跡継ぎたることは間違いない」。

道吾はそう言って、密師伯のために念入りにこの一事を説き聞かせてやったのだった。[11]

雲巌は終生未悟であった。聞くべき一則の事を聞かぬまま世を去った。少なくとも、右の一段では、そういうことになる。ではその弟子の洞山は、どうであったのか。巻五・雲巌章に記されたその悟道の因縁を、以下、〔1〕～〔3〕の三段に分かって読んでみる。

〔1〕　師臨遷化時、洞山問、「和尚百年後、有人問還邈得師真也無、向他作摩生道？」師云、「但向他道〝只這箇漢是〟」。洞山吟沈（＝沈吟）底。師云、「此著一子（＝一著子）、莽鹵呑不過、千生万劫休。闍梨瞥起、草深一丈、況乃有言」。師見洞山沈吟底、欲得説破衷情。洞山云、「啓師、不用説破。但不失人身、為此事相著」。（頁九九下・頁一九五）

師（雲巌）遷化《せんげ》に臨みし時、洞山問う、「和尚の百年後《みまかりしのち》、人有りて、還《は》た師の真《えすがた》を邈《うつ》し得る也無《や》と問わば、他《かれ》に向いて作摩生《いかに》か道《い》わん」。師云く、「但《た》だ他《かれ》に向いて道《い》え、〝只だ這箇《こ》の漢こそ是れなり〟と」。洞山、沈吟底《たり》。師云く、「此の一著子、莽鹵《おいそれ》とは呑《の》み過《くだ》せず、千生万劫にして休《や》む。闍梨《そなた》、瞥起せば、草《くさ》深きこと一丈ならん。況《いわ》んや乃ち言有るをや」。師、洞山の沈吟底を見て、衷情《こころのうち》を説破せんと欲得《ほっ》するも、洞山云く、「師に啓《もう》す、説破するには用《およば》ず。但《た》だ人身《にんしん》をさえ失わざれば、此《こ》の事《じ》の為に相《あ》い著《つと》めん」。

雲巌の遷化を前にして、洞山が問う、「師の亡きあと、それがしに、先師の肖像を描き得るかと問う者があったら、何と答えればよろしいでしょう」。遠まわしな言い方だが、要はいかにすれば師の肖像を写し得るか、つまり、いかにすれば師の没後にも師の真面目を如実に我がものとなしうるか、という意である。それに対して雲巌はいう、

――只這箇漢是。

――まさしくこの自分こそがソレにほかならぬ。

この言葉を聞いてひたすら黙り込む洞山に、雲巌はさらに為人を惜しまぬ。「この一手は、そうなまなかに呑み下せるものではない。千生万劫ののちまで、決着を得られぬものである。そこにチラリとでも意識を起こせば、妄想の草は一丈もの深さになろう。まして言葉にするなどもってのほかである」と。最後の言は『肇論』答劉遺民書の「擬心已差、況乃有言」をふまえていよう（大正四五―一五七上）。この指教にもかかわらず、洞山はなおも黙りつづけ、その姿を見た雲巌はよほど真意を言明してやろうかと思う。だが、洞山はそれを鄭重に、しかし決然たる語調で謝絶した。「つつしんで申し上げます。師よ、どうか説破するのはおやめください。人の身でありうるかぎり、この一事に取り組んで参ります」。

師の生前には悟れず、「一則の事」を聞かずに終ったその姿は、さきに見た雲巌自身の姿とも重なりあう。そして、ここで師の「説破」を聞かなかったことが、のちの洞山にとって、終生にわたる深長な意味をもつことになるのである。

ついで話は、雲巌の没後へと場面をうつす。

〔2〕　師遷化後、過太相斎、共師伯欲往潙山。直到潭州、過大渓次、師伯先過。洞山離這岸未到彼岸時、臨水覩影、大省前事。顔色変異、呵呵底笑。師伯問、「師弟有什摩事？」洞山曰、「啓師伯、得箇先師従容之力」。師伯云、「若与摩、須得有語」。洞山便造偈曰――

切忌随他覓　　迢迢与我疎
我今独自往　　処処得逢渠
渠今正是我　　我今不是渠

応須与摩会　　方得契如如

師、遷化《せんげ》の後、太相斎〔三年の喪〕を過ぎ、師伯《しはく》と共に潙山《いさん》に往かんと欲す。直《じき》に潭州に到りて大渓を過《わた》る次《おり》、師伯先《さき》に過る。洞山、這《こ》の岸を離れて未だ彼の岸に到らざる時、水に臨《のぞ》みて影を覩《み》、大いに前事を省《せい》す。顔色変異《かわ》り、呵呵底《かかと》して笑う。師伯問う、「師弟《すてい》、什麼《なん》の事か有る」。洞山曰く、「師伯に啓《もう》す、箇《ひと》つ先師の従容《はるか》なる力を得たり」。師伯云く、「若《も》し与摩《かく》なれば、須得《すべか》らく語有るべし」。洞山便ち偈を造りて曰く——

切に忌む〝他《かれ》〟に随いて覓《もと》めんことを　　迢迢《はるか》に〝我《われ》〟と疎なり
〝我〟今独《ひ》自《と》り往き　　処処に〝渠《かれ》〟に逢うことを得《う》
〝渠《かれ》〟は今正に是れ〝我《われ》〟　　〝我〟は今〝渠〟に不是《あら》ず
応《まさ》に須《すべか》らく与摩《かくのごと》く会《え》して　　方《はじ》めて如如に契《かな》うを得ん

雲巌遷化ののち三年の喪があけて、洞山は師兄の密師伯とともに潙山禅師のもとへ向かっていた。潭州まで来て大きな川にゆきあたり、まず密師伯がそれを渡る。つづいて渡ろうとした洞山は、こちら岸を離れて未だあちら岸に着かぬところで、ふと水面に映ったおのが影を目にし、さきの因縁の意にはたと気づいた。顔色もすっかり変わり、からからと笑う。

いぶかった密師伯が問う、「師弟よ、何事か」。「つつしんで師兄に申し上げます。ここで亡き師の、はるかなるお助けにあずかりました」。「しからば、ここで、それ相応の語がなければならぬ」。そこで洞山は次の一首を申し述べた——

〝他《かれ》〟につき随って覓めてはならぬ
〝我《われ》〟とははるかに疎遠なひとだから
だから〝我〟はただ一人ゆく
するとこんどは、到る処で〝渠《かれ》〟に出逢う
〝渠〟は今正しく〝我〟である
しかし〝我〟は今〝渠〟ではない
そのように会得《えとく》して
はじめて如如に契《かな》うことができるのだ

ここで「我」が現実態の活き身の自己、「渠」がそれと次元を異にする本来性の自己を指していることは、もはや言うまでもない。だが、さきに薬山は「〝渠〟は〝我〟に似ず、〝我〟は〝渠〟に似ず」といっていた。それは「渠」と「我」の別を静かな鮮烈さを以て告げるものであり、そこには本来性と現実態とを無条件に同一視しようとする馬祖禅への反措定という意図がなお強くあったと考えられる。それが雲巌・道吾を経て洞山に至る間に「〝渠〟は今正に是れ〝我〟、〝我〟は今〝渠〟に不是ず」という表現に深化せられている。ここに至って「渠」と「我」は一面では完全に一体でありながら、一面では完全に別物でもあるとされているのである。薬山以後、この系統の人々の主題が「渠」と「我」の峻別から、両者の玄妙な不一不異の関係の探求へと移行してきたことを、右の一段は示している。

この意は洞山に帰せられる「無心合道頌」によって、さらに傍証される（巻二十・隠山章、頁三八四下・頁七六〇）。

道無心合人　〝道〟には〝人〟に合せん心《こころ》無く

人無心合道　〝人〟は無心《むしん》にして〝道〟に合す
欲知此中意　此中《ここ》の意を知らんと欲さば
一老一不老　一は老《お》い　一は老いず

「道」が「一不老」と対応してさきの「渠」と同じものを指し、「人」が「一老」と対応して「我」と同義であることは見易い。「道」は「人」と疎遠だが、「人」は「道」と一体である。対句になったものの訓みをそろえないのは変則的であるが、敢てそのように訓まねばこの一首は意をなさぬ——両者の二にして一、一にして二という関係が表現されぬ——のではなかろうか（ただし、こう訓んでも「道／無心／合人」と「人／無心／合道」という漢語の音調上の対称は失われていない）。この一首をとりあげた問答において、鏡清《きょうしょう》は上の第一句「道無心合人」を「白雲は乍可《むし》ろ青嶂に来らんも、明月は那《なん》ぞ碧天を下るに堪えん」と評している。これもやはり、動なる現実態（「白雲」）が不動なる本来性（「青嶂」）に合一することはあり得ても、逆に本来性（「明月」）がその本来性としての次元（「碧天」）から現実態の次元に下降することはあり得ない——「人」は「道」に帰一しうるが、「道」のほうが「人」に同化することはあり得ない——という意を言いかえたものに外ならない（巻十・鏡清章、頁一九五上・頁三八四）。

かくして、さきの洞山の過水の偈が表現しているのが、こうした本来性と現実態の不即不離の関係であることは疑いない。だが、ここで注目したいのは、偈そのものの措辞よりも、むしろその前に記された次の描写である。

——洞山、這《こ》の岸を離れて未だ彼の岸に到らざる時、水に臨《のぞ》みて影を覩《み》、大いに前事を省《せい》す。

水面《みなも》に映ったおのが姿を見て「渠」を発見するという、あまりにもよく知られた一段であるが、右の一文は『祖堂集』にしか見られない。水面の影を見るのであるから、洞山はむろん川を渡る途中におり、したがって、こちら岸とあちら岸の中間にあることは自明である。自明なるがゆえに、のちの諸書はことさらこの一文を留めることをしなかったのか。だが、この一文は、実は、わかりきった位置の説明などではない。「彼《か》の岸」はもちろん「彼岸《ひがん》」とかけてあり、したがって「這《こ》の岸」も実は「此岸《しがん》」を含意する。此岸を離れながら未だ彼岸に到らざるところ、現実態を超出しながらなお本来性に帰一せぬところ、そうした永遠の中間こそが彼らの禅の場なのであり、この一文はそれを象徴的に表現しているのである。「渠は我だが、我は渠ではない」、この一句は、このような場にこそふさわしいものであった。

この一文の意味を別の角度から確かめるため、ここで且らく雲巌章を離れ、巻十五・五洩《ごせつ》霊黙章に目を転じてみたい。五洩は洞山が嘗つて参じた人であるが、この人が石頭のもとで大悟した際の機縁の一句が、やはり「只這箇漢」であった。五洩は馬祖について出家し、『祖堂集』でも馬祖下に列せられているが、実際には馬祖の勧めで石頭に参じ、そこで悟を得た人である。五洩章に記されるその経緯は、これまで考えてきた石頭系の禅の馬祖禅からの分立という流れを、はからずも具象化するものとなっている。(12)

有一日、大師領大衆出西牆下遊行次、忽然野鴨子飛過去。大師問、「身辺什摩物？」政上座云、「野鴨子」。大師云、「什摩処去？」対云、「飛過去」。大師把政上座耳拽、上座作忍痛声。大師云、「猶在這裏、何曾飛過？」政上座豁然大悟。因此、師無好気、便向大師説、「某甲抛却這箇業次、投大師出家。今日並無箇動情、適来政上座有如是次第、乞大師慈悲指示」。大師云、「若是出家師則老僧、若是発明師則別人。是你驢年在我這裏也不得」。師云、「若与摩則乞和尚指示箇宗師」。大師云、「此去七百里有一禅師、呼為南岳石頭。汝若到彼中、必有来由」。

（頁二八四下・頁五六二／『馬祖の語録』頁一五九、参照）

有る一日、大師〔馬祖〕大衆《だいしゅ》を領《ひき》いて西牆の下に出《いで》て遊行《ゆぎょう》せる次《おり》、忽然、野《や》鴨子《おうす》、飛び過ぎ去る。大師問う、

「身辺、什摩物《なにもの》ぞ」。政上座〔百丈惟政《ひゃくじょういせい》〕云く、「野鴨子《やおうす》」。大師云く、「什摩処《いずく》にか去《ゆ》く」。対《こた》えて云く、「飛び過ぎ去れり」。大師、政上座の耳を把《とら》えて拽《ひ》く。上座、忍痛《にんつう》の声を作《な》す。大師云く、「猶お這裏《ここ》に在り、何ぞ曾て飛び過ぐ！」政上座、豁然《かつねん》大悟す。

此《これ》に因《よ》りて師〔五洩〕好気無し。便ち大師に向いて説《いわ》く、「某甲《それがし》、這箇《こ》の業次〔科挙の受験〕を抛却《すてさ》り、大師に投じて出家せるも、今日まで並《すべ》て箇《ひとつ》の動情《こころうごかす》ものも無し。適来《さきほど》、政上座は如是《かくのごと》き次第《ゆくたて》有り。乞う大師、慈悲もて指示せよ」。大師云く、「若是《もし》出家の師なれば則ち老僧《われ》、若是《もし》発明の師なれば則ち別人なり。是れ你《なんじ》、驢年《とこしなえ》に我が這裏《ところ》に在ろうとも也《な》お得ざらん」。師云く、「若《も》し与摩《かく》なれば則ち乞う和尚、箇《ひとり》の宗師を指示せよ」。大師云く、「此《ここ》より去ること七百里に一禅師有り、呼びて南岳《なんがく》の石頭《せきとう》と為す。汝若《も》し彼中《かしこ》に到らば、必ず来由有るべし」。

ある日のこと、馬祖が一門の者をひきつれ、西の城壁の下へ出て散歩していた。すると突然、野鴨がそこを飛び去った。馬祖、「今のは何だ」。百丈惟政、「野鴨にございます」。「どこへ行った」。「はい、飛んで行ってしまいました」。すると馬祖は、いきなり惟政の耳をつかんで引っぱった。惟政はたまらず悲鳴をあげる。馬祖はひとこと、「まだここにおった。飛んで行ってなどおらぬではないか」。惟政はからりと大悟した。

この一事で、五洩霊黙はすっかりイヤな気持ちになり、馬祖にこう訴えた。「それがし、科挙の学業を捨て、大師のもとに身を投じて出家いたしました。にもかかわらず、今日まで、何ひとつ心を動かすものがございませぬ。さきほど、惟政上座には、あのような因縁がございました。どうか大師、お慈悲によりましてご指教をお願いいたします」。馬祖、「うむ、出家の師にはわしがよかったが、開悟の師はわしではあるまい。おぬしは永遠にここにおったところで、道を得ることはかなうまい」。「しからば和尚、なにとぞ、お一人、しかるべき師をお示し願います」。馬祖、「ここから七百里離れたところに一人の禅師がおる。南岳の石頭といわれるお人だ。そこへ行けば、必ずやなにか機縁があるはずだ」。

「野鴨子」の話は『碧巌録』第五十三則などに採られてよく知られている。ただし、そこでは百丈懐海の話とされているが、それはここの問題ではない。[13]『碧巌録』はこの話を新たな意に読み換えようとしているが、上の一段を素直に読むかぎりでは、馬祖が今ここに現在する活き身の自己、いわば現実態の自己そのものを端的に把握させることで惟政を大悟せしめた話と解するのが、まずは最も自然であろう。だが、ここで重要なことは、これが惟政開悟の因縁として百丈惟政章（巻十四）に載せられるのでなく、いわば五洩が馬祖禅と袂を分かった、その必然性を説明する話として五洩章のほうに記載されていることである。現実態の自己の無媒介の把握、それを目のあたりにした五洩は「好気無し」、鬱々として楽しまざる気分に陥ってしまったのだった。

話はさらに続く――

師便辞、到石頭云、「若一言相契則住、若不相契則発去」。著鞋履、執座具、上法堂礼拝、一切了侍立。石頭云、「什麼処来?」師不在意、対云、「江西来」。石頭云、「受業在什麼処?」師不祇対便払袖而出。纔過門時、石頭便咄。師一脚在外、一脚在内。転頭看、石頭便側掌云、「従生至死、只這箇漢。更転頭悩（＝脳）作什麼?」師豁然大悟。在和尚面前給侍数載、呼為五洩和尚也。

師〔五洩〕便ち〔馬祖を〕辞し、石頭に到りて云く、「若《も》し一言に相い契《かな》わば則ち住《とど》まらん。若《も》し相い契《かな》わざれば則ち発《た》ち去《さ》らん」。鞋履《はきもの》を著《つ》けしまま、座具を執《と》り、法堂《はっとう》に上《のぼ》りて礼拝し、一切了《おわ》りて侍立《じりゅう》す。石頭云く、「什麼処《いずく》より来《きた》る」。師、意にも在《と》めず、対《こた》えて云く、「江西《こうぜい》より来る」。石頭云く、「受業は什麼処《いずく》に在りてや」。師、祇対《こた》えず、便ち払袖《ほっしゅう》して出《い》ず。纔《わず》かに門を過ぐる時、石頭便ち咄《とつ》す。師、一脚は外に在り、一脚は内に在り。頭《こうべ》を転《めぐ》して看るや、石頭便ち掌《たなごころ》を側《た》てて云く、「生従《よ》り死に至るまで、只だ這箇《こ》の漢のみ。更に頭脳《こうべ》を転じて什麼《なん》と作《す》る！」師、豁然《かつねん》大悟す。和尚〔石頭〕の面前に在りて給侍すること数載、呼びて五洩《ごせつ》和尚と為《な》せり。

それを聞いた五洩はただちに馬祖のもとを辞し、石頭のもとへ行く。「一言で契合すればここにとどまります。そうでなければ、立ち去ります」。そして履物をはいたまま、座具を手にもち、法堂に上がっていって礼拝し、ひととおりの作法が終るや、石頭のそばに控えて立った。

石頭が問う、「何処よりまいった」。五洩は意にも介さず答える、「江西の馬祖のもとよりまいりました」。「では、受戒はどこでじゃった」。五洩は返事もせず、袖を払って出ていった。

だが、五洩が門を出ようとしたその刹那、石頭が大声でどなりつけた、「コラッ！」。その時、五洩は、一方の足は門の外、もう一方は門の内にあった。思わず振り返ると、石頭は手刀で切るように、側面を向けて掌を立てた。「生まれてから死ぬまで、ただ、これ、このとおりの男あるのみ。そのほかにキョロキョロと何を求めるか！」五洩はからりと大悟した。のち、石頭のそばに仕えること数年、五洩和尚と呼ばれるようになったのであった。

石頭は言う。「只這箇漢——今のお前自身がソレだ。きょろきょろと外に捜し覓めてどうするか！」この語だけを見るかぎり、馬祖系の禅となんら択ぶところが無い[14]。門から出かかった学人に、背後からだしぬけに呼びかける手法も、馬祖に似る。だが、見逃してならないのは、この一句がいかなる状況の「這箇の漢」を指しているかである。五洩はまさに門を過ぎんとし、片足は内、片足は外にある。石頭はそこに、手刀のごとく側面を向けて掌をたてる。それは内外を分かつ中心の一線に擬せられたものに外ならない。五洩は今、半ばは内、半ばは外に在りながら、恰かもその境界の一線上に立っている。石頭はその一刹那をとらえて「只這箇漢」と鋭く言い放ったのである。しかも、これは決して偶然の一瞬のことではない。「這箇の漢」、それは「生従り死に至るまで」常にその一線上にあり続けるものだ、石頭はさらにそう説くのであった。

この一段に見る「一脚は外に在り、一脚は内に在り」という記述は、さきの洞山の「這の岸を離れて未だ彼の岸に到らざる時」と響きあう。雲巌が生前に説破せず、洞山が過水の際に至って自ら発見したのも、五洩と同じく、内と外、彼岸と此岸、渠と我……、永遠にその中間にありながら、そのどちらであり、どちらでもない「只這箇漢」としての自己だったのである。

さて、ここで再び、雲巌章に記された洞山の悟道の話にもどる。そこでは、さきの過水の偈のあとに、次のような後年の問答が附記されている(後人による拈提の部分は今省く)。

〔3〕　後有人問洞山、「雲巌道〝只這箇漢是〟意旨如何?」洞山云、「某甲当初洎錯承当」。……又問洞山、「雲巌道〝只這箇漢是〟還知有事也無?」洞山云、「先師若不知有、又争解与摩道?」良久又曰、「若知有事、争肯与摩道?」……　(頁一〇〇上・頁一九六)

後に人《ひと》有りて洞山に問う、「雲巌の〝只這箇漢是〟と道《い》える、意旨は如何」。洞山云く、「某甲《それがし》、当初、洎《あや》うく錯《あやま》って承当《じょうとう》せんとせり」。……又《ま》た洞山に問う、「雲巌の〝只這箇漢是〟と道《い》えるは、還《は》た事《じ》有るを知る也《や》無」。洞山云く、「先師〔雲巌〕若《も》し有るを知らざれば、又た争《いかで》か解《よ》く与摩《かくのごと》く道わん」。良久して、又た曰く、「若し事有るを知らば、争か与摩く道うを肯《がえん》ぜん」。……

まず、第一の質問。つまるところ、雲巌の説く「只這箇漢是」とは、どういう意味であったのか。洞山はいう。「すんでに誤って、そのまま受けとってしまう所であった」。現実態の即自的是認という見解に、自分もあやうく陥るところだった、というわけである。その種の見解を初めから避けるのでなく、からくもその寸前で免れたという「洎〜」の言い方が利いている。これは言わば「一脚は外に在り、一脚は内に在り」という際どい一線上にあやうくも止まり得たという、実感のこもった言い方であろう。(15)

つづく第二の質問は、おそらく雲巌がついに「一則の事」を聞くことなく終ったという件の話をふまえていよう。洞山は言う——雲巌は「一則の事」有るを知ればこそかく言い得、また知らざればこそ敢えてかく言うてくれたのだ、と。これは決して雲巌が不知であったと否定的に言っているのではない。逆に、雲巌が「知有」の境位に去ってしまわず、「知有」と「不知有」の中間に止まって、第二義に渉ることを厭わずこの一句を説いてくれた、そのことに深い謝意を表しているのである。ここに至って、雲巌が「一則の事」を聞かず終生未悟であったことに、それを聞いて悟ってしまうこと以上のより高次の意味が与えられている。そして、そのことが、洞山自身、雲巌の「説破」を謝絶し、したがって雲巌の生前にはなお未悟であったことと重なりあって、ここに非連続的な未悟と不説破の相承という自覚が成立しているのである。雲巌の聞き及ばなかった所をのちに道吾が密師伯に「子細に」説き（南泉章）、その密師伯が洞山の師示寂後の成道を証明する（雲巌章）という筋書きは、薬山—雲巌—洞山という未悟と不説破の系譜に不安を払拭しきれなかった無名の伝記作者が、その傍らに一種の副え木として、薬山—道吾—密師伯—洞山なる説破の系譜をあてがおうとしたものであったかも知れぬ。(16)だが、もしそうだとしたら、それはよけいな用心であろう。洞山は聞くべきことを聞きそこねたのでも、悟るべきことを悟りそこねたのでもない。聞いてしまえば悟ってしまう。だから、それを聞くことを肯んじなかった。そして聞かなかったことによって、のち過水のおり、永遠に悟と不悟の中間にありつづける「這箇の漢」と出逢うことを得たのであった。洞山はそこで、決して遅ればせに迷を克服して悟を得たのではない。迷を離れつつなお未悟でありつづける雲巌の禅の意味、それを、ここで、自らの影の上にあらたに発見したのである。

　このことは洞山が師家として世に立ったのちも、雲巌の斎にちなんでしばしば話題とされている。次はともに巻六・洞山章に見える問答である（やはり後人の拈提の部分を省く）。

問、「師見南泉因什麼為雲巌設斎？」師曰、「我不重他雲巌道徳、亦不為仏法、只重他不為我説破」。（頁一一八上・頁二三二）

問う、「師（洞山）、南泉に見《まみ》えしに、因什麼《なにゆえ》にか雲巌の為に斎を設く」。師曰く、「我れ他《か》の雲巌の道徳を重んぜず、亦《ま》た仏法の為にもあらず、只だ他《かれ》の我が為に説破せざるを重んずるのみ」。

「師は南泉にも参じられましたのに、なにゆえ雲巌の供養の斎会を設けられるのです」。「わしは雲巌という人の徳を重んずるのではない。また、仏法の為でもない。ただ雲巌がわしのために説破せずにいてくれたこと、それをこそ重んじているのである」。

因雲巌斎、有人問、「和尚於先師処得何指示？」師曰、「我雖在彼中、不蒙他指示」。僧曰、「既不蒙他指示、又用設斎作什麼？」師曰、「雖不蒙他指示、亦不敢辜負他」。（頁一一九上・頁二三四）

雲巌の斎に因《ちな》み、人有りて問う、「和尚〔洞山〕、先師〔雲巌〕の処に於て何《なん》の指示《しじ》をか得たる」。師〔洞山〕曰く、「我れ彼中《かしこ》に在りと雖《いえど》も、他《かれ》〔雲巌〕の指示を蒙らず」。僧曰く、「既《すで》に他《かれ》の指示を蒙《こうむ》らざるに、又た斎を設《もう》くるを用いて什麼《なに》をか作《な》す」。師曰く、「他の指示を蒙らずと雖も、亦た敢て他に辜負《こふ》せず」。

雲巌の供養の斎会のおり、ある人が問うた、「和尚は、雲巌先師より何の指教をお受けになったのですか」。洞山、「わしは雲巌のもとにおったけれども、雲巌の指教は受けておらぬ」。「それなら、雲巌のために斎会を設けてどうするのです」。「雲巌の指教は受けておらぬが、雲巌の恩を無にするわけにもまいらぬのだ」。

又設斎次、問、「和尚設先師斎、還肯先師也無?」師曰、「半肯半不肯」。僧曰、「為什摩不全肯?」師曰、「若全肯、則辜負先師」。……（同前）

又た斎を設くる次《おり》に問う、「和尚、先師の斎を設く、還《は》た先師を肯《うけが》う也無《や》」。師曰く、「半ば肯い半ば肯わず」。僧曰く、「為什摩《なにゆえ》にか全て肯わざる」。師曰く、「若《も》し全て肯《うけが》わば則ち先師に辜負《こふ》せん」。……

また、雲巌の斎会の時のこと、「和尚がこうして雲巌先師の斎を設けられるのは、先師を認めてのことでしょうか」。洞山、「なかばは認め、なかばは認めぬ」。「どうして全て認めぬのです」。「全てを認めてしまったら、先師の恩に背くことになるからだ」。

いずれも未悟と不説破ゆえに成り立つ、非連続的な相承の意味を再確認する問答と言ってよい。洞山は雲巌の不説破にこそ師恩を感ずる。だから「他《かれ》〔雲巌〕の指示を蒙らずと雖ども、亦た敢て他に辜負せず」と言う。この言葉は道吾の雲巌評、「如此《しかり》と雖然《いえど》も――一則の事を聞かずに終ったけれども――薬山の子たるに違《たが》わず」とはるかに共鳴しあっている。そして最後の「半肯半不肯」の語は、さきの「知有」「不知有」の問答と重なりあう。雲巌が「知有」であり「不知有」であるからこそ、それに対する洞山の態度も「半肯半不肯」とならざるを得ない。だが、そこで「不知有」といい「半不肯」ということが決して先師の不完全を非難しているのでないことは、言うまでもない。「知有」と「不知有」の双方に渉りつつ、しかも説破せぬことによってそのいずれにも属さぬ中間にありつづけてくれた先師雲巌、洞山はその恩を偲ぼうとして斎会を営みつづけたのであった。

――這《こ》の岸を離れて未だ彼の岸に到らず

一言でいえば、それが彼らの禅だったのである。

五　洞山は好箇の仏なるも　――むすび――

馬祖系の禅が悟りの肯定形(悟)と否定形(不悟)を等置するものだとすれば、石頭系のほうは、悟りの未然形(未悟)に身を置きつづける禅とでも言えようか。石頭系の禅者の語に、ある種の玄遠な余韻を感じさせるものが多いのも、その為であろう。

しかし、本来性と現実態の境界上に身を置きつづけるというそのあり方は、その微妙で曖昧な中間的状態から身動きがとれぬという逆の限界とも表裏する。

巻七・巌頭全豁《がんとうぜんかつ》章に次のような問答がある。

羅山問、「和尚豈不是三十年在洞山又不肯洞山？」師云、「是也」。羅山云、「和尚豈不是法嗣徳山又不肯徳山？」師云、「是也」。羅山云、「不肯徳山則不問、只如洞山有何虧闕？」師良久云、「洞山好箇仏、只是無光奴（＝光彩）」。（頁一三七下・頁二七〇／※「無光奴」は巻九・羅山章では「無光彩」に作る）

羅山問う、「和尚豈《あ》に三十年洞山に在りて又《しか》も洞山を肯《うけが》わざるに不是《あら》ずや」。師（巌頭）云く「是也《しかり》」。羅山云く、「和尚豈《あ》に法をば徳山に嗣《つ》ぎて又《しか》も徳山を肯《うけが》わざるに不是《あら》ずや」。師云く、「是也《しかり》」。羅山云く、「徳山を肯わざることは則ち問わず、洞山の只如《ごと》きは何の虧闕《かけ》たることか有る」。師、良久して云く、「洞山は好箇の仏なるも、只だ是れ光彩無《な》きなり」。

弟子羅山が問う、「老師は三十年も洞山に在りながら、しかし洞山を認めなかった、そうでございますね」。巌頭、「そうだ」。「老師は徳山から法を嗣ぎながら、しかし徳山のことも認めなかった、これもそうでございますね」。「そうだ」。「徳山を認めなかったことは、いま問いませぬ。しかして洞山には、いったい如何なる不足があったのでございますか」。

巌頭はしばし沈黙し、おもむろに口を開いてこう言った。「洞山はみごとな仏であった。ただ、そこには光が無い……」[17]。

巌頭章にはまた、洞山の「過水の偈」を批判した次のような話もある。つれだって行脚していた巌頭と雪峰が鵝山（のちの文献では鰲山）で雪に足止めされ、そこで雪峰が大悟するというよく知られた話の一部である。

師共雪峰到山下鵝山院。圧雪数日、師毎日只管睡、雪峰只管坐禅。得七日後、……又因洞山曰「切忌随他覓　迢迢与我疎　我今独自往　処処得逢渠　渠今正是我　我今不是渠　応須与麼会　方得契如如」、師便喝云、「若与麼則自救也未徹在！」峰云、「他時後日作麼生？」師云、「他時後日若欲得播揚大教去、一一箇箇従自己胸襟間流将出来、与他蓋天蓋地去麼！」峰於此言下大悟、便礼拝、起来連声云、「便是鵝山成道也！」（頁一三八下・頁二七二）

師〔巌頭〕、雪峰と共に山下の鵝山院に到る。雪に圧せらること数日、師は毎日只管《ただ》睡《ねむ》り、雪峰は只管《ただ》坐禅す。七日を得《へ》て後《のち》、……又た洞山の「切に忌む〝他《かれ》〟に随いて覓《もと》めんことを　迢迢《はるか》に〝我《われ》〟と疎なり　〝我〟今独自《ひと》り往き　処処に〝渠《かれ》〟に逢うことを得《う》　〝渠《かれ》〟は今正に是れ〝我《われ》〟　〝我〟は今〝渠〟に不是《あら》ず　応《まさ》に須《すべか》らく与麼《かくのごと》く会《え》して　方《はじ》めて如如に契《かな》うを得ん」と曰《い》えるに因《よ》りて、師、便ち喝して云く、若《も》し与麼《かく》なれば則ち自らを救うすら也《な》お未だ徹せざる在《なり》！」峰〔雪峰〕云く、「他時後日は作麼生《いかん》」。師云く、「他時後日、若《も》し播《ひろ》く大教を揚げ去らんと欲得《ほっ》さば、一一箇箇、自己の胸襟の間より流《なが》れ将《い》出来《できた》り、他《かれ》が与《ため》に蓋天蓋地し去らしめ摩《よ》！」峰、此の言下《ごんか》に大悟し、便ち礼拝《らいはい》し、起《た》ち来《あが》りて連声に云く、「便ち是れ鵝山成道《がさんじょうどう》なり！」

巌頭は雪峰とともに山のふもとの鵝山院に行った。雪に降り籠められること数日、巌頭はただ寝てばかりおり、雪峰はただ坐禅ばかりしていた。そうして七日が過ぎて後、……さらに巌頭が洞山のかの「過水の偈」をとりあげて、こう一喝した、「こんなことでは、他者はおろか、自身を救うことにおいてすら、なお不徹底である！」それを聞いて雪峰が問う、「ならば、このさき、どうすればよいというのだ」。「このさき、もし、根本の宗旨をひろく挙揚しようと思うなら、ひとつ、ひとつ、すべてが自己の胸襟から流れ出て、それが天地を蓋い尽くすようでなければなら山の成道だ！」

ぬ！」雪峰は言下に大悟した。そして、すぐさま礼拝し、起ち上がるや、つづけざまに叫んだ、「これぞまさしく鵝

巌頭は法系図のうえでは青原—石頭の系譜に連なり、また、多年にわたって自ら洞山に深く親炙した経歴をもつ。だが、にもかかわらず——そして、それだからこそ——巌頭は洞山の限界を痛感し、それを批判しないわけにはゆかなかった。かつて馬祖禅自身の内部から「作用即性」への懐疑と批判が現れたごとく、石頭系においても、本来性への内向的沈潜に対する、新たな反動がおこらざるをえなかったのである。「好《よ》き仏ではあるが、ただ、光彩が無い」、「一々が自己の胸のうちから迸り出て、天地を蓋うようでなければならぬ」——これらはいずれも、洞山の禅が現実界にはたらき出る躍動的な活機を欠いていることを非難する語に外なるまい(18)。

洞山の禅のこのような特質は、のち宋代の曹洞禅が大慧宗杲《だいえそうこう》から黙照邪禅と非難せられるような宗風をもったことと、おそらく無関係ではない。しかし、その一方で、現実態の自己と本来性の自己との不一不異・不即不離の関係の探求が、大慧の流れを汲む看話禅《かんなぜん》においても参究の課題に取りこまれていることは、興味ぶかい。たとえば『無門関』の第十二則「巌喚主人」、第三十五則「倩女離魂《せんじょりこん》」、第四十五則「他是阿誰」などがその例で、『無門関』が第一則「趙州無字」の扱いに端的に現れているように、大慧系看話禅の簡便な教科書といった趣の書物であることは言うまでもない。今、そのうち「倩女離魂」の則を引いてみる。「倩女」なる娘が二身に分かれ、一つは蜀に走って夫と添いとげ、一つはその間ずっと衡州の親もとで病の床にあったという伝奇をふまえた、宋の五祖法演《ほうえん》の一則である。ちなみに法演は圜悟克勤の師で、大慧はその圜悟の法嗣である。

五祖問僧云、「倩女離魂、那箇是真底？」

五祖、僧に問うて云く、「倩女離魂、那箇《いずれ》か是れ真底(19)」。
「二人になった倩女、さて、いったいどちらがホンモノか」。本則はただこれだけである。これを、無門慧開《むもんえかい》が評していう——

無門曰、「若向者裏悟得真底、便知出殻入殻、如宿旅舎。其或未然、切莫乱走。驀然地水火風一散、如落湯螃蟹七手八脚。那時莫言不道」。

無門曰く、「若《も》し者裏《ここ》に向《おい》て真底《まことのもの》を悟り得ば、便ち知らん、殻《からだ》を出《いで》て殻に入《い》るは、旅舎に宿るが如しと。其或《もしそ》未だ然らざれば、切に乱《みだ》りに走る莫《なか》れ。驀然《まくねん》として地水火風一散せば、湯に落ちし螃蟹《かに》の如く七手八脚《じたばた》せん。那の時《とき》、道《い》わずと言う莫《なか》れ」。

もし、ここでホンモノを悟りえたならば、それが肉体を出て次の肉体に入るのは、宿屋に泊まるようなものだということがわかるだろう。そこがまだ悟れぬなら、むやみに奔走するのはやめるがよい。そのままでは、突如、四大が散じて死を迎える段に至るや、熱湯に落ちたカニのごとく、ジタバタするのがオチである。その時になって、聞いていなかったなどと言うてはならぬ(20)。

そしてこの則は最後に、無門の次の「頌」でむすばれている。

雲月是同　　雲や月はいずこも同じ
渓山各異　　渓や山はところそれぞれ
万福万福　　「こんにちは」「ごきげんよう」
是一是二　　さてもこの身は一つか二つか

言うまでもなく、「雲月」は本来性の、「渓山」は現実態の喩えである。本来人と生き身の自己と、その両者は一であるのか、二であるのか。無門慧開は我々に、そう問うているのである。(21)

(1)　以上の状況については、印順著・伊吹敦訳『中国禅宗史――禅思想の誕生』(山喜房仏書林、一九九七年／原著は一九七一年)の第八章第一節「二、江南の洪州宗と石頭宗」(頁三九二―)、および第九章第三節「対立から統一へ」(頁五二一―)につとに指摘がある。次に引く葛兆光『中国禅思想史』は、それをふまえつつ、この問題をあらためて詳論したものである。
(2)　以下の行論の観点および所引の資料については、個別に注記した箇処にとどまらず、全体にわたって石井修道『宋代禅宗史の研究』(大東出版社、一九八七年)、第二章第一節「石頭は真金鋪・江西は雑貨鋪」、第二節「洞山良价の伝記」に多くを負うている。
(3)　以下に引く諸例については、入矢義高『伝心法要・宛陵録』(筑摩書房・禅の語録八、一九六九年)頁一四二注「即如今言語者、正是汝心」の条参照。この種の思想についてはすでに前節の「三　作用即性」の条でも詳しく論じている。
(4)　この一段は『景徳伝灯録』巻二十八「南陽慧忠国師語」で批判されている「南方宗旨」の所説に酷似する(頁五七一上)。その南方宗旨批判の一節が馬祖禅批判の為の仮託である可能性は、石井修道「南陽慧忠の南方宗旨の批判について」に詳論されている。『鎌田茂雄博士還暦記念論集――中国の仏教と文化』(大蔵出版、一九八八年)所収。
(5)　概念は荒木見悟『仏教と儒教』(平楽寺書院、一九六三年)、「序論――本来性と現実性」より借用。ただし、問題を禅に限った場合、「現実性」は生身の肉体の営為・作用として、きわめて即物的・形而下的に語られるのが常であるので、その語感に近づけるべく用語を「現実態」と改めさせて頂いた。この改変に概念自体の修正は含意されておらず、考えの枠組みはなお全面的に荒木説に依拠している。また、中国文化叢書三『思想史』（大修館書店、一九六七年）のうち、荒木の執筆にかかる第三章第七節〜第一〇節において、禅宗の特質が次のように規定されている。「なぜよりどころとする経典が必要でないのか。それは本来性と現実性とを一体化させる実践主体を、仏の位においてとらえ、おのが〈心〉（生命的統体）以外に何らの権威も認めず、行住坐臥がそのまま仏作仏行《ぶっさぶつぎょう》とされるからである」（頁一六四）。唐代禅宗の基本思想が、馬祖禅を中心にきわめて的確に定式化されたものと思う。ただし「諸教・諸派の多様性は〝本来性—現実性〟の相関関係の多様性として現われる」とする荒木説（西順蔵「書評」による『仏教と儒教』の要約）は実際には禅宗内部にもあてはまるのであって、本稿はその荒木説に導かれつつ、荒木説の禅の規定にさらに下位区分を設けようとする試みと言ってよい。「書評」（一九六四年）は今『西順蔵著作集』第三巻（内山書店、一九九六年）再録、上の引用はその頁四に見える。

（6）ただし、これはあくまでも馬祖禅の基調である。実際には、馬祖自身が「即心是仏」を「非心非仏」に反転したとされるのをはじめ、この基調とそれへの反措定との間の往復運動こそが総体としての馬祖禅の本領であった。そのことはすでに前節で考えたが、そこで論じたように反措定の側面を代表するのが南泉であり、『祖堂集』では、石頭系の代表的な禅者雲巌・道吾がその南泉から決定的な影響を受けたとされている。後述。

（7）この問答は第二章第二節で再びとりあげ、「驢前馬後」の語義もそこであらためて考察する。

（8）「渠」および後出の「伊」「他」の語学的な用法とその歴史については、呂叔湘「三身代詞」参照。『近代漢語指代詞』学林出版社、一九八五年、所収。

（9）南泉の法嗣、趙州従諗の次の問答は、ここに引いた雲巌・道吾の「煎茶」の問答と対照的である。こちらは沙弥の期待する本来人に対して現にあるままの自己を反措定したもので、いわば本来性の裏付けを必要とせぬ、現実態そのものに自己を還したものと言ってよい（沙弥はそれを受けいれていないが、それは自らの「応諾」するものに気づいていないために、趙州の意を捉え損ねたせいである）。

師喚沙弥、沙弥応喏。師云、「煎茶来」。沙弥云、「不辞煎茶、与什摩人喫?」師便動口。沙弥云、「大難得喫茶」。（巻十八・趙州章、頁三三六下・頁六六五）

師〔趙州〕、沙弥を喚《よ》ぶ。沙弥応喏す。師云く「茶を煎じ来れ」。沙弥云く、「茶を煎ずるを辞せざれども、〝什摩人《なにびと》〟に喫《の》ますや」。師便《すなわ》ち口を動かす〔ホレこのわしじゃ〕。沙弥云く、「大《はなは》だ茶を喫《の》むを得《え》難し〔そんなことでは、とても茶はめしあがれませぬ〕」。

（10）そうした関係が史実でありえないことについては、石井『宋代禅宗史の研究』頁一三五、参照。

（11）密師伯については、石井『宋代禅宗史の研究』頁一七一―、参照。なお、ここで雲巌を「如此《しかり》と雖然《いえど》も、薬山の子に違《たが》わず」と認めた道吾は、これよりさき巻四・薬山章では「石頭は是れ真金鋪、江西は是れ雑貨鋪」の語によって雲巌を百丈下から薬山下に転向させており、また巻五・華亭和尚（船子徳誠）章では、薬山の没後、華亭・雲巌・道吾の三人で世を捨てて隠遁しようという相談がまとまりかかった際、「向来《さき》に議《はか》りし所、我ら三人に於ては甚だ本志に適《かな》えども、然れど石頭の宗枝を埋没するに莫《あら》ざる也無《や》？」と反対している（頁一〇一下・頁一九九）。『祖堂集』の記述によるかぎり、馬祖禅と宗風を異にする石頭―薬山の禅という対他的意識を確立した人は、道吾であるということになりそうである。なお、巻十六・潙山章には、潙山が雲巌のことを暗示しつつ洞山に「一人有り是れ石頭の孫、薬山の子」と語るところがある（頁三〇八上・頁六〇九）。石頭系の禅が、主に石頭―薬山の法系として考えられていたことをうかがわせる。

（12）洞山と五洩の関係については、石井『宋代禅宗史の研究』頁一五〇―、参照。

（13）詳しくは、『馬祖の語録』［五〇］［五三］の注を看よ。また、『碧巌録』におけるこの話頭の解釈については、第二章第二節であらためてとりあげる。

（14）「只這箇漢」および「只這箇是」は、馬祖系の禅において、ありのままの自身がそのまま本来の自己に外ならぬという意で用いられる語である。たとえば『祖堂集』巻十八・趙州章に次の問答がある。（?）の部分は文字が欠けていて判読困難なので、［　］内に『趙州録』の該当箇処を抄しておく。

問、「如何是本来人?」師云、「自従識得老僧後、只這箇漢、更無別」。僧云、「与摩則共和尚隔生也」。師云、「非但（?）生与万生也不識老僧［＝非但今生、千生万生亦不識老僧］」。（頁三三四下・頁六六一／秋月龍珉『趙州録』筑摩書房・禅の語録十一、一九七二年、頁二三六、参照）

問う、「如何なるか是れ本来人?」師（趙州）云く、「老僧《わし》を識得《しりえ》て自従《よ》り後、只だ這箇の漢のみ、更に別無し」。僧云く、「与摩《かく》なれば則ち和尚と生を隔てん」。師云く、「非但（?）生与万生也不識老僧［＝但《ただ》に今生《こんじょう》のみならず、千生万生にも亦《な》お老僧《わし》を識らじ］」。

「只這箇是」の例は、前節に引いた、東寺如会と南泉の問答を看られたい。また、第二章第三節に引く『寒山詩』に「只這箇是」とあるのも同義である。

（15）石井『道元禅の成立史的研究』（大蔵出版社、一九九一年）、第一章第一節「宗密の五種禅再考」は、「洎～」という語を手がかりに、青原─石頭系（具体的には洞山の門流と雪峰の門流）の禅を、無限の「向上」の禅、「動的な未完成」を行じ続ける「八九成《じょう》」（八、九割）の禅、と論じていて啓発に富む。

（16）『景徳伝灯録』では二つの話はそれぞれ次のように記されており、いずれにも「密師伯」は登場しない。

巻十四・道吾章

雲巌臨遷化時、遣人送辞書到。師展書覧之曰、「雲巌不知有、悔当時不向伊道。然雖如是、要且不違薬山之子」。（頁二七八下）

雲巌、遷化《せんげ》に臨みし時、人を遣《つか》わして辞書（別れの手紙）を送《とど》け到る。師、書を展《ひろ》げて之を覧《み》て曰く、「雲巌、有るを知らず。悔《くゆ》らくは当時、伊《かれ》（雲巌）に向いて道《い》わざりしを。如是《しかり》と然雖《いえど》も、要且《ともかく》も薬山の子たるに違《たが》わず」。

巻十五・洞山章

又問雲巌、「和尚百年後忽有人問還邈得師真、如何祇対？」雲巌曰、「但向伊道即這箇是」。師良久。雲巌曰、「承当這箇事、大須審細」。師猶渉疑。後因過水覩影、大悟前旨。因有一偈曰、

切忌従他覓　迢迢与我疎　我今独自往　処処得逢渠
渠今正是我　我今不是渠　応須恁麼会　方得契如如　（頁二九七上）

（洞山）又た雲巌に問う、「和尚百年後《みまかりし》、忽《も》し人《ひと》有りて還《は》た師の真《えすがた》を邈《うつ》し得るやと問わば、如何が祇対《こた》えん」。雲巌曰く、「但《た》だ伊《かれ》に向いて道《い》え、即ち這箇《これ》ぞ是《これ》なりと」。師、良久す。雲巌曰く、「這箇《こ》の事を承当《じょうとう》せんには、大いに須《すべか》らく審細なるべし」。師猶《な》お疑に渉る。後、水を過《わた》るに因《よ》りて、影を覩《み》て大いに前旨を悟る。因りて一偈有りて曰く、

切に忌む〝他《かれ》〟に従いて覓《もと》めんことを　迢迢《はるか》に〝我《われ》〟と疎なり
〝我〟今独自《ひと》り往き　処処に〝渠《かれ》〟に逢うことを得《う》
〝渠〟は今正《まさ》に是れ〝我《われ》〟　〝我〟は今〝渠〟に不是《あら》ず
応《まさ》に須《すべか》らく恁麼《かくのごと》く会《え》して　方《はじ》めて如如に契《かな》うを得ん

（17）羅山はこの問答をふまえ、のちに次のような問答をのこしている。

軫上座問、「只如巌頭和尚道〝洞山好箇仏、只是無光彩〟、未審洞山有何虧闕便道〝無光彩〟？」師喚無軫、無軫応喏。師云、「酌然（灼然）好箇仏、只是無光彩」。軫云、「大師因什摩撥無軫話？」師云、「什摩処是陳老師撥汝話、快道！」無軫説不得。師便打之。（『祖堂集』巻九・羅山章、頁一八七下・頁三六九）

　軫《しん》上座問う、「巌頭和尚の〝洞山は好箇の仏なるも、只だ是れ光彩無し〟と道《い》えるが只如《ごと》きは、未審《しら》ず洞山に何の虧闕《かく》ること有りてか便ち〝光彩無し〟と道《い》える?」師〔羅山〕、「無軫!」と喚《よ》ぶ。無軫応喏《いゝ》す。師云く、「酌然《いか》にも〝好箇の仏なるも、只だ是れ光彩無き〟なり」。軫云く、「大師、什麼《なに》に因《よ》りてか無軫《それがし》の話を撥《はら》う」。師云く、「什麼処《いずく》か是れ陳老師《われ》の汝が話を撥《はら》える。快《はよ》う道《い》え! 快う道え!」無軫説《い》い得《え》ず。師便ち之を打《う》つ。

これは馬祖やその門下の場合と同じく、無軫が自身の「応喏」のはたらきに気づかぬことを「無光彩」と誹ったもので、趣旨は単純である。巌頭の洞山評にはそうした図式的批判以上の深さと重さ、ないしある種の苦渋のようなものが感じられるが、ともあれ、基本的論点に限って言えば、洞山の禅が現実態の活機・生気を欠いている点を非としていることは間違いない。

また、『景徳伝灯録』巻九・薯山慧超章《しょざんえちょう》には、慧超と洞山自身との次の問答が見える。『祖堂集』には録されていないが、これがかりに事実だとすれば、巌頭の評はこの慧超の語を念頭においたものということになる。

　洞山来礼拝次、師曰、「汝已住一方、又来這裏作麼?」対曰、「良价無奈疑何、特来見和尚」。師召「良价!」价応諾。師曰、「是什麼?」价無語。師曰、「好箇仏、只是無光焔」。(頁一四三上/禅文化研究所訓注本三—頁三二七)

　洞山(洞山良价)来《きた》りて礼拝《らいはい》せる次《おり》、師(慧超)曰く、「汝已《すで》に一方に住せるに、又た這裏《ここ》に来りて作麼《なんとす》る?」対《こた》えて曰く、「良价《それがし》、疑いを奈何《いかん》ともする無く、特に来りて和尚に見《まみ》ゆ」。師「良价!」と召《よ》ぶ。价応諾《いゝ》す。師曰く、「是れ什麼《なん》ぞ?」价無語。師曰く、「好箇の仏なるも、只だ是れ光焔無し」。

慧超は東寺如会の法嗣で、慧超章に録されるのはこの一則のみである。洞山が自らの「応諾」のはたらきを捉えぬことを不可とする一段で、さきの羅山・無軫の問答と同旨だが、趣旨があまりに単純すぎることがひっかかる。洞山らの禅の伸張ののち、それに対抗して馬祖禅の優位を示そうとした創作である疑いも否定できない。

(18) この後、馬祖系の禅と石頭系の禅の双方を共有の資源としつつ、両者の止揚や併用の道を模索することが、唐末五代の禅宗の課題となる。有名な臨済の「無位真人」の説も、そうした試みの一つとして解することができる。小川『語録のことば——唐代の禅』(禅文化研究所、二〇〇七年)第Ⅲ部「臨済の〝無位の真人〟」参照。

(19) 『無門関』の引用は柴山全慶『訓註無門関』(其中堂、一九九七年版)所掲の本文に拠る。ただし以下の訓読と解釈は私見によって新たに試みたもので、伝統的なものには従っていない。倩女の話は、唐・陳玄祐撰『離魂記』に出ず(汪辟疆校録『唐人小説』上海古籍出版社、一九七八年)。

(20) この則の評で本来人は神不滅論ふうの恆常的実体として捉えられているが、少なくとも今回検討した石頭系の人々の言説には、それを肉身の生滅を超えて永続する霊魂的なものとする表現は見られなかった。しかし、石頭に帰せられる「草庵歌」にはそうした形象がかなり顕著に詠われている。「草庵歌」は『祖堂集』になく、今、『景徳伝灯録』巻三十(頁六二六下)等によって知られるものだが、時代が下るにつれて本来人を実体視する傾向が進んだものであろうか(待考)。「草庵歌」の解釈については、土屋昌明・衣川賢次・小川隆「懶瓚和尚『楽道歌』攷——『祖堂集』研究会報告之三」(『東洋文化研究所紀要』第一四一冊、二〇〇一年)のなかの、小川「懶瓚『楽道歌』の背景——無事と山居」を参照ありたい。

(21) 活き身の自己をそのまま自己の総体とみなすか、あるいは、それと次元を異にする内在的な「主人公」を想定するかという相違は、明末にいたってもなお禅宗思想を二分する対立点となっている。詳しくは、野口善敬「明末に於ける「主人公」論争——密雲円悟の臨済禅の性格を巡って」(『哲学年報』第四六輯、一九八六年)、同「雪関智誾と「主人公」論争」(『中国哲学論集』第二六号、二〇〇〇年)、同「玉林通琇の禅と「主人公」論争——名僧の条件」(『東洋古典学研究(広島大学)』第二四集、二〇〇七年)等を参照。

第二章　『碧巌録』と宋代の禅

第一節　禅者の後悔　――『碧巌録』第九十八則をめぐって――

一　『碧巌録』を読む

外山滋比古『古典論』（みすず書房、二〇〇一年）は、多くの実例を挙げながら、次のような趣旨をくりかえし説いている。

作品はそのままでは、古典になることができない。第三者の理解を経て、もとの原作に対する異本が生まれるところから、古典化が始まる。異本を生じないような作品はついに古典となることができない。異本は古典の出生する母体としてきわめて重要な意義をもっている。乱れたテクストのように見てこれを却けるのは誤りである。（頁二）

蓋し禅の問答もまた、右に言われていることの例外ではない。同一の問答が字句を異にし、さらには論旨をさえ異にしながら複数の禅籍に収められているということは、決して珍しいことではない。それは、もとの問答に内包されていた多義性が、後世の読み手によって様々に引き出されてきたものと看てもよい。或いは逆に、種々の異解を受け容れるだけの豊かな余白が、もとの問答に具わっていたのだと言ってもよい。いずれにせよ、多くの禅籍に採録され長く読みつがれてきた問答には、人を深思に引《みちび》く底の何ものかが含まれているのに違いない。

唐五代の禅問答がかりに「原作」だとすれば、宋代はそれに対する「異本」がおびただしく生み出されていった時代である。それは単なる誤伝・訛伝の類ではなく、むしろ宋代禅的な価値観と思考様式にもとづく、自覚的な禅の再解釈・再編成の結果であったと言ってよい。

今日、一般に禅門の伝統と考えられている思考や実践の形態は、おおむね、その宋代禅に起源をもつ。そのため、今日にいたる禅門の伝統と宋代禅的思惟とは分かちがたく一体化しており、宋代禅の典籍と宋代禅の思考にもとづいて唐代禅者の言行や気風を語ることが、そうと意識されることもないままに、長く行われてきた。その結果、唐代禅の本来面目は勿論のこと、それとの対比によって理解されるべき宋代禅の相対的な独自性さえもが十分理解されずにきたことは、残念なことではあるが、ある面、必然的ななりゆきでもあった。

そこで本章では、『碧巌録《へきがんろく》』のなかのいくつかの則を題材としつつ、唐代禅から宋代禅への演変の過程について考えてみたい。『碧巌録』は今日、最も名高く、かつ最もよく流布している禅籍のひとつであるが、ここではその知名度の高さゆえでなく、この書物のうちに唐代的禅から宋代的禅への読み換えの過程が見出されることをこそ貴貨として、この書物の解読を試みようとする次第である。さきの喩えを借りていえば、唐代の禅問答という「原作」から宋代禅的な「異本」が生成されてゆく過程を『碧巌録』のなかから読み取ってゆく、それがここでの課題に外ならない。

『碧巌録』は一言でいえば、『雪竇頌古《せっちょうじゅこ》』に対する圜悟克勤《えんごこくごん》の提唱録である。『雪竇頌古』は北宋初の雪竇重顕《せっちょうじゅうけん》（九八〇―一〇五二）が古人の禅的言行の記録、いわゆる古則公案《こうあん》百条を選び、それに詩偈を附したもので、選ばれた公案を「本則」、雪竇の詩を「頌」または「頌古」という。北宋の後期に、圜悟克勤（一〇六三―一一三五）がそれをいくつかの寺で順次に講じていった記録がまとめられたものが、すなわち『碧巌録』である。

『碧巌録』の現行の版本はすべて元の張明遠開版本を祖本とし、若干の異同はありながらも、「流布本」として一括することが可能である。それ以前の宋代における形態を伝える唯一の写本が、南宋の時代に道元が日本に持ちかえった『仏果《ぶっか》碧巌《へきがん》破《は》関撃節《かんげきせつ》』で、これは帰国直前の道元が白山権現の助力を得て一夜で書写したという伝説があることから「一夜《いちや》本《ぼん》」とか「一夜《いちや》碧巌《へきがん》」などと通称されている。『雪竇頌古』と流布本『碧巌録』では本則の排列自体が異なっているが、一夜本の構成は『雪竇頌古』と一致し、それが宋代の古い形態を伝えているであろうことを傍証する。むろん手抄本ゆえの字句の誤脱は免れ難いが、ともかく宋代の古形を存することを重んじて、以下の考察では一夜本を底本として『碧巌録』を読むこととする。

引用の際は、次の各校定本・訳注本に依拠する。著者や版本・注釈書など『碧巌録』に関する書誌については、左記、岩波文庫本・上巻の入矢「解説」、溝口「解題」、下巻の末木「『碧巌録』を読むために」などにゆずり、ここでは立ち入らない。

雪竇頌古：入矢義高・梶谷宗忍・柳田聖山『雪竇頌古』（筑摩書房・禅の語録十五、一九八一年）

一夜本：鈴木大拙編『仏果碧巌破関撃節』上・下（岩波書店、一九四二年／引用に当たっては、主として大拙の校記を参照しつつ、誤字の訂正を〔＝　〕、文字の補足を〔　〕、衍字として解釈から除くものを〈　〉で表記する）

流布本：入矢義高・溝口雄三・末木文美士・伊藤文生訳注『碧巌録』上・中・下（岩波文庫、一九九二・九四・九六年）

『碧巌録』各則の構成は、一夜本では次のようになっている（太字のところが『雪竇頌古』、二字下げのところが圜悟の提唱）。

「示衆《じしゅう》」　その一則の前置き、序論（無い則もある）

「本則」　雪竇が選んだ古則公案
　「著語《じゃくご》」　本則のなかに挿入された圜悟の寸評
「頌」　本則に対する雪竇の頌
　「著語」　雪竇の頌のなかに挿入された圜悟の寸評
　「本則評唱《ひょうしょう》」　本則に対する圜悟の講説
　「頌評唱」　雪竇の頌に対する圜悟の講説

流布本ではこれが、「示衆」（流布本では「垂示」と称する）のあと、「本則」の直後に「本則評唱」、次いで「頌」のあとに「頌評唱」という順序にかわっている（「本則」と「頌」にそれぞれ「著語」が挿入されている点は一夜本も流布本も同じ）。圜悟の提唱が実際にどのような順序・形式で行われたかは分らないが、いずれにせよ『碧巌録』の難解の一因が、この書物の多層的な成立事情とこの複合的な構成に在ることは間違いない。

まず「示衆」は附されていない則も少なくないし、あっても本則の内容に直接言及するわけでなく、対句を多用しながら禅の成語・成句を列ねて作った、定型的な一般論の印象を出ない。しかも同じ示衆（垂示）が一夜本と流布本とで異なった則に冠せられている場合もあり、本則の内容と必然的な対応関係があるか否かも不明である（一夜本附録、鈴木大拙「仏果碧巌破関撃節の刊行に際して」頁二一一―二一八）。

また「著語」（「下語」とも）はどれも即興的かつ断片的なうえに、一箇処に数句の著語があったり、同じ著語であっても一夜本と流布本とで付いている位置に異同があったりして、これも本文との関係および著語相互の連関が捉え難い（同前、頁二一八―二二四）。これは大拙が言うように、複数の地で複数回おこなわれた提唱の記録がいくつかの段階をへて最後に一本にまとめられたという錯綜した編纂事情のため、別々の機会に述べられた著語がひとつに寄せ集めて載せられたことによるのであろう（同前、頁三〇）。したがって、無視はできないまでも、「示衆」や「著語」をたよりに本則や頌古の論旨を追跡することは、現時点ではほとんど不可能と言わざるを得ない。

それに対して、圜悟が存分に広長舌をふるった「評唱」の部分は、分量的に最も多いだけでなく、内容的にもとりわけ重要である。そこでは他の逸話や問答を引きながら圜悟自身の観点が講じられ、しばしば同時代の通説を批判しながら、本則に対する新たな解釈が述べられてゆく。禅者の言の常として、結論のところは明言せず、自ら悟れと突き放すのみであるのは致しかたないにしても、ともかくそこには圜悟自身の主張があり、唐代禅者の言行を新たな理解によって読みかえてゆこうとした軌跡が看て取れる。少なくとも現段階において、『碧巌録』の学問的解読という作業は、つまるところその評唱を読むということに尽きると信ずる次第である。

以下、『碧巌録』全体から看ればごくわずかではあるが、特徴的な数則を選び、その評唱のなかから、圜悟による唐代禅から宋代禅への読みかえの様相をさぐってみたい。

二　『景徳伝灯録』の天平従漪

『碧巌録』第九十八則に「天平行脚」（流布本では「天平和尚両錯」）と題される話頭がある。天平従漪《てんぴょうじゅうい》なる五代から北宋初の頃の禅僧が、修行時代、西院思明《さいいんしみょう》禅師のもとに掛搭した時の話である。『景徳伝灯録《けいとくでんとうろく》』以下、多くの書物に収録されて広く知られた一則であるが、今、『碧巌録』を手掛りとして後世の解釈と対比しつつ、この話頭の自分なりの再読を試みたい。自分なりに読み取った原意を起点としつつ一つの話頭の演変の迹をたどることで、『碧巌録』という書物、ひいては宋代禅宗の性格の一端も自ずと明らかになってくるのではないかと考える[1]。

まず、この問答を、最も早い記載である『景徳伝灯録』巻十二・汝州西院思明禅師章に就いて読んでみる。この話頭は時間的な経過に従って前後二段に分かれており、ここには且らくその前段を引いてみる。

　僧従漪到法席、旬日乃曰、「莫道会仏法人、覓箇挙話底人也無」。師聞而黙之。漪異日上法堂次、師召「従漪」。漪挙首。師曰、「錯！」漪進三両歩。師又曰、「錯！」漪復近前。師曰、「適来両錯是上座錯、是西院錯？」曰、「是従漪錯」。師曰、「錯！」又曰、「上座、且這裏過夏。待共汝商量這両錯」。漪不肯、便去。（頁二四六）

　僧従漪《じゅうい》、法席に到り、旬日《とおか》して乃ち曰く、「仏法を会《え》する人は莫道《いうにおよば》ず、箇《ひとり》の挙話《こわ》底の人を覓《もと》めてさえ也《な》お無し」。師〔西院〕聞くも之を黙《もく》す。
　漪、異日、法堂《はっとう》に上る次《おり》、師、「従漪」と召《よ》ぶ。漪、首《こうべ》を挙《あ》ぐ。師曰く、「錯《サク》！」漪、進むこと三両歩す。師又た曰く、「錯《サク》！」漪復《ま》た近前《すすみよ》る。師曰く、「適来《さきほど》の両《ふた》つの〝錯〟は、是れ上座《そなた》の錯《あやま》れるか、是れ西院《わし》の錯《あやま》れるか」。曰く、「是れ従漪《それがし》の錯まれるなり」。師曰く、「錯《サク》！」又た曰く、「上座《そなた》、且《まず》は這裏《ここ》にて夏《げ》〔夏安居《げあんご》〕を過《す》ごせ。汝と共に這《こ》の両《ふた》つの〝錯〟を商量《しょうりょう》せんと待《ほっ》す」。漪肯《うべな》わず、便《ただ》ちに去れり。

従漪はのち襄州（今、湖南省）の清谿洪進《せいけいこうしん》（嗣羅漢桂琛）に法を嗣ぎ、相州（今、河南省）の天平山に住持した人。『景徳伝灯録』巻二十四の洪進章にその開悟の因縁を記し、同巻二十六の天平従漪章に住持以後の問答が録される。右に引いたのは、その従漪がなおいち修行僧として諸方を行脚していた頃の話で、汝州（今、河南省）の西院思明の法席に投じた彼は、十日ばかりその会下《えか》の模様を検分したうえで、やおらこう豪語したというのである。

　——仏法を会得した者はおろか、挙話する者の一人さえ見当らぬ。[2]

「挙話」とは話頭を挙すること、具体的には古人の言行を主題として提起しつつ、禅的な問いを発する謂いである。[3]

つまり、従漪は西院の会下を睥睨しつつ、ここには禅の解った者どころか、まともに禅問答をしかけうる者さえおらぬ、そう言い放ったわけである。

禅録には時折このように、諸方の僧堂をわたり歩いて年季をつみ、腕に相当の覚えありと見える行脚僧が登場する。『景徳伝灯録』巻九・潙《い》山《さん》霊《れい》祐《ゆう》章に見える次の二人の「禅客」なども、さしづめその一例としてよいであろう。

石霜会下有二禅客到、云、「此間無一人会禅」。後普請般柴。仰山見二禅客歇、将一橛柴問云、「還道得麼？」倶無語。仰山云、「莫道無人会禅好」。……（頁一三五下）

石霜《せきそう》の会下《えか》に二禅客《ぜんかく》有りて到り、云く、「此間《ここ》には一人の禅を会《え》する無し」。後、普請《ふしん》して柴《まき》を般《はこ》ぶ。仰山《きょうさん》、二禅客の歇《やす》むを見て、一橛《いっぽん》の柴《まき》を将《と》って問うて云く、「還《は》た道《い》い得《う》る麼《や》？」倶《とも》に語無し。仰山云く、「人の禅を会《え》するもの無しと道《い》うこと莫《な》くんば好《よ》し（禅の解る者がおらぬなどと言わぬがよい）」。……

この話にはさらに潙山と仰山の問答がつづくのだが、今は省く。ここではただ二禅客の「ここには一人として禅の解る者がおらぬ」という言いぐさを見ておけば足りる。会下にまともな僧がおらぬと高言することが、実際にはそこの老師への聞こえよがしの揶揄ないし勝利の宣言であろうことは、ここの場合も従漪の場合も同様である。「上下力《ちから》を均《ひと》しく」すべき「普請《ふしん》」（百丈「禅門規式」）において、自分たちだけ平然と怠けているこの二禅客は、おそらく石霜のもとで仕込んできた「禅」に慢心し、作務《さむ》という行と、そんなことに汗するしか能の無い、「禅」を会さぬ潙山の門弟たちと、その双方をともに見下していたのに違いない。そこで、仰山からグウの音もなく懲らしめられる仕儀となった次第だが、西院の会下に草鞋を脱いだ若き日の従漪もまた、これと同類の慢心を露わにしていたのであった。

さて、従漪のそうした様子をしばらくは黙って見ていた西院であったが、ある日、法堂に上ってくる彼を見て、だしぬけにその名を呼んだ、「従漪！」従漪はハテ何事かと頭を挙げる。そこで西院はピシャリと一言、「錯《ちがう》！」そこで従漪は今度はスタスタと歩いて見せる。だが西院は又してもピシャリときめつける、「錯《ちがう》！」

のちに圜悟はこれを「佗《かれ》〔従漪〕却って薦《さと》らず、自らに執して、我が肚裏《はらのうち》には〝禅〟有りとばかり道《おも》いて、佗《かれ》〔西院〕に管《かま》うこと莫《な》く、又た行《あゆ》むこと三両歩す」（一夜本『碧巌録』下、頁一五八）と評し、増上慢ゆえに西院を無視しようとした行為と解している。だが、ここは、おそらく、そうではない。これは、むしろ、従漪が諸方で仕入れてきた自慢の「禅」を、にわかに演じ始めたのだと看るべきであろう。「進三両歩」のように動作量を添えた言い方は、それが実際の移動の為でなく、ある一段の所作としてやって見せるという意を表すことがしばしばであり、(4) しかも、次の翠微《すいび》無《む》学《がく》の例が示すとおり、師家が学人の対応を「錯！」と遮断することも、また学人がそれに歩行という最も平常的な所作で応じようとすることも、ともに古人の行履《あんり》のうちに、確実な先例を求めうるものだからである。

初問丹霞、「如何是諸仏師？」丹霞咄曰、「幸自可憐生、須要執巾箒作麼！」師退三歩。丹霞曰、「錯！」師却進前。丹霞曰、「錯！　錯！」師翹一足、旋身一転而出。丹霞曰、「得即得、辜他諸仏」。師由是領旨、住翠微。

（『景徳伝灯録』巻十四・翠微無学章、頁二七七下）

初め丹霞《たんか》に問う、「如何《いか》なるか是れ諸仏の師？」丹霞、咄《しかりつ》けて曰く、「幸自《さいわい》に可憐生《よきみのうえ》なるに、巾箒《きんしゅう》を執《と》らんと須要《もと》めて麼《なん》と作《す》る！」(5) 師、退《しりぞ》くこと三歩す。丹霞曰く、「錯！」師却《かえ》って進前す。丹霞曰く、「錯！　錯！」師、一足を翹《はねあ》げ、身を旋《めぐ》らすこと一転して出《い》ず。丹霞曰く、「得《よ》きことは即ち得きも、他《か》の諸仏に辜《そむ》かん」。師、是れに由りて旨を領《さと》り、翠微《すいび》に住せり。

右の例に見るように、学人の所作を「錯！」と斥け去るのは、必ずしもその是非得失に対する評価ではない。それはむしろ、表層的な借り物の見解を剝ぎとって、本物の自己の全分を出しきるよう迫ってゆく、師家の為人接化《せっけ》の作略である。

だが、右の例とは異なり、本則における従漪は、何らそうしたものを出し得なかった。それで西院の前に進みより、すべては自身の錯《あやま》りですと、しおらしく兜を脱いだ従漪であったが、なんと西院はそのこと、つまり素直に己が非を認めたことをさえも、また一箇の「錯！」であると斬って捨てた。いよいよ進退きわまった――或いはここに到ってはじめて真に進退きわまるを得た、と言うべきかも知れぬが――その従漪に対し、西院は一転して、ごく穏やかな口調で語りかける。夏安居《げあんご》をここで過ごし、ゆっくりと此度《こたび》の問題を論じあってみようではないか、と。だが、従漪はその言葉をふりきって、そのままただちに西院の下を去ってしまったのであった。思うに、諸方でたくわえ来った「禅」に先例を求めるかぎり、ここでとりうる次なる措置は、些かの躊躇も動揺も見せず、颯爽とその場を立ち去ることしかなかったから、ではあるまいか。例えばさきほどの翠微無学やその師、丹霞天然《たんかてんねん》の次の話の如くに――

……見国師、便展坐具。国師云、「不用、不用」。師退歩。国師云、「如是、如是」。師却進前。国師云、「不是、不是」。師遶国師一匝便出。国師云、「去聖時遥、人多懈怠。三十年後覓此漢也還難得」。(『景徳伝灯録』巻十四・丹霞天然章、頁二七一上)

……国師〔南陽慧忠〕に見《まみ》ゆるや、便ち坐具を展《ひろ》ぐ。国師云く、「不用《ごむよう》、不用《ごむよう》」。師〔丹霞〕退歩す。国師云く、「如是《しかり》、如是《しかり》」。師却って進前す。国師云く、「不是《しからず》、不是《しからず》」。師、国師を遶《めぐ》ること一匝《ひとまわり》して便ち出ず。国師云く、「聖時を去ること遥《はる》かにして、人には懈怠《けたい》多し。三十年後、此《かか》る漢《おとこ》を覓《もと》むるも也《ま》た還お得難《なえがた》からん〔次の世代では、これほどの男もなかなか容易には得られまい〕」。

だが、従漪は、これらの先例の形を真似はしたものの、それにともなうべき内実をもちあわせず、これを機に開悟することも、この応対を師から賞賛されることもなかった。

かくして本則の前段は空しく終る。行脚ズレして天狗になった修行僧を剛柔両様の作略で接化しようとした老練な師家の話。そして、そうした師の老婆心切にも関わらず、それを慢心ゆえに理解しえなかった、憐れむべき自了漢《じりょうかん》・担板漢《たんぱんかん》の話。ここまでなら、そうした話としてこれを読むことも可能だろう。だが、これで終ったならば、この話の意義は、せいぜい愚かな反面教師の姿を見せて修行者を戒めるという以上に出ないのではあるまいか。そうした趣旨を圜悟が本則拈弄《ねんろう》の重要な意義の一つとしていたことは、後に述べるとおりである。しかし、もしそれがこの話の趣旨であるならば、この話は、あまりにも索然たることを免れない。

そこで、ひきつづき、この話頭の後段を読んでみたい。

後住相州天平山。嘗挙前話曰、「我行脚時被悪風吹到汝州。有西院長老勘我、連道三錯、更待留我過夏商量。我不説恁麼時錯。我当時発足擬向南去、便知道錯了也」。（頁二四六）

後、相州天平《てんぴょう》山に住す。嘗て前話を挙《こ》して曰く、「我れ行脚の時、悪風に吹かれて汝州に到る。西院《さいいん》長老なる有り、我れを勘《しら》べ、連《つづ》けざまに三つの〝錯《サク》〟を道《い》い、更に我れを留《ひきと》め夏《げ》を過して商量せんと待《ほっ》す。我れ恁麼《か》の時に錯《あやま》るとは説《い》わず。我れ当時《そのとき》発足して南に向いて去《ゆ》かんと擬《す》るや、便ち知道《しれ》り、錯了也《あやまれり》、と」。

後年、ひとかどの禅匠となって天平山に住持した、したがって恐らくはすでに相当の齢《よわい》をも重ねていたであろう従漪は、ある時、自身の門弟たちに右のように語った。このうち西院との因縁を回憶したくだりは、すでに見てきたとおりの内容であるから、あらためてくり返すには及ぶまい。ここで問題となるのは、従漪の最後の言葉である。

――我不説恁麼時錯。我当時発足擬向南去、便知道錯了也。

――わしはあの時錯《あやま》っていたと言うつもりはない。だが、その時、南へ向かおうと足を踏み出した、その刹那に覚ったのだ。ああ、錯ってしまった、と。

「恁麼時」が西院の下での因縁を指していることは言うまでもない。あの時、西院からたてつづけに「錯！」「錯！」とやられたが、今にしてみれば、そこでは実は、何も錯ってはいなかったのだ。だが「当時《そのとき》」、南へ向けて旅だとうとして自分は知った、「錯了也《あやまれり》！」――ああっ、とんだ錯りを犯してしまった、と。

ここでは「擬」と「便」の呼応および「錯」と「錯了也」の対比が利いている。そこまでは「錯」でなかったのに、足を踏み出そうとしたそのとたん「錯ってしまった」と知ったのである。[6] さきに述べたように、西院の「錯」は、何か然るべき正解が予めあって、従漪の答案がそれに合わないと言っているのではない。ただ、従漪が諸方でためこんできた自慢の「仏法」「禅」――いわばカッコつきのそれ――を封じ去り、それを放下せしめることが目的だったのであって、従漪が他のいかなる対応を示したところで、西院の答えはおそらく変わらなかったはずである。そして、従漪はここでようやく白紙の状態に立ち返り、西院の指教がここからおもむろに始まるはずであった。

だが、従漪はそれをそうと知らずに――ではなく、はっきりそうだと知りながら、空しくそこを後にしてしまった。

その一瞬こそが実はほんとうの「錯」だったのだと、今なおかくも悔いている、従漪はそうした苦渋と悔恨を右の一段で告白しているのである。

従漪のこの後悔の念は、同じく夏安居に関わる臨済の次の故事と対照することで、いっそう明瞭となる。

師因半夏上黄檗、見和尚看経。師云、「我将謂是箇人、元来是揞黒豆老和尚！」住数日、乃辞去。黄檗云、「汝破夏来、不終夏去」。師云、「某甲暫来礼拝和尚」。黄檗遂打、趁令去。師行数里、疑此事、却回終夏。（入矢義高訳注『臨済録』岩波文庫、一九八九年、頁一九五）

師〔臨済〕、因《ちなみ》に半夏《はんげ》に黄檗《おうばく》に上《のぼ》り、和尚〔黄檗〕の看経《かんきん》するを見る。師云く、「我れ是れ箇《ひとかど》の人かと将謂《おも》いきや、元来《なんと》是れ揞黒豆《くろまめくい》〔経文読み〕の老《おいぼ》れ和尚たりしとは！」住《とど》まること数日にして乃ち辞し去る。黄檗云く、「汝、夏《げ》を破って来り、夏《げ》を終えずして去る」。師云く、「某甲《それがし》は暫らく来って和尚に礼拝せるのみ」。黄檗遂《かく》て打ち、趁《お》いて去らしむ。師、行くこと数里、此の事を疑い、却回《かえ》りて夏《げ》を終う。

臨済は一度は自分の方から黄檗に見切りをつけたつもりで、夏安居を放棄し、そこを去る。だが、数里歩いたところで何かおかしいと感じて引き返し、結局は黄檗の下で夏安居を満了した。胸中にきざした一抹の疑念によって臨済は修行の起点に立ち返るを得《え》、いっぽう従漪は出立の瞬間、明らかにその非を覚りつつ、にもかかわらずそのままそこを立ち去って、二度と西院の下に帰ることができなかった。しかも、従漪はいやしくも一箇の師家として世に立つようになってなお、そのことを深く悔いている。清豁洪進《せいけいこうしん》の下で結局は開悟し嗣法したのであるから、西院のもとでの一件は、若気の至りとして微笑ましく回想されてもよかろうし、逆に簡単に忘れ去られてもよかったであろう。だが、清谿での悟道はこの後悔を解消しはしなかったし、むしろそれは年とともにいっそう深められていったようにさえ感ぜられる。従漪はその苦い悔恨の念を支えとすることで、己れを己れたらしめ、禅者としての後半生をまっとうし得たのだ、そのように言ったら、あまりにも青臭く陳腐な感傷と笑われるであろうか。だが、多くは師弟の間の一回性の問答の記録を旨とする禅の語録にあって、この話が若き日の失敗と後年の告白という説話的な二段の構成を有していることには、蓋し深意ありと言うべきである。その両段の間の半生にわたる時間の経過とそれにともなう心情の転折が無かったならば、この話は甚だしく平板で底の浅いものになっていたに違いない。

三　『碧巌録』における天平行脚

しかし、この話は、恐らく嘗てそのように読まれたことはない。この話頭はその成立の直後から別の趣旨に読みかえられ、宋代を通じて別の形で読みつがれていった。たとえば『景徳伝灯録』で本則に附された首山省念《しゅざんしょうねん》の著語は、次のように言っている。

> 拠天平作恁麼会解、未夢見西院在。何故？　話在。（頁二四六）
> 天平の恁麼《かくのごと》き会解《えげ》を作《な》すに拠《よ》らば、未だ夢にだに西院を見ざる在《なり》。何が故ぞ、話《わ》在ればなり（西院にはまだ言っていないことがあったのだ）。

これは従漪の言を、最後まで西院の「錯」の意を解せずに終ったものと断じた評である。

また『景徳伝灯録』に次ぐ『天聖広灯録《てんしょうこうとうろく》』では、従漪の最後の言葉が次のように変わっている。[7]

専甲不説恁時錯。我当初発足向南方行脚時、早知道錯了也。
専甲《それがし》、恁《か》の時に錯《あやま》るとは説《い》わず。我れ当初《そのかみ》発足して南方に向いて行脚せし時には、早《つと》に錯《あやま》れるを知道《し》り了《おれり》也。

文字の出入は一見ごくわずかだが、その意味する処は『景徳伝灯録』と大きく異なっている。『景徳伝灯録』が、「当時《そのとき》」南へ旅立とうとして錯を知った、と記していたことはすでに見たとおりである。それがここでは、「当初」行脚に出た時には「早《とう》に」錯のことなどわかっておった、と改められているのであり、それとともに「南」の語も本来の地理的意味を離れ、善財童子の故事をふまえてひろく行脚一般を指す修辞へと転換されている。これとほぼ同時の『雪竇頌古』がここを「我不道恁麼時錯、発足南方去時、早知道錯了也」と作っているのは、少しく簡略ながらやはり同じ意味であり、『宗門統要集《しゅうもんとうようしゅう》』や『碧巌録』『聯灯会要《れんとうえよう》』『五灯会元《ごとうえげん》』など、いずれもみな『雪竇頌古』とほぼ同文となっている。さらに『圜悟語録』巻十九・頌古下がここを次のように作っているのなどは、同様の意を、よりいっそう誇張したものと言えるだろう。

我不道恁麼時錯。我未発足南方行脚時、早知道錯了也。
我れ恁麼《か》の時に錯《あやま》るとは道《い》わず。我れ未だ発足して南方に行脚せざる時に、早《つと》に錯《あやま》れるを知道《し》り了《おれり》也。

南方への行脚になど出ぬうちに、とうに「錯」のことなど分かっておったのだ、というわけで、そこに付された圜悟の頌は「天平老、大《はなは》だ忽草《そこつ》、両錯の為、行脚を悔ゆ」と詠っている。

こうした本文の変化の結果、本則の後段からは、従漪が半生にわたって「当時《そのとき》」のことを悔みつづけたという文脈が、完全に失われるに至っており、この話頭は、宋代を通じて、もっぱらこのような本文を前提として解釈され論評されていった（他にも細かな字句の異同があるが、それは当面の問題ではない）。さきほど見た首山省念の著語は、同じものが『宗門統要集』や『聯灯会要』『五灯会元』の本則にも載っているが、これなども『景徳伝灯録』でなく、それら『天聖広灯録』以後の本文を前提とすることで始めて意味をなすものであろう。

では、『碧巌録』はこの話をどう解しているであろうか。(8) さきに述べたとおり、『碧巌録』は雪竇重顕の『頌古百則』を圜悟克勤が提唱したものだが、この則に対する雪竇の頌は次のように詠っている（下・頁一五六）。

禅家流　愛軽薄
満肚参来用不著
堪悲堪笑天平老
却謂当初悔行脚
錯！　錯！
西院清風頓銷鑠

禅家《ぜんけ》の流《ともがら》　軽薄を愛す
満肚に参じ来るも用不著《やくたたず》
悲しむに堪《た》え笑うに堪《た》えたり天平老
却って謂う当初《はじめ》より行脚を悔ゆと
錯《サク》！　錯《サク》！
西院の清風　頓《とみ》に銷鑠《きえうせ》り

禅家のやからは　軽薄ごのみ
だが　その調子で　肚いっぱいの見解で参じてみても　何の役にも立ちはしない
悲しむに足り　笑うに足る　天平のご老体
あろうことか　当初　行脚に出たことじたいが　そもそも誤りだったと言うしまつ
錯！　錯！

かくて西院の清風は　ただちに消え去るのみであった

そして、この頌のあとに、さらに雪竇の次の一句が添えられる。

復云、忽有箇衲僧出云「錯！」、雪竇錯何似天平錯？

復《ま》た云く、忽《も》し箇《ひとり》の衲僧《のうそう》有り出《いで》て「錯！」と云わば、雪竇《われ》が錯《あやまり》は天平の錯《あやまり》に何似《いずれ》ぞ？

「ここへふと一人の僧がまかり出て〝錯！〟と断じたら、さて、わしの錯《あやまり》は天平の錯《あやまり》に比べてどうであるか」。

右の頌の第四句に「却謂当初悔行脚」とあるのは、さきに引いた『天聖広灯録』のような本文が念頭にあってのことであろう。[9] 雪竇も、「当初」行脚に出たこと自体が錯りだったのだと従漪の言を解しているのであり、したがって、従漪は、最後まで西院の「錯」を解しえなかったものと断ぜられているわけである。

では、圜悟自身の解釈はどうであろうか。まず、本則の前段、すなわち天平従漪が西院思明に参じて両度の「錯！」を浴びせられた因縁について、『碧巌録』本則・評唱は次のように説いている。

天平曾参進山主来。佗在諸方参得些子蘿蔔頭禅在肚皮裏、到処軽薄、乱開大口道、「我会禅会道」、尋常云、「莫道会仏法底人、覓箇挙話人也無」。屎臭気勲(＝薫)人！ 只管軽薄。(下・頁一五七)

天平曾《かつ》て進山主に参じ来る。佗《かれ》、諸方に在《おい》て些子《いささか》の蘿蔔頭《らふとう》禅を参得して肚皮《はら》の裏《うち》に在り、到処《いたるところ》に軽薄、乱《みだ》りに大口を開きて「我れ〝禅〟を会《え》し〝道〟を会す」と道《い》い、尋常云く、「仏法を会する底の人は莫道《いうにおよば》ず、箇《ひとり》の挙話《こわ》の人を覓《もと》めてすら也《な》お無し」と。屎臭の気、人を薫《いぶ》す！　只管《ひたすら》に軽薄なるのみ。

天平従漪はかつて清谿洪進に参じたひと。彼は諸方をまわり、些かのダイコン禅をハラのうちに収めておったので、ゆくさきざきで「おれは〝禅〟を会得し〝道〟を会しておる」とむやみに大口をたたき、何かというと、「仏法を会得したものはおろか、話頭を挙するものの一人さえ見当たらぬ」と言うのであった。人に染みつく、このクソの臭さ！　ただただ軽薄のはなち放題である。

再三いうとおり、『天聖広灯録』以後の宋代の本文を前提とする以上、従漪に対する扱いが、無情なまでに批判的となるのは避けがたい。圜悟もここでその線に従って、従漪を醜悪な自了漢として罵倒する。諸方で仕入れた「仏法」「禅道」を物神化し、且つそれをハナにかけて慢心する修行僧の高慢、それは圜悟のくりかえし非難してやまぬところであり、後文で引くこの則の評唱のうちにも、次のような言葉が見出される。

爾若《なんじ》し「我《われ》は会《え》し佗《かれ》は会《え》せず」と道《い》い、一担《ひとかつぎ》の〝禅〟を担《にな》いて、天下を遶《めぐ》りて走《ゆ》かば、明眼の人に勘著《みぬ》かれて、一点《わずか》も用い著《え》ざらん。（下・頁一五九）

只管《ひたすら》に諸方の蘿蔔《らふ》印子《いんす》に一たび印定せられ了るや、便ち道う、「我れは〝禅道〟〝仏法〟の奇特《きとく》を会《え》す。人を教《し》知らしむること莫《なか》れ」と。（下・頁一五八）

これらの言辞は理論の次元で「仏法」「禅道」の観念性を批判したものというよりも、むしろ現に圜悟の面前に聴法する修行僧たちの風潮をとりあげて、その口ぶりを直接話法で写しつつ、痛烈に諷したものと看るべきであろう(10)。そして圜悟は本則の拈提を通じ、従漪をその種の風潮の典型に仕立て、以て修行者の戒めとなそうとしているのである。次に引く一段で、西院の語に応じた従漪の「行三両歩」を増上慢ゆえに西院を無視せんとしたものと言いなすのも、そうした意図の表れに外ならない（前にも一部引用した）。

ここまでの理解は雪竇の頌とほぼ重なりあう。しかし、圜悟の解釈はここで終らない。圜悟はさらに西院の二つの「錯！」の意味を、本則に即しながら説いてゆく。

天平被西院叫来、連下両錯、直得惆憧（＝周章）惶怖、分疎不下。前不搆村、後不搆店。有者道、「説箇西来意、早錯了也」。殊不知西院者両錯落処。且道、在什麼処？　所以道、「佗参活句、不参死句」。挙頭便是落二落三了也。西院云、「錯！」佗却不薦、自執道我肚裏有禅、莫管佗、又行三両歩。西院又云、「錯！」依旧黒漫漫地。天平近前、西院云、「適来者両錯、是西院錯？　上座錯？」平云、「従伊（＝従漪）錯」。且喜勿交渉、已是第七第八也了（＝了也）。西院云、「且在這裏過夏。待共上座商量這両錯」。平当時便行。似則似、是則未是。不道佗不是、只是跳不上。雖然如是、却有些衲僧気息。（下・頁一五八）

天平、西院に叫《よ》び来られ、連《つづ》けざまに両錯を下されて、直に周章惶怖《うろたえ》て、分疎《ことわけ》し下《え》ざるに得《いた》る。前に村に搆《いた》らず、後に店《やど》に搆《いた》らざるなり。有る者道《いわ》く、「箇の〝西来意〟を説かば、早《とう》に錯《あやま》り了也《おわれり》」と。殊《こと》に知らず、西院の者《こ》の両錯の落処を。且《まず》は道《い》え、（西院の両錯は）什麼処《いずく》にか在る？　所以《ゆえ》に道《いわ》く、「佗《かれ》は活句《かっく》に参じて、死句に参ぜず」と。頭《こうべ》を挙《あ》ぐるや便ち是れ落二落三し了也《おわれり》。西院「錯！」と云えるも、佗《かれ》（従漪）却って薦《さと》らず、自らに執して、我が肚裏《はらのうち》には〝禅〟有りとばかり道《おも》いて、佗《かれ》（西院）に管《かま》うこと莫《な》く、又た行《あゆ》むこと三両歩す。西院又た「錯！」

と云えるも、依旧《あいかわら》ず黒漫漫地《こくまんまんち》たり。天平近前《すすみよ》るや、西院云く、「適来《さきほど》の者《こ》の両錯は、是れ西院《わし》が錯たるか？上座《そなた》の錯たるか？」平云く、「従漪《それがし》が錯なり」。且《まず》は喜《めで》たくも勿交渉《かかわりなし》、已に是れ第七第八となり了也《おわれり》。西院云く、「且《まず》は這裏《ここ》に在りて夏《げ》を過《すご》せ。上座《そなた》と共に這《こ》の両錯を商量せんと待《ほっ》す」。平当時《そのとき》便ち行く。似たることは則ち似たれど、是《ぜ》なることは則ち未だ是ならず。佗《かれ》、是《ただ》しからずとは道《い》わじ、只だ是れ跳不上《とびのれざる》のみ。如是《しかり》と雖然《いえど》も、却って些かの衲僧《のうそう》の気《き》息《そく》有り。

天平従漪は西院に名を呼ばれ、たてつづけに二度「錯！」とやられるなり周章狼狽、釈明に窮し、進退きわまってしまったのであった。

これについて、こういう者もある。「〝西来意〟などというものを口にした時点で、とうに錯まってしまっている」と。そういう連中には、西院の二つの「錯！」の落着点が、てんで判っておらぬのだ。しからば、まずは言うてみよ、この二つの「錯！」は何処《いずこ》に落着するのか？　そこで、こういう言葉がある。「かれは活きた言葉にこそ参ずる、死んだ言葉には参じない」と（西院の「錯！」は正しく「活句」であったのだ！）。

だが、名を呼ばれておもむろに頭をあげた時、従漪はもう第二機・第三機に落ちてしまっている。そこで西院は「錯！」と言うてやったのだが、従漪はそれをうけとめられず我見に執し、「わがハラのうちには〝禅〟が有る」とばかり思うて、西院のことを無視し、更にすたすたと歩いていった。そこで西院は、ふたたび「錯！」と言うてやったのだが、しかし、従漪は依然として黒漫漫地《まっくら》な闇のなかであった。

すすみでた従漪に、西院が問う、「さきほどの二つの〝錯！〟は、わしの錯りであったのか、それとも、そなたの錯りであったのか」。従漪は言う、「わたくしめの錯りにございます」。やれやれ、おめでたいほどのスレちがい。もうはや、第七機・第八機にまで落ちてしもうておる。

西院はそこで語りかける、「まあ、ここで夏安居を過ごすがよい。この二つの〝錯！〟について、ともに検討してみようではないか」と。だが、従漪は、その場でただちに立ち去った。良いようだといえば、まあそうだが、正しいかといえば、そうとも言えぬ。いや、従漪が正しくない、というのではない。彼はただ、コトに追いつけておらぬのである。とはいえ、それ相応に、修行僧としての気概があったことは認めてよい。

　ここで従漪の対応は、正しいか正しくないかではなく、もっぱら速いか遅いかを基準として断罪されている。第二機・第三機（「落二落三」）に落ち、さらには第七機・第八機（「第七第八」）にまでズレている、という批判がそれであり、この段の終りで「佗《かれ》、是《ただ》しからずとは道《い》わじ、只だ是れ跳不上《とびのれざる》のみ」と言っているのが、そのことをさらによく示している[11]。それは西院の二つの「錯！」の「落処」が「佗《かれ》は活句に参じて、死句に参ぜず」の一句で要約されていることと関連する。「活句」についてはのちに本章第五節であらためて詳しく考えるが、今、結論のみを先取りして言えば、「活句」とは、あらゆる意味と論理から断絶し、それゆえに理屈ヌキで瞬間的な激発の契機たりうる絶待の一句のことである。右の一段で圜悟は西院の「錯！」を、そうした「活句」と看なしているのである。
西院の下した「錯！」が「活句」である以上、そこに是非や正誤という価値判断が入る余地は、わずかも無い。あるのはただ、その一刹那の契機を即座に捉え、ただちに開悟し得たか否か、その一点の差のみである。したがって、ここで従漪の非難されるべき点は、理解の誤りではなく、肚いっぱいにつめこんだ既成の見解のために、「錯！」の一瞬を捉えそこねたところにこそ在るのである。圜悟はのちに頌の評唱でも、同じことを次のように説いている。

　「錯！　錯！」者両錯、也有人道、「天平不会是錯」。又道、「無語是錯」。有什麼交渉！　「錯！　錯！」如撃石火、似閃電光。佗向上人行李処、如杖〔＝仗〕剣斬人、真〔＝直〕取咽喉、命根方断。若向此剣刃上行得、便可七縦八横。

儞若会者両錯、可以〔見〕「西院清風頓銷鑠」。（下・頁一六〇）

「錯！　錯！」者《こ》の両《ふた》つの錯、也《ま》た人《ひと》有りて道《いわ》く、「天平の会《え》せざる是れ錯なり」と。又た道《いわ》く、「無語なる、是れ錯なり」と。什麼《なん》の交渉《かかわり》か有らん！　「錯！　錯！」は撃石火の如く、閃電光の似《ごと》し。佗《か》の向上人の行李《あんり》の処は、剣に仗《てかけ》て人を斬るが如し、直《じき》に咽喉《のど》を取りて、命根方《はじ》めて断つ。若《も》し此の剣刃《けんにん》上に向《おい》て行き得なば、便ち七縦八横なる可けん。儞若《なんじも》し者《こ》の両《ふた》つの錯を会さば、「西院の清風　頓《とみ》に銷鑠《きえうせ》」るを見る可《べ》けん。

「錯！　錯！」――この二つの「錯」について、こういう者もある、「天平従漪が会得できなかったところが錯《あやまり》だったのだ」。またこうもいう、「いや、黙りこくっていたところが錯《あやまり》だったのだ」。みなマトハズレもいいところだ！　西院の「錯！　錯！」は火花や稲妻の如きもの〈すなわち一刹那に理屈ヌキで捉えるべき「活句」〉である。仏向上の人のやり方は、刀の柄に手をかけて、バサリと人を斬るようなもの。ただちに相手の喉もとを取ってこそ、その命を断ち切ることができるのである。この鋭き太刀すじをかわしきれれば、縦横無尽のはたらきが我が物となり、この二つの「錯」が会得できれば、「西院の清風がただちに消え去る」のを、目の当たりに見ることができるであろう。[12]

以上が本則の前段部分に対する論評であった。では、本則の後半、すなわち天平従漪晩年の言を、圜悟はどう評しているのであろうか。評唱は、本則の後段について次のように説いている。

後住院、謂衆云、「我当初行脚時、被風吹〈倒〉到思明長老処。連下両錯、更留我過夏、待共我商量。我不道恁麼時錯、発足南方去時、早知道錯了也」。復前意、欲抜本。者漢也煞道、只是落七落八、料掉勿交渉。如今人聞道

「発足南方去、早知道錯了也」、便道、「未行脚時、幸自無許多仏法禅道。及至行脚後、却被諸方熱瞞、不可未行脚時、喚地作天、喚天作地。見地不可喚作天、見山不可喚作水、幸自無一星事」。若恁麼只是流俗見解、何不買一片帽子戴、大家過時？　更須円頂方袍、有什麼用処！　仏法不是者箇道理。若論此事、豈有許多葛藤？　儞若道我会佗不会、担一担禅遶天下走、被明眼人勘著、一点也〈無〉用不著。（下・頁一五九）

ここはかりに、三段にくぎりながら読んでみる。

〔1〕　後《のち》に院に住し、衆に謂いて云く、「我れ当初《そのかみ》行脚せし時、風に吹かれて思明長老〈西院〉の処に到る。連《つづ》けて両錯を下され、更に我れを留《とど》めて夏《げ》を過《すご》さしめ、我れと共に商量せんと待《ほっ》す。我れ恁麼時《かのとき》に錯《あやま》れりとは道《い》わじ、発足して南方に去《ゆ》かんとせし時には、早《つと》に錯《あやま》りを知《し》道り了也《おれり》」。前意を復し、本を抜かんと欲すなり。者漢《こやつ》也た煞《はなは》だ道《い》えるも、只《た》是だ七に落ち八に落ちて、料掉《はるか》に勿交渉《かかわりなし》。

天平従漪は後年、一院の住持となり、門下の大衆にこう語った、「わしが昔、行脚しておった頃のこと、風に吹き寄せられて西院思明和尚のもとにたどりついた。和尚はたてつづけに二つの〝錯！〟を下され、そしてわしを引きとめてここで夏安居を過ごせ、ともに商量しようではないか、と言われたのであった。だが、今わしは〝錯！〟とやられた、その時のことが誤りだったと言う気はない。そもそも、南方に向かって行脚の一歩を踏み出した時には、誤りのことなど、とうに解っておったのだ」。

前の話をくりかえし、根本を忘れようとした言葉である。こやつ、大した口ぶりではあるが、第七機・第八機にまで落ちこんで、はるかかなたにハズれてしもうておるのである。(13)

宋代の禅籍において従漪の言葉が書きかえられ、「そもそも行脚に出た時から（あるいは行脚に出る前から）自分の誤りは早や解っておったのだ」という意に改変されていることは、すでに看たとおりである。『碧巌録』も、その例外ではない。この言葉をどう解するかで、この一則の趣旨が決まるわけだが、圜悟はまず当時通行の次のような理解をとりあげる。

〔2〕　如今《いまどき》の人、「発足して南方に去《ゆ》かんとせしに、早《つと》に錯《あやま》りを知道《し》り了也《おれり》」と道《い》えるを聞くや、便ち道《いわ》く、「未だ行脚せざる時、幸自《もとよ》り許多《あまた》の〝仏法〟〝禅道〟無し。行脚せるに及至《およ》びて後、却って諸方に熱瞞《たぶらか》され、未だ行脚せざる時を不可とし、地を喚《よ》びて天と作《な》し、天を喚びて地と作す。〔しかれど〕地を見ては喚びて天と作す不可《べから》ず、山を見ては喚びて水と作す不可《べから》ず、幸自《もとよ》り一星《わずか》の事も無ければなり」と。

昨今の連中は天平従漪の「発足して南方に去《ゆ》かんとせしに、早《つと》に錯《あやま》りを知道《し》り了也《おれり》」という言葉を聞くと、すぐさま、このように言う。「行脚に出ておらなかった時には、そもそもあれこれの〝仏法〟〝禅道〟など有りはしなかったのだ。それがなまじ行脚になど出たことで、諸方の老師たちにたぶらかされ、行脚以前の時（本来あるがままの状態）を不可とし、地を天とよび、天を地とよぶようになってしまう。だが、地を見て天とよび、山を見て水とよぶようなことをしてはならぬ。実はもともと、何事もありはしないのだから（すなわち、本来〝無事〟なのだから）」と。(14)

「幸（自）無一星事」は、「本来無事」を強調した言い方である。諸方の行脚によって得られる「仏法」「禅道」の世界、そこでは、天が地となり、山が水となるような、世界の座標軸の一八〇度の反転が起こりうる。だが、それはそもそも余計なことであり、行脚以前の本来無事の世界──天は天、地は地、山は山、水は水、というあるがままの世界──それこそが尊いのだというわけである。

しかし、こうした説は、圜悟の許すところではない。圜悟はこれを「流俗の見解」として、次のように厳しく批判する。

〔3〕若《も》し恁麼《かくのごと》くなれば、只だ是れ流俗の見解《けんげ》なるのみ。何ぞ一片の帽子を買いて戴《かぶ》り、大家《みな》ともに時を過ごさざる？　更に円頂方袍を須《もち》いて、什麼《なん》の用処《ゆうじょ》か有らん！　仏法は者箇《かか》る道理に不是《あら》ず。若《も》し〝此の事〟を論ぜば、豈《あ》に許多《くさぐさ》の葛藤《ことあげ》有らん？　儞《なんじ》若し「我《われ》は会《え》し佗《かれ》は会せず」と道《い》い、一担《ひとかつぎ》の〝禅〟を担《にな》いて、天下を遶《めぐ》りて走《ゆ》かば、明眼の人に勘著《みぬ》かれて、一点《わずか》も用い著《え》ざらん。

かかる見解は、庸俗の見解にすぎぬ。そんなことなら、むしろ帽子のひとつも買うて、みなともに（俗人として）日を送ればよいではないか。わざわざ頭を丸め四角い衣をまとうことに、いったい何の意味がある。真の仏法はそんなものではない。仏法の眼目には、あれこれの理屈など有りはしない。「おれには解っていて、あいつには解っていない」、そんな大口をたたき、「禅」というお荷物を肩にかついで天下を経めぐってゆくならば、具眼の禅者に見破られて、手も足も出ぬしわざとなるであろう。

ここで圜悟が批判する「流俗の見解」によるならば、「仏法」「禅道」を求めて行脚に出たこと、それ自体がどだい「錯《あやまり》」だったのだと従漪は語ったことになる。嘗て馬祖は「道は修するを用いず、但《た》だ汚染《おぜん》すること莫《なか》れ。何をか汚染と為す？　但有《あらゆ》る生死《しょうじ》の心、造作《ぞうさ》・趣向《しゅこう》は、皆な是れ汚染なり。若《も》し直《じき》に其の道を会《え》さんと欲さば、平常心是れ道なり」と説いていた（第一章第一節、参照）。こうした「平常無事《びょうじょうぶじ》」の思想をいささか安易に継承し、従漪の最後の言葉を、「平常心」に背いてことさら行脚になど出、「仏法」「禅道」などというよけいな「汚染」を加えようとしたこと、それがそもそもの「錯《あやまり》」だったと解するのが此の種の説である。

これもまた、『天聖広灯録』以後の本文から自然に出てくる解釈の一つではあり、また唐代禅の基調を素直に継承した説とも言えるであろう。だが、このようないわゆる無事禅の風は、ここに限らず、圜悟のたえず非難する所である。かかる無事禅批判が『碧巌録』一書の最重要の論点の一つとなっていることは、後に本章第三節・第四節で詳しく論ずるが、ともあれ、ここで圜悟は、従漪を高慢な自了漢と看なす宋代禅一般の理解をひきつぎつつ、そこにかねての持論である無事禅批判の論点をもりこみ、従漪のうえに、無事禅の境位に自足する自了漢、という新たな形象を付け加えているのである。天平従漪「末後の一句」が、前半生の蹉跌に対する、真摯な反省と痛切な悔恨の言であったことを知る可能性は、ここには微塵ものこされていない。

今日、この話は、もっぱら『碧巌録』のなかの一則として知られている。そうである以上、従漪の最後の言葉に対する評価が、次のような心ない言い方になってしまうのもやむをえない。

我れかつて行脚の時業風に吹きつけられて、心ならずも西院の処に到つて二度まで錯を下だされたことがあつた。我を分らざる者と見て一夏居つて参禅して行けと留められたが、おれは分つておるからはねきつて来た、われ西院の時の錯とばかりは思はぬ、錯のことなら行脚一歩踏み出す前から、錯のことはわかりぬいておつたのぢや、仏道は人人脚下にあり、問へば錯ぢや、何の不足があるかなどと大口を吐いて体中は皆無明のかたまりなるを知らぬ。血をふくんで人に吐く云ひ方ぢや、これが所謂丸呑み禅ぢや、忽ち中毒疑ひなしぢや。徳山が未レ跨ニ船舷一好シ三十棒と新羅僧に一時の方便に云ふたことを真似して、大事の如来の預り物たる雲衲に呑ませんとしたは中毒作用も恐しや。世に偽禅者程害毒を流すものはない。鼓を鳴らして皆殺しにせねば法はみすみす滅尽するばかりぢや。噫。〔飯田欓隠『碧巌集提唱録』琳琅閣書店、一九三二年、頁九〇二〕

四　痛ましき哉、学者の心術、壊《え》せり！

北宋の心門雲賁〔嗣育王介諶〕が張子韶〔九成〕に与えた書簡に、次のようにある。

教外別伝之道至簡至要、初無他説。前輩行之不疑、守之不易。天禧間、雪竇以辯博之才美意変弄、求新琢巧、継汾陽為頌古、籠絡当世学者。宗風由此一変矣。逮宣政間、円悟又出己意、離之為碧巌集。彼時邁古淳全之士、如寧道者、死心、霊源、仏鑑諸老皆莫能迴其説。於是新進後生珍重其語、朝誦暮習、謂之至学、莫有悟其非者。痛哉、学者之心術壊矣！〔『禅門宝訓』巻四〕(15)

教外別伝の道は至簡至要、初めより他説無し。前輩、之を行いて疑わず、之を守りて易《か》えず。

天禧の間〔真宗、一〇一七―二一〕、雪竇、辯博の才を以て、意を美しくして変弄《へんろう》し、新たな琢巧を求め、汾陽《ふんにょう》〔善昭〕を継ぎて頌古を為《つく》り、当世の学者を籠絡《ろうらく》す。宗風、此れに由りて一変せり。

宣政の間〔徽宗、政和―宣和、一一一一―二五〕に逮《いた》りて、円悟又《ま》た己が意を出し、之を離れて『碧巌集』を為《つく》る。

彼の時、邁古淳全の士、寧《ねい》道者〔開福道寧〕・死心《ししん》〔死心悟新〕・霊源《れいげん》〔霊源惟政〕・仏鑑《ぶっかん》〔仏鑑慧懃〕らの諸老の如きも、皆な能く其の説を迴《めぐ》らす莫《な》し。是に於て新進後生、其の語を珍重し、朝《あした》に誦え暮《ゆうべ》に習い、之を至学と謂《おも》いて、其の非を悟る者有《あ》る莫《な》し。痛《いた》ましき哉《かな》、学者の心術、壊《え》せり！

この後に大慧《だいえ》が『碧巌録』の版木を破砕したという有名な伝説が続くのだが、それはさておき、右の一節は、『碧巌録』に対してきわめて批判的であるだけに、同時代の証言としていっそう貴重である。これによれば、雪竇の頌古は本来の禅を文芸化したもの、そして『碧巌録』は圜悟がそれにさらに独自の見解による新展開を加えたもの、ということになる。この要約は今回の読解で得られた印象に一致するし、ましてここで本来の禅とされているものが唐以来の平常無事の禅と重ねうるもの——「至簡至要、初無他説」という表現はその可能性を充分に感じさせる(16)——と仮定したら、この指摘はいっそうよく圜悟の行論の特質を言いあてたものとなるであろう。少なくとも『碧巌録』が、同時代の通説や通弊を批判し、時には雪竇の頌にさえ異を唱えながら、唐五代の禅の宋代的な禅への強力な読み換えを行っている書物であることは、疑いない。

『景徳伝灯録』にかすかに書き留められていた天平従漪後半生の悔恨は、宋代の禅門においてほどなく忘却せられ、やがてその像は、老いてなお厚顔な自了漢の姿へ、そしてさらに庸俗なる無事禅の代弁者へと変貌させられていった。新たな理解がまずあって本文がそれに合うよう改変されていったのか、それとも本文の変化によって新たな理解が形成されていったのか。その先後の確定は困難だし、実際には、その両面が相互に作用しあってのことであったろう。いずれにせよ、こうした話頭の旨趣の演変は、宋代禅宗特有の思考様式なり問題関心なりを反映したものであり、宋代の禅が唐五代の禅の、何を取り、何を捨て、そして新たに何を加えていったのか。そうしたことを、今回のような事例を数多く、しかし一律でなく個別的に、一つ一つ吟味してゆく作業が必要となるであろう。

そうした作業を次節以降に幾つか試みてゆくつもりだが、しかし、それにしても、——とここで思わずにいられない。従漪のこの話だけは、やはり『碧巌録』でなく、『景徳伝灯録』によってこそ、読みかえしてゆかねばなるまい、と。少なくともこの話に限って言えば、宋代の禅によって加えられたものよりも、そこまでの間に失われていったもののほうに、自分は、より多くの共感と愛惜を禁じ得ない気持ちがするのである。

(1)　本則の読解に当って、入矢義高監修・景徳伝灯録研究会編『景徳伝灯録』第四冊（禅文化研究所、一九九七年、頁五六六）、および入矢遺稿「禅語録訳注抄――(六)真字正法眼蔵巻下」(八四)（西口芳男整理／『入矢義高先生追悼文集』汲古書院、二〇〇〇年、頁一一四）を参照して多大の学恩に与った。

(2)　「莫道」は古くは「道《い》う莫《なか》れ」と訓まれていたが、ここは下の「也」字と呼応し、「莫道～也…」で「～は言うまでもなく、さらに…」という意を表す句型（後世の「休説」や現代語の「別説」「不用説」に当る）。たとえば「莫道体不得、設使体得、也只是左之右之。――体し得ざるは莫道《もとよ》り、設使《たと》い体し得るも、也《な》お只《た》だ左之右之《うろうろ》せんのみ」（『景徳伝灯録』巻十四・雲巌章、頁二八一下）、「莫道会禅、仏法也会尽。――禅を会《え》するは莫道《おろか》、仏法も也《ま》た会《え》し尽《つく》せり」（『五灯会元』巻六・亡名行者、中華書局点校本、頁三六六）といった例がある。この点は前注所掲禅文化研究所訓注本によって明らかにされたものであるが、これより前、入矢・梶谷・柳田『雪竇頌古』（筑摩書房・禅の語録十五、一九八一年、頁二七〇）は「道う莫れ」と訓みつつこの句を従漪でなく西院の言とする新解釈を出し、平田高士『碧巌録』（大蔵出版・仏典講座、一九八二年、頁三九一）もそれを襲っていた。岩波文庫本『碧巌録』下がこの語の訓みを「～は莫道《もとより》」（頁二四〇）と改めながらそこに「以下は西院の語」（頁二四二）と注しているのは、新旧の説の不用意な接合による矛盾ではなかろうか。なお、『天聖広灯録』はこの句を「莫道、要会仏法」に作っているが、これは「道う莫れ」の解に立つものと考えられる（後注(7)影宋本、頁四六七下）。

(3)　「挙話」については次の例を参照。『景徳伝灯録』巻二十三・奉国清海章、「問う、承《きくなら》く古人云う、月を見れば指を観る休《なか》れ、家に帰らば程《みちのり》を問うを罷《や》めよ、と。如何なるか是れ家。師曰く、試みに話頭を挙し看よ」（頁四六三下）。『碧巌録』第三十八則・本則、「穴(風穴《ふけつ》)云く、還《は》た話頭を記得す麼《や》？　試みに挙し看よ」（中・頁七四）。

(4)　例えば、『景徳伝灯録』巻六・百丈惟政章、「師、禅牀を下り、行むこと三歩し、手を両畔に展《ひろ》げ、目を以て天地を視て云く、〝大義田、即今《ただいま》存せり矣〟。」（頁九三下）。『趙州録』「投子《とうす》、乃ち禅牀を下り、行むこと三五歩、却《ま》た坐して云く〝会《え》す麼《や》？〟」（秋月龍珉、筑摩書房・禅の語録十一、一九七二年、頁三六八）。

(5)「幸自可憐生、須要執巾箒作麼」は、せっかく申し分なき自己を有しておりながら、わざわざ「諸仏の師」などという絶対者を希求し、自からはその側づかえに成り下ろうという料簡か、という叱責。「執巾箒」は雑巾や箒をもって下働きに従事すること。古くは『左伝』僖公二十二年に「執巾櫛」の語があり、降っては『三国志演義』第三三回に「執巾箒」の用例がある(呉士勛・王東明『宋元明清百部小説語詞大辞典』陝西人民出版社、一九九二年、頁一二八七)。通常は人の妻妾となる喩であるが、ここは従者・下僕となる意であろう。一句の趣旨は、『景徳伝灯録』巻五・慧忠国師章の次の語と通ずる。「耽源《たんげん》問う、百年後、人有りて極則《ごくそく》の事《じ》を問わば作麼生《いかん》? 師曰く、幸自可憐生《こうじかれんさん》、箇の護身符子を須要《もと》めて麼《なんす》と作る!(〝極則の事〟などというお守り札を求めてどうするか!)」(頁八五下)。

(6)「擬~便……」が「~しようとしたところ、すかさず……した」という緊密な呼応関係を表すことは、衣川賢次「書評―入矢義高訳注『臨済録』」参照(『花園大学研究紀要』第二一号、一九九〇年、頁一四二)。また、完了態を表す「~了也」については、太田辰夫「『祖堂集』語法概説」に説明がある(『中国語史通考』白帝社、一九八八年、頁一七七)。

(7) 以下、諸文献の対照については、注(1)所掲、入矢「訳注抄」より多くの啓発をうけた。各書の該当箇処は次のとおり。『天聖広灯録』巻十四・西院章(中文出版社・禅学叢書之五、影宋本、頁四六七下)。『雪竇頌古』(禅の語録十五、頁二七〇/底本は四部叢刊本)。『宗門統要集』巻十・天平章(臨川書店・禅学典籍叢刊一、影宋本、頁二二五下)。『聯灯会要』巻二十七・天平章(続蔵一三六―四四六左下/禅宗全書六―二二二下)。『五灯会元』巻十一・西院章(新文豊出版公司、影宋本、頁二五二下)。『圜悟語録』巻十九・頌古下(嘉興蔵本・一二丁左/禅宗全書四一―三六二上)。なお『碧巌録』岩波文庫本では「発足南方去時」を「我発足向南方去時」に作るが、一夜本では『雪竇頌古』とまったく同文に作っている。鈴木大拙『仏果碧巌破関撃節』下、頁一五六(岩波書店、一九四二年)。

(8) 以下、評唱のうち、本則の解釈に直接関わる段落のみを選んで検討する。この則の全文を通じての訳解は、小川「『碧巌録』雑考(一三)~(二二)」に流布本を底本としたものを示してある。『禅文化』第一九七号~第二〇六号(二〇〇五年七月~二〇〇七年一〇月)所載。のち小川『続・語録のことば――《碧巌録》と宋代の禅』(禅文化研究所、二〇一〇年)第五章。

(9)『雪竇頌古』および『碧巌録』の掲げる本則には「当初」の二字が無いが、この「当初」の二字から、雪竇が『天聖広灯録』の本文をふまえて頌を詠んだことがうかがわれる。このことは『天聖広灯録』の成立を動機として雪竇が頌古百則を完成したとする、柳田聖山の推測に符合する。注(2)所掲、『雪竇頌古』解説、頁二九五。

(10) それはまた圜悟自身の若き日の姿とも重なりあう。『圜悟心要』上・示普賢文長老(禅宗全書四一―四三〇)。大慧『宗

門武庫』巻二（禅学典籍叢刊四―頁三九七下）。

(11)「落二落三」「第七第八」が第一機の瞬間を捉えそこね、後手後手の対応に堕する意であることは、小川「『碧巌録』雑考（二）」『禅文化』第一八五号（二〇〇二年七月）参照。のち『続・語録のことば――《碧巌録》と宋代の禅』第一章・三(1)「落七落八」の条。

(12)「若《も》し此の剣刃《けんにん》上に向《おい》て行き得なば」は少々難解だが、第四十一則の垂示に「氷凌上に向《おい》て行き、剣刃上に走る」（もと汾州無業の語、『景徳伝灯録』巻二十八）とあるのを参考にして、危険なぎりぎり一線を切り抜ける意に解し、その前の句とのつながりから、喉もとを直ちに鋭く斬りはねようとする「錯！」の刃を、間一髪ですりぬける喩え、ととっておく。

(13)「料掉」については『玄沙広録』下（入矢義高監修、唐代語録研究班編、禅文化研究所、一九九九年、頁二一四）参照。

(14)流布本はここを「及至行脚、被諸方熱瞞、不可未行脚時、喚地作天、喚山作水。幸無一星事」に作り、岩波文庫本（頁二四七）はこれを次のように訓む。「行脚するに及至《およ》んで、諸方に熱瞞せらる。未だ行脚せざりし時に、地を喚んで天と作《な》し、山を喚んで水と作すことは不可なり。幸に一星事も無し」。しかし、これでは「不可」のかかり方がおかしいし、文意も不明である。「喚地作天、喚山作水」は「行脚」によって「諸方」で教えこまれる「仏法」「禅道」の立場であるから、今、引用のように訓みを改めた。この意は一夜本の本文ではきわめて明瞭である。

(15)嘉興蔵本・七丁左（禅宗全書三二―七六二上）。注(7)所掲、一夜本の解説、鈴木大拙「仏果碧巌破関撃節の刊行に際して」はこの文を引き、「離之為碧巌集」の「離」字を「雕」の誤りかと疑っているが（頁一五）、ここは雪竇の頌古を離れて、と解し原文のままとした。またこの一文の解釈に当っては、『禅林宝訓順硃』・『筆説』・『合註』の各注解を参照した（続蔵一一三―二八八左上・三九三右上・二〇二右上／禅宗全書三四―四五八上・六六九上・八〇七上）。

(16)「至簡至要」については言うまでもないが、「初無他説」の方も、異説が存在しなかったという意味ではなく、他に何も言う必要が無いほど自明かつ端的であるという意ではなかろうか。『建中靖国続灯録』巻二十四・寿寧道完章、「上堂して云く、古人此《こ》の月を見、今人此の月を見る。此の月は鎮常《つね》に存するも、古と今と人は還《かえ》って別なり。若《も》し人心《こころ》月に似て、碧潭に光《ひかり》皎潔ならば（語は『寒山詩』に基づく）、決定して是れ心源なるべし。此の説、更に説無し（此説更無説）」（続蔵一三六―一六六右下／禅宗全書四―三三二下）。

第二節　「百丈野鴨子」の話と圜悟の作用即性説批判

一　何ぞ曾て飛び去れる　――野鴨子の話――

唐代の禅者の問答を、『碧巌録』はしばしばその原意を批判しつつ、新たな思考・論理によって読みかえてゆく。その読みかえの過程のなかに、唐代禅から宋代禅への演変の様相を探ろうというのが、本章の課題である。

ここではその第二の例として、第五十三則「百丈野《ひゃくじょうや》鴨子《おうす》」の話（流布本では第五十三則「馬大師野鴨子」の話）を読んでみたい。すでに見たように、この話の最も古い記録である『祖堂集《そどうしゅう》』（九五二年）は、これを百丈懐海《ひゃくじょうえかい》でなく百丈惟政《いせい》の話として収録していた（第一章第二節「石頭系の禅」）。つづく『景徳伝灯録』（一〇〇四年）はこの話を録さないが、それ以後の宋代禅籍に至ると、『汾陽《ふんにょう》頌古』（汾陽善昭、九四一―一〇二四）や『天聖広灯録』（一〇三六年）などを皮切りに、この話がすべて百丈懐海の話とされ、ひろく人口に膾炙した。『碧巌録』も、むろん、その一つである。[1]

では、『碧巌録』は、この話をどのように扱っているであろうか。まず、本則の原意から考えてゆこう。一夜本『碧巌録』は、本則を次のように掲げている。

挙、馬大師与百丈行次、見野鴨子飛過。大師云、「見什麼?」丈云、「野鴨子」。大師云、「什麼処去也?」丈云、「飛過去也」。大師遂忸〔＝扭〕百丈鼻頭。丈作忍痛声。大師云、「何曾飛〔去〕!」（下・頁八）

挙《こ》す、馬《ば》大師、百丈《ひゃくじょう》と行きし次《おり》、野鴨子《やおうす》の飛び過ぐるを見る。大師云く、「什麼《なに》をか見る」。丈云く、「野鴨子《やおうす》」。大師云く、「什麼処《いずく》にか去《ゆ》ける」。丈云く、「飛び過ぎ去れり」。大師、遂《かく》て百丈の鼻頭《はな》を扭《ひね》る。丈、忍痛の声を作《な》す。大師云く、「何ぞ曾て飛び去れる」。

馬祖が百丈と歩いていたとき、カモの飛んでゆくのが見えた。馬祖が言う、「何が見えた」。百丈、「カモです」。「何処へ行ってしまった」。「飛んで行ってしまいました」。すると馬祖は百丈の鼻をひねりあげた。百丈はたまらず悲鳴をあげる。そこで馬祖はひとこと、「飛んで行ってなどおらぬじゃないか」。

「見什麼?」は『雪竇頌古』(頁一五五)および『碧巌録』流布本では「是什麼?」に作る。それだけでなく、『汾陽頌古』(大正四七―六〇九上)、『宗門統要集』巻三(臨川書店・禅学典籍叢刊一―五六下)、『圜悟語録』巻十九・頌古下(禅宗全書四一―八〇一上)等、宋代以後の諸書はほとんどすべてがここを「是什麼(甚麼)?」に作っており、今日でもこの話は一般にその形で知られている。しかし、だから一夜本『碧巌録』が誤りかといえば、そうではない。北宋初期の『天聖広灯録』巻八・百丈章が、この問答を次のように書き記しているからである。

師為馬祖侍者。一日、随侍馬祖路行次、聞野鴨声。祖云、「什磨声?」師云、「野鴨声」。良久。祖云、「適来声向什磨処去?」師云、「飛過去」。祖迴頭、将師鼻便扭。師作痛声。祖云、「又道飛過去!」師於言下有省。……

(中文出版社・禅学叢書之五―頁四〇八下)

師〔百丈〕馬祖の侍者為《た》り。一日、馬祖に随侍して路行《みちゆ》く次《おり》、野鴨の声聞《きこ》ゆ。祖云く、「什磨《なん》の声ぞ?」師云く、

「野鴨の声なり」。良久す。祖云く、「適来《さきほど》の声は什磨処《いずく》に向いてか去る？」師云く、「飛び過ぎ去れり」。祖迴頭《ふりむ》き、師の鼻を将《も》って便ち扭《ひね》る。師、痛声を作《な》す。祖云く、「又た飛び過ぎ去れりと道《い》うか！」師、言下《ごんか》に於て省《せい》有り。……（2）

百丈は馬祖の侍者であった。ある日、馬祖のお供をして道を歩いていた時のこと、カモの鳴き声が耳に入った。そこで馬祖が問う、「何の声だ」。百丈、「カモの声にございます」。しばしの沈黙ののち、馬祖がふたたび問う、「さきほどの声は何処へ行った」。「はい、飛んで行きました」。すると馬祖は振り返り、百丈の鼻をつかんでいきなり捻りあげる。百丈がたまらず悲鳴をあげると、馬祖が言った、「これでもまだ、飛んで行ったなどと言いよるか！」百丈は言下に、はっと気づくところがあった。

「何の声だ」は、何が聞こえたかと問うのと同義である。その意図を考えるには、唐末の玄沙師備《げんしゃしび》（嗣雪峰）の次の言葉が参考になる。師弟《すてい》の長慶慧稜《ちょうけいえりょう》に「直下《じきげ》に是れ你《なんじ》――お前はずばりお前自身だ」という意を悟らせようとした、長い問答のなかの一部である。

師云、「你聞鼓声也無？」稜云、「某不可不識鼓声」。師云、「若聞鼓声、只是你」。（入矢義高監修・唐代語録研究班編『玄沙広録』上、禅文化研究所、一九八七年、頁二七）

師〔玄沙〕云く、「你《なんじ》鼓声を聞く也無《や》？」稜〔長慶慧稜〕云く、「某《それがし》鼓声を識らざる可《べ》からず」。師云く、「鼓声を聞くが若《ごと》きは、只《まさ》に是れ你《なんじ》のみ」。（3）

『天聖広灯録』で馬祖が「什磨《なん》の声ぞ——何が聞こえたか」と問うたのも、右と同じく、今、現にそれを聞いている汝自身、そこに気づけ、という示唆であろう。一夜本『碧巌録』がそれを「什麽をか見る——何が見えたか」と作っているのは、見えると聞えるの違いはあるものの、これと同じ意図と考えてよい。それは序論に引いた次の二例とも通じ合っている。

問う、「如何《いか》なるか是れ学人の自己？」
師云く、「還《は》た庭前の栢樹子を見る麽《や》？」（『趙州録』）

問う、「如何《いか》なるか是れ仏？」師（百丈）云く、「汝は是れ阿誰《たれ》ぞ？」僧云く、「某甲《なにがし》なり」。師云く、「汝、その某《なに》甲《がし》を識《し》る否《や》？」僧云く、「分明箇《ふんみょうに》」。師乃ち払子《ほっす》を挙起《とりあげ》て云く、「汝還《は》た見る麽《や》？」僧云く、「見ゆ」。師乃《すなわ》ち不語。
（『景徳伝灯録』巻六・百丈章）(4)

だが、本則において、百丈は未だこの問いかけの意に気づいていない。そこで、馬祖は「ソレは何処へ行ったのか」と重ねて問い直したが、百丈はそれでもまだ気づかない。そこで馬祖は百丈の鼻を力まかせに捻り上げ、その激痛によって現に見聞覚知する活き身の自己に気づかせることを得たのであった。『天聖広灯録』で馬祖が最後に「又た飛び過ぎ去れりと道うか！」と言っていたのは、わしが問うているものはチャンとここに居るではないか、という反語であり、一夜本『碧巌録』の「何ぞ曾て飛び去れる」もむろんそれと同義である。『祖堂集』がここを「猶在這裏、何曾飛去」に（頁五六二）、また『宗門統要集』が「又道飛過去。元来只在這裏」に作っているのは（頁五六下）、その意を明示したものである。最初にわしが問うたのは、飛び去った野鴨子のことではない、今、現にここにある、汝自身のことだったのだ。

では、馬祖の最初の問いを「是什麼?」に作るのは、どうであろうか。これも、のちの解釈はともかくとして、当初は右の「什磨声?」や「見什麼?」と同義だったはずである。すでに第一章第一節で『祖堂集』の例を検討したように、「是什麼?」という唐突な問いかけは、とっさに呼ばれて思わず迴首《ふりかえ》る、その活きたはたらきをなす自身に気づけ、という趣旨で馬祖が常用し、のちには百丈にも受け継がれた作略だったからである。ここではそれを、宋代にひろく用いられた『景徳伝灯録』で看ておこう。

『景徳伝灯録』巻八・汾州無業《ふんしゅうむごう》章

師又問、「如何是祖師西来密伝心印?」祖曰、「大徳正閙在。且去、別時来」。師才出、祖召曰、「大徳!」師迴首。祖云、「是什麼?」師便領悟、礼拝。祖云、「這鈍漢、礼拝作麼?」（頁一一六上）

師（汾州無業）又た問う、「如何《いか》なるか是れ祖師西来密伝の心印?」祖（馬祖）曰く、「大徳正《まさ》に閙在《さわがし》。且《しば》らく去れ、別時に来れ」。師才《わず》かに出《いず》るや、祖召《よ》びて曰く、「大徳!」師迴首《ふりかえ》る。祖云く、「是れ什麼ぞ?」師便ち領悟《りょうご》し、礼拝す。祖云く、「這《こ》の鈍漢、礼拝して作麼《なんとす》る?」

『景徳伝灯録』巻六・百丈懐海章

師有時説法竟。大衆下堂、乃召之。大衆迴首。師云、「是什麼?」（薬山目之為百丈下堂句）（頁一〇一上）

師（百丈懐海）有る時、説法し竟《おわ》る。大衆下堂《あどう》するや、乃ち之を召《よ》ぶ。大衆迴首《ふりかえ》る。師云く、「是れ什麼ぞ?」（薬山之《これ》を目《なづ》けて「百丈下堂《あどう》の句」と為す）

「什麼声？」「見什麼？」「是什麼？」――表現のゆれはあるものの、野鴨子を見、その声を聞き、そして鼻をひねられて激痛のあまり悲鳴をあげる、そうした見聞覚知する活き身の自己を馬祖が百丈自らに気づかせた一段、それが「野鴨子」の話の原意であったろうことは動かない。

二　道《い》え！　道《い》え！――頌古とその評唱――

では、雪竇はこの則をどう看ていたか。雪竇はこれに次のような頌を付している（下・頁五）。

野鴨子　知何許　　野鴨子《やおうす》は　知《は》た何許《いずこ》ぞ
馬祖見来相共語　　馬祖見来《みきた》りて相共《あいとも》に語る
話尽山雲海月情　　山雲海月《さんうんかいげつ》の情を話し尽《つ》くすも
依前不会還飛去　　依前　会《え》せずして還《なお》も飛び去る
欲飛去　却把住　　飛び去らんと欲するも　却って把住《とらえ》たり
道　道　　　　　　道《い》え！　道《い》え！

野鴨子は　はて何処へ
馬祖はそれを目にして語りあう
山に雲　海に月　うるわしき風光を語り尽くしはしたものの

依然　その意は解されず　ソレはなおも飛び去ろうとする
だが　飛び去ろうとしたその刹那　ソレをぐいと捉まえた
さあ　言え！　言え！

これについて圜悟の評唱は、次のように解釈してゆく。本文では本則の評唱より後になるものだが、頌の意味とそれに対する圜悟の評価を確認しておくために、こちらをさきに看ておこう。

雪竇劈頭便道、「野鴨子知何許」。且道、有多少？「馬祖見来相共語」、此頌馬〔祖〕問佗道「是什麼？」、丈云「野鴨子」。「話尽山雲海月情」、此頌馬祖再問「什麼処去？」 馬祖与佗意旨、自然脱体現前。佗不会、却道「飛去也」。両重蹉過。「欲飛去、却把住」、雪竇拠款結案。云「道！　道！」、此是雪竇転身処。且作麼生道？　若作忍痛声則錯。不作忍痛声、又作麼生？　雪竇雖然頌得甚好、争奈也跳不出。（下・頁一一）

雪竇、劈頭に便ち道《いわ》く、「野鴨子は　知《は》た何許《いずこ》ぞ」と。且《しばら》く道《い》え、多少《いくばく》か有る。「馬祖見来《みきた》りて相共《あいとも》に語る」、此れは馬祖の佗《かれ》〔百丈〕に問いて「是れ什麼《なん》ぞ」と道い、丈の「野鴨子」と云えるに頌す。「山雲海月の情を話し尽《つ》くすも」、此れは馬祖の再び「什麼処《いずく》にか去《ゆ》ける」と問えるに頌せるなり。馬大師の佗《かれ》〔百丈〕の与にせる意旨、自然《おのず》と脱体《さながら》に現前せり。〔しかれど〕佗《かれ》〔百丈〕は会《え》せず、却って「飛び去れり」と道《い》う。両重に蹉過《さか》せるなり。「飛び去らんと欲するも、却って把住《とらえ》たり」とは、雪竇、款に拠りて案を結べるなり。「道《い》え！　道《い》え！」と云えるは、此れは是れ雪竇転身の処なり。且《しばら》く作麼生《いかに》か道《い》わん。若《も》し忍痛の声を作《な》せば則ち錯。忍痛の声を作さざれば、又た作麼生《いかん》せん。雪竇、頌し得て甚だ好《よ》しと雖然《いえど》も、争奈《いかん》せん也《ま》た跳《と》び出《いだ》せざるを。

雪竇は出だしからズバリと頌をつける。「野鴨子は、はて、どれほどか」。さあ、言うてみよ、どれほど有るか（「何許」は「いずこ」の意のはずであるが、圜悟はなぜかこれを「多少—どれだけ」と解している）。「馬祖はそれを目にして語りあう」、これは馬祖が百丈に「何だ」と問い、百丈が「カモです」と答えたところを頌したものである。つぎの「山に雲　海に月　うるわしき風光を語り尽くしはしたものの」とは、馬祖が今ひとたび「何処へ行った」と問うたところへの頌で、百丈への老婆心切が、自ずから鮮やかに起ち現れている。ところが百丈はなおもそれを解さず、あろうことか「飛び去りました」などと言うしまつ。これでは二重のスレ違いだ。だが「飛び去ろうとしたその刹那（馬祖は）ソレをぐいと捉まえた」。これは雪竇が自供をもとにこの案件を結審したものだ（馬祖の最後の語「何ぞ曾て飛び去れる」にもとづいて、一則の意を総括したものだ）。かくて、最後に「道え！　道え！」とくる。これは雪竇の「転身の処」に外ならない。さあ、言うてみよ、どう「道う」のか。もし「イタタタッ！」と声をあげるなら、それはまったくの誤りである。だが、そうしないとしたら、どうするか。雪竇はたいそう見事に頌をつけてはいるが、しかし、如何せん、これではワクからは跳び出せぬ。

ここで圜悟は、雪竇の頌の内容を、おおむね忠実になぞっている。そして雪竇の理解は、さきにこの話の原意として考えたものと変わらない。外物に心を奪われて「自己」を忘失しかかっている百丈。だが、その鼻をしたたかに捻り上げることで、馬祖は百丈にその「自己」を間一髪でとりもどさせたのだ、と。

本則の原意に加えられた雪竇の頌の新味は、最後の「道え！　道え！」のところにあり、圜悟の「雪竇転身の処」という語がそのことを示唆している。「転身」は、行き詰まりの極点でクルリと身を一転させて新たな局面を打開する意で、そこから辞書的には「一段上の次元への脱皮」（入矢義高・古賀英彦『禅語辞典』思文閣出版、一九九一年、頁三二九下）という語釈も出てくるが、ここは前後の文脈から推して、「雪竇はくるりとこちらに向き直り、百丈に向けられていた問いの鋒さきを、鋭くこちらに突きつけてきた」と解するべきであろう。百丈の問題でなく、お前たち自身はいかに「自己」を捉えるのか。公案に説かれた客体としての「自己」でなく、それを読む汝自身の「自己」はどうなのだ――「道え！　道え！」とはまさにそのような詰問に外ならない。だからこそ、評唱では、さらに圜悟がこちらに畳みかけてくる、さあ、ほかならぬお前たち自身はどう「道う」のか、と。

　この箇処は我々に、第二則・頌古評唱の次の一節を想起させる。

　百丈道《いわ》く、「一切の語言の処、山河《せんが》大地《たいち》、一一消して自己に帰す」と。雪竇は凡是《およ》そ一拈一揑するに、末後《まつご》は自己に帰す。（一夜本・上・頁一三／岩波文庫『碧巌録』上、入矢「解説」頁六、参照）

「末後は自己に帰す」――この則でも、この点が、雪竇の頌の眼目となっている。しかし、にもかかわらず、最後に圜悟は不満をもらす。しかし、それでは「跳不出」、結局、ワクからは跳び出せぬ、と。

　この語はすぐ後で看る（実際の本文ではこれより前にある）本則評唱の「如今《いま》有る底《もの》は、才《わず》かに問著するや便ち痛声を作す。且《まず》は憙《めで》たくも跳び出せず（跳不出）」という批判と呼応している。雪竇の頌は、馬祖の問いを我々自身の問題へと転換し、厳しくこちらに向けてきた。そこのところは見事だが、しかし、問題を「自己」に帰するだけで終っては、かの手合いと同様、ワクからは跳び出せぬではないか――圜悟は、そう指弾しているのである。

　では、圜悟は雪竇の理解の何を不服とし、本則をどう解しようとしているのか。そこで次に、本則に対する圜悟の評唱を読んでみなければならない。

三　若し用《も》って建立の会を作さば　――本則評唱――

一夜本『碧巌録』の本則評唱は、次のように始まる。

馬大師与百丈行次、這老漢元来却在鬼窟裏、却是百丈具正因。大師無風起浪。諸人要与祖師為師、参取百丈。要自究〔＝救〕不了、参取馬大師。看佗古人二六時中、未嘗不在道。引百丈不茹葷、要与天下人為父。二十年為侍者、因此語方悟。有者道、「本無迷悟。且作箇悟聞〔＝門〕、建立此事」。若作恁麼見解、如獅子身中〔虫自食獅子〕肉。又道、「源不深者流不長、智不大者見不遠」。若用作建立会、仏法争到今日！（下・頁九）

「馬大師、百丈と行く次《おり》」、這《こ》の老漢、元来、却って鬼窟裏《きくつり》に在り、却って是れ百丈こそ正因を具《そな》う。大師は、風《かぜ》無きに浪《なみ》を起す。諸人、祖師の与《ため》に師と為らんと要さば、百丈に参取《ほっ》せよ。自救不了《じぐふりょう》ならんと要さば、馬大師に参取せよ。看よ佗《か》の古人、二六時中、未だ嘗て道に在らざることなし。百丈を引《みちび》きて葷《なまぐさ》を茹《くら》わしめず、天下の人の与《ため》に父と為らしめんと要す。二十年、侍者《じしゃ》と為り、此の語に因りて方《はじ》めて悟る。有る者道《い》わく、「本より迷悟無し。且《しば》らく箇の〝悟門〟を作り、〝此の事〟を建立《こんりゅう》せるのみ」と。若《も》し恁麼《かか》る見解《けんげ》を作《な》さば、獅子身中の虫《むし》の自ら獅子の肉を食うが如くならん。又た道く、「源《みなもと》深からざれば流《なが》れ長からず、智《ち》大ならざれば見《けん》遠からず」。若《も》し用《も》って建立の会《え》を作《な》さば、仏法争《いかで》か今日《こんにち》に到らん。

「馬大師が百丈と歩いていた時のこと」というわけだが、このご老体（馬祖）、あろうことか怪しげな幽鬼の世界に身を置いており、むしろ弟子の百丈のほうが正しい修行をやっておった。馬大師はここで、風無きところに敢えて波乱を起したのである。諸君は祖師の師たらんと欲するならば、百丈にこそ参ぜよ。もし、自身をも救いおおせぬという体たらくがお望みなら、馬大師のほうに参ずるがよい。

看よ、いにしえの先人達が、二六時中、常に道とともにあったそのさまを。馬祖は天下の人々の師父たらしめるべく、百丈を導いて如法の修行生活を送らせた。百丈は二十年間、馬祖の侍者をつとめ、そしてこの語（「何曾飛去！」という馬祖の語）によってようやく悟りを得たのであった。(5)

ところが、これについてこんなことを言う者がある、「本来は迷も悟もありはしないのだ。とりあえず〝悟門〟なるものを拵え、〝此の事〟というやつを立てているに過ぎないのだ」と。このような見解は、まさに獅子身中の虫というべきものである。「水源が深くなければ流れは長くなりえず、智慧が深くなければ遠見はもちえない」、そういう言葉もあるではないか。悟りを方便の仮設と見るような、そんな理解をしていたならば、どうして仏法が今日まで伝わることができたであろう！

圜悟はまず、禅僧として完成したければ百丈に学べ、「自救不了」に終りたければ馬祖に学べ、という。逆説的で一瞬、茫然とさせられるが、いうこころは、こうであろう――諸君は調子にのって馬祖の破格の禅機などを真似てはならぬ。見習うなら、二十年に及ぶ地味な侍者づとめの末に大悟した、百丈の実直な修行者としてのありかたにこそ学ぶべきなのだ、と。

むろん、ここに馬祖を貶める意図は毛頭無い。本則の馬祖の行為が、あくまでも百丈を誤解から救うための、第二義に落ちることも辞さぬ緊急の措置であったことを説いているのであり、それを固定的な正解として模倣することがないよう、門下の僧たちにあらかじめ釘をさしているのである。

ここで重要なのは、「本より迷悟無し。且らく箇の〝悟門〟を作り、〝此の事〟を建立せるのみ」という説が、獅子身中の虫と激しく非難されている点である。「建立」は、禅録では、本来無一物であるところに方便として仮に教えの門をたてるという意で、たとえば一夜本・第五則・示衆の「一著を放過して、第二門を建つ」(上・頁二三)が流布本で「第二義門を〝建立〟す」(岩波文庫本、上・頁九三)となっているのなどが、その語義をよく表している。同第十六則・示衆で「本分事」と対置される「建化門」の語も、文字は異なるが、同様の意を示していよう。いっぽう「此の事」は、禅における究極の一事を指し、一夜本・第九則の本則評唱に「其の実、〝此の事〟は言句上に在らず」(上・頁四四)、同・第七十六則・本則評唱に「知らざるか、古人、二六時中に向《おい》て、〝此の事〟を明かさんと要せるを」(下・頁七七)などとある。したがって、右の一文で圜悟が批判しているのは「本来、悟りなど存在しない。〝悟りの門〟とか〝究極の一事〟とかは仮設された方便にすぎない」という説なのである。これが前節にも見た、いわゆる「無事」禅への批判の言であることは、次のような例を対照することで明らかとなろう。

如今有者尽作無事会便道、「無迷無悟、無思無惟、不要更求。只如仏未出世時、達摩未西来時、不可不恁麼。用仏出世作什麼？　祖師西来作什麼？」須是大徹大悟始得。(一夜本・第四十五則・頌古評唱、上・頁一九四)

如今、有る者は尽《ことごと》く無事《ぶじ》の会《え》を作《な》して便ち道う、「迷無く、悟無し、思無く惟無し。更に求むるを要せず。只如《たと》えば、仏の未だ世に出でざる時、達摩《だるま》の未だ西来せざる時は、恁麼《かくのごとく》ならざるべからず。仏の世に出ずるを用いて什麼《なに》か作《せ》ん、祖師西来して什麼か作ん」と。須是《すべか》らく大徹大悟して始めて得《よ》し。

近頃、ある連中は何かというと「無事」をよしとする理解をなして、このように言う、「そもそも迷悟も思惟もありはしない。ことさら何かを求めるには及ばない。仏が世に現れる前、達摩が西来する以前——つまりこの世に〝仏法〟も〝禅道〟も無かったとき——人にはただあるがまま(恁麼)という在り方しかなかったのだ。仏の出現や達摩の西来に、いったい何の用がある」と。だが、そうではなく、必ずや大悟徹底せねばならぬのだ。

また、圜悟の弟子である大慧宗杲の『宗門武庫《しゅうもんぶこ》』にも、照覚禅師こと東林常総《とうりんじょうそう》を批判した次の言があり、ここからも、悟りを「建立」にすぎぬとする説が、無事禅の風潮を指していることが分かる。

蓋照覚以平常無事不立知見解会為道。更不求妙悟。却将諸仏諸祖徳山臨済曹洞雲門真実頓悟見性法門為建立。
(『宗門武庫輯釈』臨川書店・禅学典籍叢刊四、二〇〇〇年、頁四〇八上/大正四七—九四八上)

蓋し照覚は平常無事《びょうじょうぶじ》にして知見解会《ちけんげえ》を立てざるを以て道と為し、更に妙悟《みょうご》を求めず、却って諸仏諸祖、徳山《とくさん》・臨済《りんざい》、曹洞《そうとう》・雲門《うんもん》らの真実頓悟見性《とんごけんしょう》の法門を将って建立と為す。[6]

決定的な開悟の体験を認めないことは、平常無事の状態をあるがままに肯定することと表裏一体である。そうした「無事」禅への批判は、『碧巌録』の重要な論点の一つとなっている。だが、この論点は、この則ではこれ以上には展開されていない。この問題は、次節以後で詳しく論ずることとし、ここでは、さしあたり、野鴨子の話に対する圜悟の評唱が、やはりそうした無事禅批判の立場を前提としていることを確かめておけば足りよう(右の二つの文については、それぞれ本章の第三節と第四節であらためてとりあげる)[7]。

「野鴨子」の話の評唱は、さらにつづけて次のように説く。

只如馬大師、豈不知是野鴨子？　為什麼却恁麼問？　佗意在什麼処？　便〔＝百〕丈只管随後走、馬祖遂忸〔＝扭〕鼻。丈作痛声。大師云、「何曾飛去！」百丈便省。如今有底、才問著便作痛声。且憙跳不出。宗師為人、見佗不会、不免傷鋒犯手、只要教佗明此事。所以道、「会則途中受用、不会則世諦流布」。当時若不忸〔＝扭〕住、只成世諦流布。也須是逢境遇縁宛転教帰自己、十二時中、無控〔＝空〕闕処、謂之性也〔＝地〕明白。若只依草附木認驢前馬後、有何用処！　看他恁麼用、雖似昭昭霊霊、却不在昭昭霊霊処。丈作痛声、若恁麼見去、遍界不曾蔵、頭頭成現。所以、「一処透、千処万処悉皆透」。挙次日捲蓆、侍者寮哭語〔＝話〕。看他悟後阿轆轆地羅籠不住、自然八面玲瓏。（下・頁一〇）

馬大師に只如《いた》っては、豈《あ》に是れ野鴨子《やおうす》なりと知らざらんや。〔しかるに〕為什麼《なにゆえ》にか却って恁麼《かくのごと》く問える。佗《かれ》〔馬祖〕の意は什麼処《いずく》にか在る。百丈、只管《た》だ後に随いて走《ゆ》くのみなれば、馬祖遂に鼻を扭《ひね》る。丈、痛声を作《な》す。大師云く、「何ぞ曾て飛び去れる」。百丈便ち省《せい》す。如今《いま》有る底《もの》は、才《わず》かに問著するや便ち痛声を作す。且《まず》は憙《めで》たくも跳び出せず。宗師《そうし》の人の為にするや、佗《かれ》〔学人〕の会《え》せざるを見れば、鋒《ほこさき》に傷つき手を犯すを免れず、只だ佗《かれ》をして此の事を明かさしめんと要《ほっ》するのみ。所以《ゆえ》に道《いわ》く「会《え》すれば則ち途中に受用《じゅゆう》し、会《え》せざれば則ち世諦《せたい》流布す」と。当時、若《も》し扭住《ひねりあ》げざれば、只だ世諦の流布をのみ成さん。也《ま》た須是《すべか》らく逢境遇縁《であうものごと》をば宛転して〃自己〃に帰せしめ、十二時中、空闕の処無からしむべし。之を性地明白《しょうちめいはく》と謂う。若し只だ依《え》草附《そうふ》木《ぼく》して、驢《ろ》前馬《ぜんば》後《ご》をのみ認めなば、何の用処《ゆうじょ》か有らん。看よ他《かれ》らの恁麼《かくのごと》く用《はたら》くを。昭昭霊霊《しょうしょうりょうりょう》に似たりと雖《いえど》も、却って昭昭霊霊の処に在らず。丈の痛声を作せるを、若《も》し恁麼《かよう》に見去らば、遍界《へんかい》曾て蔵《かく》れず、頭頭成現《じょうげん》せん。所以に「一処透《とお》れば千処万処も悉皆《ことごと》く透る」なり。次日の蓆を捲《ま》き、侍者寮に哭せる話を挙《こ》す。看よ他《かれ》〔百丈〕の悟りし後には阿《あ》轆轆地《ろくろくち》にして羅籠不住《とどめえず》、自然《じねん》に八面玲瓏なることを。

それが野鴨子であることを、どうして知らぬはずがあろう。にもかかわらず、馬祖が「是れ什麼ぞ」と問うたのはナゼだったのか。馬祖の真意はドコにあったのか(むろん、野鴨子でなく自己のほうに主眼があったことは言うまでもない)。ところが百丈は外境としての野鴨子についてまわるばかりであったので、馬祖はいきなりその鼻を捻り上げた。百丈は思わず悲鳴をあげる。すると馬祖はひとこと「飛んで行ってなどおらぬではないか(ちゃんとココにいるではないか)」。百丈はそこでハッと気がついた、というわけである。

昨今、ある連中は、この話について問われると、すかさずイタタタッと悲鳴をあげてみせる。お目出たいことだが、これではワクから跳び出せぬ。正統の禅匠たるものの接化では、相手が会得しておらぬと見れば、自らくりだす機鋒のために自身の手を傷つけることも厭わず、ただただ相手に究極の一事を悟らせようと努めるのである。そこで、こういう言葉がある。「会得すればどこにあっても道は我がもの、会得せざれば世俗の道理が世をおおう」と。あの場でぐいと鼻を捻り上げていなかったら、この世は世俗の道理でおおわれていたに相違ない。次々と出あう外在的な世俗の事物(ここでは野鴨子)、それをくるりくるりと転回させて「自己」に帰着させ、二六時中、寸分のスキも無いようにさせねばならぬのだ。さすればこれを「性地明白――自己の本分はかくれもない」と称するのである(鼻を捻り上げるという馬祖の乱暴な禅機のおかげで、百丈は「自己」の「性地」に立ち返ることができたのだ)。

だが、それと反対に、亡霊のごとく外物にすがりつき、「驢前馬後」を見るだけであったなら、何の役にも立ちはしない。看よ、彼らの活作用を。いかにも「昭昭霊霊」のようでありながら、実は「昭昭霊霊」のところに主眼はない。百丈の悲鳴をこのように理解するならば、世界の実相は隠れもなく全現し、箇々の事物が真実そのものとしてそこに立ち現れてくるだろう。いわゆる「一処を突破すれば、千処万処もことごとく突破される」というやつである。

この後、翌日の因縁を話していわく――看よ、くるくると自在に回転してとどめようが無く、全方位に透徹して覆われることなき、悟ったのちの百丈のその姿を。

以上が本則評唱のすべてである。口頭の説法の記録なので、同じ論点が前になったり後になったりしながら、くり返し出てくる。そして、論旨の自在な飛躍と波状的な反復が圜悟の広長舌の迫力の所以ともなっているのだが、ここで説かれていることをまとめれば、つまるところ、次の二点に集約できよう。

〔1〕　野鴨子の話は、外境に心奪われている百丈を「自己」に立ち返らせた話である。
〔2〕　しかし、その「自己」は「驢前馬後」「昭昭霊霊」のところにはない。「驢前馬後」「昭昭霊霊」をそのまま「自己」と看なすような見解——具体的には、この話について問われたとたん痛声をあげてみせるような見解——それは獅子身中の虫にも比すべき許すべからざる邪説である。

〔1〕の基本線は、さきに考えたこの話の原意と大差なく、雪竇の頌とも一致する。問題は〔2〕の主張であるが、これは何を意味しているのか。ここに圜悟の新たな主張があるわけだが、それを理解するためには、「驢前馬後」と「昭昭霊霊」の語義を明らかにしてゆく必要がある。

四　「昭昭霊霊」と「驢前馬後」

まず「昭昭霊霊」のほうから看てゆこう。(8)

この言葉は入矢・古賀『禅語辞典』に「ありありと且つきらきらと。本来の主人公の躍動するさま」（頁二一三下）と解され、『碧巌録』岩波文庫本もそれを襲って「輝きわたる霊妙さ。本来の主人公の躍動するさま」と注している。しかし、そうであろうか。

この語の出典として『禅語辞典』が指摘するのは、『臨済録』の次の一段である。

道流、你欲得作仏、莫随万物。心生種種法生、心滅種種法滅。一心不生、万法無咎。世与出世、無仏無法、亦不現前、亦不曾失。設有者、皆是名言章句、接引小児、施設薬病、表顕名句。且名句不自名句、還是你目前昭昭霊霊鑑覚聞知照燭底、安一切名句。大徳、造五無間業、方得解脱。……（入矢義高訳注『臨済録』岩波文庫、一九八九年、頁一三二）

道流《どうる》、你《なんじ》、仏と作らんと欲得《ほっ》さば、万物に随うこと莫《なか》れ。心《こころ》生ずれば種種の法《ほう》生じ、心《こころ》滅すれば種種の法《ほう》滅す。一心生《しょう》ぜざれば万法咎《とが》無し。世と出世と、無仏無法、亦《ま》た現前せず、亦《ま》た曾つて失せず。設《たと》い有るも、皆な是れ名言章句、小児《しょうに》を接引《しょういん》する施設《せせつ》の薬病、表顕の名句《みょうく》なり。且つ名句《みょうく》は自ら名句ならず。還《かえ》って是れ你《なんじ》目前昭昭《しょうしょう》霊霊《りょうりょう》として鑑覚聞知《かんかくもんち》照燭する底、一切の名句を安《つ》く。大徳、五無間の業を造って、方《はじ》めて解脱を得ん。……

諸君、仏となりたければ、外物についてまわるな。「心生ずれば種種の法生じ、心滅すれば種種の法滅す」（『起信論』）、「一心生ぜざれば万法咎無し」（『信心銘』）と言うではないか。さすれば世間も出世間も、無仏も無法も、現れもせねば、失われもせぬ。かりに有ったところで、すべて名辞言句、子供を導く応病与薬の方便、人さまに見せる宣伝文句の類でしかない。しかも、そうしたコトバは、それ自身でコトバとなっているのではない。今この場で「昭昭霊霊」と感覚し認識している当の者、それこそがあらゆる名辞を外物に付与しているのだ。だから諸君、すべてを滅し尽くす「五無間の業」を断行してこそ解脱が得られるのである。……
『臨済録』には他に「還《かえ》って是れ道流《どうる》、目前霊霊地にして、万般を照燭《てら》し、世界を酌度《はか》る底の人、三界の与《ため》に名を安《つ》く」(頁一〇二)という例もある。これらによるならば、「昭昭霊霊」は対象を感覚・識別し箇々に命名してゆく作用——今ふうにいえば記号による分節を行う作用——を形容する擬態語であり、いわば分別迷妄のもととなるものを指す表現に外ならない。ただし臨済はそれを遮断して死灰枯木のごとくになれと言うのでなく、そうした作用をなす活き身の自己を否定するのでもない。ただ、迷妄なるものは、畢竟、自らの分別が作り出したコトバに、自らが縛られている「無縄自縛」にすぎぬ、そう修行者に気づかせようとしているのである。

臨済のこうした説を玄沙師備が手酷く批判していることは、入矢「玄沙の臨済批判」(『空花集』思文閣出版、一九九二年)でつとに論じられているとおりである。玄沙は言う——

有一般坐縄床老漢、称為善知識、問著便揺身動手、吐舌瞪視。更有一般便説道、「昭昭霊霊霊台智性、向五蘊身田裏作主宰」。与麼為善知識、大賺人！　我今問汝、汝若認昭昭霊霊便是汝真実、為什麼瞌睡時又不成昭昭霊霊？　若瞌睡時不是、為什麼有昭昭時？　汝還会麼？　者箇喚作認賊為子、是生死根本、妄想縁気。汝欲識此昭昭霊霊？　只因前塵色声香等法而有分別、便道此是昭昭霊霊。若無前塵、汝此昭昭霊霊同於亀毛兔角。仁者真実在什麼処？　……（入矢義高監修・唐代語録研究班編『玄沙広録』下、禅文化研究所、一九九九年、頁七三）

一般の縄床《じょうしょう》に坐する老漢の、称して善知識と為すもの有り、問著《とわ》るれば便ち身を揺《ゆす》り手を動かし、舌を吐き瞪視《めをみは》る。更に一般有って便ち説道《とく》らく、「昭昭霊霊たる霊台の智性、五蘊身田の裏《うち》に向《お》いて主宰と作《な》る」と。与麼《かくし》て善知識と為り、大いに人を賺《すか》す。我れ今汝《なんじ》に問う、汝若《も》し昭昭霊霊たるをば便ち是れ汝が真実なりと認むれば、為什麽《なにゆえ》にか瞌睡の時又た昭昭霊霊たるを成ぜざる。若《も》し瞌睡の時は是《しか》らずとなれば、為什麽《なにゆえ》にか昭昭の時有るや。汝還《は》た会《え》す麽《や》？　者箇《これ》、喚《よ》んで「賊を認めて子と為《な》す」と作す、是れ生死《しょうじ》の根本、妄想の縁気なり。汝は此の昭昭霊霊を識らんと欲すや。只だ前塵の色声香《しきしょうこう》等の法に因りて分別有りて、便ち此れは是れ昭昭霊霊なりと道《い》う。若《も》し前塵無くんば、汝の此の昭昭霊霊は亀毛兎角《きもうとかく》に同じきなり。仁者《そなた》らの真実は什麽処《いずく》にか在る？　……

縄床にふんぞりかえって善知識などと呼ばれている、ある手合いの老僧たちは、修行者から質問を受けると、すぐさま体を揺らし、手を動かし、あるいは舌を出し、眼を見開いてみせたりする。また、ある手合いは、「昭昭霊霊たる霊台智性が、五蘊身田のうちにあって主宰となる」などと説いている。こうした調子で善知識となろうとは、人を欺くにもほどがある。考えてもみよ、「昭昭霊霊」の作用を己が真実とみなすならば、居眠りしている時には、どうして「昭昭霊霊」でないのだ。居眠りしている時がそうでないなら、では「昭昭霊霊」たる時が有るのはなぜなのだ。わかるか。こういうのを（「昭昭霊霊」たる作用を己が真実とみなすのを）「盗人をわが子と見誤る」と言うのである。そんなもの（「昭昭霊霊」たる作用）は輪回のもと、妄想のきっかけに過ぎぬ。では「昭昭霊霊」とは何か。それは色声香などの対境に対して分別することでしかない。対境が無ければ「昭昭霊霊」の作用など、絵に描いたモチにすぎぬのだ。その時、己が真実は何処にある？

まず玄沙は非難する——ある種の老師たちは、道を問われるや、体を揺らし手を動かし、舌を出して眼を見はる、と。これが『楞伽経』の次の一文にもとづきつつ作用即性《さゆうそくしょう》説を実演して見せたものであることは、ごく容易に看て取れよう。ここの「瞻視」は眼を見開くこと、「動揺」は身体を揺り動かすことで、玄沙のいう「瞪視」「揺身」と同じである。

> 或有仏刹瞻視顕法。或有作相。或有揚眉。或有動睛。或笑或欠。或謦咳。或念刹土。或動揺。(『楞伽阿跋多羅宝経』巻二、大正一六―四九三上／常盤義伸『楞伽阿跋多羅宝経――求那跋陀羅訳・本文校訂と訓読』私家版、二〇〇三年、頁九二)
>
> 或いは仏刹有りて瞻視して法を顕わす。或いは相を作《な》す有り。或いは眉を揚ぐる有り。或いは〔眼〕睛を動かす有り。或いは笑い或いは欠《あ》くびす。或いは謦咳《せきばらい》し、或いは刹土を念じ、或いは動揺す。

これとともに「人を賺《だま》す」手合いとして痛烈に批判されている「昭昭霊霊たる霊台の智性、五蘊身田の裏《うち》に向《お》いて主宰と作《な》る」という説が、臨済の「無位真人」の説を指していることは、すでに入矢論文に詳論されているとおりである。起きている時は「昭昭霊霊」なのに、眠っている時にはなぜ「昭昭霊霊」でないかという反問も、臨済が六根の作用を「堂堂と露現して、毫髪許《ほど》の間隔《へだて》も無し」あるいは「但《た》だ一切時中、更《た》えて間断莫《な》くんば」云々、と表現しているのを揶揄したものに外ならない(『祖堂集』巻十九・臨済章、頁七一八・頁七二〇)。ここで玄沙は、「昭昭霊霊」は「生死の根本、妄想の縁気」にすぎず、それを己れの「真実」と思いなすことは、まさに「賊を認めて子と為す」顚倒だと非難しているのである。[9]

「昭昭霊霊」が身心の生理的作用の謂いであることは、玄沙の次の一則によっても確かめられる。

> 因挙傅大士云「欲知仏去処、只者語声是」、師云、「大小傅大士、只認得箇昭昭霊霊」。(『玄沙広録』下・頁四〇)

傅大士の「仏の去処《ありか》を知らんと欲さば、只《まさ》に者《こ》の語声こそ是れなり」と云うを挙するに因りて、師（玄沙）云く、「大小《さしも》の傅大士も、只《た》だ箇の昭昭霊霊を認得せるのみ」。

傅大師の偈《げ》に「仏のありかを知りたくば、もの言う声こそがそれである」とある。これを聞いて玄沙は一言、「やれやれ傅大士ともあろうお人が、〝昭昭霊霊〟をしか見ておらぬとは」と。「語声」こそがまさに仏の居所だとする説は、「昭昭霊霊」しか見えていない、あきれた見解だというのである。

玄沙は「昭昭霊霊」を、狭くは感覚・識別の作用（「前塵の色声香等の法に因りて分別有り」）、広くは身心の生理的作用一般（「只に者の語声こそ是れなり」）を形容する語として用いている。臨済の用法もその点では同じだが、しかし臨済の場合、分別そのものは否定されるものの、「昭昭霊霊」の語は、その作用のさまを形容する価値中立的な擬態語のひとつにすぎなかった。ところが、ここでは、それが作用そのものを指す名詞に転用され、且つそこに身心の生理的作用を本来人と等置する邪説、という明確な貶義が込められるに至っているのである。

結論から言えば、圜悟の場合もまさしくこうした否定的用語法の延長線上にある。『碧巌録』評唱における「昭昭霊霊」の計四例は、いずれも「主人公の躍動するさま」という肯定的語感でなく、玄沙の場合と同様、身心の生理的作用を真の自己と看なす「作用即性」説への批判という含意で用いられている。今、読んでいる則はもとより、第六十二則・本則評唱の「有る者は只だ箇の〝昭昭霊霊〟をのみ認めて宝と為す。只だ是れ其の用を得ず、亦た其の妙を〔得〕ず」云々もそうであり（下・頁三七）、のこり二例を含む次の第九十九則・本則評唱の場合もそうである。

第九十九則は「忠国師十身調御」という話頭である。圜悟はその本則評唱のなかで太原孚上座《ふじょうざ》開悟の因縁を詳しく説き、上座が自らの「法身」を識得したもようを讃えるという文脈のなかで、次のように言っている。

忽若総認昭昭霊霊、落在驢前馬後。……但識常寂、莫認声色。但不（＝識）常霊、莫認妄想。……（下・頁一六二）

忽若《も》し総て〝昭昭霊霊〟をのみ認めなば、〝驢前馬後〟に落在《おち》ん。……但だ常寂をこそ識れ、声色《しょうしき》を認むる莫《なか》れ。但だ常霊をこそ識れ、妄想を認むる莫《なか》れ。……

この文脈が「昭昭霊霊」「驢前馬後」を「声色」「妄想」と同定して否定し、それらとは次元を異にする「常寂」「常霊」なる法身をこそ識得せよと説いていることは、見やすい。圜悟はこれにつづけて、さらに次のように説く。

二祖覓心、了不可得。正当恁麼時、法身在什麼処？　長沙云、「学道之人不識真、只為従前認識神。無量劫来生死本、癡人喚作本来人」。今時人認得箇昭昭霊霊、便瞠目努眼、弄精魂。有甚麼交渉！

二祖、心を覓《もと》むるも、了《つい》に不可得。正に恁麼《かく》なる時に当り、法身は什麼処《いずく》にか在る。長沙《ちょうしゃ》云く、「学道の人の真を識らざるは、只だ従前識神《しきしん》を認むるが為なり。無量劫来生死《しょうじ》の本、癡人は喚んで本来人と作《な》す」と。今時の人、箇の〝昭昭霊霊〟を認得し、便ち目《め》を瞠《みは》り眼《まなこ》を努《む》き、精魂を弄す。甚麼《なん》の交渉《かかわり》か有らん！

有名な慧可《えか》断臂《だんぴ》の話が、本則に合せて、慧可が法身を識得した因縁という意味づけのもとに引かれている。[10] ここでは禅者の言の常として、何が法身であるかは説明されないが、何が法身でないかは明言されている。その説明のために引かれたのが長沙の偈で、「生死の本」たる「識神」、それを癡人は逆に「本来人」と思いなす、だがそれは断じて

「真」の本来人ではありえない、というのである。[11]そして圜悟は、「識神」を「本来人」と認めることを、「昭昭霊霊」を認得すること、と言いかえ、そのような手合いの具体的なやりかたを批判的に「目《め》を瞠《みは》り眼《まなこ》を努《む》き、精魂を弄す」と描写しているのである。これがさきに玄沙の言葉の冒頭で指弾されていた「問著《とわ》るれば便ち身を揺《ゆす》り手を動かし、舌を吐き瞪視《めをみは》る」というありさまと合致することは、一見して明らかであろう。

こうしたありかたへの批判は『碧巌録』のうちに枚挙にいとまなく、当時、この種の見解がいかに有力であったかをうかがわせる。簡単に二、三の例を挙げておくと――

如今人多錯会、却去弄精魂。挙眼云、「廓然無聖」。且喜没交渉。（第一則「聖諦第一義」本則評唱、上・頁三）

如今の人、多く錯《あやま》り会《え》し、却って去きて精魂を弄し、眼を挙げて〔流布本、眼睛《まなこ》を瞠《みひら》きて〕云く、「廓然無聖《かくねんむしょう》」と。且《まず》は喜《めで》たくも没交渉《かかわりなし》。

才問著便〈瞎〉瞠眼云、「在這裏」。有什麼巴鼻！　恁麼会、達摩一宗掃土而尽。（第十二則「洞山麻三斤」頌評唱、上・頁五九）

才《わず》かに問著《とわ》るるや便ち眼を瞠きて云く、「這裏《ここ》に在り」と。什麼《なん》の巴鼻《とらえどころ》か有らん！　恁麼《かくのごと》く会《え》さば、達摩の一宗、土を掃《はら》いて尽《つ》きん。

儞若瞠眼喚作光、正是情上生情、空裏釘橛。（第九十三則「智門般若体」本則評唱、下・頁一三七／流布本では第九十則）

儞《なんじ》、若《も》し眼を瞠き喚びて「光」と作さば、正に是れ情上に情を生じ、空裏に橛《くい》を釘《う》つなり。

また「弄精魂」については、『朱子語類』巻一二六・釈氏篇に「知覚運動を認めて性と做す」という禅のやりかたを批判して「其実只是作弄這些精神——実はただそうした精神を弄しているに過ぎない」と言っているのも参考になる（中華書局点校本、頁三〇三五）(12)。中国語の「精魂」「精神」は、邦語と異なり、肉体的・形而下的な活力・生命力をさす。「知覚運動」の作用を本性と等置する禅の思想は、所詮、元気を誇示するだけのものでしかない、というわけである。『語類』にはさらに、朱熹が「仏氏は則ち只だ那《か》の、能く視、能く聴き、能く言《ものい》い、能く思い、能く動く底《もの》を認めて、便ち是れ性なりとするのみ」と批判したのを受けた、次のような質疑もある。

僩問、「禅家又有以揚眉瞬目知覚運動為弄精魂而訶斥之者、何也？」曰、「便只是弄精魂。只是他磨擦得来精細、有光彩、不如此粗糙爾」。（巻一二六、頁三〇二〇）

僩（沈僩）問う、「禅家にも又た揚眉瞬目・知覚運動を以って〝精魂を弄す〟と為し之を訶斥《かしゃく》する者有るは、何ぞや？」曰く、「便ち只《た》だ是れ精魂を弄するのみ。只だ是れ他《かれ》、磨擦し得て精細を来し、光彩有らしめ、如此《かくまで》には粗糙ならざる爾《のみ》」。

「禅家にも、揚眉瞬目・知覚運動などの作用を〝精魂を弄する〟ものに過ぎぬとして斥ける者がありますが、それはどうなりましょう」。「それとて所詮、精魂を弄するものでしかない。ただ、そこによく磨きをかけて、精緻で輝きあるものとさせ、あれほど（一般の「作用是性」の説ほど）粗雑でないというだけのことだ」。

朱熹のこうした言葉から、「弄精魂」「弄精神」が、形而上的な本性を無《なみ》したまま、身心の生理的作用ばかりを発揮して見せる、という批判的表現であることがよくわかる。「然れど細かに之（禅家）を観れば、只だ是れ精神上に於いて用を発するのみ」（巻一二六、頁三〇二八）という批判も、やはりこれらと同義であろう。(13)

以上に考えてきた論旨については、夢窓疎石が、つとにきわめて明晰な要約を与えている。

今時大乗の学者の中に、この見をおこせる人あり。円覚経に云はく、たとへば摩尼《まに》宝珠の五色に映じて、その色を現ずる時、愚人かの宝珠に、実《まこと》に五色ありと見るがごとし。円覚の浄性に、かりに身心の相を現ずる時、愚人これに迷ひて、実に身心の相ありと思へり。この故に、身心は幻垢《げんく》なりと説くなりと云云。永嘉《えいか》大師《だいし》云はく、法財を損し功徳を亡《ほろ》ぼすこと、この心意識によらずと云ふことなし。長沙《ちやうしや》禅師云はく、学道の人の真を知らざることは、ただ久しく識神を認《と》むるが故なりと云云。初心の学者、坐禅と名づけて、返照《へんぜう》する時、この心の形段もなく辺際もなくして、昭々霊々たる処を見て、これを主人公と思ひ、本来の面目と計《け》せり。古人これを精魂を弄し、識神を認《と》むとそしれり。円覚経の中に、賊を認《と》めて子とすと説くも、この義なり。（川瀬一馬校注『夢中問答集』講談社学術文庫、二〇〇〇年、頁一八七／傍点、引用者）

昨今の大乗の学人のなかに、この種の見解（「神我の見」）を抱く者がある。そこで『円覚経』にはこうある。如意宝珠に五色が映じられると、愚か者たちは（宝珠でなく）五色そのものが実在するのだと思いなす。それと同じく、円覚浄性に身心の相が映出されると、愚か者たちは（円覚浄性でなく）身心そのものが実在するのだと思いこむ、それゆえ、身心は虚妄なる汚れだと説くのである、と。また永嘉玄覚大師の『証道歌』にも「法財を損ない、功徳を滅するは、斯の心意識に由らざる莫し」とあり、長沙景岑《ちょうさけいしん》禅師の偈にも「学道の人の真を識らざるは、只だ従来、識神を認むるが為なり云々」とある。初学の者たちは坐禅の名のもと、おのが心を省みる。だが、「心」（「魔尼宝珠」「円覚浄性」）には目に見える形体や輪郭が無く、ただ「昭昭霊霊」たる作用（「五色」「身心の相」）だけが有るように見える。そこで彼らはただちにそれを「主人公」「本来面目」と思いなしてしまうのだが、古人はこれを、精魂を弄し識神を実体視するものと批判している。『円覚経』が「賊を我が子と思いなす」と言っているのも、正にこのことなのである。(14)

以上の考察から、『碧巌録』評唱における「昭昭霊霊」が、知覚・認識・運動など、身心の生理的作用を否定的に表現する語であることが知られたであろう。それは「主人公の躍動するさま」を肯定的に述べる語ではなく、身心の形而下的作用をそのまま主人公・本来人と等置する見解――すなわち「作用即性」説――を非難する際の常套語として用いられているのであった。

では、これと組みで用いられている「驢前馬後」の語はどうであろうか。(15)『碧巌録』における「驢前馬後」の用例は計三つ。一つはここの主題である第五十三則の――

若し只だ依《え》草附《そうふ》木《ぼく》して、〝驢《ろ》前《ぜん》馬《ば》後《ご》〟をのみ認めなば、何の用処《ゆうじょ》か有らん。看よ他《かれ》らの恁麼《かくのごと》く用《はたら》くを。〝昭昭《しょうしょう》霊霊《りょうりょう》〟に似たりと雖《いえど》も、却って〝昭昭霊霊〟の処に在《あ》らず。

もう一つは、ついさきほど「昭昭霊霊」の例として見た第九十九則の――

忽《も》若し総て〝昭昭霊霊〟をのみ認めなば、〝驢前馬後〟に落在《おち》ん。

そして、のこる一つは、第六十三則・頌古評唱の次の一文である。

雪竇不向句下死、亦不認驢前馬後、有撥転処、便道……。（下・頁四〇）
雪竇は句下に向《おい》て死せず、亦た〝驢前馬後〟をも認めず、撥転《はってん》の処《ところ》有りて便ち道く……。

「驢前馬後」の語の早い用例を探ってみると、『景徳伝灯録』に二つの例が見える。一つは巻十三・陳尊宿《ちんそんしゅく》章、もう一つは巻十五・洞山良价《とうざんりょうかい》章である。まず、陳尊宿章の例を看る。

師問新到僧、「什麼処来?」僧瞪目視之。師云、「驢前馬後漢!」僧云、「請師鑑」。師云、「驢前馬後漢、道将一句来」。僧無対。（頁二一四）
師、新到僧に問う、「什麼処《いずく》よりか来る」。僧、目を瞪《みひら》きて之を視る。師云く、「〝驢前馬後〟の漢！」僧云く、「請う師、鑑《み》よ。」師云く、「〝驢前馬後〟の漢、一句を道《い》い将《も》ち来《きた》れ。」僧、対《こた》うる無《な》し。

陳尊宿が新しく入門に来た僧に問う、「どこから来た」。これは禅僧が初相見の学人によく問う問いである。ここへ来る前、どこの老師の僧堂にいたか、ということであるが、その裏に、そこで何を得てきたか、それによって如何に自己を捉えているか、という点検の意を含むのが常である。そこで僧はぐっと眼を見ひらき、陳尊宿をじっと視た。これが「昭昭霊霊」の語とともに玄沙が批判していた「問著《とわ》るれば便ち身を揺《ゆす》り手を動かし、舌を吐き瞪視《めをみは》る」、また圜悟が批判する「今時の人、箇の〝昭昭霊霊〟を認得し、便ち目《め》を瞠《みは》り眼《まなこ》を努《む》き、精魂を弄す」（第九十九則・評唱）などとまったく同種の見解の表明であることは、言うまでもあるまい。それを責めて陳尊宿が投げつけたのが、ほかならぬ「驢前馬後の漢」の一語だったのである。

次に洞山章の例を看よう。こちらは『祖堂集』巻六・洞山章にも録されており、すでに第一章第二節で一度とりあげた。今は宋代にひろく読まれた『景徳伝灯録』のほうから引いてみる。

師問僧、「名什麽？」僧曰、「某甲」。師曰、「阿那箇是闍梨主人公？」僧曰、「見祇対次」。師曰、「苦哉！ 苦哉！ 今時人例皆如此、只是認得驢前馬後将為自己。仏法平沈、此之是也。客中辨主尚未分、如何辨得主中主？」……（頁三〇〇下）

師、僧に問う、「名は什麽《なん》ぞ」。僧曰く、「某甲《なにがし》」。師曰く、「阿那箇《いずれ》か是れ闍梨《そなた》の〝主人公〟」。僧曰く、「見《げん》に祇対《こた》うる次《おり》なり」。師曰く、「苦《く》なる哉《かな》、苦《く》なる哉《かな》！ 今時の人、例皆《ひとしなみ》に此《かく》の如し。只《た》是だ〝驢前馬後〟をのみ認得《みと》めて将《も》って〝自己〟と為す。仏法平沈とは、此《こ》の是《いい》なり。客中に主を辨ずるすら尚お未だ分たず、如何んが主中の主を辨じ得《え》ん[16]」。……

洞山が僧に問う、「名はなんという」。これも初相見の際の定型的な質問で、やはり言外に、汝の真の自己を提示して見せよという点検の意が含まれている。そこで僧は「ナンのナニガシでございます」と答える。洞山はさらに踏み込んで問う。「しからば、そなたの〝主人公〟はどれか」。僧、「現にこうしてお答えしておりまする」。

これがやはり「言語祇対、揚眉瞬目」などの活き身の作用をそのまま真の自己――「主人公」――と等置する、馬祖禅ふうの見解の表明であることは言うを俟たない。洞山はそれを非難して、「驢前馬後」を「自己」と見誤り、主中の主どころか客と主の区別さえつかぬ「仏法平沈」の見解だと非難する。僧が「祇対」（作用）＝「主人公」（「自己」）という馬祖禅的な等式を提示したのに対し、洞山はそれを覆して、「祇対」(作用)は「驢前馬後」に過ぎず、「主人公」(「自己」)ではありえない、と断じているわけである。

陳尊宿の場合も洞山の場合も、「驢前馬後」の語によって批判されているものは、玄沙や圜悟が「昭昭霊霊」の語で批判していたのと同じものであった。それゆえ、身心の形而下的作用を自己の本性と看なす、いわゆる「作用即性」説、それを批判する際の常套句として、圜悟はこの二つの言葉をしばしば一組で用いるのであった[17]。

最初に考えたように、「野鴨子」の話のそもそもの原意は、見聞や痛痒という活きた身体感覚によって「自己」を捉えるという趣旨であった。それは唐代の馬祖禅の基本思想を素直に表現したものであり、本則評唱で非難されている「如今《いま》有る底《もの》は、才《わず》かに問著するや便ち痛声を作す」という見解は、安直かつ軽薄の印象は拭い難いものの、そうした思想の延長線上にはあるものであった。

しかし、圜悟は雪竇の頌にさえも異議を唱えながら、この話をそうした理解から引き離そうとする。圜悟がしばしば「跳不出」と非難するのは、この種の邪解から跳び出せぬ、という意だったのである。圜悟は本則評唱で「昭昭霊霊に似たりと雖も、却って昭昭霊霊の処に在らず」と言っていた。それは、「作用即性」的に理解されることの自然さを認めつつ、そのうえで敢えてこの話を、その種の理解から切り離そうとした圜悟の苦心を示している。そして、こうした批判に先立って、本来、迷も悟も実在しないと説くいわゆる「無事」禅の見解が批判されていたことは、決して偶然のことではない。第一章第一節で看たとおり、「作用即性」と「無事」の二点は「即心是仏」という根本理念の具体的表現として、馬祖禅の基調をなす表裏一体の説だったからである。圜悟は唐代の問答に対して、箇々の読みを云々しているのではない。総体としての馬祖禅を批判し、それを構造的に読みかえようとしているのである。

『碧巌録』第七則は法眼の「慧超問仏」という問答である。

僧問法眼、「慧超咨和尚、如何是仏？」法眼云、「汝是慧超」。（上・頁三四）

僧、法眼に問う、「慧超、和尚に咨《と》う、如何なるか是れ仏？」法眼云く、「汝《なんじ》は是れ慧超」。

そこの本則評唱は、「丙丁童子来求火」の語をめぐる法眼のもう一つの問答を引きながら、「有る者」たちの見解を次のように批判している。

有這（＝者）只管瞠眼作解会。所以道、「彼自無瘡、勿傷之也」。（上・頁三五）

有る者は只管《ひたす》ら眼を瞠り解会《げえ》を作《な》す。所以《ゆえ》に道《いわ》く、「彼れ自《もとよ》り瘡《きず》無し、之を傷《きず》つくる勿《なか》れ」と。

「慧超問仏」も「丙丁童子来求火」も、素直に読めば、あるがままの自己をあるがままに肯えという趣旨にとれる話である。そして、現にそうした理解が行われていたからこそ、圜悟は右のような人々を批判しなければならなかった。

――彼れ自《もとよ》り瘡《きず》無し、之を傷《きず》つくる勿《なか》れ。

これは、自らがもともと仏である。にもかかわらず、ことさら人に「仏」を問うのは、本来、何の過不足も無い身体に、わざわざ傷をつけるような愚行に外ならぬという意であろう。これが、自身がそのまま仏である以上、そのほかに仏を求める必要はないという「無事」の立場の表明であることは、言うまでもない。ここで注目されるのは、そうした見解を実演しようとする「有る者」たちの所作が、ひたすらな「瞠眼」だったことである。「無事」と「作用即性」、それは宋代に至ってもなお、あるがままの自己の即自的肯定という、一組の思想の表現として通行していた。圜悟が両者を一対の批判対象として扱っているのは、それが彼の同時代においても、現にそういう形で活きていたからに外ならない。[18]

（1）　以下、一夜本『碧巌録』を底本として考察を進めるが、流布本を底本とし、訳語・訳文などの問題を論じながらこの則を分析したものに、小川「『碧巌録』雑考(三)――〈馬大師野鴨子〉の話再読」「同(四)――〈馬大師野鴨子〉の話再読(続)」がある。併せて参照ありたい。『禅文化』(禅文化研究所)第一八七号(二〇〇三年一月)および第一八八号(同四月)、掲載。のち、『続・語録のことば――《碧巌録》と宋代の禅』(禅文化研究所、二〇一〇年)第二章。

（2）　このあとに、翌日の上堂の際の因縁がつづくが、ここでは立ち入らない。小川「『碧巌録』雑考(四)――〈馬大師野鴨子〉の話再読(続)」を参照。『続・語録のことば――《碧巌録》と宋代の禅』第二章―二。

（3）　玄沙にはまた次の問答もある。

道忖上座夜静入室、称名礼拝、「某特与麼来、乞和尚慈悲指箇入路」。師云、「你還聞偃渓水声麼?」進云、「聞」。師云、「従者裏入」。(『玄沙広録』上・頁一〇一)

道忖《どうふ》上座、夜《よ》静まりて入室《にっしつ》し、名を称《なの》りて礼拝すらく、「某《それがし》特に与麼《かく》来れり、乞う和尚、慈悲もて箇の入路を指《しめ》されんことを」。師云く、「你《なんじ》、還《は》た偃渓水《えんけいすい》の声を聞く麼《や》?」進みて云く、「聞《きこ》ゆ」。師云く、「者裏《そこ》より入れ」。(偃渓水は寺の近くの川の名。「者裏」は「這裏」に同じ)

（4）　「見える」と「聞こえる」がいわゆる共通感覚によって通じあうことは、「栢樹子」の話が次のように扱われた例からも証せられる。

因僧入室請益趙州和尚柏樹子話、師云、「我不辞与汝説、還信麼?」僧云、「和尚重言、争敢不信」。師云、「汝還聞簷頭水滴声麼?」其僧豁然、不覚失声云、「哪!」師云、「你見箇什麼道理?」僧便以頌対云、「簷頭水滴　分明瀝瀝　打破乾坤　当下心息」。師為忻然。(『汝州葉県広教省禅師語録』/『古尊宿語録』巻二十三、中華書局点校本、頁四四二)

因《ちな》みに僧入室《にっしつ》して趙州和尚柏樹子の話を請益《しんえき》す、師(帰省)云く、「我れ汝が与《ため》に説くを辞せざれども、還《は》た信ずる麼《や》?」僧云く、「和尚の重言、争《いかで》か敢《あえ》て信ぜざらん」。師云く、「汝還《は》た簷頭《のきさき》の水滴《しずく》の声を聞く麼《や》?」其の僧豁然《かつねん》とし、覚えず失声して云く、「哪《か》!」。師云く、「你《なんじ》、箇の什麼《なん》の道理をか見し?」僧便ち頌《じゅ》を以って対《こた》えて云く、「簷頭《のきさき》の水滴《しずく》　分明《ふんみょう》に瀝《れき》瀝《れき》　乾坤《けんこん》を打破して　当下《たちどころ》に心息《や》む」。師、為に忻然《よろこ》べり。

（5）　一夜本ではこの「野鴨子」の話で悟ったことになっているが、流布本ではここを「及至再参。於喝下方始大悟」に作っている。いわゆる「三日耳聾」の話を百丈大悟の因縁とする記述に改めているわけである。系統を異にする複数の伝承をまとめようとした為に、宋代の各種百丈伝の間で、どの時点を百丈の開悟とするかの分岐と混乱が生じていたらしい。小川「『碧巌録』雑考(四)――〈馬大師野鴨子〉の話再読(続)」、参照。『続・語録のことば――《碧巌録》と宋代の禅』第二章―二。

(6)『宗門武庫』のこの一段は、真浄克文による東林常総批判の説をふまえたもので、その説は圜悟の無事禅批判に重大な影響を及ぼしている。それについては、土屋太祐の次の諸研究を参照。「真浄克文の無事禅批判」(『印度学仏教学研究』五一―一、二〇〇二年)、「北宋期禅宗の無事禅批判と圜悟克勤」(『東洋文化』第八三号「特集　中国の禅」、東京大学東洋文化研究所、二〇〇三年)、「公案禅の成立に関する試論――北宋臨済宗の思想史」(『駒澤大学禅研究所年報』第一八号、二〇〇七年)、『北宋禅宗思想及其淵源』(巴蜀書社、二〇〇八年)。この問題はのちに本章第四節であらためて詳論する。

(7) 大慧にはほかにも類似の言い方が多数散見する。

近年叢林有一種邪禅、以閉目蔵睛、觜盧都地作妄想、謂之不思議事、亦謂之威音那畔空劫已前事、纔開口便喚作落今時、亦謂之根本上事、亦謂之浄極光通達、以悟為落在第二頭、以悟為枝葉辺事。蓋渠初発歩時便錯了、亦不知是錯、以悟為建立。既自無悟門、亦不信有悟者。遮般底謂之謗大般若、断仏慧命、千仏出世不通懺悔。左右具験人眼久矣。似此等輩、披却師子皮作野干鳴、不可不知。(荒木見悟『大慧書』筑摩書房・禅の語録十七、頁二〇六)

近年、叢林《そうりん》に一種の邪禅有り、閉目蔵睛し、觜盧都地に〔口をとがらせて〕妄想を作すを以って、之《これ》を不思議の事と謂い、亦《ま》た之を威音那畔《いおんなはん》・空劫已前《くうごういぜん》の事と謂い、纔《わず》かに口を開くや便ち喚《よ》びて今時に落つと作《な》し、亦《ま》た之《これ》を根本上の事と謂い、亦《ま》た之《これ》を浄極光通達と謂い、悟を以って第二頭に落在すと為し、悟を以って枝葉辺の事と為す。蓋《けだ》し渠《かれ》ら初発歩の時に便ち錯《あやま》り了《おわ》り、亦た是れ錯《あやまり》なることをも知らず、悟を以って建立と為せるならん。既《すで》に自ら悟門無く、亦た悟れる者の有るをも信ぜざるなり。遮般《かか》る底《やから》、之を、大般若を謗り、仏の慧命を断じ、千仏出世せるも懺悔《さんげ》を通ぜず、と謂う。左右、験人の眼《まなこ》を具《そな》うるや久し。似此等《かくのごとき》の輩《やから》は、師子の皮を披却《かぶ》りて野干鳴〔山犬の鳴き声〕を作《な》す、知らざる可《べ》からず。

……如此等輩、不求妙悟、以悟為落在第二頭、以悟為誑謼人、以悟為建立。自既不曾悟、亦不信有悟底。妙喜常謂衲子輩説、世間工巧技芸、若無悟処、尚不得其妙。況欲脱生死、而只以口頭説静、便要収殺、大似埋頭向東走欲取西辺物、転求転遠、転急転遅。此輩名為可憐愍者。教中謂之謗大般若、断仏慧命人、千仏出世不通懺悔。(同、頁二一八)

……如此等《かくのごとき》の輩《やから》は、妙悟を求めず、悟を以って第二頭に落在すと為し、悟を以って人を誑謼《たぶらか》すと為し、悟を以って建立と為す。自から既に曾て悟らず、亦た悟れる底《もの》有るを信ぜず。妙喜《われ》常に衲子輩に謂いて説《いわ》く、世間の工巧技芸さえ、若《も》し悟処無くんば、尚《な》お其の妙を得ず。況《いわ》んや生死《しょうじ》を脱せんと欲するに、只だ口頭を以って静を説き、便ち収殺せんと要するは、大いに埋頭して東に走りて西辺の物を取らんと欲するに似て、転《うた》た求むれば転《うた》た遠く、転《うた》た急がば転《うた》た遅し。此《かか》る輩《やから》は名づけて憐愍《あわれ》む可き者と為す。教中には之を、大般若を謗り、仏の慧命を断ずる人、千仏出世せるも懺悔《さんげ》を通ぜず、と謂う。

圜悟より時代が下っているため、これらの実際の批判対象はすでに曹洞系の黙照禅のほうに移っているが、ここでは「建立」の語義・語感を知る好例として右の文を看ておく。大慧のかかる所説について、詳しくは、荒木見悟『仏教と儒教』第三章第一節「大慧宗杲の立場」第一項「悟境の実在」参照(平楽寺書店、一九七六年、新版・研文出版社、一九九三年)。

(8)　以下「昭昭霊霊」については小川『語録のことば——唐代の禅』(禅文化研究所、二〇〇七年)の二十三・二十四「無位真人」(上)(下)をあわせて参照ありたい(初出は『傘松』第七三七号・第七三八号、二〇〇五年二月・三月)。ほかに土屋太祐「玄沙対〝昭昭霊霊〟的批判再考」(『宗教学研究』二〇〇六年・第二期)、同「玄沙師備の昭昭霊霊批判再考」(『東洋文化研究所紀要』第一五四冊、二〇〇八年)にも関連の考察がある。

(9)　「賊を認めて子と為す」は『円覚経』『首楞厳経』などに基づく語。後文に引く夢中問答およびそこに付す注(14)を参照。

(10)　流布本はここにその話を次のように引く。

達磨問二祖、「汝立雪断臂、当為何事？」祖曰、「某甲心未安、乞師安心」。磨云、「将心来。与汝安」。祖曰、「覓心了不可得」。磨曰、「与汝安心竟」。二祖忽然領悟。(岩波文庫本、下・頁二五八)

達磨、二祖に問う、「汝雪に立ちて臂《うで》を断つは、当《は》た何事の為にするや」。祖曰く、「某甲《それがし》、心《こころ》未だ安らかならず。乞う師、安心《あんじん》せしめよ」。磨云く、「心を将《も》ち来たれ、汝が為《ため》に安んぜん」。祖曰く、「心を覓《もと》むるに了《つい》に不可得」。磨曰く、「汝の為《ため》に安心《あんじん》し竟《おわ》れり」。二祖忽然《こつねん》と領悟《りょうご》す。

(11)　長沙の偈は、初出である『景徳伝灯録』の文を第一章第一節の注(23)に引いた。ここでは、宋代において増広を施された『宗門統要集』巻四・長沙章の例を引く。これは前半のミミズの話と組み合わせることで、「応諾」の作用を物質的運動の惰性にすぎぬと断ずる趣旨をより明示的に表現したものである。詳しくは小川『語録のことば——唐代の禅』十四「無始劫来生死本」および十五「主人公」の条を参照。

師因竺尚書問、「蚯蚓斬為両段、両頭倶動。未審仏性在阿那頭？」師云、「莫妄想」。書云、「争奈動何？」云、「会即風火未散」。書無対。師却喚尚書。書応喏。師云、「不是尚書本命」。書云、「不可離却即今祇対有第二箇主人公也」。師云、

「不可喚尚書作今上也」。書云、「与麼則惣不祇対和尚、莫是弟子主人否?」師云、「非但祇対不祇対老僧、従無始劫来是箇生死根本」。乃示頌曰、「学道之人不識真、祇為従来認識神。無始劫来生死本、癡人喚作本来身」。（臨川書店・禅学典籍叢刊一、一九九九年、頁七九下）

師（長沙）、因に竺尚書問う、「蚯蚓《みみず》、斬りて両段と為す、両頭倶《とも》に動く。未審《しら》ず仏性は阿那頭《いずれ》に在りや?」師云く、「妄想する莫《なか》れ」。書（尚書）云く、「動くを争奈何《いかんせ》ん?」云く、「会《え》すれば即ち風火の未《いま》だ散ぜざるのみ」。書、無対。師、却って尚書を喚《よ》ぶ。書、応諾す。師云く、「尚書どのの本命に不是《あら》ず」。書云く、「即今《いま》祇対《こた》うるを離却《はな》れて第二箇の主人公有る不可《べか》らざるなり」。師云く、「尚書を喚びて今上と作す不可《べか》らざるなり」。書云く、「与麼《かく》なれば則ち惣《すべ》て和尚に祇対《こた》えざるこそ、弟子《それがし》の主人に莫是《あら》ざる否《や》?」師云く、「但《ただ》に老僧に祇対《こた》うると祇対《こた》えざるとのみに非ず、無始劫従《よ》り来《このかた》是れ箇の生死の根本なり」。乃ち頌を示して曰く――

学道の人の〝真〟を識《し》らざるは
祇《た》だ従来〝識神《しょうじ》〟を認めしが為なり
無始劫来の生死の本
癡人は喚びて〝本来身〟と作《な》す

（12）この一段については、吉川幸次郎・三浦国雄『朱子集』（朝日新聞社・中国文明選三、一九七六年、頁三七二）に周到な訳・注が備わっており、「作弄這些精神」についても詳細な解説がある（頁三九三）。のち、三浦『〈朱子語類〉抄』（講談社学術文庫、二〇〇八年）頁四四三。

（13）朱熹が若き日に禅に傾倒していたことは、よく知られている。次に引く『朱子語類』巻一〇四・第三十八条は、朱熹自身がその模様を語った言葉のひとつとして、しばしばその伝記に引用されるものだが、ここでも「昭昭霊霊」の語が重要な関鍵となっている。

某年十五六時、亦嘗留心於此。一日在病翁所、会一僧与之語。其僧只相応和了説、也不説是不是、却与劉説、某也理会得箇昭昭霊霊底禅。劉後説与某、某遂疑此僧更有要妙処在、遂去扣問他、見他説得也煞好。及去赴試時、便用他意思去胡説。是時文字不似而今細密、由人粗説、試官為某説動了、遂得挙。〈時年十九〉……（中華書局点校本、頁二六二〇）

私も十五、六歳の頃、禅に惹かれたことがある。ある日、病翁（劉屛山）のところでひとりの僧と出会って話をした。その僧はただ相槌を打つだけで、私の意見がよいとも悪いとも云わなかったが、劉さんには、私が昭昭霊霊の禅を会得していると云い、後に劉さんがその旨を私に話してくれた。私はこの僧はもっと奥深いものを持っているのではないかと思い、引き続き出かけて行って問いただしたところ、彼はとても素晴らしいことを云った。科挙の試験を受けた時、彼の考えで答案をでっち上げた。その時の文章は、今のように精密なものではなく、人におんぶした粗雑なものだったが、試験官は私に説き伏せられて、そのまま合格した。〈十九歳の頃である〉………（吉川・三浦『朱子集』頁三七三／三浦『〈朱子語類〉抄』頁四三二）

ここで朱熹が出会った禅僧が、大慧宗杲の高弟、開善道謙《かいぜんどうけん》であろうことはほぼ定説となっている。朱熹は「昭昭霊霊」の禅を会していると評されて、この人物に更に「要妙の処」があると「疑い」、直に教えを受けに出かけていったというわけだが、「某も也た箇の昭昭霊霊底の禅を理会し得たり」という言葉には「私も昭昭霊霊の禅は会得している」という、ひっかかりのある留保つきの語感があり、「疑」も禅録での用法と同じく、裏に何か秘めていそうだとニラむ、という意味あいで使われているようである（『禅語辞典』頁八一上「疑著」の条、参照）。道謙の言は、一見、朱熹の禅経験を評価しているようで、実は「作用即性」の禅しか会得していないという批判の意を内に含んだものだったのであり、その否定的含意を察して、朱熹は道謙に参じようと決心したのであろう（この一段に見える「昭昭霊霊」の語と禅の「作用即性」説との関連については、前注（8）所掲の土屋論文に論及がある）。

右の一段には、つづけて李延平への師事を通じて禅の影響を脱し、儒学の正統へ回帰していったことが述べられている。李延平からの指教について、朱熹は別の段で次のように言っている。

某旧見李先生時、説得無限道理、也曾去学禅。李先生云、「汝恁地懸空理会得許多、而面前事却又理会不得！　道亦無玄妙、只在日用間著実做工夫処理会、便自見得」。後来方暁得他説、故今日不至無理会耳。（『語類』巻一〇一、頁二五六八）

昔、李先生にお会いした時、わたしは無限の道理を説くことができ、また禅にも参じていた。だが、李先生は言われた、「お前はかくも多くの事を〝懸空〟に理解しているが、しかし、眼前の事がまったく分っておらぬ。道といっても何か玄妙なものがあるのではない。日用のなか、着実な研鑽を通して理解しさえすれば、それは自ずと見えてくるのである」。後になってようやく先生の言われたことが腑に落ち、それで今日、無理解に陥らずにすんでいるというわけである。

仏教の理が「懸空」であることについて、朱熹自身、次のようにも言っている。

釈氏説空、不是便不是。但空裏面須有道理始得。若只説道我見箇空、而不知有箇実底道理、却做甚用得？（『語類』巻

一二六、頁三〇一五）

仏教で「空」を説くのが、何としてもダメだというのではない。ただ、その「空」のなかに「道理」がなければならぬのだ。もし、おれは「空」を見たというだけで、そこに「実なる道理」が有ることを知らなければ、何の役にたとう？

では、「懸空」でない「実底の道理」とは、如何なるものか。それについて朱熹はずばり「性は是れ実理なり、仁義礼智、皆な具わる」（『語類』巻五、頁八三）と言い、「性は便ち是れ仁義礼智なり」（『語類』巻六四、頁一五六九）と言っている。自らの経験から、禅宗内部にも「作用即性」批判・「昭昭霊霊」批判があるのを百も承知だったはずの朱熹が、にもかかわらず「作用即性」説を中心に禅批判を展開した理由は、おそらくここにあった。朱熹からすれば、本性と作用を分かつ最大の根拠は、「性」が「理」と直結している点にこそある。「性」と「用」の別を説く禅者がいくらあったところで、「性」が名教秩序を内容とする儒教的「実理」から切り離されているかぎり、その罪悪・弊害は、「性」を立てない「作用即性」の禅と何ら択ぶ所がなかったのである。次の言葉は、そうした朱熹の禅批判の根本的動機を最も端的に示すものといえよう。

仏老之学、不待深辨而明。只是廃三綱五常、這一事已是極大罪名！　其他更不消説。（『語類』巻一二六、頁三〇一四）

仏家や道家の学のことは、深く分析するまでもなく明白である。三綱五常を廃する、その一事のみですでにこの上なき罪悪である。その他のことは論ずるまでもない。

(14)　柳田『中国撰述経典一・円覚経』頁一九五。また荒木見悟『中国撰述経典二・楞厳経』（一九八六年）頁五六にも次のようにある。「此れは是れ前塵虚妄の相想、汝が真性を惑わすなり。汝の無始由り、今生に至るまで、賊を認めて子と為し、汝が元常を失うに由るが故に、輪転を受くるなり」。

(15)　「驢前馬後」は「主人の後について回るだけの従者」（岩波文庫本、第五十三則注、中・頁二一一）。すなわち、主人ののった驢馬や馬の前後に付きしたがう従者下僕のこと。時代は下るが、明の『万如禅師語録』巻三や『隠元禅師語録』巻二に「驢前馬後、認奴作郎」と見える。

(16)　この一段の訓読は衣川賢次の指教にしたがう。注(5)、「『碧巌録』雑考(四)――〈馬大師野鴨子〉の話再読(続)」参照。

(17)　時代は下るが、明の曾鳳儀『楞伽経宗通』巻八に「若し祇《た》だ見聞覚知・逐塵流転をのみ認めて以て妙用と為せば、是れ驢前馬後・奴児婢子辺の事にして尊貴に非ざる也《なり》」（続蔵二五―一五一右上）とあり、その語義をよく示す。ただし圜悟も、身心の活きた作用を遮断して本性に回帰するという立場を主張しているわけではない。圜悟が「野鴨子」の話について、「昭昭霊霊に似たりと雖も、却って昭昭霊霊の処に在らず」と評しているのは、作用そのものを排除するのでなく、作用を無条件に本性と等置することのみを批判するという立場の表明であろう。圜悟自身はそこを説明していないが、敢えて解説を加えるならば、おそらく黄檗希運『伝心法要』の次の説示のようになるのではなかろうか。

此本源清浄心、常自円明偏照。世人不悟、祇認見聞覚知為心、為見聞覚知所覆、所以不覩精明本体。但直下無心、本体自現、如大日輪昇於虚空、偏照十方、更無障礙。故学道人唯認見聞覚知、施為動作、空却見聞覚知、即心路絶、無入処。但於見聞覚知処認本心。然本心不属見聞覚知、亦不離見聞覚知。但莫於見聞覚知上起見解、亦莫於見聞覚知上動念、亦莫離見聞覚知覓心、亦莫捨見聞覚知取法。不即不離、不住不著、縦横自在、無非道場。（入矢義高『伝心法要・宛陵録』筑摩書房・禅の語録八、一九六九年、頁一九）

此の本源清浄心は、常自《つね》に円明にして偏《あま》ねく照らすも、世人悟らずして、祇《た》だ見聞覚知を認めて心と為し、見聞覚知の覆《おお》う所と為る。所以《ゆえ》に精明の本体を覩《み》ず。但《た》だ直下《じきげ》に無心なれば、本体自《おのずか》らに現れ、大日輪の虚空に昇れるが如く、偏《あま》ねく十方を照らして、更に障礙《しょうげ》無し。故に学道の人、唯だ見聞覚知・施為動作をのみ認めなば、見聞覚知を空却するや、即ち心路絶《た》えて、入処無《な》し。但だ見聞覚知の処に於てこそ本心を認めよ。然れど本心は見聞覚知に属さず、亦た見聞覚知を離れず。但だ見聞覚知上に於て見解《けんげ》を起こす莫《なか》れ、亦《ま》た見聞覚知上に於て念を動かす莫《なか》れ、亦た見聞覚知を離れて心を覓《もと》むる莫れ、亦た見聞覚知を捨てて法を取る莫れ。即《つ》かず離《はな》れず、住せず著せずんば、縦横に自在にして、道場に非《あら》ざる無《な》し。

(18)　一夜本『碧巌録』における「丙丁童子来求火」の話は、のちに本章第五節の注(9)に引く。この則の詳しい訳解は、小川「『碧巌録』雑考(六)～(九)」を参照されたい。『禅文化』第一九〇号(二〇〇三年一〇月)―第一九三号(二〇〇四年七月)。『続・語録のことば――《碧巌録》と宋代の禅』第三章―二。

なお、道元が『辦道話』で「即心是仏のむね」を批判する際にこの「丙丁童子来求火」の話を例証としているのは、圜悟の用法と軌を一にする。そこで道元が批判しているのは、仏法はもともと自己にあり、したがって経典の読誦も坐禅辦道も無用であるとする説で、事実上、無事禅の風(具体的にはおそらく、いわゆる日本達磨宗の宗風)を指していると考えられる。

とうていはく、あるがいはく、「仏法には、即心是仏のむねを了達《れうだつ》しぬるがごときは、くちに経典《きやうでん》を誦《じゆ》せず、身に仏道を行ぜざれども、あへて仏法にかけたるところなし。たゞ仏法はもとより自己にありとしる、これを得道の全円とす。このほかさらに他人にむかひてもとむべきにあらず。いはむや坐禅辦道をわづらはしくせむや」。

しめしていはく、このことば、もともはかなし。もしなんぢがいふごとくならば、こゝろあらむもの、たれかこのむねをおしへむに、しるることなからむ。

しるべし、仏法はまさに自他の見《けん》をやめて学するなり。もし、自己即仏としるをもて得道とせば、釈尊むかし化道《けだう》にわづらはじ。しばらく古徳の妙則をもて、これを証すべし。

むかし、則公監院といふ僧、法眼禅師の会中《ゑちゆう》にありしに、法眼禅師、とうていはく、「則監寺《そくかんす》、なんぢわが会《ゑ》にありていくばくのときぞ」。

則公がいはく、「われ師の会にはむべりて、すでに三年をへたり」。

禅師のいはく、「なんぢはこれ後生《こうせい》なり、なんぞつねにわれに仏法をとはざる」。

則公がいはく、「それがし和尚をあざむくべからず。かつて青峰の禅師のところにありしとき、仏法におきて安楽のところを了達せり」。

禅師のいはく、「なんぢいかなることばによりてか、いることをえし」。

則公がいはく、「それがしかつて青峰にとひき、いかなるかこれ学人《がくにん》の自己なる」。青峰のいはく、「丙丁童子来求火《ひやうちやうどうじきたってひをもとむ》」。

法眼のいはく、「よきことばなり。たゞし、おそらくはなんぢ会せざらむことを」。

則公がいはく、「丙丁《ひやうちやう》は火に属す。火をもてさらに火をもとむ、自己をもて自己をもとむるににたりと会せり」。

禅師のいはく、「まことにしりぬ、なんぢ会せざりけり。仏法もしかくのごとくならば、けふまでにつたはれじ」。

こゝに則公、懆悶《さうもん》して、すなはちたちぬ。中路《ちゆうろ》にいたりておもひき、禅師はこれ天下の善知識、又五百人の大導師なり。わが非をいさむる、さだめて長処あらむ。禅師のみもとにかへりて懺悔《さんげ》礼謝《れいしや》してとうていはく、いかなるかこれ学人の自己なる」。

禅師のいはく、「丙丁童子来求火《ひやうちやうどうじらいきうくわ》」と。

則公、「このことばのしたに、おほきに仏法をさとりき」。

あきらかにしりぬ、自己即仏の領解《りやうげ》をもて仏法をしれりといふにはあらずといふことを。もし自己即仏の領解を仏法とせば、禅師さきのことばをもてみちびかじ、又しかのごとくいましむべからず。たゞまさに、はじめ善知識をみむより、修行の儀則を咨問《しもん》して、一向に坐禅辧道して、一知半解《はんげ》を心にとゞむることなかれ。仏法の妙術、それむなしからじ。（『正法眼蔵』岩波文庫、一・頁四一／傍点は引用者）

第三節　「趙州七斤布衫」の話と圜悟の無事禅批判

圜悟が唐五代の問答の原意を読みかえていった、そのもう一つの例として、次に第四十五則「趙州七斤布衫《じょうしゅうしちきんふさん》」をとりあげたい。前節の「野鴨子」の話では、「作用即性」説が否定され、それと一対の思想として「無事」禅にも批判的言及がなされていた。「無事」禅に対する同様の批判は、すでに、第一節で看た天平従漪の則にも次のように現れていた。

一　我れ青州に在りて　――本則――

如今《いまどき》の人、「発足して南方に去《ゆ》かんとせしに、早《つと》に錯《あやま》りを知道《し》り了也《おれり》」と道《い》えるを聞くや、便ち道《いわ》く、「未だ行脚せざる時、幸自《もとよ》り許多《あまた》の〝仏法〟〝禅道〟無し。行脚せるに及至《およ》びて後、却って諸方に熱瞞《たぶらか》され、未だ行脚せざる時を不可とし、地を喚《よ》びて天と作《な》し、天を喚びて地と作す。〔しかれど〕地を見ては喚びて天と作す不可《べから》ず、山を見ては喚びて水と作す不可《べから》ず、幸自《もとよ》り一《わずか》星の事も無ければなり」と。若《も》し恁麼《かくのごと》くなれば、只だ是れ流俗の見解《けんげ》なるのみ。何ぞ一片の帽子を買いて戴《かぶ》り、大家《みな》ともに時を過ごさざる？　更に円頂方袍を須《もち》いて、什麼《なん》の用処《ゆうじょ》か有らん！　仏法は者箇《かか》る道理に不是《あら》ず。

これから読む「趙州七斤布衫」の則は、こうした「無事」禅批判の論点を、圜悟が正面からはっきり打ち出した則のひとつである。その本則は、次のとおり。『祖堂集』には見えないが、『景徳伝灯録』巻十・趙州章や『趙州録』巻中などに見え、文字は相互にほぼ共通である。『碧巌録』でも、一夜本と流布本の間にまったく違いはない(1)。

僧問趙州、「万法帰一、一帰何処?」州云、「我在青州作一領布衫、重七斤」。(上・頁一九一)

僧、趙州に問う、「万法は一に帰す、一は何処《いずく》にか帰す?」州云く、「我れ青州に在りて、一領の布衫《ふさん》を作る、重さ七斤」。

僧、「すべての事物は根本の一者に帰すると申します。では、その一者は何処に帰するのでしょうか」。趙州、「わしは青州で一着の布衫をあつらえた。その目方は七斤であった」。

趙州の答えは、僧の問いと一見なんの聯関も無いように見える。そして、現に圜悟は、これを問いと無関係な非意味的・超論理的な一句とみなしている(後述)。だが、このやりとりは、本来、ほんとうにそのように、チグハグでトンチンカンなものだったのであろうか。ここでは、まず、関鍵となる語をひとつひとつ吟味しながら、趙州の一句の原意をうかがってみたい。

まず、「青州」であるが、『宋高僧伝』巻十一の本伝は、趙州を「青州臨淄」(山東省臨淄県)の人とする。つまり「青州」は偶然に想起された任意の地名ではなく、まさに趙州自身の籍貫だったわけである(『景徳伝灯録』や『趙州録』では趙州を「曹州」の人とするが、それはここでの問題ではない)。禅の問答において籍貫の確認は、名前の確認と同じく、自己はすなわち自己、そう直指する意を含むのが常である。前節で、玄沙が長慶慧稜《ちょうけいえりょう》に「直下に是れ你《なんじ》」の意を悟らせようとあれこれ説いている問答にふれたが、その一段のなかには、次のような言葉も見える。

「你《なんじ》は是れ稜道者、作麼《なん》ぞ会《え》せざる？」
「只だ是れ稜道者なるのみ、外に覓《もと》むるを用いざれ！」
「你《なんじ》は是れ両浙の人、我れは是れ福州の人」。
「鼓声を聞くが若《ごと》きは、只だ是れ你《なんじ》のみ(2)。」

いずれも、「直下に是れ你」――お前がお前であるという事実、それ以外に求めるべきものは何もない――その意を悟らせようとした、老婆心切の指教である。そのなかで、汝はまさしく「稜道者」にほかならぬ、と言うのと同じ意味で「你は両浙の人、我れは福州の人」と説かれていることに注目されたい。中国において籍貫は、姓名と同様、個人の特性を規定する最も重要な要素の一つであろう。趙州が自分の籍貫の「青州」を持ち出したことにも、右の言と同様、ワシはつまりワシなのだ、そういう意が含まれていたと考えられる。

次に「布衫」だが、「布」は麻布、「衫」は短い袖の単衣の服。あらたまったよそいきの衣裳でなく、つねに我が身とひとつの質素な服である。「衫」ではないが、『寒山詩』に次の一首がある。

我今有一襦　　我《わ》れ今《いま》　一襦《いちじゅ》あり
非羅復非綺　　羅《ら》に非《あら》ず　復《ま》た綺《き》にも非《あら》ず
借問作何色　　借問《しゃくもん》す　何《なん》の色《いろ》をか作《な》す
不紅亦不紫　　紅《くれない》にあらず　亦《ま》た紫《むらさき》にもあらず
夏天将作衫　　夏天《かてん》には将《も》って衫《さん》と作《な》し

冬天将作被　冬天《とうてん》には将《も》って被《ひ》となす
冬夏遞互用　冬夏《とうか》　遞互《たがい》に用《もち》い
長年只者是　長年《ちょうねん》　只《た》だ者《こ》れのみ是《なり》

わたしはいま一枚の短い上衣をもっている
それはうす絹でもなく　またあや絹でもない
その色は一体どんな色かと申せば
赤でもなく　また紫でもない
夏にはこれを長うわぎの代りにし
冬にはこれをかけぶとんの代りに使う
こうして冬も夏も交互に使って
年がら年じゅう　これこのとおり

（入矢義高『寒山』岩波書店・中国詩人選集五、一九五八年、頁一三四）

「襦」は腰までの短い上衣だが、ここにいう「一襦」は、つねに我が身とともにある、自己「本分事《ほんぶんじ》」の譬喩である。龐《ほう》居士にも同じように自己の無相なる本来性を「一大衣」に譬えた詩があり、(3)『寒山詩』にはほかに、同じものを「一巻の経」にたとえた一首もある（入矢『寒山』頁一六六）。それゆえ右の一首で、「一襦」は如何なる素材・色彩にも、また如何なる用途にも特定されず、常に我が身とともにあって受用不尽だと詠われているわけである。趙州の「布衫」も、この「一襦」と同工の比喩と看ることができるであろう(4)（右の第五句に「一襦」が夏には「衫」となる、とよまれているように)。

では、なぜそれが「七斤」なのか。これについては、『景徳伝灯録』禅文化訓注本の次の注が啓発に富む。

七斤は約四キログラム、赤子の重さに重ね合わされている[5]。……

以上の三点を併せて考えると、「青州」で作った「七斤」の「布衫」とは、故郷でおぎゃあと生まれ落ちた「娘生下《じょうしょうげ》――生まれながら」のこの己れ、それの譬喩だと解することができるであろう。万法は一に帰す、その一がさらに帰するその先は、現にここにこうして在る、活き身の自己を置いてほかに無い、趙州は僧の問いにそう答えていたのである。

趙州がこのような考え方に立っていたことは、『景徳伝灯録』巻二十八・趙州和尚語の次の一段によっても傍証される。

> 未有世間時、早有此性。世界壊時、此性不壊。従一見老僧後、更不是別人、只是一箇主人公。這箇更用向外覓物作什麼？　正恁麼時莫転頭換脳。若転頭換脳即失却去也。（頁五九二上）
>
> 未だ世間有らざる時、早《つと》に此の性有り。世界壊《え》する時、此の性壊せず。一たび老僧に見《あ》いてより後は、更に是れ別人にあらず、只だ是れ一箇の主人公なるのみ。這箇《これ》、更に外に向かいて物を覓《もと》むるを用いて什麼《なに》をか作《な》さん？　正に恁麼《かくのごと》き時、転頭換脳〔きょろきょろ〕する莫《なか》れ。若《も》し転頭換脳せば、即ち失却《うしな》い去也《さらん》。

趙州は説く。「此の性」は世界の生成以前から存在し、世界の崩壊後も存在しつづける。しかし、それは他でもない。汝らが現にこうして会うている「老僧《わし》」、すなわちこの一箇の「主人公」のことに外ならない。それは己れの外にキョロキョロと捜し求めるべきものではない。そんなふうにしたら、それはたちまち失われてしまうであろう、と。すると、その話を聞いた一人の僧が質問する——

> 時有僧問、「承師有言世界壊時此性不壊。如何是此性?」師曰、「四大五陰」。僧曰、「此猶是壊底。如何是此性?」師曰、「四大五陰」。(頁五九二上)
>
> 時に僧有りて問う、「承《きくなら》く師、言うこと有り〝世界壊《え》する時、此の性壊せず〟と。如何《いか》なるか是れ〝此《こ》の性〟?」師曰く、「四大五陰」。僧曰く、「此れは猶《な》お是れ壊《え》する底《もの》。如何《いか》なるか是れ〝此《こ》の性〟?」師曰く、「四大五陰」。

世界の生成以前から存在し、世界の崩壊後も存在しつづけるという絶待の「此の性」、師はそれを説かれたと承知いたしました。しからば、「此の性」とは、如何なるものにございましょう? すると趙州は事もなげに答えていった、「四大五陰」。僧は訝りながら重ねて問う。それはやはり滅びゆくものではございませぬか。それがしがお訊ねしているのは、生滅を超えた「此の性」のことでございます。趙州はやはり一言、「四大五陰」。

絶待の「此の性」とは、虚妄にして無常なる「四大五陰」の活き身の自己、まさにそれのことなのだ、その他に絶待普遍の「此の性」など有りはしない、趙州はそう説いているのである。だから、それはキョロキョロ(転頭換脳)と外に捜し求めてはならぬとされるわけだが、以上の論旨を単純化すると、「此の性」=「老僧《わし》」=「主人公」=「四大五陰」という等式が得られる。それをさらに一句に集約すれば、「無明の実性即仏性、幻化の空身即法身」(永嘉玄覚『証道歌』)と言うこともできるであろう。上に述べた「青州七斤布衫」の理解は、こうした趣旨とよく一致する。[6]

この理解は、さらに『景徳伝灯録』巻八・福谿《ふくけい》和尚章の次の問答とも符合する。逆にこの問答の意味も、上に述べた「七斤布衫」の理解と突き合せることで、ようやく明らかになってくる。

僧問、「縁散帰空、空帰何所？」師云、「某甲」。僧云、「喏」。師云、「空在何処？」僧云、「却請師道」。師云、「波斯喫胡椒」。(頁一二九上)

僧問う、「縁散ずれば空に帰す、空は何所《いずく》にか帰す？」師云く、「某甲《なにがし》」。僧云く、「喏」。師云く、「空、何処《いずく》にか在る？」僧云く、「却って師の道《い》わんことを請《こ》う」。師云く、「波斯《はし》、胡椒《こしょう》を喫す」。

僧が問う、「因縁が散ずれば一切は空に帰する、しからば、空は何処に帰するのか」。この問いは「万法は一に帰す、一は何処にか帰す」という問いとよく似ている。すると福谿和尚は、それを聞いていたのか、いなかったのか、だしぬけに僧の名を呼ぶ。「ナンのナニガシ！」(「某甲」は実際にはその僧の名を呼んだのが、記録上ただ「ナニナニ」と表記されたもの)。

急に名を呼ばれ、僧はとっさに「ハイ」と応える。すると福谿和尚は静かにひとこと、「さて、空はどこにあるかな」。一見、脈絡のない語のようである。しかし、実は、今のそなた自身の「ハイ」、そここそが空の帰着点なのだ、そう示唆した一句である。だしぬけに名を呼ばれ、思わず「応喏」する、その活き身のはたらきに自己本分事が全現している、そういう趣旨の問答は、唐代の禅、とくに馬祖系の禅において実に枚挙にいとまない(7)。

しかし、僧はその意に気づいていない。「いえ、それを、私のほうが老師にお訊ねしているのです」。応喏した自身のことなど、まるで他人事のようである。そこで福谿和尚は、おそらく、やれやれと溜息をつきながら言ったのであろう。「ペルシャの商人が、自分で自分の商売物の、胡椒を食うてしもうておる」。呼ばれれば「ハイ」と応える自身のはたらき、それを十二分に享受しながら、自ら何も気づいておらぬとは、と。

福谿和尚のこの問答も、万物が「空」に帰し、その「空」がさらに帰するそのさき、それは呼べば応えるこの活き身の己れを置いて外にない――そのような趣旨の問答として、上の趙州の「七斤布衫」と相互に参照することが可能であろう。

二　一撃便行処　――本則評唱（一）――

だが、圜悟の理解は、そうではない。では、この「七斤布衫」の話を、圜悟はどう説いているのか。ここでは、この則の本則評唱をかりに三段に分けて読んでゆく。まず、その第一段である。

「趙州布衫」若向者裏一擊便行処会、天下老和尚鼻孔一時穿却、不奈何、自然水到渠城〔＝成〕。苟或躊躇、老僧在爾脚跟底。仏法省要処、不在多言、不在繁語。只如者僧問州道、「万法帰一、一帰何処」、他却答道、「我在青州作一領布衫、重七斤」、若向語上辨、錯認定盤星。不向語上辨、争奈他恁麼道。者公案、雖難見却易会、雖易会却難見。難見却似銀山鉄壁、易会直下惺惺、無爾計較是非処。与普化大慈般若体話、更無両般。（上・頁一九二）

説明の必要な語句が多いので、これをさらに〔1〕～〔3〕にくぎりながら読んでみる。

〔1〕「趙州布衫」、若《も》し者裏《ここ》〝一撃便行〟の処に向《おい》て会《え》さば、天下の老和尚も鼻孔《びくう》一時に穿却《うがちぬ》かれ、奈何《いかん》ともしえず、自然《おのず》と水《みず》到りて渠《みぞ》成らん。苟或《も》し躊躇せば、〝老僧は儞《なんじ》が脚跟《きゃっこん》底に在り〟。仏法が省要の処は、多言に在《かか》わらず、繁語に在《かか》わらざるなり。

「一撃便行」は『碧巌録』ではこの一例のみだが、おそらく「剔起《てっき》便行」などと同じく、一瞬の激発の契機をうけ、理屈ヌキで即座に徹底する意であろう。「穿却鼻孔」は牛馬の鼻に孔をあけて綱を通し、自在に牽きまわすこと。「水到渠成」は、条件が熟すればコトは自然にうまく運ぶという成語で、『碧巌録』ではしばしば「風行草偃──風《かぜ》行《ゆ》かば草《くさ》偃《ふ》す」と対で用いられる(8)。

圜悟はいう、「一撃して便ち行く」、汝らがそのようにこの「七斤布衫」の公案を悟るなら、天下の老和尚たちも一気に汝らに主導権を奪われて、手も足も出ぬ仕儀とあいなろう。さすれば、あとは水の低きに流れるがごとく、自ずからに然るべき道スジができるはずである。しかし、「一撃便行」せず、そこにわずかでも思議をさしはさんで「躊躇」するならば、「老僧は儞が脚跟底に在り」という結果に陥らざるを得ない。仏法の勘所は、言葉の多さ詳しさとはまったく無縁のものだからである、と。

「老僧は儞《なんじ》が脚跟底に在り」は一見、意味が通らないが、ここはおそらく趙州の次の問答を踏まえている。

問、「如何是毘盧向上事?」師云、「老僧在你脚底」。云、「和尚為什麼在学人脚底?」師云、「你元来不知有向上事」。（秋月龍珉『趙州録』筑摩書房・禅の語録十一、一九七二年、頁一八三）

問う、「如何《いか》なるか是れ毘盧向上の事?」師〔趙州〕云く、「老僧は你《なんじ》が脚底に在り」。云く、「和尚、為什麼《なにゆえ》にか学人《それがし》の脚底に在る?」師云く、「你《なんじ》、元来《なんと》、向上の事有るを知らざりしか」。

僧、「法身をも超えたところとは?」趙州、「わしはおぬしの足下におる」。「どうして和尚がそれがしの足下になどおられるのです?」「なんじゃ、おぬし、向上の事があることも知らずに言うておったのか」(「元来〜」は、なんだ〜だったのか)。

一切を超出した次元を問う以上、わしのことなどとうに踏みこえているはず。そんな自覚もないままに「向上事」などという大それたことを口にしておったのか。いかにも皮肉な言い方に聞こえるが、しかし、そこには、「脚底」の語を刺激的に用いることで、僧に自己「脚跟底」の事にハッと気づかせようとする老婆心切がある。(9)

圜悟はおそらくこの問答を典故とすることで、「老僧在儞脚跟底」を「脚跟下の事を喪失する」という意の一まとまりの成句として用いている。つまり、「仏法省要の処」は語句の繁多とは関わりない、だから「躊躇」してわずかでも思慮・言句に渉るなら、汝はたちまち「老僧在你脚底」というかの問答のごとく、自己の立脚点を失わざるを得ないであろう、と(したがって、ここでは「老僧」を圜悟の一人称ととるべきではない)。そして圜悟は本則に言及する。

〔2〕者《こ》の僧の州に問うて「万法帰一、一は何処《いずこ》にか帰す」と道《い》いしに、他《かれ》〔趙州〕の却って「我れ青州に在て一領の布衫を作る、重さ七斤」と答道《こた》えしが只如《ごと》きは、若《も》し語上に向《おい》て辨ぜば、定盤星を錯認《みあやま》らん。語上に向《おい》て辨ぜずんば、他《かれ》〔趙州〕の恁麼《かくのごと》く道《い》えるを争奈《いかん》せん。

さて、僧は趙州に「万法帰一、一は何処にか帰す」と問うたのに、趙州は却って、「我れ青州に在て一領の布衫を作る、重さ七斤」と答えた。これなどは、語句に基づいて解釈すれば勘所が見失われるし、さりとて語句を離れようとすれば、趙州が現にこう言っておることが無視できぬ。

「只如～」はある事柄をあらためて主題として提起する発語の辞。さて～について申せば。さて～の問題となると。「定盤星」は秤の目盛り。「錯認定盤星」は目盛りにとらわれて、肝心の、事の軽重を見失う喩え。(10)「争奈～」は「争奈～何」（文語なら「奈～何」）の省略型で「～をイカンせん」。～をどうするか、～ばかりはどうしようもない、ということだが、禅籍では、他の事はともかく、その事実ばかりはいかにしても否定しえない、という文脈で使われることが多い。

ここで注意すべきは、趙州の答話について、圜悟が「却って」言う、と評していることである。つまり圜悟は、僧の問いにもかかわらず、趙州がそれと無関係な方向違いの答えをしているとするのである。ここにおいて趙州の語は、もはや根本の一者のさらなる帰着先としての自己を答えたものではなく、脈絡に反した非論理的一句とされるに至っている。そうした理解に立つからこそ、圜悟はいう。字句に即して理解しようとすれば趙州の真意は見失われる。しかし、完全に字句を離れてしまうなら、趙州が現にこう言っていることはどうなるのか。この言葉の存在自体は、決して否定しえない厳然たる事実ではないか、と。

言辞にとらわれてはならぬ、さりとて趙州の一句を無きものとするわけにもゆかぬ、さあ、そこでどうするか。圜悟はそういう二律背反を突きつけつつ、これをさらに敷衍する。

〔3〕者《こ》の公案、見《み》難しと雖《いえど》も却って会《え》し易く、会《え》し易しと雖《いえど》も却て見難し。見難きことは却って銀山鉄壁の似《ごと》く、会《え》し易ければ直下《じきげ》に惺惺《せいせい》たりて、儞《なんじ》の是非を計較《はから》う処《ところ》無し。普化・大慈・般若体の話と、更《まった》く両般無し。

この公案は見がたいが会しやすく、会しやすいが見がたい。見難いほうから言えば、それはそそりたつ「銀山鉄壁」のごとく人をよせつけず、会し易いほうから看れば、これは是非を云々する余地も無く、ただちにずばりと明白である。したがってこの公案は、普化・大慈・般若体の話とまったく同じなのである。

このように言われると、「見」と「会」にどういう区別があるのか考えてしまうが、ここは「見」と「会」を対立概念としているわけではない。二句あわせてこの公案を、一面では「見」やすく「会」しやすいが、一面ではまた「見」がたく「会」しがたい、つまり容易といえば至極容易、困難といえば徹底して困難と言っているのである。つまり、この公案を「多言」「繁語」で捉えようとすれば永遠に理解不可能だし、逆に「是非を計較う処」無きものとして、解釈を加えず「一撃便行」で丸呑みにすれば「直下に惺惺」、いささかの疑問の余地も無く、即座に明々白々だと言うのである。

それはあたかも「普化・大慈・般若体」の話と同一だというが、これらが具体的にどの公案を指しているかは、よく判らない。かりに『碧巌録』のなかに関連のものを求めれば、第三十七則「盤山三界無法《ばんざんさんがいむほう》」の本則評唱に引かれる普化の「打筋斗」の話(上・頁一六三)、一外道が世尊の沈黙を目の当たりにして「世尊大慈大悲」云々と讃歎する第六十五則「外道良馬鞭影《げどうりょうめべんねい》」の話(下・頁四三)、そして智門光祚《ちもんこうそ》が「般若体」と「般若用」について答える第九十三則「智門般若体《ちもんはんにゃたい》」の話(下・頁一三六／流布本では第九十則)、それらがひとまず候補として考えられるであろう。流布本ではここを「此の話、普化の〝来日大悲院裏に斎有り〟と道える話と、更に両般無し」に作っている。

いずれにせよ、ここで圜悟は趙州の一句を、論理的な解釈は不可能だが、その存在自体は否定し得ない、厳然たる絶待の一句だとしているのである。

三　極則《ごくそく》頭の転じ得ざる処に向《おい》て転じ得て　――本則評唱(二)――

本則評唱はさらにつづく――

如僧問、「如何是祖師西来意?」答云、「庭前栢樹子」。者公案向極則頭転不得処転得、令交(=教)蓋天蓋地。若転不得、触途成滞。這僧問他、「万法帰一、一帰何処」、答道、「我在青州作一領布衫、重七斤」。且道他有仏法商量也無? 若道有、他又不曾説心説性、説玄説妙。若道無、又不辜負儞来問。(上・頁一九二)

如《たと》えば僧問う、「如何《いか》なるか是れ祖師西来意?」答えて云く、「庭前《ていぜん》の栢樹子《はくじゅし》」。者《こ》の公案、極則頭《ごくそく》の転じ得ざる処に向《おい》て転じ得て、天を蓋《おお》い地を蓋《おお》わしむ。若《も》し転じ得ざれば、触途《いたるところ》に滞《とどこおり》を成さん。這《こ》の僧、他《かれ》(趙州)に「万法帰一、一は何処《いずく》にか帰す」と問いしに、「我れ青州に在て一領の布衫《ふさん》を作る、重さ七斤」と答道《こた》えしは、且《ま》ず道《い》え、他《かれ》に仏法の商量有り也《や》無? 若《も》し有りと道《い》わば、他《かれ》又た曾て、心を説き性を説き、玄を説き妙を説くことなし。若し無しと道わば、又た儞《なんじ》の来問に辜負《そむ》かざりき。

たとえば趙州にこういう問答が有る。「祖師西来意とは如何なるものにございましょう」。「庭前の栢樹子」。この公案も転身不能の究極の一点で転身をなし得、天をも地をも蓋い去っている。もし、かく転身し得ざれば、到る処に障碍を生ずることになるであろう。

本則では、僧が「万法帰一、一は何処にか帰す」と問い、「我れ青州に在て一領の布衫を作る、重さ七斤」と答えているが、さあ、これについてはどうか。ここに「仏法」の議論が有るか否か？　有ると言えば、趙州が「心性」や「玄妙」を説いていないことと矛盾する。さりとてそれが無いと言うならば、こんどは、趙州が僧の問いを無にしていないことと、相い矛盾してしまうではないか。

「栢樹子」の話については、序論で詳しく考えた。だが、圜悟はこれも、知的解決の不可能な行き詰まりの極点で、趙州が鮮やかな転身を見せた話頭とする。そしてそれを例としつつ、「七斤布衫」の語も、「心性」や「玄妙」を云々する「仏法商量」――すなわち「多言」「繁語」の分析的議論――に落ちることなく、しかも、それでいて僧の問いを裏切ってもいないものだ、という。これはさきに本則について「若《も》し語上に向《おい》て辨ぜば、定盤星を錯認《みあやま》らん。語上に向《おい》て辨ぜずんば、他《かれ》〔趙州〕の恁麼《かくのごと》く道《い》えるを争奈《いかん》せん。――語句に基づいて解釈すれば勘所が見失われる。さりとて語句を離れようとすれば、趙州が現にこう言っておることが無視できぬ」としていたのの言い換えである。「庭前の栢樹子」も「七斤布衫」も、意味と論理の回路に陥っておらず、さりとて、言語を拒否して僧への応対を放棄しているのでもない、圜悟はそう讃えているのである。

この二つの話頭に対する圜悟の扱いを考えるには「香厳《きょうげん》上樹」の話を参照するのが便宜である。香厳の話は一般には『無門関』の第五則としてよく知られているが、今はいささか冗漫ながら、言葉を尽くして趣旨を語っている『祖堂集』からこれを引いてみる。

師問僧、「如人在高樹上、口嚙樹枝。脚不踏樹、手不攀枝。下有人問〝如何是西来意〞、又須向伊道。若道又被撲殺、不道違於他問。汝此時作摩生指他、自免喪身失命」。……（頁三五五上・頁七〇二）

師〔香厳〕僧に問う、「如《たと》えば人、高樹上に在り、口に樹枝を嚙《ふく》む。脚は樹を踏まず、手は枝を攀《よ》じず。下に人有りて〝如何《いか》なるか是れ西来意〟と問い、又た須らく伊《かれ》に向いて道うべし。若《も》し道《い》わば又た撲殺され、道わざれば他《かれ》の問に違《そむ》く。汝、此の時、作麼生《いかに》か他《かれ》に指《しめ》さば、自ら喪身失命《そうしんしつみょう》するを免かれん」。……

香厳が僧に問うた、「たとえば人が高い樹のうえで、口ひとつで枝にぶらさがっている。脚は枝を踏まえておらず、手も枝をつかんでいない。そこへふと人が現れて〝祖師西来意とは何ぞや〟と問い、しかもこやつには言うてやらねばならぬとする。口を開けば自分は地面に打ちつけられて死ぬし、さりとて言わねばこやつの問いを裏切ることになる。さあ、この時、どのように示してやったら、自分は命を落とさずにすむか」。

口を開いて言葉にすれば「祖師西来意」は失われ、さりとて言葉を説かねばそれは人に伝わらぬ。その二律背反をいかに切り抜けるか、という喩えであるが、『祖堂集』がくどいまでに強調しているように、ここでは、沈黙するという結論はあらかじめ封じられている。言語の相対性の次元に堕することなく、しかも「西来意」を示す一句を学人のために言うてやること、それのみがここで香厳が要求し、かつ許容する唯一の対処なのである。

圜悟はおそらく「栢樹子」や「七斤布衫」の話を、これと同様の構図でとりあげている。言葉で説けば理路に堕ちる。さりとて言葉を言わなければ、僧の求道心を空しく裏切ることになる。その二律背反の行き止りで趙州はひらりと身を翻し、その矛盾を見事に解消しえたとするのである。趙州は決して「心性」やら「玄妙」やらを云々する「仏法商量」はやっていない、しかし、それでいて僧の問いにはちゃんと応えているではないか、そう圜悟が説いているのは、正にこの意に外ならない。ここにおいては「栢樹子」も「七斤布衫」も、言葉でありながら、いかなる意味と論理の連関のうちにも組み込まれることのない――しかし、言葉であるからこそ僧の求道の要求に応え得る――いわば絶待の一語とされているのである。それを理解する唯一のすべは、語句として論理的・分析的に解釈することをやめ、それを「一撃便行」で体得して「直下に惺惺」たること、ただ、それだけなのである（そのような言葉を『碧巌録』

は「活句」とよび、あらゆる公案をかかる「活句」として扱おうとする。のちに本章第五節で詳論する）。

四　大なる底《もの》は大、小なる底は小　――本則評唱（三）――

ついで圜悟はこうした見解と対比する意図で、自らが誤りとみなす二つの問答を引き合いにだす。

只如僧問木平、「如何是仏法大意？」平云、「冬爪（＝瓜）許来大」。又問、「深山裏還有仏法也無？」答云、「石頭大底大、小底小」。看佗者般公案、譊（＝誵）訛在什麼処？　（上・頁一九三）

只《た》如《と》えば僧、木平《もくへい》に問う、「如何なるか是れ仏法の大意」。平云く、「冬瓜《とうがん》、許来《かくのごと》き大きさなり」と。又た問う、「深山裏、還《は》た仏法有り也《や》無？」答えて云く、「石頭《いし》、大なる底《もの》は大、小なる底は小」。看よ佗《かれ》の者般《かか》る公案、誵訛《あやまり》、什麼処《いずく》にか在る？

いっぽう、こういう話がある。僧が木平に問う、「仏法の根本義とは如何なるものぞ」。木平、「冬瓜は、これこのとおりの大きさだ」。また問う、「深き山奥にも仏法は有るのでしょうか」。いわく「そこの石は、大きいのは大きく、小さいのは小さい」。

さあ看よ、こうした公案の誤りはどこにあるか。

圜悟はこのように二つの問答を批判的にとりあげる。ひとつめは木平善道《もくへいぜんどう》の問答である。木平は楽普元安《らくほげんあん》に参じたが契わず、のち盤竜可文《ばんりょうかもん》に嗣法した人で、『景徳伝灯録』巻二十、『宗門統要集』巻九、『聯灯会要』巻二十五、『五灯会元』巻六などに語が録される。しかし、この一則はそのいずれにも見えず、当時の禅門の口碑を引いたものであるらしい。問答の趣旨自体はいたって簡明で、目の前の冬瓜がこれこのとおりの大きさである、それがつまり仏法の第一義にほかならぬ、というわけである。

もうひとつの問答は、右の一段では木平の問答のつづきのような引き方になっているが、実際は帰宗道詮《きすどうせん》（九峰道詮とも／延寿慧輪に嗣ぐ）の話で、『景徳伝灯録』巻二十四ではこれが次のように録されている（『聯灯会要』巻二十七、『五灯会元』巻八もほぼ同文）。

問、「九峰山中還有仏法也無？」　師曰、「有」。曰、「如何是九峰山中仏法？」　師曰、「山中石頭、大底大、小底小」。（頁四九一上）

問う、「九峰山中、還《は》た仏法有り也無《や》？」　師曰く、「有り」。曰く、「如何なるか是れ九峰山中の仏法？」　師曰く、「山中の石頭《いし》、大なる底《もの》は大、小なる底は小」。

僧は実際の住地である九峰山中の風光に托しつつ、道詮の仏法の内実を問う。それに対して道詮は、ここでは、石は大は大なり、小は小なり、それぞれがそれぞれの大きさとしてあるがままの姿にある、それがわが九峰の仏法だと答えたわけで、言うこころはさきの木平の問答と変わらない。圜悟の引き方は、文脈から「九峰」という主人公の存在を除去することで、人間のありかたとは無関係に、自然がただ自然のままにあるさまを仏法とする、という趣旨が、いっそう誇張された形になっている。箇々の事物の自然状態をただあるがままに肯うというこれらの見解は、いわゆる「無事」禅の考え方を代表せしめるべくここに引かれたものである。それは語義と理路に関わらぬ絶待の一語を「一撃便行」で会得せよという圜悟の主張の、まさに対極にあるものである。その意図は、ここでは未だ明言されていないが、のちに頌の評唱で「無事」禅批判の論が述べられ、これらがその悪しき実例として引き合いに出されていたことが明らかとなる。

五　下載《あさい》の清風　——雪竇の頌と頌古評唱（一）——

以上がこの則の本則評唱の全文だが、では、この公案に対して、雪竇はどのような頌をつけ、それを圜悟はどのように評しているか。この則の頌は、次のような一首である（上・頁一九一）。

編辟曾挨老古錐
七斤衫重幾人知
如今抛擲西湖裏
下載清風付与誰

編辟《へんぺき》曾て挨《つ》く　老古錐《ろうこすい》
七斤の衫の重さ　幾人《いくたり》か知る
如今《いま》や西湖の裏《うち》に抛擲《なげうち》て
下載《あさい》の清風　誰《たれ》にか付《さず》けん

以下、圜悟の評唱にしたがってこれを読んでゆく。まず頌の第一・二句について、評唱は次のように説いている。

「編避（＝辟）曾挨老古錐」。万法是編避（＝辟）、教帰一致。問挨拶趙州、趙州也不妨作家、向転不得処出身、開大口向他道、「我在青州作一領布衫、重七斤」。雪竇道、「七斤衫重、能有幾人知？」（上・頁一九三）

「編辟《へんぺき》曾て挨《つ》く　老古錐《ろうこすい》」。万法をば是れ編辟し、一致に帰せしむるなり。問は趙州に挨拶するも、趙州も也《ま》た不妨《なかなか》に作家《さっけ》、転じ得ざる処に向《おい》て出身し、大口を開きて他《かれ》に向かいて道《いわ》く、「我れ青州に在りて一領の布衫《ふさん》を作る、重さ七斤」と。雪竇道《いわ》く、「七斤の衫の重さ、能く幾人《いくたり》か知るもの有る？」と。

北宋初期の汾陽善昭に禅問答の発問の型を十八種に分類した「汾陽十八問」があり、圜悟も評唱でたびたびそれを用いている。「編辟」は、そのなかのひとつで、流布本はここを「十八問中、此れは之を〝編辟問〟と謂う」と作っている（岩波文庫、中・頁一四五）。「十八問」の細目は今『人天眼目』巻三で見ることができるが、そこには定義も解説もなく、ただ一則ずつの具体例が挙がっているのみであり、そこで第五の「偏僻」の例とされているのは、

——尽大地は是れ箇《ひとつ》の眼睛《まなこ》、師の指示を乞う。

という発問である（続蔵一一三—四二二左下／禅宗全書三二—二八八下）。「編辟」ないし「偏僻」「偏辟」の具体的な字義はよく解らないが、この例と本則の「万法帰一」云々の問を併せ看るならば、やはり圜悟の言うように、すべての事物を一元化する趣旨の問い、という意であることは確からしい。[11] つぎに「老古錐」は磨耗してさきの丸まった古いキリのこと。鋭さがとれ、表面的な功用から離れつつ、内に静かな深いものをたたえた枯淡の老僧の喩えで、ここはむろん趙州を指している。[12]

つづいて頌の第二句「七斤の衫の重さ　幾人か知る」を、圜悟は「七斤の衫の重さ、能く幾人か知るもの有る」と敷衍する。これは趙州の説いた「七斤布衫」の真意、それを知る者は幾人も有り得まい、という反語である。それはおそらく、大多数の者がそうするであろうように、「七斤布衫」を文字どおりにとってはならぬ——「七斤」を実数と考えて穿鑿してはならぬ——という意を暗示していよう。

かくして頌の第一・二句は、このように解し得る。僧は「万法帰一」という「編辟問」で趙州古仏に切り込んだ。趙州はそれに「七斤布衫」と答える。だが、その言葉は七斤どころの重さではない、実は万法を一つに集約した、とてつもない「七斤布衫」だったのだ、と。ここにおいて「七斤布衫」は一元化された宇宙万法の総体と等置されているのであり、それは「七斤布衫」を絶待無分節の一句とする圜悟の立場と通じ合う。ここで圜悟が趙州の一句を「転じ得ざる処に向《おい》て出身し」と形容しているのも、さきの本則評唱で「栢樹子」の語が「極則頭の転じ得ざる処に向て転じ得て……」と説明されていたのと互いに照応しているのである。

つづいて一首の転換点となる第三句について、圜悟は次のように説く。

「如今抛擲西湖裏」。万法同帰一致、如今亦不要、七斤布衫亦不要、擲向西湖裏！　雪竇住洞庭、有西湖。

「如今《いま》や西湖の裏《うち》に抛擲《なげうち》て」とは、万法、同《とも》に一致に帰するも、如今《いま》や亦《ま》た不要、七斤布衫も亦た不要、西湖の裏《うち》に擲《なげう》たん、となり。雪竇は洞庭に住し、西湖有るなり。

「如今や西湖の裏に抛擲て」というのは、だが、万法が一者に帰した今、その一者ももはや不要、一者と等置された「七斤布衫」もやはり不要、「万法」も「一」も「七斤布衫」も、みな一息に西湖のなかに投げ捨ててしまおう、ということである。ここで「西湖の裏に」と言っているのは、雪竇が洞庭湖畔に住していて、そばに西湖が有ったからである。

雪竇はここで本則を、根本の一者はさらに何処に帰着するかという趣旨から転じ、根本の一者をもさらに捨て去れという方向に読みかえる。そして、最後に、「下載の清風　誰にか付けん」の結句をもってこの頌の意がしめくくられる。

「下載清風付与誰」。此是趙州示衆、「儞若向北来、我与儞上載。儞若向南来、与儞下載。儞若従雪峰来、也只是箇担板漢」。雪竇如此清風、付与誰人?

「下載《あさい》の清風　誰《たれ》にか付《さず》けん」。此は是れ趙州の示衆なり、「儞《なんじ》若し向北《きた》より来らば、我れ儞《なんじ》が与《ため》に上載《じょうさい》せん。儞《なんじ》若し向南《みなみ》より来らば、儞《なんじ》が与《ため》に下載せん。儞《なんじ》若し雪峰従《よ》り来るも、也《な》お只だ是れ箇の担板漢《たんぱんかん》なるのみ」。雪竇の如此《かくのごと》き清風、誰人《たれ》にか付《さず》けん?

「下載の清風　誰にか付けん」。これは趙州の示衆を踏まえている。いわく「お前が北から来たのなら――〝仏法〟という――荷物を背負わせてやろう。お前が南より来たのなら、その荷物を下ろしてやろう。お前が雪峰から来たのだとしても、所詮、担板漢なることに変わりはない[13]」と。かかる雪竇の「〝下載〟の清風」、それを授けるべき者は、さあ誰か。

余韻をのこして終っているが、これは、おそらく、「仏法」という荷を下ろした無一物の爽やかな風光、その受用は汝ら各人に委ねられているのだ、という意を言外に響かせてのことであろう。

以上、圜悟の評唱を踏まえて解すれば、雪竇の頌はおおむね次のように意訳できる。

編辟の一問で　趙州古仏に切りこめば

なんと　無限大なる「七斤布衫」という答え
だが　それも　今は西の湖にうち棄てよう
そのあとに吹く無一物の涼風を　受け取る者はさあ誰か

六　悟り了らば還って未だ悟らざる時に同じ ——頌古評唱(二)——

頌の評釈は以上である。さきに考えた原意とは異なって、趙州の「七斤布衫」を、万法を一元化した絶待の一語と看るところまでは、雪竇も圜悟も同じである。しかし、雪竇はそれを捨て去って「下載《あさい》の清風」を享受せよと詠い、いっぽう圜悟はその一語を、理屈ヌキの一撃で体得せよと説いていた。このままでは両者の解釈は対立するものの如くである。だが、圜悟は趙州の「上載《じょうさい》」「下載」の語を敷衍しつつ、真の「無事」とは何かという問題へ議論を発展させてゆくことで、この対立を止揚する。

装(=上)載者、与説心説性、説玄説妙、種種方便、接引初機。若下載、無許多義路。有底担一担禅、到趙州前、一点也使不著、一時与他下載打畳、教洒洒落落、無一星事。謂之「悟了還同未悟時」。如今有者尽作無事会、便道、「無迷無悟、無思無惟、不要更求。只如仏未出世時、達摩未西来時、不可不恁麼。用仏出世作什麼? 祖師西来作什麼? 須是大徹大悟始得。然後山依旧是山、水依旧是水、乃至一切万法、皆只依旧、方始為無事底人。不見竜牙道、「学道先須有悟由」云云。趙州這七斤布衫話、古人与麼道、可謂如金玉。山僧与麼説、諸人恁麼聴、総是上載。作麼生是下載?

ここも、かりに〔1〕〜〔3〕にくぎりながら読んでみる。

〔1〕「上載《じょうさい》」とは、与《ため》に「心」を説き「性」を説き、「玄」を説き「妙」を説きて、種種に方便して、初機を接引《みちび》くなり。若《も》し「下載《あさい》」なれば、許多《あまた》の「義路」無し。有底《あるもの》は一担の「禅」を担《にな》うも、趙州の前に到るや、一点也《わずかも》使い不著《えず》、一時に他《かれ》〔趙州〕が与《ため》に「下載」され打畳《しまつ》され、洒洒落落《しゃしゃらくらく》たりて、一星《ひとつぶ》の事も無し。之を「悟《さと》り了《おわ》らば還《かえ》って未《いま》だ悟《さと》らざる時に同じ」と謂う。

「上載」とは、「心性」「玄妙」といった道理を説き、種々の方便を施して初学の者を導くこと。かたや「下載」となれば、そこにはもはやあれこれの「義路」は無い。「禅」というひと担《かつ》ぎの荷物を担《かつ》いでゆく者も、趙州の前へ行くと、わずかもそれを使いえず、一気にその荷物を下ろされ、片づけられて、きれいさっぱり一点の事も無いようにされてしまう。こういうのを「悟り了れば未だ悟らざる時に同じ」（『景徳伝灯録』巻一・提多迦章、巻二十九・竜牙和尚頌）と言うのである。

「心性」「玄妙」あるいは「許多の義路」、いずれも平常無事の世界とは次元を異にする形而上的な理論・教説——いわゆる「仏法」「禅道」——の謂いである[14]。

右の一節は、そうした「仏法」「禅道」を学人に担がせてやるのが「上載」、それを下ろして無一物にさせてやるのが「下載」だとしつつ、趙州の「下載」の手なみを称えているわけだが、しかし、それが「悟了還同未悟時」の語によって総括されていることが見落とされてはならない。この語あるがゆえに、師が「下載」できるのは、学人がまず

「仏法」「禅道」という荷を背負っているからだ――「下載」とはあくまでも「悟了」したうえでの「同未悟時」のことなのだ――という含みが、新たに加えられているのである。ここで圜悟は趙州の「下載の清風」を、初めから何も無いタダの「無事」禅と峻別しようとしているのであり、それゆえ評唱は次のようにつづいてゆく。

〔2〕 如今、有る者、尽《ことごと》く「無事《ぶじ》」の会《え》を作《な》して便ち道く、「迷無く悟無く、思無く惟無し、更に求むるを要せず。仏の未だ出世せざる時、達摩の未だ西来せざる時の只如《ごと》きは、恁麼《かくのごとく》ならざる不可《べから》ず。仏の出世を用いて什麼《なに》をか作《な》さん？　祖師西来して什麼《なに》をか作《な》さん？」と。須《すべから》く大徹大悟して始めて得《よ》し。然る後、山は依旧《あいかわ》らず是れ山、水は依旧らず是れ水、乃至《ひぃ》ては一切万法も、皆な只だ依旧らず、かくて方始《はじ》めて無事底の人と為る。不見《みず》や、竜牙《りゅうげ》の道《い》えるを、「学道は先ず須《すべか》らく悟由《さとり》有るべく」云云と。

ところが、今どきは、何でもかでも「無事」禅ふうの理解をなして、このように言う者がある――もともと「迷悟」も「思惟」もありはしない、そのうえ何も求める必要は無い。仏がこの世に現れる前、達摩が西来する前、すべてはただ「恁麼――あるがまま」であるよりほかに無かったのだ。そこへさらに仏の出現（「仏法」）や祖師の西来（「禅道」）を持ち出して、それがいったい何になる」と。

だが、そうではない。必ずや大悟徹底せねばならぬ。そして、その上で、山はあいかわらず山、水はあいかわらず水、さらには一切万法すべてがあいかわらずである、と、こうであって始めて「無事の人」たりうるのである。竜牙居遁禅師も曾てこう説いているではないか――

学道先須有悟由　学道は先《ま》ず須《すべか》らく悟由《さとり》有るべし
還如曾闘快竜舟　還《かえ》って曾て快《はや》き竜舟を闘《たたか》わするが如し
雖然旧閣於空地　旧《もと》は空地に閣《お》きしと雖《いえど》も
一度赢来方始休　一度《ひとたび》赢《か》ち来りて方始《はじ》めて休せるなり
（『景徳伝灯録』巻二十九・竜牙和尚頌、頁六〇七下）

求道にはまず悟りがなければならぬ
それは競漕ののちの竜舟のごときもの
その前も空き地に放置されてはいたのだが
いまは勝利ののち　始めてこうして休ろうているのである

この一節には、無事禅を批判しつつ真の無事を説くという『碧巌録』評唱の特色がよく表れている。もともと無事であって「仏法」も「禅道」も必要ない、そうした余計なものを加えなければ、すべてはただあるがままで充足しているのだ——こうした「無事の会」は圜悟が厳しく批判して已まぬ所であり、さきに本則評唱で「冬瓜《とうがん》、許《かくのごと》き大きさなり」や「石頭《いし》、大なる底《もの》は大、小なる底は小」などの問答が否定的に取り上げられていたのは、この批判の伏線だったのであった。

しかし、それに対置して圜悟が示す理想の境地は、やはり、山は山、水は水、という世界、すなわち諸法があり、のまま箇々に円成している世界であった。これでは一見「無事の会」と択ぶ所がない。しかし、そこには一つだけ、決定的な相違がある。それはこの世界が「大徹大悟」してしまった後での話とされていることである。無事禅が0度の一点であるとすれば、圜悟の説く真の無事は、世界が一八〇度反転された「仏法」「禅道」の境位をひとたび通過し、そのうえで帰着した三六〇度のところの無事なのである。だから、それは、山はただ山、水はただ水、ではなく、あくまでも、「山は依旧らず是れ山、水は依旧らず是れ水」と表現される。依然として、もとどおり、という意を表す「依旧」の語の執拗なまでの反復は、それが最初からそこに在るのでなく、あらためて立ち返ってきた場の風光であることを強調したものに外ならない。

さきに「悟了」したうえでの「同未悟時」、「上載」があってこその「下載」とされていたのもこれと同じことであり、最後の竜牙の頌も、「閣於空地（無事）」→「一度贏来（仏法・禅道）」→「方始休（無事）」という円環の論理を証する為にここに引かれている。すなわち圜悟はここで、「未悟」（0度）→「悟了」（一八〇度）→「還同未悟時」（三六〇度）、「無事」（0度）→「大徹大悟」（一八〇度）→「無事」（三六〇度）という円環の論理を提示することで、迷悟も修証も無用という庸俗の「無事」禅を排斥し、それと同時に、大悟の必要という実践的要求と本来無事という禅的理想を両立させようとしているのである。

かくて、この則の評唱は、次の一節を以て結ばれる。

〔3〕趙州の這《こ》の「七斤布衫」の話、古人の与麼《かく》道えるは、金玉の如しと謂う可し。山僧の与麼《かく》説き、諸人の恁麼聴くは、総《すべ》て是れ「上載《じょうさい》」。作麼生《いかなる》か是れ「下載《あさい》」？

趙州の「七斤布衫」という言葉、古人（趙州）がこう言ったのはあたかも黄金・宝玉のごとくである。それにひきかえ、わしがかように説き、諸君がかように聴くことは、所詮すべて「上載」でしかない。しからば、真の「下載」とは、如何なるものであるか。――そこは、各人、自ら体取せよ、圜悟はそうなげかけて、この則を結んでいるのである。

（1）　入矢義高監修・景徳伝灯録研究会編『景徳伝灯録』四、禅文化研究所、一九九七年、頁八七。秋月龍珉『趙州録』筑摩書房・禅の語録十一、一九七二年、頁二〇四。『碧巌録』岩波文庫本、中・頁一四一。なお以下に述べる解釈は、小川「『碧巌録』雑考（十）～（十二）――趙州万法帰一①～③」（『禅文化』第一九四号、二〇〇四年一〇月―二〇〇五年一月）、および「趙州の七斤布衫――禅問答の思想史」（『駒澤大学大学院仏教学研究会年報』第三九号、二〇〇六年）に基づく。前者はのち『続・語録のことば――《碧巌録》と宋代の禅』（禅文化研究所、二〇一〇年）第四章。

（2）　入矢義高監修・唐代語録研究班編『玄沙広録』上、禅文化研究所、一九八七年、頁二一七。

（3）　『龐居士語録』巻下

余有一大衣　　余《われ》に一大衣有り
非是世間絹　　世間の絹に非是《あら》ず
衆色染不着　　衆《あらゆ》る色も染《そ》め不着《えず》
晶晶如素練　　晶晶《きらきら》として素練《しらぎぬ》の如し
裁時不用刀　　裁《た》つ時も刀を用いず
縫時不用線　　縫《ぬ》う時も線《いと》を用いず
常持不離身　　常に持して身《わがみ》を離れざるに
有人自不見　　人《ひと》有りて自《みずか》らは見ず
三千世界遮寒暑　　三千世界に寒暑を遮《おお》い
無情有情悉覆遍　　無情も有情も悉《ことごと》く覆《おお》いて遍《あまね》し
如能持得此大衣　　如《も》し能《よ》く此の大衣を持し得れば
披了直入空王殿　　披了《きおわ》りて直《じき》に空王殿に入らん

（以下略／中文出版社・禅学叢書之三、一九七四年、頁二三八上）

（4）　寒山の「一縟」の詩の最後の語「只者是」すなわち「只這是」は、まさに、これこのとおり、という意で、やはり唐代の問答であり、ありのままの自己を指すのによく用いられる言葉である。小川『語録のことば――唐代の禅』、十八「只這箇漢」の条、参照。

(5) 注(1)所掲『景徳伝灯録』四、参照。ちなみに、魯迅の短篇「風波(から騒ぎ)」(一九二〇年)に次の一節がある。時代ははるかに下り、度量衡も異なるが、「七斤」という語彙が生まれたての赤子の体重を指す例として、参考までに引いておく。

この村の習慣はすこし変わっている。母親は子を産むと、秤で重さをはかって、その斤数をそのまま幼名にする。九斤《チウチン》ばあさんは、五十の賀のあと、だんだん不平家になり、口ぐせのように、わしの若かったころは、天気も今みたいに暑くはなかったし、豆も今みたいに堅くはなかった、などとこぼした。要するに今の世の中はまちがっている。まして六斤《リウチン》は、曾祖父より三斤も少いし、父親の七斤《チーチン》にくらべても一斤少いのが動かぬ証拠だ。だからかの女は、力をこめてくり返すのだ。《まったくだよ、一代ごとに悪くなる!》(竹内好『魯迅文集』I、ちくま文庫、一九九一年、頁七八／引用にあたってふりがなを追加)

(6) 趙州にはさらに次のような問答もある。「無疾之身」とは生老病死に関わらぬ不滅の法身の謂いである(『趙州録』筑摩書房・禅の語録十一、頁二七六)。

問、「如何是無疾之身?」師云、「四大五陰」。

問、「如何なるか是れ疾《やまい》無きの身?」師(趙州)云く、「四大五陰」。

(7) 第一章第一節で考えた。ほかに、小川『語録のことば——唐代の禅』、八「呼時歴歴応」の条、参照。

(8) 「剔起便行」の語義については、小川「『碧巌録』雑考(二)」で考証した(『禅文化』第一八六号、二〇〇二年一〇月)。『続・語録のことば——《碧巌録》と宋代の禅』第一章—三(4)。また、「穿却鼻孔」については、無着道忠『葛藤語箋』(禅文化研究所『禅語辞書類聚』二、頁一六七)、「水到渠成」については、劉潔修編著『漢語成語考釈詞典』(商務印書館、一九八九年、頁一〇二九)をそれぞれ参照。

(9) 趙州の答えはおそらく南陽慧忠の次の問答を踏まえていよう。「(粛宗)又た曰く、如何なるか是れ無諍三昧? 師(慧忠)曰く、檀越、毘盧頂上を蹋《ふ》みて行け。曰く、此の意、如何? 師曰く、自己を認めて清浄法身と作す莫れ」(『景徳伝灯録』巻五・慧忠国師章、頁八五下)。

(10) 『葛藤語箋』頁一四九、参照。

(11) したがって『葛藤語箋』頁七九の「累《かさ》ねて事を問いて相い逼《せま》る」という解は当たっていないと思われる。

(12) 『葛藤語箋』頁一一六、参照。

(13) 禅の語録十一『趙州録』頁三四八。ここに引かれている趙州の語については、入矢義高「雪峰と玄沙」「雲門の禅・その〈向上〉ということ」の二篇にきわめて精彩ある解説がある。いずれも『自己と超越——禅・人・ことば』(岩波書店、一九八六年)、所収。

(14) さきに看た本則評唱に「若《も》し有りと道《い》わば、他《かれ》又た曾て、心を説き性を説き、玄を説き妙を説くことなし」、また第八則の本則評唱に「一代時教五千四十八巻、心を説き性を説き、頓を説き漸を説くを免かれず」(上・頁四〇)とあるのなどが、参考になる。「仏法」「禅道」を対で用いた例は、本章第一節で看た第九十八則の評唱をはじめ数多い。たとえば、『圜悟仏果禅師語録』巻十二、「浩浩として仏法の見解を作し、禅道の商量を作す」(禅宗全書四一—二九七下/大正四七—七六九下)。

第四節　圜悟における無事禅批判と無事の理念

一　第九則「趙州四門」——円環の論理——

すべては本来円成している。したがって、修行も悟りも必要ない。そのように主張する禅を、宋代の禅者は批判的な語感で「無事禅」とよぶ。(1) ありのままの自己をありのままでよしとする「平常無事」、それはそもそも唐の馬祖禅の重要な基調であったのだが、宋代ではその庸俗化がすすみ、むしろ弊害のほうが意識されるようになってきたのであろう。そうした「無事禅」への批判は『碧巌録』のなかでも随処に散見し、それが圜悟の一貫した立場であったことは疑いない。

しかし、前節に看たように、圜悟は激しい「無事禅」批判を展開し、それを打破する大悟徹底の必要を訴えながら、しかし、その一方で、「無事」そのものは否定せず、かえってそれを究極の境地ともする。すなわち、圜悟は——

「未悟」(0度)→「悟了」(一八〇度)→「還同未悟時」(三六〇度)

「無事」(0度)→「大徹大悟」(一八〇度)→「無事」(三六〇度)

という円環の論理を導入することで、「無事禅」批判、大悟の要求、「無事」の理念、という三つの論点を、ひとつの回路のうちに包摂し、三点を同時に成立させようとするのであった。

この節では、ひきつづき、この説について検討し、さらにその成立の背景についても考えてみたい。

まず『碧巌録』第九則「趙州四門」の本則評唱の考察から始めよう。本則は次のような一問一答である。

挙、僧問趙州、「如何是趙州？」州云、「東門、南門、西門、北門」。（上・頁四三）

挙《こ》す、僧、趙州に問う、「如何《いか》なるか是れ趙州？」州云く、「東門、南門、西門、北門」。

僧が趙州禅師の境涯を問うたのに対し、当の趙州は自らが住する趙州城（城壁に囲まれた趙州の街）のことを答えた、という話である。この問答は『趙州録』巻上（筑摩書房・禅の語録十一、頁一〇二）に見えるが、『祖堂集』『景徳伝灯録』『宗門統要集』など先行の灯史類には見えず、宋代になってから新しく作られた公案である可能性が高い。また、圜悟の弟子である大慧は、この話を二段のやりとりからなる、次のような形で引いている。

示衆、挙、僧問趙州、「如何是趙州？」州云、「東門、南門、西門、北門」。僧云、「不問這箇」。州云、「你問趙州聻」。（『大慧普覚禅師語録』巻八、禅宗全書四二―二九〇下／大正四七―八四四中）

示衆《じしゅう》、挙《こ》す、僧、趙州に問う、「如何《いか》なるか是れ趙州？」州云く、「東門、南門、西門、北門」。僧云く、「這箇《これ》を問わず」。州云く、「你《なんじ》、〝趙州〟を問いし聻《ぞ》（お前が〝趙州〟を問うたのじゃないか）」。

のちに引く評唱で、圜悟もこのような二段のやりとりとしてこの話を取り上げているが、しかし、先行の出拠は見出せず、また、圜悟や大慧以外にこの形でこの話を引く者も少ない。圜悟がここの評唱で加えた脚色を、のちに大慧がひきついだ、そう考えるのが、おそらく最も自然であろう。

いずれにしても、これだけの断片的なやりとりなので、正解を定めることは難しい。だが、『碧巌録』第五十二則に採られた次の「趙州渡驢渡馬」の話などを手がかりに、合理的な解釈を考えることは不可能ではない。

僧問趙州、「久響趙州石橋、到来只見略彴」。州云、「汝只見略彴、不見石橋」。僧云、「如何是石橋？」州云、「渡驢渡馬」。（下・頁六）

僧、趙州に問う、「久しく響《した》う趙州の石橋《しゃっきょう》、到り来れば只だ略彴《まるきばし》を見るのみ」。州云く、「汝、只だ略彴《まるきばし》をのみ見て、石橋を見ず」。僧云く、「如何《いか》なるか是れ石橋？」州云く、「驢《ろば》を渡し馬《うま》を渡す」。

これは有名な「趙州石橋」に言よせつつ、わしは如何なる者をも渡らせて自らは何も語らぬ、ここをどう渡ってゆくかはむしろそれを渡る者自身の問題である、そう説いたものと解しうる。今の主題の「趙州四門」の本則も、これと同様、自らの境涯を趙州城に擬えながら、わが禅は四方に向けて開かれておる、どこからどう入るかは汝次第だ、そう解することができるであろう。

だが、圜悟の問題関心は、むろん、こうしたところにはない。以下、「趙州四門」の本則評唱を、少しずつくぎりながら読んでみたい。

〔1〕　大凡参禅問道、須究自己。切忌揀択言句。何故？　不見趙州道、「至道無難、唯嫌揀択」。雲門道、「如今禅和子、三箇五箇聚頭喧喧、口喃喃地便道、這箇是体語、体儞屋裏老爺」。不知古人方便門中、為初機後学、未明心地、未見本性、未透脱之者、不得已而立箇方便語句。只如祖師自西土而来、単伝心印、直指人心、見性成仏、

那裏如此葛藤？　須是斬断言語、格外見諦、透脱得去、方可如竜得水、似虎靠山。久参先徳、有見而未透、透而未円、謂之請益。若是見得透、請益却要向言句中周旋、不妨疑滞〔＝無有凝滞〕。久参底請益、是与賊過梯。其実此事不在言句上。所以、雲門道、「此事若在言句上会、三乗十二分教豈不是言句？　何須達摩西来、直指人心、説教外別伝？」」（上・頁四四）

大凡《およ》そ参禅問道するには、須《すべか》らく自己を究むべし。切に忌《い》む言句《ごんく》を揀択《けんじゃく》するを。何が故ぞ？　不見《みず》や、趙州道《いわ》く、「至道無難《しどうぶなん》、唯嫌揀択《ゆいけんけんじゃく》」と。雲門道く、「如今、禅和子《ぜんなす》、三箇五箇と頭《こうべ》を聚《あつ》めて喧喧し、口喃喃《ぺちゃくちゃ》地と便ち道く、這箇《これ》は是れ体語、儞《なんじ》屋裏の老爺《ちち》を体するなり、と」。知らず、古人の方便門《ほうべんもん》中には、初機後学の、未だ心地《しんち》を明らめず、未だ本性《ほんしょう》を見ず、未だ透脱《とうだつ》せざるの者の為に、已《や》むを得《え》ずして箇の方便語句を立てしことを。祖師の西土自《よ》りして来り、心印《しんいん》を単伝《たんでん》し、人心《にんしん》を直指《じきし》し、見性成仏《けんしょうじょうぶつ》せしむるが只如《ごと》きは、那裏《いずく》にか如此《かくのごと》き葛藤《ことあげ》あらん？　須是《すべから》く言語を斬断し、格外に見諦し、透脱し得去るべくして、方《はじ》めて竜の水を得《う》るが如く、虎の山に靠《よ》るが似《ごと》くなる可けん。

久参の先徳にも、見れども未だ透《とお》らず、透れども未だ円《まど》かならざる有り、之を請益《しんえき》と謂う。若是《もし》見得透せば、請益も却って要《かな》らず言句《ごんく》中に向《おい》て周旋して、凝滞無有《ぎょうたいなか》らん。〔しからざれば〕久参底の請益は、是れ賊の与《ため》に梯《はしご》を過《わた》すなり。其の実、此の事は言句上に在らず。所以《ゆえ》に、雲門道く、「此の事、若《も》し言句上に在《おい》て会《え》さば、三乗十二分教、豈《あ》に言句に不是《あらざ》らん？　何ぞ達摩の西来して、人心《にんしん》を直指《じきし》し、教外《きょうげ》の別伝《べつでん》を説くを須《もち》いん？」

およそ参禅学道なるものは、必ずや自己の究明を要諦とせねばならぬ。言句の取捨選択などは、断じてしてはならぬのだ。なぜか？　趙州も（三祖『信心銘』を引いて）説いているではないか、「至道は難無し、唯だ揀択を嫌うのみ」と。[2]また、雲門も言っている、「昨今の禅坊主は、三人五人と頭を寄せ合って喧しい。何かというとペチャクチャと、これは〝体語〟だ。汝の内なる父御を体得した語だ、などと言うておる」と。[3]そういう連中(すなわち、祖師の言句を実体視し、その分類や品評に憂き身をやつしている手合い)には、まるで分かっておらぬのだ、未だ自己の心地も自己の本性も明らめ得ず、徹底的な突破を果たせずにいる初学者のため、古人がやむをえず方便の言句を立てたのだということが(つまり、祖師の言句として伝えられているものは、みな初心者の為の仮りの方便に過ぎぬのだ)。

たとえば、心印を単伝し、人心を直指し、人々にずばり見性成仏せしめた祖師の西来を看よ。そこにそのような、言句をめぐる閑葛藤があったであろうか。必ずや言語を断ち切り、ワクを超えて真実を見究め、徹底的に突き抜けなければならぬのだ。そうであって始めて、水をえた竜や、山にすむ虎のごとき、独立と自在を得ることができるのである。

むろん、初学者のみならず、久参の先人にも、見えてはいるが突破はしていない、或は、突破はしているが円成はしていない、ということがあった。そういう人たちの言句は、「請益」すなわち教えを乞うた言葉とされる。もし、突破したうえで看るならば、そうした「請益」の語も、何ら滞りなく自在に運用できるだろう。だが、そうでなければ、久参の人の「請益」の語は、かえって泥棒にハシゴをかけてやることになってしまう(なまじ禅的な水準を具えているために、いっそう「言句」の葛藤を助長する結果になってしまう)。

しかし、ほんとうは、究極の一事は言句の上になど無いのである。それゆえ雲門も言うておる、「〝此の事〟が言句の上に在るのなら、経典のうちにあるのはみな言句ではないか。どうして、そのうえ達摩が西来して、直指人心し、教外別伝の法をなど説く必要があったのだ」(真実が言句の上にないからこそ、祖師は西来して、真実を直指したのではなかったか)と。[4]

冒頭、この一段では、「言句」の穿鑿によっては道を得られぬことを力説する。本則に即していえば、「東門、南門、西門、北門」という趙州の語に有意味な解釈を加えようとする態度が、まず厳重に禁じられているのである。そのうえで評唱は、ひきつづき本則そのものについて論じてゆく。「言句」にとらわれた理解というのが、実際には「無事禅」の見解を指していることが、ここですぐ明らかとなる。

〔2〕紛陽（＝汾陽）一十八問中、此為之験主問、亦為之探抜問。這僧置（＝致）一箇問頭、不妨奇特。若不是趙州、也難為祇対佗。問著趙州、「如何是趙州？」州是本分作家、便向佗道、「東門、南門、西門、北門」。僧云、「不問這箇趙州」。州云、「儞問那箇趙州？」後来人喚作無事禅、賺人不少。何故？佗問、「如何是趙州？」州云、「東門、南門、西門、北門」、所以答趙州。儞若恁麼、三家村裏漢更是会禅会仏法去。只這便是滅仏法底人。喩如魚目擬作明珠。似則也似、是則不是。老僧道「不在河南正河北」、且道、是有事？是無事？須是子細始得。遠録公云、「末後一句、始到牢関。指南一路、不在言詮」。十日一風、五日一雨。安邦楽業、鼓腹歌謡、為之太平時節、謂之無事。不是指盲（＝拍盲）便道無事。須是透得関捩子、過得荊棘林、浄躶躶、赤洒洒、依前是箇平常人。由儞有事也得、無事也得。七縦八横不執定。

汾陽《ふんにょう》一十八問中、此は之を験主問《けんじゅもん》と為し、亦た之を探抜問《たんばつもん》と為す。這《こ》の僧の一箇の問頭を致す、不妨《はなは》だ奇特なり。若《も》し趙州に不是《あらざ》れば、也《ま》た為に佗《かれ》に祇対《こた》え難《がた》からん。趙州に「如何《いか》なるか是れ趙州？」と問著せるに、州も是れ本分《ほんぶん》の作家《さっけ》、便ち佗《かれ》に向いて道《いわ》く、「東門、南門、西門、北門」。僧云く、「這《こ》箇の趙州を問わず」。州云く、「儞《なんじ》、那箇《いずれ》の趙州をか問う？」後来《のち》に人喚《よ》びて無事禅と作し、人を賺《すか》すこと少なからず。何が故ぞ？　佗《かれ》「如何なるか是れ趙州？」と問いたれば、州云く、「東門、南門、西門、北門」と、所以《ゆえ》に「趙州」を答えしのみ。儞《なんじ》、若《も》し恁麼《かく》なれば、三家村裏の漢、更に是れ禅を会《え》し仏法を会《え》し去らん。只《まさ》に這《これ》ぞ便ち是れ仏法を滅する底の人なり。喩《たと》えば魚目をば擬して明珠と作《な》すが如し。似たることは則ち也《ま》た似たるも、是なることは則ち是ならず。老僧《われ》「河南に在らざれば正に河北」と道《い》わば、且《まず》は道え、是れ有事なるか？　是れ無事なるか？　須是《すべから》く子細にすべくして始めて得《よ》し。遠録公《おんろくこう》〔浮山法遠〕云く、「末後《まつご》の一句、始めて牢関《ろうかん》に到る。指南の一路は、言詮《ごんせん》に在らず」と。十日に一風、五日に一雨。安邦楽業、鼓腹歌謡、之を太平の時節と為し、之を無事と謂う。拍盲《むやみ》に便ち無事と道うには不是《あらざ》るなり。須是《すべから》く関捩子《かんれいす》を透得し、荊棘林《けいきょくりん》を過得し、浄躶躶《じょうらら》、赤洒洒《しゃくしゃしゃ》として、依前《あいかわ》らず是れ箇の平常《びょうじょう》の人たるべし。〔さすれば〕儞《なんじ》に由りて有事なるも也《ま》た得《よ》し、無事なるも也《ま》た得《よ》し。七縦八横して執定《とらわ》れざらん。

さて、本則であるが、こういう問いを「汾陽十八問」では「験主問」ないし「探抜問」――学人が老師の境涯を試みる問い――と称している。この僧の質問もなかなかに秀抜であり、趙州でなければ、容易には答え得ぬところであったろう。そこで趙州に問う、「如何なるか是れ趙州？」だが、そこは趙州も真正の禅匠、すかさずそれに「東門、南門、西門、北門」と応じた。僧がいう、「私が問うているのは、その〝趙州〟のことではございませぬ」。すると趙州、「ならば、おぬし、どの趙州を問うておるのだ？」

のちにこの問答を「無事禅」と言いなす者があって、人を誤ることおびただしい。どういうことか。僧は「如何なるか是れ趙州？」と問い、趙州は、「東門、南門、西門、北門」と答えた。つまり「趙州」を問われた、だから、「趙州（城）」を以って答えたまでだ、と言うのである。だが、こんな理解で通るのなら、辺鄙な田舎の田吾作おやじのほうが、よほど禅や仏法がわかっているということになろうというものだ。これこそまさに仏法を滅する者に外ならぬ。あたかも魚の目を真珠に見立てる如く、似ているかといえば似てもいるが、正しいかといえばまったく正しくはない。

もし、わしが同じ問いに「河南か、でなければ河北にある」と答えたら、さあ、これは有事か、無事か。ここのところは、念入りに究めねばならぬ。遠録公（浮山法遠）も言うておる、「最後の一句で、はじめて真の関門に到る。指南の一路は、言句のうえには無い」と。[5]

十日に一度、風が吹き、五日に一度、雨がふる。邦は安らか仕事は楽し、腹鼓をうちながら謡を歌う――たしかに、このような境地を「太平の時節」といい、「無事」という。[6]だが、これは、やみくもにただ「無事」と言っているのではない。必ずや関門を突破し、棘の林を突き抜け、きれいさっぱりと無一物になり、そうなってみたら「依前《あいかわ》らず」一箇の平常無事の人であった、と、こうでなければならぬのだ。さすれば、有事であろうが無事であろうが自分次第、縦横無尽で何の執われも無くなるであろう。

「趙州」のことを問われたので、ただ当たり前に趙州の街のことを答えただけだ、そう本則を解する「無事禅」の見解を、圜悟はここで厳しく斥ける。『臨済録』に「不如《しか》ず、無事にして休歇《きゅうけつ》し去らんには。〝飢《う》え来らば飯を喫《くら》い、睡《ねむ》け来らば眼を合《あわ》す。愚人は我を笑うも、智は乃ち焉《これ》を知る〟と。道流《どうる》、文字の中に向《おい》て求むる莫《なか》れ」云々とあるように、[7]唐代禅における「無事」の主張には「文字」による修学への反措定という意味がこめられていた。しかし、宋代禅では「無事」がすでに古人ののこした既成の正解として定着し、言葉の上で安易に適用される惰性的な術語のひとつに堕していた（少なくとも圜悟はそう感じていた）。だから、圜悟は無事禅のことを「言句」にとらわれた見解と誹り、また、後述のようにこれを「情解計較《じょうげけきょう》」「情識計較《じょうしきけきょう》」、つまり通俗的な知識と理屈による理解、と言いなすのであった。

だが、ここでも圜悟は、そうした「無事禅」の庸俗ぶりを非難しながら、いっぽうで「十日に一風、五日に一雨。安邦楽業、鼓腹歌謡、之を太平の時節と為し、之を無事と謂う」と説いて、「無事」の理念そのものは肯定する。前節で看た所説と同じく、究極的には「無事」を最高の理想としながら、しかし、それをあくまでも「関捩子を透得し、荊棘林を過得」したうえで始めて得られた平常無事だとするのである。それゆえ、ここでも、「依前」平常無事の人であったという言い方がなされている。「依前」は前節に看た「依旧」と同じで、やはり、もとどおり、の意だが、この一語あることによって、最初からその位置に立っているのでなく、艱難辛苦のイバラの道を突き抜け、そのうえであらためて立ち返ってみたら、依然として平常無事であった――そういう意がきわだたされているのである。

この考えは、件の円環の論理を援用しつつ、さらに詳しく論じられる。

〔3〕　有般人道、「本無一星事。遇茶喫茶、遇飯喫飯」。此是大妄語。喚作未得為得、未証為証。元来不曾参得透、見人説心説性、説玄説要、便道、「只是狂見。本来無事」。一盲引衆盲！　殊不知祖師未来時、那裏喚天作地、喚山作水来。為什麼祖師更西来？　諸方入室陞座、説箇什麼？　尽情解計較。若得情識計較尽、方見得透、依前天是天、地是地、山是山、水是水。

有般《あるてあい》の人道《いわ》く、「本より一星《ひとつぶ》の事も無し。茶に遇えば茶を喫《の》み、飯に遇えば飯を喫《くら》うのみ」。此れは是れ大妄語。喚《よ》びて「未だ得ざるに得たりと為し、未だ証せざるに証せりと為す」と作《な》す。元来《もとよ》り曾て参得透《さんじぬけ》ざるに、人の心を説き性を説き、玄を説き要を説くを見るや、便ち道く、「只《た》だ是れ狂見なるのみ。本来無事なり」と。一盲、衆盲を引く！　殊《こと》に知《し》らず、祖師の未だ来らざる時、那裏《いずく》にか天を喚《よ》びて地と作《な》し、山を喚《よ》びて水と作《な》し来れる。為什麼《なにゆえ》か祖師更に西来せる？　諸方、入室陞座《にっしつしんぞ》して、箇の什麼《なに》をか説く？　尽《ことごと》く情解計較《じょうげけきょう》なり。若《も》し情識計較《じょうしきけきょう》の尽《つ》くるを得なば、方《はじ》めて見得透し、依前《あいかわ》らず天は是れ天、地は是れ地、山は是れ山、水は是れ水ならん。

ある種の連中がこんなことを言うておる、「本来まったく無事なのだ。茶があれば茶を飲み、飯があれば飯を食らうのみ」と。これは甚だしき迷妄の語！　こういうのを「得ぬものを得たといい、悟らぬくせに悟ったという」(『首楞厳経』)というのである。この手合いは、もともと悟ったことがない為に、人が「心性」や「玄要」を説くのを見ると、「世迷言でしかない。ともかく本来無事なのだ」などと言う。これこそ、一盲、衆盲を引くというものだ。奴らにはてんで判っておらぬのだ、祖師の西来以前、いったいどこに、天を地とよび山を水とよぶようなことが有ったか、祖師がいったい何のために西来したのかが！

だのに諸方の上堂やら入室やらで説いていることときたら、いったい何だ！　みな凡情と分別ばかりではないか。そういう凡情や分別をすべて捨て去ったら、そこで始めて看ぬくことができ、そして「依前《あいかわ》らず」天は天、地は地、山は山、水は水だ、と、こういうことになるのである。(8)

天が地となり、山が水となる世界――現世を構成する座標軸が消失する「心性」「玄要」の世界――それを伝える為にこそ、祖師は西来したのだと圜悟はいう。圜悟からすれば、「本来無事」を標榜する無事禅のてあいは、その肝心のところがまるで解っていないのである。(9)この批判は、本章第一節で看た、第九十八則「天平行脚」の評唱ともよく符合する。そこで批判されていた無事禅の見解もまた、次のようなものであった。

> 未だ行脚せざる時、幸自《もとよ》り許多《あまた》の〝仏法〟〝禅道〟無し。行脚せるに及至《およ》びて後、却って諸方に熱瞞《たぶらか》され、未だ行脚せざる時を不可とし、地を喚《よ》びて天と作《な》し、天を喚びて地と作す。〔しかれど〕地を見ては喚びて天と作す不可《べから》ず、山を見ては喚びて水と作す不可《べから》ず、幸自《もとよ》り一星《わずか》の事も無ければなり。

本来無事を標榜する無事禅の立場からいえば、地を天とよび、天を地とよびなすような「仏法」「禅道」の説は、学人を「熱瞞《たぶらか》」すものでしかない。だが、圜悟に言わせれば、そうした無事禅の考えのほうこそ「祖師西来意」を知らぬ「情解計較」「情識計較」に外ならない。それをすべて捨て去って「見得透」し、そうなってみたら、「依前《あいかわ》らず」、天は天、地は地、山は山、水は水であった――と、こうでなければならぬのだ、と。前節でみた第四十五則「趙州七斤布衫」の評唱にも、こうあった。

須是《すべから》く大徹大悟して始めて得《よ》し。然る後、山は依旧《あいかわ》らず是れ山、水は依旧らず是れ水、乃至《ひい》ては一切万法も、皆な只だ依旧らず、かくて方《はじ》始めて無事底の人と為る。（第四十五則・頌古評唱（二）〔2〕）

この「大徹大悟」とさきほどの「見得透」とは同義であり、これが、天が地となり山が水となる一八〇度の反転の境位――「祖師西来意」の世界、「心性」「玄妙」の世界、「仏法」「禅道」の世界――の体得を指していることは言うまでもない。圜悟にとって、この一八〇度の大悟徹底を欠いていることこそが無事禅の最も許すべからざる点であり、その大悟徹底を経たうえであらためて帰著したところにこそ、真の「無事」があるのであった。

以上の数段をあわせて整理すれば、圜悟が一貫して前提しているのが――

「山是山、水是水」（０度）→「喚天作地、喚山作水」（一八〇度）→「依旧山是山、水是水」（三六〇度）

という円環の論理であり、これが前節で考えた――

「未悟」（０度）→「悟了」（一八〇度）→「還同未悟時」（三六〇度）

「無事」（０度）→「大徹大悟」（一八〇度）→「無事」（三六〇度）

という論理の言い換えであることは明らかであろう。圜悟はこの図式を図式として説くことはしないが、よく引かれる青原惟信《せいげんいしん》の次の語が、これと同じ論理をきわめて簡明に定式化している。青原惟信は晦堂祖心《まいどうそしん》の法嗣で、系譜上の世代では、圜悟より一代上ということになるが、灯史類にもただ次の一段が録されるのみで、生没年も経歴も不詳であり、この語が何時ごろどういう経緯で説かれたものかは明らかでない。今は単に、圜悟の所説に対する注脚としてこれを引くにとどめるが、これによって、圜悟が念頭に置いていた円環の図式を容易に見てとることができるであろう。

上堂曰、老僧三十年前未参禅時、見山是山、見水是水。及至後来親見知識、有箇入処、見山不是山、見水不是水。而今得箇休歇処、依前見山只是山、見水只是水。大衆、這三般見解、是同是別？　有人緇素得出、許汝親見老僧。
（『嘉泰普灯録』巻六、続蔵一三七―五八左下／禅宗全書六―三八八下）

上堂して曰く、老僧《われ》三十年前、未だ参禅せざりし時、山を見ては是れ山、水を見ては是れ水。後来《のち》親しく知識に見《まみ》え箇の入処《にっしょ》有るに及至《およ》びては、山を見ては山に不是《あら》ず、水を見ては水に不是《あら》ざりき。而今《いま》、箇の休歇の処を得ては、依前《あいかわ》らず山を見ては只だ是れ山、水を見ては只だ是れ水なるのみ。大衆よ、這《こ》の三般《みとおり》の見解《けんげ》、是《は》た同じか是《は》た別か？　人の緇素得出《しろくろつけうる》もの有らば、汝《なんじ》親しく老僧《われ》に見《あ》えりと許《みと》めん。

上堂していう、三十年前、未だ禅に参じていない時、自分にとって、山は山と見え、水は水と見えた。その後、善知識に出逢って悟入の契機を得た段階では、山は山でなく、水は水でない、と見えるようになった。それが休歇の処を得た今となってみると、「依前《あいかわ》らず」、山はただ山に見え、水はただ水に見える。さあ、諸君、この三種の見解は、同じか別か？　そこを見きわめられたなら、真にわしと相見したと認めてやろう。

二　三六〇度と一八〇度

圜悟が所説の前提としているのは、以上のような円環の図式であった。だが、三六〇度の「無事」を至上の一点として墨守することは、決して圜悟の本意ではない。さきに引いた第九則・本則評唱〔2〕に次のようにあった。

……拍盲《むやみ》に便ち無事と道うには不是《あらざ》るなり。須是《すべから》く関捩子《かんれいす》を透得し、荊棘林《けいきょくりん》を過得し、浄裸裸《じょうらら》、赤洒洒《しゃくしゃしゃ》として、依前《あいかわ》らず是れ箇の平常《びょうじょう》の人たるべし。〔さすれば〕儞《なんじ》に由りて有事なるも也《ま》た得《よ》し、無事なるも也《ま》た得《よ》し。七縦八横して執定《とらわ》れざらん。

圜悟にとって三六〇度の「無事」（依旧山是山、水是水）は、0度の「無事」（山是山、水是水）と一八〇度の「仏法」「禅道」の世界（喚天作地、喚山作水）をともに自らの内に含み、その間を自在に往復しうるものでなければならなかったのである。そのことは『圜悟心要』下「示有禅人」でも次のように説かれている。

古人以無為無事為極致、蓋其心源澄浄、虚融灑落、真実践履到此境界。然亦終不住滞於此、直得如盤走珠、如珠走盤。豈是死煞頓住得底！　所以道、「雖是死蛇、解弄也活」。（新文豊出版公司、影印本、下・頁四〇右／禅宗全書四一―六二五）

古人の無為無事を以って極致と為せるは、蓋《けだ》し其の心源澄浄にして、虚融灑落し、真実に践履して此の境界に到りしならん。然《しか》れど亦《ま》た終《たえ》て此《ここ》に住滞《とどま》らず、直《じき》に得《すべか》らく盤に珠の走り、珠の盤に走るが如くなるべし。豈《あ》に是れ死煞《しな》せ頓住《すえお》き得《う》る底《もの》ならんや！　所以《ゆえ》に道《いわ》く、「死蛇と雖是《いえど》も、解《よ》く弄すれば也《ま》た活く」と。

古人が「無為」「無事」を究極としたのは、おそらく心の根源が澄み切り、すべてが空無になったところで真実の実践を行い、その結果、そこに到達したものであろう。しかし、だからといって、決してその「無為」「無事」のところにしがみついてはならない。盤上に珠玉が走り、珠玉が盤上を走るが如くでなければならぬのだ。どうして死んだように、そこに据え置かれてよいはずがあるものか。だから言うではないか、「死んだ蛇でも、うまく操れば生き返る」と。

古人の「無為無事」は「真実に践履」することによって始めて得られたものだと圜悟はいう。これがさきの円環の論理を踏まえていることは、言うまでもない。だが、ここで圜悟はさらに、そうした真の「無事」さえ、そこに固執してはならぬと説く。それはあたかも「盤に珠の走り、珠の盤に走るが如く」、二極の間を自在に往来できるものでなければならぬというのである。庸俗の「無事」は死んだヘビ、それを操って活きたヘビとして自在にはたらかせるのが真の「無事」だというわけである。

こうした観点は、『碧巌録』のなかではさほど積極的に打ち出されていないが、第二則・頌評唱に次の一文があることには、やはり注意しておく必要がある。(10)

若透得這両句、古人道、「打成一片、依旧見山是山、水是水、天是天、地是地。有時喚天作地、有時喚地作天、山不是山、水不是水」。畢竟作麼生得平穏去？　風来樹動、浪起船高、春生夏長、秋収冬蔵。一種平懐、泯然自尽、此四句頌絶了也。（上・頁一一）

若《も》し這《こ》の両句（雪竇の頌の「一有多種、二無両般」の二句）を透得せば、古人道《いわ》く、「打成一片せば、依旧《あいもかわ》らず、山は是れ山、水は是れ水、天は是れ天、地は是れ地なるを見ん。有る時は天を喚《よ》びて地と作《な》し、有る時は地を喚びて天と作《な》し、山は山に不是《あら》ず、水は水に不是ず」と。畢竟、作麼生《いかに》せば平隠なるを得《え》去らん。「風《かぜ》来れば樹《き》動き、浪《なみ》起これば船《ふね》高し。春には生《めば》え夏には長《そだ》ち、秋には収《とりい》れ冬には蔵《おさ》む」。かく一種平懐にして、泯然と自《おのず》から尽《つ》きなば、此の四句の頌にて絶了《おわらん》也。

「一において多種が有り、二において両種は無い」、もしこの雪竇の語を突きぬけることができたなら、古人の次の語のようになれるであろう。すなわち、「すべてが一つに片づいたなら、依然として、山は山、水は水、天は天、地は地である。（しかし、）あるときは、天を地とし、地を天とし、山は山でなく、水は水でないのである」と。では、つまるところ、如何にすれば平穏（「無事」）を得られるのか。「風が吹けば樹木はゆれ、波がおこれば船は高くなる。春には芽吹き夏には育ち、秋には刈り入れ冬には蓄える」。このように「みなひとしなみに平懐（「無事」）となって、すべての分別が自ずからに消え去」ったなら、雪竇の以上四句の頌でただちに決着がつくのである（「風来樹動……」は浮山法遠『九帯』平懐常実帯、「一種平懐、泯然自尽」は『信心銘』の句）。

ここでは「依旧《あいもかわ》らず、山を見ては是れ山」という境地とともに、「有る時は」として、「山は是れ山ならず」という境地が並立されている。さきほど引いた『圜悟心要』の説から言えば、これももっともなことで、一八〇度の反転の世界との間を自由に往来できるのでなければ、「無事」が例の円環の論理のうえに説かれる意味がない。しかし、それはあくまでも「有る時は」という変奏として付け加えられたものであり、圜悟はその両極を並べたうえで、自らの「畢竟」の結論は、やはりすべてがありのままである「平穏」の世界——「一種平懐」の世界——に帰着させているのである。ここでは三六〇度の高次の無事（「依旧見山是山、水是水」）と一八〇度の反転の世界（「有時喚山不是山、喚水不是水」）とが並置されてはいるものの、最終的には前者を優位に置いている点で、くだんの円環の論理の変奏であることは間違いない。しかし、それにしてもこの一段は、前後の接続が不自然で——とくに「有る時は」云々の挿入が唐突で——いささか文脈をたどり難い。結論から言えば、それは二人の古徳の対立する語を、圜悟が無理に一文につなぎあわせた為なのだが、その強引な接合のしかたからは、圜悟が件の円環の論理を提起するに至ったそもそもの動機が垣間見えてくるようである。

では、圜悟は何をふまえて右のように述べているのか。

圜悟がここで古人の言としている引用は、おそらく真浄克文《しんじょうこくぶん》（一〇二五—一一〇二）の次の語に基づいている。

上堂。大衆、古人道、「尽大地是箇解脱法門、枉作仏法会却。何不見山是山、見水是水?」帰宗則不然。尽大地是箇解脱法門、不作知見解会。有時見山不喚作山、有時見水不喚作水。大衆、彼此丈夫、莫受人謾。（『古尊宿語録』巻四十三「住廬山帰宗語録」、中華書局点校本、頁八二二）

上堂。大衆《だいしゅ》よ、古人道《いわ》く、「尽大地《じんだいち》は是れ箇の解脱《げだつ》の法門なるに、枉《いたず》らに仏法の会《え》を作《な》し却《さ》る。何ぞ山を見て是れ山とし、水を見て是れ水とせざる?」と。帰宗《わし》〔真浄克文〕は則ち然《しか》らず。尽大地は是れ箇の解脱の法門なれば、知見解会《ちけんげえ》を作《な》さざれ。有る時は山を見て喚《よ》びて山と作《な》さず、有る時は水を見て喚《よ》びて水と作《な》さざるなり。大衆《だいしゅ》よ、彼此《たが》いに丈夫なれば、人の謾《まどわ》しを受くる莫《なか》れ。

諸君、古人が言うておる、「この世界のまるごとが、そのまま一箇の解脱の法門なのだ。だのに、人々はそこに空しく〝仏法〟の理屈をつけてしまっている。どうして、ただありのままに、山を山と見、水を水と見ることをしないのだ」と。

だが、わしなら、こうは言わぬ。わしの立場はこうだ。「この世界のまるごとが、そのまま一箇の解脱の法門なのだ。そこに理屈をつけてはならぬ。かくて、ある時は山を山とせず、水を水とはしないのだ」と。諸君、我らはたがいに大の男、他人の惑わしを蒙ってはなるまいぞ。

古人はいう、世界はありのままで、まるごと真実の現成だ。だから、「仏法」による意味づけなどやめて、山をただ山と見、水をただ水と見ればよいではないか、と。これは典型的な「無事」の主張である。しかし、真浄はこのような古人の立場に反対し、世界はありのままで真実の現成だ、だからこそ、「有る時」には、山が山でなく、水が水でないという境地もなければならぬ、そう言うのである。

ここで古人の言とされている説は、別の上堂では、雲門の語と名指しして次のように批判されている。

上堂。挙、雲門大師云、「尽大地是箇解脱門、枉作仏法会却。何不見山是山、見水是水？」師云、「大小雲門錯下名言、好与三十棒。如今既不喚作山、不喚作水、又喚作什麼？　若有明眼衲僧辨得出、三十棒却還泐潭。若辨不出、三十棒分付闍梨」。喝一喝、下座。（同、巻四十四「住金陵報寧語録」、頁八四一）

上堂。挙《こ》す、雲門《うんもん》大師云く、「尽大地《じんだいち》は是れ箇の解脱《げだつ》の門なるに、枉《いたず》らに仏法の会《え》を作《な》し却《さ》る。何ぞ山を見て是れ山とし、水を見て是れ水とせざる?」と。師〔真浄〕云く、「大小《さしも》の雲門も錯《あやま》りて名言《ことば》を下し、三十棒を与うるに好《よ》し。如今《いま》、既に喚《よ》びて山と作《な》さず、喚びて水と作さずとなれば、又た喚びて什麼《なに》とか作す。若《も》し明眼の衲僧《のうそう》有りて辨得出《みきわめう》れば、三十棒は却って泐潭《わし》に還《かえ》さん。若し辨不出《みきわめえざ》れば、三十棒は闍梨《そなた》らに分付せん」。喝一喝して、下座《あざ》す。

雲門大師が言うておられる。「この世界のまるごとが、そのまま一箇の解脱の法門なのだ。だのに、人々は、そこに空しく〝仏法〟の理屈をつけてしまっている。どうして、ただありのままに、山を山と見、水を水と見ることをしないのだ」と。

これを取りあげて真浄禅師いわく、「雲門ともあろうお人が、かような誤った言葉を用うるとは、三十棒もいいところだ。今、山を山と呼ばず、水を水と呼ばずとなれば、さあ、いったい何と呼ぶか。もし、具眼の修行僧がここのところ（山を山と呼ばず、水を水と呼ばぬところ）を見極めたなら、三十棒はわしのものだ（わしは雲門の立場を批判する資格をもつ）。だが、それができなければ、三十棒は諸君に委ねねばなるまい（逆に自分のほうが厳重な罰棒を食らわねばなるまい）。

かくて一喝の後、座を下りられたのであった。

右の二つの上堂において、真浄は、「山は山、水は水」という0度の無事への反措定として、「山を山とよばず、水を水とよばぬ」という一八〇度の反転の境位を対置する。ここでは、両者はなお二項対立的である。圜悟はこの説をうけつぎつつ、さきの第二則・頌評唱において、両者を対立的でなく、高次の「無事」とその応用というかたちに改めて並列しなおし、なおかつ全体を、前者によって後者を包摂するという論旨に再構成しているのであった。その接合はいささか唐突の感をのこすものではあったが、これが整合的な形に統一されれば、かの円環の図式となるであろうことは想像に難くない。翻って言えば、これはかの円環の論理が、それまで対立的に措定されていた0度と一八〇度——ここでいえば雲門の立場と真浄の立場——を止揚するという、現実的動機から出発したものであることを物語っているのではなかろうか。

三　真浄克文の無事禅批判

圜悟がそのような企図を抱くに至った経緯を考えるには、まず、その前提となる真浄克文の所説を看ておく必要がある。真浄の無事批判の背景について、大慧の『宗門武庫《しゅうもんぶこ》』が次のように語っている。

照覚禅師自泐潭移虎谿、乃赴王子淳観文所請。開堂後、百廃並挙、陞堂小参入室無虚日。嘗言、「晦堂真浄同門諸老、秖参得先師禅、不得先師道」。師曰、蓋照覚以平常無事不立知見解会為道、更不求妙悟。却将諸仏諸祖、徳山臨済、曹洞雲門真実頓悟見性法門為建立。『楞厳経』中所説「山河大地皆是妙明真心中所現物」為膈上語、亦是建立。以古人談玄説妙為禅、誣謂先聖聾瞽後昆。眼裏無筋、皮下無血之流、随例顚倒、恬然不覚。真可憐憫！……所以、真浄和尚小参云、「今時有一般漢執箇平常心是道以為極則。天是天、地是地。山是山、水是水。僧是僧、俗是俗。大尽三十日、小尽二十九。並是依草附木、不知不覚一向迷将去。忽若問他我手何似仏手、便道是和尚手。我脚何似驢脚、便道是和尚脚。人人有箇生縁、那箇是上座生縁、便道某是某州人事。是何言歟！　且莫錯会。凡百施為、秖要平常一路子以為穏当、定将去合将去、更不敢別移一歩、怕堕落坑塹。長時一似生盲底人行路。一条杖子、寸歩拋不得、緊把著憑将去」。晦堂和尚謂学者曰、「你去廬山無事甲裏坐地去！　而今子孫門如死灰、良可歎也。」（『宗門武庫輯釈』臨川書店・禅学典籍叢刊四、二〇〇〇年、頁四〇八上／大正四七―九四八上）

右の中略の部分（『円覚経』が引用されている）を境として、前後二段に分けて読んでみる。

照覚禅師（東林常総《とうりんじょうそう》）の泐潭《ろくたん》より虎谿《こけい》に移れるは、乃ち王子淳観文の請ずる所に赴けるなり。開堂の後、百廃並《すべ》て挙《おこな》い、陞堂《しんどう》・小参《しょうさん》・入室《にっしつ》に虚日無し。嘗て言く、「晦堂・真浄ら同門の諸老は、秖《た》だ先師（黄竜慧南）の〝禅〟に参得せるのみにして、先師の〝道〟を得ず」と。師（大慧）曰く、蓋《けだ》し照覚は平常無事、知見解会を立てざるを以って〝道〟と為し、更に妙悟を求めず。却って諸仏諸祖、徳山・臨済、曹洞・雲門の真実頓悟見性の法門を将《も》って建立と為す。『楞厳経』中に説く所の「山河《せんが》大地《だいち》は皆な是れ妙明真心中所現の物なり」をも膈上《かくじょう》語と為し、亦た是れ建立なりとす。古人の談玄説妙を以って〝禅〟と為し、先聖を誣謗し後昆を聾瞽ならしむ。眼裏に筋《すじ》無く、皮下に血《ち》無きの流《やから》、随例《ひとしなみ》に顚倒し、恬然《てんぜん》として覚《さと》らず。真《まこと》に憐憫《あわれ》む可し！　……

照覚禅師こと東林常総（嗣黄竜慧南）が、泐潭寺から虎谿（廬山東林寺）に移ったのは、観文の王子淳（名は韶、黄竜慧南に嗣法した居士）の招請に応じたものであった。開堂ののちは、あれこれのつまらぬ事を全部やり、やれ上堂、やれ小参、やれ入室と、寧日も無いありさまであった。その照覚禅師が、ある時、次のように言っている、「晦堂祖心《まいどうそしん》にせよ、真浄克文にせよ、わが同門の諸禅師たちは、みな先師黄竜慧南《おうりょうえなん》禅師の〝禅〟を学び得ただけで、その〝道〟を得てはおらぬのだ」（つまり、多くの同門のなかで先師の「道」を得ているのは、このわし一人だけなのだ）と。

これについて大慧禅師は言われた――彼はおそらく平常無事のままにあって、そこに知見解会を立てぬこと、それを「道」と思いなし、妙悟の追求を放棄しているのであろう。そして、逆に、徳山・臨済、曹洞・雲門ら、歴代の仏祖たちの真実の頓悟見性の法門を「建立」（方便のための仮設の教え）にすぎぬとし、『首楞厳経』にいう「山河大地はすべて妙明真心中に映出された物である」（巻二、大正一九―一一〇下）という説をも「膈上の語」（未詳、おそらく「胸臆」の語の意）であり、やはり「建立」にすぎぬとしているのである。かくして玄や妙を説く古人の言を「禅」と看なし（「道」でなく所詮「禅」にすぎぬものと看なし）、先人に無実の罪を着せ、後人の耳目をつぶす結果となっているのである。おかげで、眼力も活力も無い連中は、こぞって顛倒に陥り、しかも恬としてそれを自覚しておらぬありさまである。まことに憐れむべきことではないか！……

東林常総・真浄克文・晦堂祖心らは、みな黄竜慧南の法嗣である。しかし、常総は、他の者たちは先師の「禅」を得ただけで「道」を得てはおらぬと言う。つまり、慧南の「道」を得たのは自分だけだということだが、しかし大慧に言わせれば、常総のいう「道」とは、つまるところ、「心性」「玄妙」を説く「仏道」「禅道」の世界を廃し、開悟を求めず、平常無事に自足するというありかたにすぎないのであった。第五十三則「百丈野鴨子」の本則評唱冒頭で、圜悟は「本より迷悟無し。且《しば》らく箇の〝悟門〟を作り、〝此の事〟を建立せるのみ」という説を厳しく批判していたが、それもこの種の説に向けられたものだったのである（本章第二節「三　若し用って建立の会を作さば」参照）。

大慧の話はつづく――

　所以に、真浄和尚（真浄克文）小参して云く、「今時、一般の漢《やから》有り、箇の〝平常心是道《びょうじょうしんぜどう》〟に執して以って極則《ごくそく》と為す。天は是れ天、地は是れ地。山は是れ山、水は是れ水。僧は是れ僧、俗は是れ俗。大尽《だいのつき》は三十日、小尽《しょうのつき》は二十九、なりと。並《すべ》て是れ依草附木《えそうふぼく》、知らず覚えず一向《ひたすら》に迷い将《ゆ》去く。忽若《も》し他《かれ》らに〝我が手は仏手に何似《いずれ》ぞ〟と問わば、便ち道《いわ》く〝是れ和尚が手なり〟。〝我が脚は驢脚に何似《いずれ》ぞ〟、便ち道《いわ》く〝是れ和尚が脚なり〟。〝人人、箇の生縁《しょうえん》有り、那箇《いずれ》か是れ上座《そなた》の生縁〟、便ち道く〝某《それがし》は是れ某州の人事〟と。是れ何たる言ぞ歟《や》！ 且《まず》は錯《あやま》りて会《え》する莫《なか》れ。凡百《あらゆ》る施為《いとなみ》に、秪《た》だ〝平常《びょうじょう》〟の一路子《ひとすじ》をのみ要《もと》めて以って穏当と為し、定め将去《ゆき》、合せ将去《ゆき》、更に敢えて別に一歩をも移さず、坑塹《こうざん》に堕落《おち》んことを怕れ、長時《とこしなえ》に一《ひと》えに生盲《めしい》底の人の路を行くが似《ごと》く、一条の杖子《つえ》をば寸歩も抛《はな》し不得《えず》、緊《しか》と把著《つか》みて憑《すが》り将去《ゆ》くのみ」と。晦堂和尚、学者に謂いて曰く、「你《なんじ》ら〝盧山の無事《ぶじ》甲裏〟に去《ゆ》きて坐地《すわ》り去れ！ 而今《いま》や子孫、門、死灰の如し、良《まこと》に歎《なげ》く可《べ》し」と。

だからこそ、真浄克文禅師は小参でこう説いているのだ。「昨今、ある種の者たちは〝平常心是道〟を究極の一点として執着し、このように説いている。天は天、地は地。山は山、水は水。僧は僧、俗は俗。大の月は三十日、小の月は二十九日（つまり、すべては、ただあるがままである）と。こうした手合いはすべて草木にとりすがる亡霊のようなもの、知らず知らず、ひたすら迷いつづけてゆくのみである。そういう連中に（いわゆる〝黄竜三関〟をとりあげて）〝我が手は仏の手に比べて如何〟と問えば、ただちに〝和尚の手にござる〟。〝我が脚は驢馬の脚に比べて如何〟と問えば、〝和尚の脚にござる〟。〝人それぞれに生まれ故郷あり、そなたの本来の家郷は何処ぞ〟と問えば、〝それがし、ドコソコ州の産にござる〟などと答えるありさま。まったく、何たる言いぐさか！

ともかく誤解してはならぬ。彼らは、何事につけ〝平常〟の一本道を求めて穏当とし、それにぴたりと合致して一歩もはずれぬようにと恐れ、穴や溝にはまってはとビクビクしてばかりいる。そのさまはまるで盲人の如くであり、（平常無事という）一本の杖を片時も手放せぬまま、それにしがみつき続けるのである」と（以上、真浄の語は『古尊宿語録』巻四十四「住金陵報寧語録」に見える。中華書局点校本、頁八四八）。

また晦堂祖心禅師も門下の修行者にこう説いている。「汝らみな〝廬山の無事の甲羅〟（東林常総の無事禅）のうちに腰

（未検）。

を落ち着けてしまうがよい！　おかげで今や、祖師の法孫はみな絶え果ててしまった。実に嘆かわしい限りだ」と東林常総《とうりんじょうそう》から先師の「道」を知らぬと断ぜられた真浄克文や晦堂祖心は、逆に常総を、平常無事の一点にしがみつく無事禅の見解にすぎぬと批判しかえしているのである。

東林常総を念頭におく右のごとき真浄克文《しんじょうこくぶん》の無事禅批判がのちに圜悟や大慧の禅の形成に大きな影響を及ぼしていった状況は、すでに土屋太祐の左記の諸研究が詳論している。

「真浄克文の無事禅批判」（『印度学仏教学研究』五一―一、二〇〇二年）

「北宋期禅宗の無事禅批判と圜悟克勤」（『東洋文化』第八三号「特集中国の禅」、東京大学東洋文化研究所、二〇〇三年）

「公案禅の成立に関する試論――北宋臨済宗の思想史」（『駒澤大学禅研究所年報』第一八号、二〇〇七年）

『北宋禅宗思想及其淵源』（儒道釈博士論文叢書、巴蜀書社、二〇〇八年）

これらの研究から、今、当面の問題にかかわる点を取り出して単純化すれば、ほぼ次のように要約することができるだろう。

（一）　西口芳男「黄竜慧南の臨済宗転向と泐潭懐澄」（『禅文化研究所紀要』第一六号、一九九〇年）によれば、雲門下四世の懐澄の法が無限の向上という雲門本来の精神を失って、「如然な現成、天然自然のありよう」を「安易な落ち着き場所」とする無事禅的宗風に堕しており、それが黄竜慧南の、雲門宗から臨済宗への転向をもたらした。

（二）　そうした経緯から、慧南自身には無事禅的宗風と無事禅批判の観点の双方が並存していた。

（三）　うち無事禅の傾向は慧南門下の東林常総にうけつがれて「照覚平実の旨」と称される宗風となり、いっぽう後者の論点は、同じく慧南の法嗣である真浄克文に継承され、痛烈な東林常総批判として展開された。

（四）圜悟は若き日、無事禅の宗風に深く染まっていたが、真浄克文や五祖法演《ほうえん》の影響によってそれを打破し、無事禅批判の観点を獲得した。

（五）だが、圜悟は、無事を一方的に破棄するのでなく、それを、大悟を経たうえで「本来無事」に立ち返る、という円環の論理に止揚し、北宋期の禅に高次の総括を与えたのであった。

真浄の説示を、圜悟がさきの第二則・頌評唱で看たような形に改変し再構成したことは、右のような歴史的経緯を集約的に反映したものと考えられる。

真浄は「山は是れ山、水は是れ水」という立場を雲門の語として批判しているが、雲門の語録にそのとおりの言葉は見当たらない（「尽大地是箇解脱門」の句は、むしろ雲門の師の雪峰の語としてよく引かれている）。西口論文が考証するような時代状況を勘案するならば、この語は、或いは、雲門宗の人々が「無事」禅を主張するために雲門に仮託した言であったかも知れないし、逆に真浄がそうした風潮を批判する為に雲門に仮託したものだった可能性もある。いずれにせよ、圜悟は右に見たような真浄の論を引き継ぎつつ、こんどは「山是山」云々という雲門の言（厳密にいえば雲門に仮託された言）と「有時見山不喚作山」云々という真浄の言を強いてつなげて一人の「古人」の説としたわけだが、それは無事禅批判と真の「無事」との統合という北宋期の禅門の共通の課題に、彼が自分なりの解決を与えようとした苦心の結果だったのである。

四　圜悟の経歴と「無事」

では、圜悟はなぜ、両者の止揚を目指したのか。実はこれは、圜悟にとって一般的な理論上の問題でなく、自らの修行の経歴と密着した、切実かつ深刻な一身上の問題でもあった。『圜悟心要』巻下「示悟侍者」で、圜悟はその過程を自ら次のように書き記す。真浄が引いているものとは語句も趣旨も異なるが、雲門の説法にも「山は山、水は水」云々の語があって、圜悟がそれに因む自らの修行の歩みを論じたものである。

雲門示衆云、「和尚子莫妄想。山是山、水是水。僧是僧、俗是俗」。時有僧問、「学人見山是山、見水是水時如何?」雲門以手面前劃一劃、云、「仏殿為什麼従箇裏去?」旧時在衆参、見説無事禅底相伝、云、「山是山、水是水。平実更無如許事。撥去玄妙理性、免得鑿空聒撓心腸。所以雲門慈悲、開一線路指示。者僧便領覧得出来問。雲門便用後面高禅茶糊鶻突伊、遂以手劃云、〝仏殿為什麼従者裏去?〟此迺移換它也。所以、大凡只説実話是正禅。纔指東劃西是換儞眼睛。但莫信它」。但向道「我識得儞」。苦哉! 苦哉! 頓却山僧在無事界裏得二年餘、然胸中終不分暁。後来驀地在白雲桶底子脱、方猛覰見這情解死殺一切人、生縛人家男女、向無事界裏胸中一似黒漆、只管長無明業識、貪名取利、作地獄業、自謂我已無事了也。細原雲門意、豈只如此哉! 将知醍醐上味遇此翻成毒薬。若是真実到雲門田地、安肯如此死殺! 則其提振処併将仏祖大用大機顕示、則以手劃云「仏殿為甚従者裏去?」千聖応須倒退、便是具大解脱知見底、也須飲気呑声。山僧抑不得已、聊且露些、只知音知耳。大凡参学須実究到、絶是非、離得失、去情塵、脱知見、然後可以入此流矣。参! (新文豊出版公司、影印本、下・頁六七左/禅宗全書四一―六九〇)

一気呵成に書き下ろされた文脈だが、長いので、ここも〔1〕~〔4〕にくぎりながら読んでみる。最初は雲門の語の引用である。

〔1〕　雲門、示衆して云く、「和尚子よ、妄想《もうぞう》する莫れ。山は是れ山、水は是れ水。僧は是れ僧、俗は是れ俗」と。時に僧有りて問う、「学人《それがし》、山を見ては是れ山、水を見ては是れ水なる時は如何《いかん》?」雲門、手を以って面前に劃一劃して、云く、「仏殿、為什麼《なにゆえ》にか箇裏《ここ》従《よ》り去《ゆ》ける?」

雲門が示衆していった、「諸君、妄想してはいかん。山は山、水は水、僧は僧、俗は俗（すべてはありのまま）である」と。その時、ひとりの僧が問うた、「それがしには、山は山と見え、水は水と見えます。如何《いかが》でしょうか」。雲門は空中に手でサッと一線を引いて、いった、「なら、仏殿は、どうしてここを通り過ぎていったのか」。

字句の出入はあるが、この言はたしかに、雲門自身の語録に見える（『古尊宿語録』巻十五、中華書局点校本、頁二六二）。最後の句は語録では「三門、為什麼《なにゆえ》にか這裏《ここ》従《よ》り去《ゆ》ける?」に作り、『聯灯会要』巻二十四および『五灯会元』巻十五の各雲門章では「三門、為什麼《なにゆえ》にか仏殿に騎《またが》りて這裏《ここ》従り過ぐ?」に、また『碧巌録』第六十二則・本則評唱の引用ではこれを「三門、為什麼《なにゆえ》にか者裏《ここ》従り過ぐ?」（下・頁三八）に作っている。いずれにしても、雲門はまず「山是山、水是水」という無事の世界を呈示し、そのうえで自ら、仏殿がここを通り過ぎてゆく、あるいは三門が仏殿に馬乗りになってこの場を通り過ぎてゆく、という反転の世界——いわば天が地となり、山が水となる「心性」「玄妙」の世界——を提起しているのである。

この語を引いた上で、圜悟はこれに関わる自らの修行の経歴をふりかえる。

〔2〕　旧時、衆に在りて参ずるに、無事禅を説く底《もの》の相い伝うるを見る。云く、「山は是れ山、水は是れ水。平実にして更に如許《くさぐさ》の事無し。玄妙理性を撥《はら》い去れば、空を鑿《うが》ちて心腸《こころ》を聒撓《さわが》すを免れ得ん。所以《ゆえ》に雲門は慈悲も

て、一線路を開きて指示し、者《こ》の僧も便ち領覧し得て、出《い》で来《きた》りて問う。雲門は便ち後面の高禅を用いて伊《かれ》を茶糊鶻突《ぼんやり》せしめて、遂《かく》て手を以て劃《せんびき》して云く、〃仏殿、為什麽《なにゆえ》にか者裏従《ここよ》り去《ゆ》ける?〃と。此れ迺《すなわ》ち它《かれ》を移換するなり。所以《ゆえ》に、大凡《おおよ》そ只だ実話を説くこそ是れ正禅。纔《た》だ東に指し西に劃するは是れ儞《なんじ》の眼睛《がんぜい》を換うるのみ。但《ともか》く它《そ》を信ずる莫《なか》れ」と。但《た》だ向いて「我れ儞《なんじ》を識《し》得《れ》り」と道《い》うのみ。

ところが昔、わし(圜悟)がまだ衆僧の一員として修行していた頃、「無事禅」を説く者があって、こう教えていた——山は山、水は水。ただ「平実」であって、あれこれの仔細などありはしない。「玄妙理性」の世界(すなわち、天が地となり、山が水となる「心性」「玄妙」の世界)を捨て去れば、ありもしない道理に心を乱されることもないのである。それで雲門は慈悲心ゆえに敢えてそのことを説き示し、僧もそこのところを心得て、質問に進み出てきたのである。しかし、雲門はそこでにわかに高い調子の禅をもち出して、僧を呆けさせ、手で一線を引きながら、「仏殿はなにゆえここを通り過ぎていったか」などと言う。これは僧の面目を強引に「移換」(改造・変換)しようとしたものに外ならない。だから言うのだ、「実」なること(無事・平実)のみを説くのが正しい禅だ。(雲門のごとく)ただ、あらぬ方を指して見せるのは、汝の目玉を入れ換える(汝の面目を強いて「移換」する)ものでしかない。ともかく、そうしたやり方を信じてはならぬのだ、と。

そして、その者はわしに向かって、「我れは汝の(ありのままの)面目を看て取った」、と、その一点張りなのであった。

「平実」は「無事」と同義で、何の奇特もなく、ただ当たり前であるという意。東林常総の禅が批判的な意味で「照覚平実の旨」と呼ばれていたこと、また、圜悟が一時期、常総に参じていたらしいことは、すでに土屋論文に詳論されている（特に前掲の第二論文を参照）。そのような立場からすれば、不可解な雲門の言葉などは、本来無事の自己の面目を強いて「移換」しようとするものに外ならない。「移換」の語はこの後にもたびたび出てくるが、本来ありのままで申し分なき平常無事の自己を、無理やりに改造・変換するという意で、無事禅の側から修行や開悟を不自然な作為として批判する表現である（さきに再引した第九十八則の評唱では、「熱瞞」の語がこれと同義に用いられていた）。

圜悟もかつていち修行僧だった時代には、右のように説く「平実」の禅風に身ぐるみ捉えられていたというわけだが、五祖法演に参ずることで、その種の見解が打破されるに至る。

〔3〕苦《く》なる哉《かな》！　苦なる哉！　山僧《わし》を無事界裏に頓却《すえおき》て二年餘を得《へ》、然して胸中は終に分暁《あきらか》ならず。後来《のち》、驀地《たちまち》に白雲（五祖法演のもと）に在《おい》て桶《おけ》の底子脱《そこぬ》け、方《はじ》めて猛《はた》と覷見《みてとっ》たり、這《こ》の情解《じょうげ》の、一切人を死殺し、人家《にんけ》の男女《なんにょ》を生縛して、無事界裏に向《おい》て胸中は一《ひと》えに黒漆の似《ごと》く、只管《ひたすら》に無明業識を長じ、名を貪り利を取りて、地獄の業を作らしめ、自ら「我れ已に無事と了也《なれり》」と謂《おも》わしむるを。

ああ、苦しいかな、苦しいかな。そのおかげで、わしは二年以上も「無事界裏」に落とし込まれ、胸のうちは終始不明瞭なままであった。その後、突如、五祖法演老師のもとで桶の底がぬけるような大悟を経験し、そこで始めてバッと看て取ったのだ、そうした情識にもとづく解会（「無事」「平実」）が、いかに人々を殺し、本来、何の過不足もなき自己を生きながら縛りつけているか。そのために、その人々が、いかに「無事界裏」において、胸中、漆黒の如き無明の業識をさかんにし、そして、そのあげく、名利を貪り、地獄ゆきの業を重ねながら、自分では「我れはすでに無事なり」と思い込まされているか、ということを。

かくして圜悟は、初めに引いた雲門の語の真意を知る。

〔4〕　細かに雲門の意を原《たず》ぬるに、豈《あ》に只だ如此《かくのごとき》のみならん哉《や》！　将《も》って知る、醍醐の上味も此れに遇いては翻《かえ》って毒薬と成ると。若是《もし》、真実《まこと》に雲門の田地に到りなば、安《いず》くんぞ如此《かくのごとく》に死殺するを肯《うべな》わん！　則ち其の提振の処には併びに仏祖の大用大機を将《も》って顕示し、則ち手を以って劃して云く「仏殿、為甚《なにゆえ》にか者裏《ここ》従り去《ゆ》ける?」と。千聖も応須《かならず》や倒退すべく、便是《たと》い大解脱の知見を具《そな》うる底《もの》すら、也《な》お須《すべか》らく気《き》を飲み声《こえ》を呑むべけん。山僧抑《おさ》うるも已《や》むを得ず、聊且《いささ》か些を露わすも、只だ知音の知る耳《のみ》。大凡《およ》そ参学は須らく実究して、是非を絶し、得失を離れ、情塵を去り、知見を脱するに到るべく、然《しか》る後《のち》、此の流に入る可以《べ》けん。参ぜよ！

そもそも、よくつきつめてみれば、雲門の意が、その程度のものであろうはずがないではないか！　上々の味の醍醐も、こうした手合いの前では却って毒薬になるということが分かろうというものだ。真に雲門の境地に至ったならば、そんなふうに（「無事」で縛って）人を死なせることにはなり得ない。雲門が第一義の開示にあたって、仏祖伝来の大用大機を発揮し、手で一線を引いて「仏殿は、どうしてここを通り過ぎていったのか」と迫れば、千聖も引き下がるに相違なく、大解脱の知見を具えた者でさえ、絶句するほかはないであろう。だが、それを悟ったわしが、抑えきれずに、その一端を示してみたところ、分かってくれたのはわずか一部の知音の者に過ぎなかった。

参禅というものは、必ずや実参実究し、是非・得失を離れ、情識・知解を脱しなければならぬものだ。そうして始めてこの流れに与ることができるであろう。いざ、参ぜよ！

冒頭に掲げられた雲門の言葉には、比重はともかく、無事（0度）と超越（一八〇度）の両面がならべて開示されている。右の回想によれば、圜悟は「平実」の禅の影響の下でまずそのうちの前者に深く沈潜し、のち五祖法演との出逢いによって、一転、後者の意義を悟るに至ったというわけである。
以上の自述から、0度と一八〇度の止揚が、単なる理論上の要請でなく、圜悟自身の修行の経歴に由来するものであったことがわかる。だが、このような転換は、実は圜悟一人の偶然の経験に止まるものではなかった。『宗門武庫』には、別に次のような話も書き留められている。

円悟和尚嘗参蘄州北烏牙方禅師、仏鑑和尚嘗参東林宣秘度禅師、皆得照覚平実之旨。同到五祖室中、平生所得、一句用不著、久之無契悟。皆謂五祖強移換他、出不遜語、忿然而去。祖云、「汝去遊浙中、著一頓熱病打時、方思量我在」。円悟到金山、忽染傷寒困極。移入重病閭、遂以平生参得底禅試之、無一句得力。追繹五祖之語、乃自誓曰、「我病稍間、即径帰五祖」。仏鑑在定慧、亦患傷寒極危。円悟甦省、経由定慧、拉之同帰淮西。仏鑑尚固執、且令先行。円悟亟帰祖山。演和尚喜曰、「汝復来耶！」即日参堂、便入侍者寮。……（『宗門武庫輯釈』頁三九七下／大正四七―九四六上）

円悟〔圜悟〕和尚、嘗て蘄州《きしゅう》の北烏《ほくう》牙《が》方《ほう》禅師に参じ、仏鑑《ぶっかん》〔慧懃《えごん》〕和尚、嘗て東林の宣秘《せんぴ》度《と》禅師に参じ、皆《とも》に「照覚平実」の旨を得《う》。同《とも》に五祖の室中に到るも、平生の所得、一句も用《もち》い不著《えず》、久之《ひさし》く契悟無し。皆《とも》に五祖は強《し》いて他《かれ》らを移換すと謂《おも》い、不遜の語を出し、忿然《ふんぜん》として去る。祖〔五祖法演〕云く、「汝ら去きて浙中に遊《ゆ》び、一頓の熱病に著《かか》りて打たれし時、方《はじ》めて我を思量せん在《ぞ》」。円悟、金山に到るや、忽《たちま》ち傷寒に染《かか》りて困《くる》しみ極まる。重病の閭に移入され、遂《かく》て平生参得せる底の禅を以って之を試るも、一句の得力《とくりき》無し。追いて五祖の語を繹《おもいかえ》し、乃ち自ら誓いて曰く、「我れ病、稍《いさ》さか間《い》ゆれば、即ち径《ただ》ちに五祖に帰らん」と。仏鑑、定慧に在り、亦《ま》た傷寒を患《わずら》いて極めて危し。円悟甦省《もちなお》し、定慧を経由し、之を拉《ひ》きて同《とも》に淮西に帰らんとす。仏鑑尚《な》お固執し、且《しば》らく先に行かしむ。円悟、亟《すみ》やかに祖山に帰る。演和尚〔五祖法演〕喜びて曰く、「汝、復《ま》た来《きた》れる耶《か》！」即日参堂《さんどう》し、便ち侍者《じしゃ》寮に入る。……

圜悟和尚は蘄州の北烏牙方禅師に参じ、仏鑑慧懃和尚は東林の宣秘度禅師に参じて、ともに「照覚平実」の旨を会得していた。しかし、そろって五祖法演禅師の室内に参じてみると、それまで身につけてきたものは一句も役に立たず、長らく開悟の契機を得ることができなかった。そこで彼らは、法演老師が自分たちの本来面目を「移換」しようとしているのだと思いなし、無礼な批判の語を吐いて、立腹しながらそこを後にしてしまったのだった。

別れに際して五祖法演は言った、「浙江あたりに行って熱病にでもかかれば、そこで始めてわしのことを考えるようになるはずだ」（「～在」は断定の語気詞）。はたして圜悟は金山に到ると、傷寒の病にかかって衰弱しきった。重病人の部屋に移されたので、平生修得してきた禅によって苦境の克服を試みたが、一句として助けになるものは無かった。そこで法演禅師の言葉を反芻し、ひそかに誓った、「この病がわずかなりとも癒えたならば、まっすぐ五祖山へ帰ろう」。

いっぽう慧懃のほうは定慧寺にいたが、やはり傷寒の病にかかって重篤の危機にあった。圜悟はそこに立ち寄って、慧懃をともに連れ帰ろうとしたが、慧懃はなおも固執し、先に行ってくれと圜悟に言った。圜悟はまっしぐらに五祖山に帰る。法演はそれを見て喜んだ、「そうか、また、もどってまいったか！」圜悟はその日のうちに掛搭《かた》を許され、すぐに侍者の役を命ぜられた。……

この後、「頻呼小玉元無事、祇要檀郎認得声」という「小艶詩」の一節を契機として圜悟が劇的な大悟を遂げるという有名な一段がつづくが、今は省く。

仏鑑慧懃《ぶっかんえごん》、仏眼清遠《ぶつげんせいおん》、そして仏果《ぶっか》禅師こと圜悟克勤の三人は、のちに五祖法演門下の代表的禅匠となって「三仏」と併称される。だが、若き日には圜悟も慧懃も、ともに「照覚平実」の禅に深く参じ、それが五祖法演に通用せぬとなると、無理やりに人の面目を「移換」しようとするものだと逆恨みし、憤慨してさえいたのであった。ここにいう「照覚平実」が、東林常総らの無事禅のことであるのは言うまでもない。ここでの圜悟や慧懃の言い方は、さきの『圜悟心要』での回想に見えた「無事禅」の見解とよく一致する。その人々もやはりまた「平実」を説き、「仏殿はなにゆえここを通り過ぎていったか」という雲門の語を、人の面目を「移換」するものだと非難していたのであった。

圜悟と仏鑑慧懃については、『宗門武庫』に次のような話も見える。右に見たのと同じ経緯を、別の角度から伝えたものである。

仏鑑平時参平実禅、自負、不肯五祖、乃謂、「祇是硬移換人」。円悟云、「不是這道理。有実処、你看。我従前豈有恁麼説話来?」徐徐稍信。後来因挙「森羅及万象、一法之所印」、驀然便道、「祖師西来、直指人心、見性成仏。于今諸方多是曲指人心、説性成仏!」（『宗門武庫輯釈』頁四四八下／大正四七―九五六下）

仏鑑（慧懃）、平時より「平実」の禅に参じ、自ら負《たの》みて、五祖を肯《うけが》わず、乃ち謂く、「祇《た》だ是れ硬《し》いて人を移換するのみ」。円悟（圜悟）云く、「這《かか》る道理に不是《あら》ず。実処有り、你《なんじ》看よ。我れ従前《そのかみ》、豈《あ》に恁麼《かか》る説話《せった》有り来れる?」徐徐にして稍《ようや》く信ず。後来《のち》、「森羅《しんら》及び万象《ばんぞう》は、一法の所印」（『法句経』）を挙《こ》するに因《よ》りて、驀然《まくねん》と便ち道く、「祖師は西来して、直指人心《じきしにんしん》し、見性成仏《けんしょうじょうぶつ》せしむ。今に于《おい》ては、諸方多《おおむ》ね是れ、曲指人心し、説性成仏せしむるのみ!」と。

仏鑑慧懃は平素から「平実」の禅に参じ、その自負心ゆえに五祖法演の接化を否定して、強いて人を「移換」するものに過ぎぬと決めつけていた。だが、一足さきに無事禅の陥穽を脱していた圜悟は、慧懃にこう忠告するのであった。「そういうことではない。実なる処(実参実悟のところ)がちゃんと有る、そこを看るのだ。このわしが以前、このような言い方をしたことが有っただろうか?」と(「〜来」はかつて〜したことがある。昔のわしなら決してこんなことは言わなかっただろう、というこころ)。

そう説得されるうち、少しずつその語を信じるようになっていた慧懃は、ある時、五祖法演が「森羅及び万象は、一法の所印」(『法句経』)の一句を説くのを聞いて、突如、叫んだ、「そうだ、祖師は西来して人の心を直指し、性を見て仏と成らせたのだ。ところが今、諸方はたいてい、人の心を曲指し、性を説いて仏と成らせようとしているだけではないか!」と。

この一段のみを単独で看ると、最後の慧懃の叫びの意味は計りがたい。しかし、これまでの考察とつなげて考えるなら、これが、「平実」を説く無事禅の見解を、「祖師西来」の意を知らぬ口先だけの理屈と断じ去ったものであることが読み取れよう。ここで慧懃の回心の契機となった「森羅及び万象は、一法の所印」という『法句経』の一句は、おそらくさきの引用で大慧が言及していた『首楞厳経』の句、「山河大地は皆な是れ妙明真心中所現の物なり」と同じ意図で提起されている。山河大地、森羅万象はすべて一心の所現に外ならない。だから、既成の分節の枠組みを取り去れば、天が地となり、山が水となるような一八〇度の反転の世界――「心性」「玄妙」の世界、「仏法」「禅道」の世界――が現出しうるのであり、それを伝えることこそが「祖師西来」の真意だったというわけである。[11]

「照覚平実の旨」などと称される東林常総らの無事禅に没入し、その後、五祖法演の鉗鎚によって、ようやく大徹大悟の禅に転向するという経歴、それは圜悟一人のものではなく、仏鑑慧懃によってもたどられるべきものであった。

むろん同門の相弟子どうしの話であるから、これを以ってただちに北宋期禅門の一般的傾向と認めるのは早計であろう。しかし、少なくとも、こうした回心が一回かぎりの偶然の出来事でなく、ある種必然的な道筋であること、そして、それゆえ圜悟一人の経験にとどまらず、ひろく他者の追体験が可能な一般性を具えたものであったことがここに示唆されている。(12)

「三仏」ののこる一人、仏眼清遠にも次のような上堂がある。

上堂。「三日不相見、莫作旧時看。山僧近来非昔人也。天是天、地是地、山是山、水是水、僧是僧、俗是俗。別也！　非昔人也」。有人問、「未審已前如何？」「山僧往時、天是天、地是地、山是山、水是水、僧是僧、俗是俗。所以迷情擁蔽、翳障心源。如今別也。或有人出来道〝某甲亦如和尚、天是天、地是地、山是山、水是水、僧是僧、俗是俗、還得否？〟、不可！　直是未在。還有揀辨得麼？　若揀得、是上座道眼円明。若揀不得、〝絲竹喧天船上楽、綺羅照水岸辺人〟。珍重」。（『古尊宿語録』巻二十七「舒州竜門仏眼和尚語録」一、中華書局点校本、頁五〇八）

上堂。「三日相《あ》い見《あ》わざれば、旧時の看を作《な》す莫《なか》れ。山僧《われ》、近来、昔の人に非《あら》ざる也《なり》。天は是れ天、地は是れ地、山は是れ山、水は是れ水、僧は是れ僧、俗は是れ俗。別也《なり》！　昔の人に非ざる也」。人有りて問う、「未審《しら》ず、已前は如何？」「山僧《われ》、往時、天は是れ天、地は是れ地、山は是れ山、水は是れ水、僧は是れ僧、俗は是れ俗。所以《ゆえ》に迷情擁蔽《おお》い、心源を翳障《さえぎ》る。如今《いま》は別也。或《も》し人《ひと》有り、出で来りて〝某甲《それがし》も亦《ま》た和尚の如く、天は是れ天、地は是れ地、山は是れ山、水は是れ水、僧は是れ僧、俗は是れ俗なれば、還《は》た得《よ》し否《や》？〟と道《い》わば、不可なり！　直《た》だ是れ未在《いまだし》。還《は》た揀辨《みわ》け得《う》る有り麼《や》？　若《も》し揀《みわ》け得れば、是れ上座《そなた》、道眼円明なり。若《も》し揀《みわ》け不得《えざ》れば、〝絲《し》竹《ちく》、天を喧《さわが》す船上の楽、綺羅《きら》、水に照《うつ》る岸辺《きしべ》の人〟とならん。珍重《ちんちょう》。

上堂していう、「三日見《まみ》えざれば、昔と同じ看方をする莫れ。わしも近頃は、すでに昔のわしではない。今や、天は天、地は地、山は山、水は水、僧は僧、俗は俗、である。すっかり変わった！　もはや昔のわしではない」。

そこである者が問う、「しからば、以前は、どのようでいらしたのでしょうか」。「わしは、昔、天は天、地は地、山は山、水は水、僧は僧、俗は俗、であった。そのため迷妄に覆われ、心源を遮られておった。だが、今は違う。もし、誰ぞが出てまいって、〝それがしも和尚と同じく、天は天、地は地、山は山、水は水、僧は僧、俗は俗、でございますが、それでよろしいか？〟と問うたなら、それはダメだ！　それでは、ともかく、まだまだなのだ。

さあ、この違いを見分けられる者はおるか。もし見分けられたら、それはそなたの道眼が明らかだということだ。もし見分けられぬなら、〝笛や弦の音が天までとどく、船上のしらべ。きらびやかな衣装を水面に映しながら、それを遠くながめる岸辺の人〟――めでたき風光を目の当たりにしながら、それを我が物となしえぬ憐れな傍観者――となり下がるほかはないであろう。以上、ご苦労であった」。


これも、単独では、意味不明の謎かけのようにしか見えない。だが、かの円環の論理を踏まえて読めば、思い半ばに過ぐるものがあろう。圜悟の問題意識が、少なくとも彼一人にとどまらず、同時代の禅者たちにある範囲で共有されていたことが、この一段からもうかがわれる。

圜悟はこうした自分達の経験と問題意識を総括し、最終的に、かの円環の論理を提起するに至った。さきの青原惟信《せいげんいしん》の語から推せば、くだんの円環の論理は必ずしも圜悟個人の独創ではないらしい。だが、圜悟は、説明の便宜のために既成の図式を借用したのではない。円環の論理をまとまった図式として示すことが無く、それぞれの文脈に応じてその論理を自在に運用していることが、そのことを証している。まず深く無事（0度）の禅を体得し、そのうえでその対極にある超越（一八〇度）の禅に徹底して自らの立場を確立した圜悟、彼はそうした自身の経験を総合し、その両極の止揚を果たそうとして、くだんの円環の論理を選び取り、主体的に活用したのである。この円環は、「平実」の禅への惑溺→五祖法演のもとでの大悟→高次の「無事」への回帰、という圜悟自身の経歴と密接に重なり合い、と同時に、圜悟一人にとどまらぬ一般性を具えた問題への解答ともなっていた。逆にいえば、圜悟は同時代の共通の課題を、一般論としてでなく、己れ一身の切実な問題として克服することで、かえって北宋期の禅門の巨視的な動向を尖端的に代表しうることとなったのであった。

無事と大悟、現実に対する肯定と超越——両者の止揚は北宋期の禅宗の共通の課題であり、圜悟の円環の論理は、それに対する最も説得力ある解答としてその後の禅門に定着する。それはさらに二〇世紀の禅言説にまでひきつがれ、序論でとりあげた井筒俊彦の「分節（Ⅰ）→無分節→分節（Ⅱ）」の説も、また第三章で論ずる鈴木大拙の「般若即非《はんにゃそくひ》の論理」も、ともにこの円環の論理を応用し現代的に展開したものに外ならなかった。

道元の『正法眼蔵』山水経は、次の一文を以て結ばれている。これもまた、宋代禅における以上のような議論をふまえたものだったのではなかろうか。

古仏云《いわく》、「山是山《さんぜさん》、水是水《すいぜすい》」。
この道取《どうしゅ》は、やまこれやまというにあらず、山これやまというなり。しかあれば、やまを参究すべし、山を参窮すれば山に功夫《くふう》なり。かくのごとくの山水、おのずから賢をなし、聖《しょう》をなすなり。（岩波文庫、二・頁二〇四／傍点、引用者）

（1）　圜悟自身が「無事禅」の語を用いた例は、後の引用に見える。ここは圜悟以前の禅者の使用例として、大慧『宗門武庫』巻一から次の例を挙げておく。

翠巌真点胸、嘗罵舜老夫説無事禅。石霜永和尚、令人伝語真云、「舜在洞山、悟古鏡因縁如此。豈是説無事禅。你罵他自失却一隻眼。……」（『宗門武庫輯釈』臨川書店・禅学典籍叢刊四、二〇〇〇年、頁三九四下／大正四七―九四五下）

翠巌真点胸〔翠巌可真／嗣石霜楚円〕、嘗て舜老夫〔雲居舜老夫／嗣洞山暁聡〕を無事禅を説くと罵る。石霜永和尚〔石霜法永／嗣汾陽善昭〕人をして真に伝語せしめて云く、「舜は洞山に在《おい》て古鏡の因縁を悟りて如此《かくのごと》し。豈《あ》に是れ無事禅を説くならん！　你《なんじ》、他《かれ》を罵れば、自ら一隻眼《かためＩ》を失却《うしな》わん……」。

（2）趙州の語録には『信心銘』のこの句に言及した問答が四則見え、その一つが『碧巌録』に第五十九則「趙州何不引尽」として採られている。いわく、

挙、僧問趙州、「〝至道無難、唯嫌揀択〟。才有語言是揀択。和尚如何為人《いにん》？」州云、「何不引尽這語？」僧云、「某甲只念到這裏」。州云、「只這〝至道無難、唯嫌揀択〟」。（下・頁二二六）

挙《こ》す、僧、趙州に問う、「〝至《し》道無《どうぶ》難《なん》、唯嫌揀択《ゆいけんけんじゃく》〟。才《わず》かに語言有らば是れ揀択《けんじゃく》。和尚、如何《いか》にか為人《いにん》す？」州云く、「何ぞ這《こ》の語を引き尽《つ》くさざる？」僧云く、「某甲《それがし》は只だ念《よ》みて這裏《ここ》に到れるのみ。」州云く、「只《まさ》に這《こ》れぞ〝至道無難、唯嫌揀択〟なり」。

（3）『景徳伝灯録』巻十九・雲門文偃章

待老和尚口動、便問禅問道、向上向下、如何若何。大巻抄了、塞在皮袋裏卜度。到処火鑪辺三箇五箇聚頭、口喃喃挙更道、「這箇是公才語」。「這箇是従裏道出」。「這箇是就事上道」。「這箇是体語」。体你屋裏老爺老嬢」。噇却飯了、只管説夢便道、「我会仏法了也」。（頁三八四上）

老和尚の口の動くを待ちて、便ち「禅」を問い「道」を問い、「向上は、向下は」「如何《いかん》、若何《いかん》」という。大巻に抄《うつ》し了るや、皮袋裏《ひたいり》に塞在《つめこみ》て卜度《ぼくたく》し、到処《いたるところ》、火炉辺《いろりばた》にて三箇五《さんにんご》箇《にん》と頭《こうべ》を聚《あつ》め、口喃喃《ぺちゃくちゃ》と挙《とりあ》げて更に道《いわ》く、「這箇《これ》は是れ公才の語」「這箇《これ》は是れ裏従《うちよ》り道《い》い出《いだ》せるなり」「這箇《これ》は是れ事上に就《つ》きて道《い》えるなり」「這箇《これ》は是れ体語、你《なんじ》屋裏の老爺老嬢《ちちはは》を体せるなり」と。飯《めし》を噇却《くら》い了《おわ》るや、只管《ひたす》ら夢《ねごと》を説《い》いて便ち道く、「我れ〝仏法〟を会《え》し了也《おわれり》」と。

（4）『景徳伝灯録』雲門章

此箇事若在言語上、三乗十二分教豈是無言語？　因什麼更道教外別伝？（頁三八〇上）

〝此箇《こ》の事〟若《も》し言語上に在らば、三乗十二分教は豈《あ》に是れ言語無からんや。什麼《なに》に因《よ》りてか更に教外別伝と道《い》わん。

（5） 実際は浮山法遠でなく、楽普（洛浦・落浦）元安の語。『景徳伝灯録』巻十六・楽普章に次のように見える。
師示衆曰、「末後一句、始到牢関。瑣断要津、不通凡聖。欲知上流之士、不将祖仏見解貼在額頭。如霊亀負図、自取喪身之本」。又曰、「指南一路、智者知疏」。（頁三二九上）
師示衆《じしゅう》して曰く、「末後《まつご》の一句、始めて牢関《ろうかん》に到る。要津《ようしん》を瑣《さ》断《だん》して、凡聖を通ぜしめず。上流の士を知らんと欲さば、祖《そ》仏《ぶつ》の見解《けんげ》を将《も》って額頭《ひたい》に貼在《はりつけ》ざれ。霊亀の図《と》を負うが如く、自から喪身《そうしん》の本《もと》を取らん」。又た曰く、「指南の一路、智者は疏《とお》きを知る」。

（6） 『圜悟仏果禅師語録』巻六・上堂六にも理想としての「無事」の境位が次のように鼓腹撃壌ふうにうたわれており、この表現と通じあう。
忽遇其中人、却没許多般事。只是見成。所以道、「山是山、水是水。天是天、地是地。不移易一絲毫」。正当恁麼時、還委悉麼？　万邦有道帰皇化、偃息干戈楽太平。（禅宗全書四一―二四一下／大正四七―七四〇下）
忽《も》し其中《こちゅう》の人に遇わば、却って許多般《あれこれ》の事没《な》し。只だ是れ見成《げんじょう》〔あるがまま〕なるのみ。所以《ゆえ》に道《いわ》く、「山は是れ山、水は是れ水。天は是れ天、地は是れ地。一絲毫《いとひとすじ》をも移易《うつ》さず」と。正に恁麼《かくのごと》き時に当りて、還《は》た委悉《し》る麼《や》？――万邦に道《みち》有りて皇化に帰し、干戈《いくさ》偃息《やみ》て太平を楽しむ。

（7） 入矢義高訳・岩波文庫本、頁一四一。〝　〟内は懶瓚『楽道歌』からの引用。

（8） 第九則の本則評唱はもう少しつづくが、主要な論点はすでに尽くされているので、本文では以下の引用を省略する。のこる部分は次のとおり。
〔4〕 不見古人道、「心是根、法是塵。両種猶如鏡上痕。痕垢尽除光始現。心法双亡性即真」。到這裏自然浄躶躶、赤洒洒。若拠極則処所論、也未是安穏処在。到這裏、人多打入無事界中、仏也不礼、香也不焼。似則是、争奈脱体不是。才問著却是始到、撈著便参差、七花八裂、坐在空腹高心処。到臘月三十日換手槌（＝搥）胸、已遅了也。這僧問趙州、「如何是趙州？」州云、「東門、南門、西門、北門」。且作麼生摸索？　恁麼也不得、不恁麼也不得。畢竟如何？　這些子是難処。如侍者一日報趙州云、「大王来也」。州離座云、「喏、喏」。者云、「未到。在三門下」。州云、「又道来也」。南禅師云、「侍者只知報客、不知身在帝郷。趙州老婆心切、不覚入泥入水」。参到這裏、不妨奇特。（上・頁四六）
不見《みず》や、古人道く、「心は是れ根、法は是れ塵。両種は猶《な》お鏡上の痕《あと》の如し。痕垢尽《ことごと》く除きて光《ひかり》始めて現る。心法双《ふたつなが》ら亡じなば性《しょう》即ち真なり」（永嘉玄覚『証道歌』）と。這裏《ここ》に到らば自然《おのず》と浄躶躶《きれい》、赤洒洒《さっぱり》とならん。若《も》し極則《ごくそく》の処に

拠《よ》りて論ずる所なれば、也《な》お未だ是れ安穏《あんのん》の処在ならず。這裏《ここ》に到るや、人《ひと》多く無事界中に打入《たにゅう》して、仏も也《ま》た礼せず、香も也《ま》た焼かず。似たることは則ち是《しか》るも、脱体《まるごと》不是なるを争奈《いかん》せん。才《わず》かに問著するや却って是れ始めて到り、撈著《さつじゃく》せば便ち参差《いりみだ》れて、七花八裂、空腹高心の処に坐在せん。臘月三十日《いまわのきわ》に到り換手搥胸《なげきかなしむ》も、已《すで》に遅了也《おそし》。這《こ》の僧、趙州に問う、「如何《いか》なるか是れ趙州？」州云く、「東門、南門、西門、北門」と。且《まず》は作麼生《いかに》か摸索せん？　恁麼も也《ま》た得《よか》らず、不恁麼も也た得らず。畢竟如何？　這《こ》の些子《さし》は是れ難処。如《たと》えば侍者、一日、趙州に報《しら》せて云く、「大王来也《きたれり》」。州、座を離れて云く、「喏《ははあ》、喏《ははあ》」。者云く、「未だ到らず。三門の下に在り」。州云く、「又た道う来也《きたれり》と」。南禅師云く、「侍者は只だ客を報《しら》すを知るのみにして、身《わがみ》の帝郷に在るを知らず。趙州、老婆心切にして、覚えず入泥入水せり」と。参じて這裏《ここ》に到らば、不妨《はなは》だ奇特なり。

（9）　第一章第一節で論じたとおり、唐代禅において「祖師西来意」の語は「即心是仏」を含意し、つまりは、ありのままの自己をありのままに肯うことを旨としていた。それがここでは、平常無事の状態を打破し、山が水となり、水が山となる、という超越的世界を大悟せしめることが「祖師西来」の真意だったのだとされており、旨趣の完全な反転が起こっている。第七十六則「金牛飯桶」（流布本では第七十四則）の本則評唱にも次のようにある。

祖師西来時、題目道什麼？　「教外別伝、単伝心印」。古人方便、也只要教儞会去。有者道、「那裏有許多事？　熱則承涼、寒則向火。飢則喫飯、困則打眠」、即落在常情。不知古人向二六時中、要明此事。（下・頁七七）

祖師西来の時、題目に什麼《なに》とか道《い》える？　「教外別伝《きょうげべつでん》、単伝心印《たんでんしんいん》」と。古人の方便も、也《ま》た只《た》だ儞《なんじ》をして会《さと》り去らしめんことを要《もと》むるのみ。〔しかるに〕有る者は「那裏《いずく》にか許多《あれこれ》の事有らん？　熱ければ則ち涼を承《と》り、寒ければ則ち火に向《あた》る。饑《う》えれば則ち飯を喫し、困《つか》れなば則ち打眠《ねむ》るのみ」と道《い》いて、即ち常情に落在す。知らざるや、古人の二六時中に向《おい》て、「此の事」を明かさんと要せるを。

祖師達摩が西来した際、なんという口号が標榜されていたか。そう、「教外別伝、単伝心印」である。先人たちがのこした方便も、汝らに悟りきらせようとしたものでしかないのである。ところが、有る者どもは、「どこにあれこれの事がある。熱ければ涼み、寒ければ火にあたり、ハラがへれば飯を食い、くたびれたら眠るのみ」などと言って、簡単に「常情」に落ちている。先人たちが二六時中、究極の一事を究明せんとしていたことを、知らぬのか！

「那裏《いずく》にか許多《あれこれ》の事有らん？」は、あれこれの事など無いという意の反語で、要するに、本来無事の言い換えである。それにつづく「熱ければ則ち涼を承《と》り、寒ければ則ち火に向《あた》る。饑《う》えれば則ち飯を喫し、困《つか》れなば則ち打眠《ねむ》るのみ」が、典型的かつ定型的な平常無事の表現であることは言うまでもない（第一章第一節「四　平常無事」の条、参照）。ここでそれを「常情」と言っているのは、いま読んでいる第九則の評唱において、同種の説が「情解計較」「情識計較」と断ぜられているのと同義である。それと対立するのが祖師西来で、祖師西来の意は昼夜を通じて「此の事」を究明し、それを「会《さと》り去る」ことをこそ要求するものだったというのである。無事を打破して、かかる大悟の体験を起こす為に、公案に「活句」として参ぜよと説くことが『碧巌録』の重要な主張となる。次節でその問題を詳論する。

（10）この一段の重要性は、末木文美士「禅の言語は思想を表現しうるか——公案禅の展開」（『思想』第九六〇号「禅研究の現在」、岩波書店、二〇〇四年四月）によって指摘された。ただし、この一段の読みについては問題をのこすように思われる。小川「『碧巌録』雑考（二十）」（『禅文化』第二〇四号、二〇〇七年四月）参照。『続・語録のことば』未収。

（11）『碧巌録』において「祖師西来」の語は常にそのような意味で用いられている。前注（9）参照。

（12）以上の経緯は、『嘉泰普灯録』巻十一・仏鑑慧懃章に次のように要約されている。

往来五祖之門有年。恚祖不為印挫、与円悟相継而往。及悟在金山染疾、因悔過、帰白雲、方大徹証。師忽至、意欲他邁。悟勉令挂錫、且曰、「某与兄相別始月餘。比旧相見時如何？」師曰、「我所疑者、此也」。遂参堂。一日、聞祖挙、「僧問趙州、如何是和尚家風？　曰、老僧耳聾、高声問将来。僧高声再問。州曰、儞問我家風、我却識儞家風了也」、即大豁所疑。曰、「乞和尚指示極則」。祖曰、「森羅及万象、一法之所印」。師展拝。（続蔵一三七—八九左上）

五祖（五祖法演）の門に往来すること年《とし》有り。祖（法演）の為に印挫せざるを恚《いきどお》り、円悟（圜悟）と相い継いで往く。悟（圜悟）金山に在りて疾《やまい》に染《かか》るに及び、因りて過《とが》を悔《く》い、白雲（五祖法演のもと）に帰り、方《はじ》めて大いに徹証せり。師（仏鑑）忽ち至るも、意に他へ邁《ゆ》かんと欲す。悟（圜悟）勉《はげま》して挂錫《かしゃく》せしめ、且《ま》ずは曰く、「某《それがし》、兄と相い別れて始《わず》かに月《ひとつき》餘り。旧《さき》に相《あ》い見《まみ》えし時に比べて如何《いかん》？」師曰く、「我の疑う所は、此れ也《なり》」。遂に参堂す。一日、祖（法演）の挙《こ》するを聞く、「僧、趙州に問う、如何《いか》なるか是れ和尚の家風？　曰く、老僧《われ》耳聾《とお》し、高声に問い将来《きた》れ。僧、高声に再び問う。州曰く、儞《なんじ》、我が家風を問いしに、我れ却って儞が家風を識了也《しれり》」と、（仏鑑）即ち大いに所疑を豁《ひら》かる。曰く、「乞《こ》う和尚、極則《ごくそく》を指示せよ」。祖曰く、「森羅《しんら》及び万象《ばんぞう》は、一法の所印」。師、展拝（坐具をひろげて礼拝）す。

第五節　『碧巌録』における活句の説

一　公案禅と看話禅

圜悟が無事禅に反対し、学人に大悟徹底を要求していることについて考えてきた。だが、その大悟の体験が如何にして可能となるのか、それについて、圜悟は明言していない。求道者個人の天性の資質と偶然に訪れる機縁にのみ頼るのでなく、あらゆる人に実修可能で、かつその成功が高い確率で期待できるような開悟の「方法」化、それは、圜悟の弟子、大慧宗杲《だいえそうこう》による「看話禅《かんなぜん》」の完成を待たねばならなかった。その完成については、いろいろな背景と経緯があり、その由来を単に圜悟―大慧という法系上の繋がりに還元できないことは言うまでもない。しかし、その一方、一見、趣を大きく異にする『碧巌録』評唱のなかに、やがて看話禅に結実するであろう萌芽が現れていることは、やはり注意と検討に値する。ここでは、大慧の看話禅の前史の一つとして、『碧巌録』評唱の公案の扱いについて考察を試みたい。

そもそも宋代の禅は、ひとことで言えば「公案禅」の時代である。唐代の禅問答が、いわば修行の現場で偶発的に生起する、一回性の活きた問答であったのに対し、宋代の禅門では、先人の問答が共有の古典――すなわち「公案」――として選択・編集され、それを題材として参究することが、修行の重要な項目とされるようになるのである（その萌芽はすでに『祖堂集』に見える）。参究のしかたは多様だが、それはおおむね、次のような二つの形態に整理することができる。

（一）「代別語」「頌古」「拈古」「評唱」等の語句を付すことによって「公案」の批評や再解釈を行う、いわゆる「文字禅」の風。

（二）特定の「公案」に全意識を集中することで意識を臨界点まで追いつめ、そこで意識の爆発をおこして劇的な「大悟」の体験を得させようとする「看話禅」の技法。

「公案禅」という呼称がこれまで広狭さまざまな意味で使われて議論に混乱を招いていたが——「公案禅」と「看話禅」を同義に用いている場合がしばしばあるが——自分個人としては、「公案」を扱う禅をひろく「公案禅」の名で総称し、その下位区分として「文字禅」と「看話禅」を立てるのが最も適切ではないかと考える。時代区分に即して言えば、宋代禅は「公案禅」の時代で、うち北宋期は「文字禅」が主流を占め、やがて北宋末から南宋初にかけて大慧宗杲の「看話禅」が加わってゆく、という流れとなる（「看話禅」はたいへんな勢いで禅門を席巻するが、それによって「文字禅」の営みが淘汰されるわけではない。『無門関』の無門慧開《むもんえかい》のように、「看話禅」で悟り「文字禅」で表現する、というのが南宋以降の大勢であったし、そもそも当の大慧自身、最も多くの文字作品を遺した禅僧の一人でもあった）[1]。

右の区分にあてはめて言えば、『雪竇頌古』は「文字禅」の精華であり、それの提唱録である『碧巌録』も、「文字禅」の最も代表的な作品の一つに数えられてよい。しかし、その論述の中に、すでに過去の「公案」への解釈・論評の範囲を超えた、強烈な実践への志向が垣間見えることも見逃せない。作用即性や無事に対する再三の批判は、単に同時代の風潮への憂慮の表明たるにとどまらず、それが大悟の追求という実践的目標の前提となっている点にこそ重要な意義がある。逆から言えば、現状の自己を打破して大悟の実体験を得させようとするからこそ、あるがままの自己をあるがままに肯定するという唐代禅的思考の克服が、不可避の課題とならざるを得なかったのである。『碧巌録』において、それらの論点は未だ一つの明確な焦点を結んではいない。しかし、やがて自覚的な一つの「方法」に集約されれば必然的に看話禅に帰結するであろうような要素、それがすでに圜悟の評唱のうちに萌していることを以下に考察してみたい。

二　活句に参じて、死句に参ぜず

これまで本章の考察の中で、『碧巌録』の次の各則を取りあげてきた。

第一節　第九十八則「天平行脚」
第二節　第五十三則「百丈野鴨子」
第三節　第四十五則「趙州七斤布衫」
第四節　第九則「趙州四門」

いずれも、あるがままの自己をあるがままに肯うという、いかにも唐代禅らしい原意を読み取ることが可能であり、現に圜悟の時代にもそうした理解がひろく行われていた問答であった。だが、圜悟はそうした理解を強引に斥け、字句にかまわず、公案そのものを直に悟れ、そう一貫して要求するのであった。

たとえば前節でみた第九則「趙州四門」の本則評唱〔1〕に、次のようにあったのを想起されたい。

須是《すべから》く言語を斬断し、格外に見諦し、透脱し得去るべくして、方《はじ》めて竜の水を得《う》るが如く、虎の山に靠《よ》るが似《ごと》くなる可けん。……其の実、此の事は言句《ごんく》上に在らず。所以《ゆえ》に、雲門道く、「此の事、若《も》し言句上に在《おい》て会《え》さば、三乗十二分教、豈《あ》に言句に不是《あらざ》らん？　何ぞ達摩の西来して、人心《にんしん》を直指《じきし》し、教外《きょうげ》の別伝《べつでん》を説くを須《もち》いん？」

「言語《ことば》を斬断《たちき》り、格《わく》の外に見諦《みてと》る」、それが公案に対する圜悟の基本姿勢であり、「此の事は言句上に在らず」という言い方に、我々はこのあともくりかえし出逢うことになる（それとともに右の雲門の語も、圜悟・大慧のきわめて頻繁に引く所である）。しかし、言葉を断絶するとは言っても、公案を捨てて沈黙のうちに立て籠もれというのでは全くない。第三節でみた第四十五則「趙州七斤布衫」の本則評唱〔1〕〔2〕には、次のようにあった。

「趙州布衫」、若《も》し者裏《ここ》〝一撃便行〟の処に向《おい》て会《え》さば、天下の老和尚も鼻孔《びくう》一時に穿却《うがちぬ》かれ、奈何《いかん》ともしえず、自然《おのず》と水《みず》到りて渠《みぞ》成らん。苟或《も》し躊躇せば、〝老僧は儞《なんじ》が脚跟《きゃっこん》底に在り〟。仏法が省要の処は、多言に在《かか》わらず、繁語に在《かか》わらざるなり。

者《こ》の僧の州に問うて「万法帰一、一は何処《いずこ》にか帰す」と道《い》いしに、他《かれ》〔趙州〕の却かって、「我れ青州に在て一領の布衫を作る、重さ七斤」と答道《こた》えしが只如《ごと》きは、若《も》し語上に向《おい》て辨ぜば、定盤星を錯認《みあやま》らん。語上に向《おい》て辨ぜずんば、他《かれ》〔趙州〕の恁麼《かくのごと》く道《い》えるを争奈《いかん》せん。

「我れ青州に在て一領の布衫を作る、重さ七斤」、この趙州の一句を「語句」の上で、つまり語義や文脈にしたがって解釈することは、当然いけない。「仏法が省要の処は、多言に在わらず、繁語に在わらざる」ものだからである。しかし、だからといって、この一句を無かったことにすることもできない。趙州の一句は、如何にしても否定しえぬ事実として、厳然とここに存在しているからである。では、どうせよと言うのか。いささかの「躊躇」もなく「一撃便行」し、理屈ぬきでその一句を体得すること、ただ、それだけだと圜悟は説いているのである。

同様の説は、第六十五則「外道良馬鞭影」の本則評唱でも、次のように説かれている。

「此事若在言句上、三乗十二分教、豈不是言句？　若道無言、何用祖師再来？　作什麼？」只如従上来公案、語会〔＝話会〕者不少。有者喚作良久。有者喚作拠坐。有者喚作黙然不対。且憙摸索不著。此事其実不在言句、亦不離言句。若稍有擬議、則没交渉。（下・頁四四）

「此の事、若《も》し言句《ごんく》上に在らば、三乗十二分教、豈《あ》に言句に不是《あらざ》らん？　若《も》し言無しと道《い》わば、何《なん》ぞ祖師の再《さら》に来《きた》るを用いん？　什麼《なに》か作《せ》ん？」従上来の公案の只如《ごと》きは、話会《わえ》する者、少なからず。有る者は喚《よ》びて「良久《りょうきゅう》」と作《な》し、有る者は喚《よ》びて「拠坐《こざ》」と作《な》し、有る者は喚びて「黙然《もくねん》として対《こた》えず」と作《な》す。且《ま》ずは憙《めで》たくも摸索《さぐりあ》て不著《えず》。此の事は其の実、言句に在らず、亦《ま》た言句を離れざるなり。若し稍《いささ》かも擬議《ぎぎ》有らば、則ち没交渉《かかわりなか》らん。

最後の「擬議」は、ここではさきほどの「躊躇」と同義であろう。本則に対し、理屈に合ったあれこれの意味づけをする「話会」、それを斥けながら圜悟はいう、「此の事は其の実、言句に在らず、亦た言句を離れざるなり」――究極の一事は実は言句の上にはない、しかし、言句を離れてもいないのだ、と。

では、言句の上に求めず、さりとて言句を捨ててもならぬ、となれば、どうすればよいのか。その点を端的に表すために圜悟が多用するのが、「他（須）参活句、不参死句」という成句である。たとえば、第四十八則「招慶翻却茶《しょうけいほんきゃくさ》銚《ちょう》」の本則評唱に言う。

若論此事、不在言句上、却要言句上辨箇活処。所以道、「他参活句、不参死句」。（上・頁二〇二）

若《も》し此の事を論ぜば、言句の上に在らざれど、却って言句の上に箇の活処を辨ずるを要す。所以《ゆえ》に道《いわ》く、「他《かれ》、活句《かっく》に参じて、死句に参ぜず」と。

「此の事」は言句の上にはない。しかし（だからといって、言句を無きものとするのでなく）、その言句の上に活きた要点を看取せねばならぬのだ。言句に対するそうした看方を、「活句に参じて死句には参じない」というのである（「他」「佗」は特に指す対象なく、ひろく人一般をいう虚指の用法）。

言葉にとらわれず、しかし言葉を捨てず、その言葉にあくまでも「活句」として取り組めというわけだが、ここの行文からうかがわれるように、「活句」と「死句」は、語句じたいに固有の区別ではなく、語句に対する参究のしかたの差である。すなわち、「言句の上」で有意味な解釈を加えれば、その言句は「死句」に堕する。だが、意味と関わりなく一撃で「活処」そのものを看ぬけば、同じ言句が「活句」となるというのである。『従容録』に引く潭柘亭《たんしゃこう》和尚の語に、「若《も》し死句を会《え》すれば、也《ま》た是れ活句なり。若《も》し活句を会《え》せずんば、也《ま》た是れ死句なり」とあるのも、おそらくその旨を説いたものであろう（第六則・頌評唱、禅文化基本典籍叢刊本、頁一四上）[2]。

「活句に参じて、死句に参ぜず」という右の句は、第一節で検討した第九十八則「天平行脚」の評唱にも見えた。これは公案解釈のきめの一句として『碧巌録』評唱の随処で用いられる成句であり、たとえば、第二十則「翠微禅《すいびぜん》板《ぱん》」の本則評唱にも次のように見えている。

「如何是祖師西来意?」云、「西来無意」。儞若恁麼会、堕在無事界中。所以道、「須参活句、莫参死句。活句下薦得、永無忘失。死句下薦得、自救不了」。（上・頁九七）

「如何《いか》なるか是れ祖師西来意?」云く、「西来に意無し」と。儞《なんじ》、若《も》し恁麼《そのまま》に会《え》さば、無事界中に堕在《おち》ん。所以《ゆえ》に道《いわ》く、「須《すべか》らく活句に参ずべし、死句に参ずる莫《なか》れ。活句の下に薦得《さと》らば、永《とこしな》えに忘失無からん。死句の下に薦得《さと》らば、自らをも救い不了《おおせず》」と。

「祖師西来意とは何ぞや」「西来に意無し」。この大梅法常《だいばいほうじょう》の語を文字通りに――つまり、祖師によってはじめてもたらされた西来意など存在しない、と――解するなら、「無事」のワクに落ちこむこととなる。だからこそ、こういう言葉があるのである。「活句にこそ参ぜねばならぬ。死句に参じてはならぬ。活句において悟るならば、未来永劫忘れまい。死句において悟るなら、自分自身をも救い得まい」と(3)。

ここに引かれているのが、この成句の完全な形である。この文脈において「活句」は、悟るべき「西来意」などそもそも存在しないとする「無事」の見解の対極にあるものとして提起されている。圜悟の「活句」の説が、彼の無事禅批判の主張と連繋するものであることは重要である。

「活句」の字義についてはは、時代はくだるが、明の永覚元賢《ようかくげんけん》の語録の次の例が参考になる。質問者の提起する「宗師云く」云々の句は、文脈の高い一致度から推して、この成句の言い換えと看て大過あるまい。

問、「宗師云、参禅須是参〝無義句〟、不可参〝有義句〟。従〝有義句〟入者、多落半途。従〝無義句〟入者、始可到家。是否?」曰、「〝参禅不管〝有義句〟〝無義句〟、貴在我不在義路上著倒而已。……」（『鼓山永覚和尚広録』巻二十九、禅宗全書五八―七七四下左）

問う、「宗師云く、参禅は須是《すべから》く〝無義句〟に参ずべし。〝有義句〟に参ずる可《べ》からず。〝有義句〟従《よ》り入る者は、多く半途に落つ。〝無義句〟より入る者にして、始めて家に到る可《べ》し、と。是る否《しかや》?」曰く、「参禅は〝有義句〟〝無義句〟に不管《かかわら》ず、貴ぶところは我の義路上に在て著倒せざることに在る而已《のみ》。……」

ここで「無義句」「有義句」が「活句」「死句」に相当していることは、疑いない。ここから推せば、「死句」とは理解可能な意味や論理を内包した「有義」の語、「活句」はそうした意味や論理が脱落した「無義」の語のこと、とひとまずは定義できる。ただし、それに対して永覚元賢は言う、肝要なのはそうした語句の分類でなく、自分自身が「義路」——論理・脈絡——に足をとられぬようにすることなのだ、と。これは「活句」本来の趣旨を、簡潔かつ的確に言いとめたものと言ってよい。(4)

雲門花薬欄　「活句に参じて、死句に参ぜず」、この成句の引用は『碧巌録』中に数多く、とてもすべては挙げきれない。ここでは特徴的な二、三の例を看ておこう。一つめは第三十九則「雲門花薬欄」で、本則は次のとおりである。

挙、僧問雲門、「如何是清浄法身?」門云、「花薬欄。」僧云、「便与麼去時如何?」門云、「金毛師子」。（上・頁一七二）

挙《こ》す、僧、雲門に問う、「如何《いか》なるか是れ清浄法身《しょうじょうほっしん》?」門云く、「花薬欄《かやくらん》」。僧云く、「便《まさ》しく与麼《かくのごと》く し去る時は、如何《いかん》?」門云く、「金毛《きんもう》の師子《しし》」。

僧が雲門に問う、「清浄なる法身とは如何なるものぞ」。雲門、「花薬欄——芍薬の植え込み」。「まったくそのとおりになってしまった場合は、どうでしょう」。「金毛の師子」。(5)

圜悟は、この本則評唱のなかで次のように言う。

這箇是屋裏事。莫向外卜度。所以百丈道、「森羅万像、一切語言、皆帰自己分上、令転轆轆地」。向活鱍鱍処便道。若擬議尋思、便落第二。古人道、「法身覚了無一物、本源自性天真仏」。雲門験這僧。其僧是佗屋裏人、自是久参。進云、「便恁麼去時如何？」門云、「金毛師子」。且道、是肯佗不肯佗？　是褒佗是貶佗？　巌頭道、「若論戦也、箇箇立在箭鋒」。「佗参活句、不参死句。死句下薦得、自救不了」。……将知此事不在言句上。何故？　如撃石火、似閃電光。構得構不得、未免喪身失命。（上・頁一七二）

這箇《これ》は是れ屋裏《おくり》の事。外に向《おい》て卜度《おしはか》る莫れ。所以《ゆえ》に百丈道《いわ》く、「森羅《しんら》万像《ばんぞう》、一切語言、皆な自己の分上に帰して、転轆轆地《てんろくろくち》ならしむ」と。活鱍鱍《かっぱつぱつ》の処に向《おい》て便ち道《い》え。若し擬議《ぎぎ》し尋思《じんし》せば、便ち第二に落ちん。古人道《いわ》く、「法《ほっ》身《しん》覚了せば無《む》一物《いちもつ》、本源自性《じしょう》天真仏」と〔永嘉玄覚『証道歌』〕。雲門、這《こ》の僧を験《ため》す。其の僧も是れ佗《かれ》〔雲門〕の屋裏の人、自《もと》より是れ久参なれば、進《かさ》ねて云く、「便《まさ》しく恁麼《かくのごと》く し去さる時、如何？」門云く、「金毛の師子」。且《しば》らく道《い》え、是れ佗《かれ》〔僧〕を肯《うけが》うか、是れ佗を肯わざるか？　是れ佗を褒《ほ》むるか、是れ佗を貶《おと》しむるか？　巌頭道《いわ》く、「若《も》し戦《いくさ》を論ずるや、箇《ひと》り箇り箭鋒に立在《たた》ん」と。「佗《かれ》は活句に参じて、死句に参ぜず。死句の下に薦《さ》得《と》らば、自らをも救い不了《おおせず》」と。……将《も》って知る、此の事は言句上に在らず。何が故ぞ？　「撃石火《げきせっか》の如《ごと》く、閃電光《せんでんこう》の似《ごと》し。構《はか》り得《う》るも構《はか》り不得《えざ》るも、未だ喪身失命《そうしんしつみょう》を免れず」と。

この問答で開示されているものは、雲門の家中のことであり、外からのあて推量は禁物である。それゆえ百丈が「森羅万像、一切語言、皆な自己の分上に帰して、転轆轆地ならしむ（ぐるりぐるりと回転させる）」と言うように、活鱍鱍の処（ピチピチと生気の躍動するところ）でただちに言わねばならぬのだ。もし、擬議し思量に渉れば、たちまち第二義に落ちることになる。古人いわく、「法身覚了せば無一物、本源自性天真仏」と（永嘉玄覚『証道歌』）。

本則において雲門は（「清浄法身」の問いに「花薬欄」と答えることで）この僧を点検しようとしたのだが、この僧もまた雲門の家中の人。むろん久参の者であったので、「まさにそのとおりになってしまった場合――「花薬欄」がそのまま「清浄法身」となってしまった場合――は、如何」と切り返した。すると雲門はひとこと、「金毛の師子」。

さあ、この語は、僧を肯定したものか、否定したものか。称賛したものか、誹謗したものか。巌頭も言うておる、「戦というものは、一人ひとりが矢のきっさきに立つことなのだ」と。だから、「活句に参じて、死句には参じない。死句のもとで悟れば、自らをも救いえぬ」と言うのである。……（雲門の別の問答の引用）……以上のことから、わかる。究極の一事は言句の上にはない。それは「火花や稲妻のごときもの。捉え得ようが捉え得まいが、ともに命を落とすことを避けられぬ」ということが[6]。

ここに説かれていることを要約すれば、こうなろう――「此の事」は言句の上にはない。「花薬欄」の語は僧の境涯を試みたものにすぎず、つづく「金毛師子」の一句も、僧に対して是非や褒貶の評価を定めた語ではない。それは「転轆轆」「活鱍鱍」の「転処」において瞬時に吐かれた、「撃石火の如く、閃電光の似」き一句――すなわち一瞬の激発の契機となるべき「活句」――に外ならないのである。そこにわずかでも躊躇や思議をさしはさめば、それはたちまち「死句」に転落し、第二義に陥ることを免れまい、と。

通身是手眼　次にもうひとつ、第九十二則「雲巌大悲千眼」（流布本では第八十九則）の例を看てみよう。まず本則は、次のとおり。

挙、雲巌問道吾、「大悲菩薩用許多手眼作什麼?」吾云、「如人夜間背手摸枕子」。巌云、「我会也」。吾云、「汝作麼生会?」巌云、「偏身是手眼」。吾云、「道即太殺道、只得八成」。巌云、「師兄作麼生?」吾云、「通身是手眼」。

（下・頁一三二）

挙《こ》す、雲巌《うんがん》、道吾《どうご》に問う、「大悲菩薩、許《かく》も多くの手眼を用いて什麼《なに》をか作《な》す?」吾云く、「人の夜間、背手《うしろで》に枕子《まくら》を摸《さぐ》るが如し」。巌云く、「我れ会也《えせり》」。吾云く、「汝、作麼生《いかに》か会《え》す?」巌云く、「偏身《へんしん》是れ手眼なり」。吾云く、「道《い》うことは即ち太殺《はなはだ》道《い》えるも、只だ八成《はちわり》を得たるのみ」。巌云く、「師兄《すひん》、作麼生《いかん》?」吾云く、「通身《つうしん》是れ手眼なり」。

雲巌が道吾に問う、「千手千眼の観音菩薩は、こんなにたくさんの手眼（掌の眼）を使ってどうしようというのでしょう」。道吾、「なに、人が真夜中、後ろ手でマクラを探り当てるようなものだ」。「そうか、分かった」。「どう、分かったのだ」。「身体じゅうに眼があるのです」。「うむ、相当に言い得てはおる。だが、八割がたを言い得たにすぎぬ」。「ならば、師兄はどうなのです」。「身体ぜんたいが一箇の眼なのだ」。

おそらくは、作用即性説を念頭におきつつ、観音像の千手千眼を全身の活きた作用に見立てての問答である。古くは『祖堂集』巻五・道吾章（頁二〇六）や『景徳伝灯録』巻十四・雲巌章（頁二八一上）に見え、両者の間にも話者の入れ替わりなど幾つかの出入があるが、いずれも構成はごく単純なものであった。たとえば『景徳伝灯録』の録する所は、次の如くである。

道吾問、「大悲千手眼、那箇是正眼?」師曰、「如無灯時把得枕子、怎麼生?」道吾曰、「我会也! 我会也!」師曰、「怎麼生会?」道吾曰、「通身是眼」。

道吾問う、「大悲千手眼、那箇《いずれ》か是れ正眼《しょうげん》?」師(雲巌)曰く、「灯《ともしび》無き時に枕子《まくら》を把得《とら》うるが如しとせば、怎麼生《いかん》?」道吾曰く、「我れ会也《えせり》! 我れ会也《えせり》!」師曰く、「怎麼生《いかに》か会《え》せる?」道吾曰く、「通身《つうしん》是れ眼《まなこ》なり」。

『雪竇頌古』や『宗門統要集』巻七・雲巌章(頁一四九下)をはじめ、宋代になるとこの話が「遍(徧)身是眼」と「通身是眼」の二項対立という形に再構成されるのだが、この改変からは、六根の箇々の作用をそれぞれに仏性と等置するか、それとも、それらを一元的・統一的な仏性総体の発現と看るか、という理論上の分岐と後者への支持を読み取ることができるであろう。だが、そのような理論的解析は、むろん圜悟の採るところではない。圜悟は本則評唱で、これを次のように説いている。

如今人多去作情解云、「偏身底不是、通身底是」。只管去咬佗、古人言句上死却。殊不知古人意不在言句上、此皆是事不獲已而用之。下江透此公案、多作罷参会。以手摸灯籠、換身渾換露柱(=摸渾身、摸露柱)、尽作神通話会。若恁麼見、懐(=壊)佗古人。所以、「佗参活句、不参死句」。須是絶情塵意想、浄躶躶地、方可見得此大悲話。(下・頁一三三)

如今《いまどき》の人、多く去《ゆ》きて情解《じょうげ》を作《な》して云《いわ》く、「偏身底は不是《ふぜ》にして、通身底は是《ぜ》なり」と。只管《ひたす》ら去《ゆ》きて佗《そ》を咬《かじ》り、古人の言句《ごんく》の上に死却す。殊《こと》に知らず、古人の意は言句上に在らず、此らは皆な是れ事不獲已《ことやむをえず》して之を用いしのみなるを。下江は此の公案を透《とお》るに、多《おお》ね罷《む》参《はさん》の会《え》と作《な》す。手を以って灯籠《とうろう》を摸し、渾身《こんしん》を摸し露柱《ろちゅう》を摸して、尽《ことごと》く神通《じんづう》の話会《わえ》を作す。若《も》し恁麼《かよう》に見れば、佗《か》の古人を壊《え》さん。所以《ゆえ》に、「佗《かれ》は活句に参じて、死句に参ぜざる」なり。須是《すべか》らく情塵意想を絶《た》ち、浄躶躶地《きれいさっぱりと》して、方《はじ》めて此の大悲の話を見《み》得《う》る可《べ》けん。

昨今の連中は、たいていこれに「情解」を加え、「偏身是れ眼」は誤りで、「通身是れ眼」は正しい、などと言うておる。そして、しゃにむにこの言葉を齧って穿鑿し、あげく、古人の言句の上で死にはてているありさまである。その連中にはまるで分かっておらぬのだ、古人の真意は言句の上にはない、それらの言句はやむを得ずして説かれたものに過ぎぬ、ということが。長江下流のほうでは、この公案を透過することを、「罷参の会——もはや修行無用の見解」などと意味づけておる。手で灯籠を撫で、自分の全身をまさぐり、そして露柱を手探りして、これぞ神通、などという理屈づけをやっているのである。こんな看方では、古人の意はだいなしだ。だから、言うのである、「活句に参じて、死句には参じない」と。必ずや情塵意想（「情解」）を断ち切り、すべてきれいさっぱりとなって、始めてこの本則の真意を看て取ることができるのである。

「偏身是眼」や「通身是眼」の句、それを字義にしたがって解し、その是非・優劣を論評する類の解釈が、ここでは「情解」と断ぜられている。それは古人の言葉にかじりつき、古人の言句の上に死する愚挙でしかない。「偏身」「通身」云々は、実は接化の方便としてやむなく説かれたものに過ぎず、その真意は「言句の上に在らず」——字義の表層には存在しないからである。そのようなとり方でなく、「浄躶躶地」に「情塵意想を絶」し去り、この話頭そのものを直に体得すること、それこそが「活句に参ず」ることに外ならない。反対に「只管ら去きて佗を咬り、古人の言句の上に死却す」るような取り組み方は、「死句に参ずる」ことでしかないのである。

ここで非難されている「下江」の「罷参の会」の実態は、よく分からない。だが、まわりの物や自分の身体を手でまさぐり、それをそのまま「神通」と称するというありかたは、圜悟が第五十三則「百丈野鴨子」で批判していた作用即性説に通ずるもののように思われる。さきに引いた第二十則「翠微《すいび》禅板《ぜんぱん》」の本則評唱では「活句」が無事の対立項とされていたが、ここではそれが作用即性説と対決させられている。作用即性と無事は、いずれも唐代馬祖禅の主要な基調をなすものであり、「百丈野鴨子」の評唱でも、両者は表裏一体の所説として批判されていた。圜悟の円環の論理にあてはめて言えば、作用即性説と無事禅はともにあるがままの0度の位置に自足・安住する邪禅であり、「活句」はそこを打破して、一八〇度の反転の契機をもたらすものとされているのである（このことは後でもういちど述べる）。

洞山麻三斤　公案を字義どおりに解し、それを自己の現実態の即自的肯定に帰着させるような通行の諸解釈、それを俗解――「話会」「常情」「情解」「情塵意想」――として斥け去り、そのうえでその公案を、語義・文脈が「浄躶躶地《きれいさっぱりと》」捨象された「活句」として参究せよと迫る、それが圜悟の評唱の一貫した論法である。その論旨と論法は「活句」という術語を用いていない場合でも、かわらない。たとえば第十二則「洞山麻三斤《まさんぎん》」の本則は「僧、洞山に問う、如何なるか是れ仏？　山云く、麻三斤」というものだが、それに対する圜悟の評唱は、次のようなものであった（洞山は洞山良价でなく、雲門の法嗣の洞山守初《とうざんしゅしょ》のこと）[7]。以上に看たのと同じ論旨を「活句」の語を使わずに展開した一段であり、逆に言えば、「活句に参じて、死句に参ぜず」という件の成句は、以下に詳説されるような論旨を、一句のうちに簡潔に集約したものだったのだと言ってよい。

洞山麻三斤公案、多少人錯会！　直是難咬嚼、無儞下口処。何故？　淡而無滋味。古人有多少答仏話？　云、

「殿裏底」。或云、「三十二相」。又云、「杖林山下竹筋鞭」。却到洞山云、「麻三斤」。不妨直截。人多去言句下話会道、「洞山是時庫下秤麻、有僧問佗、所以如此答」。有底道、「洞山問東答西」。有者道、「儞是仏、更去問仏。洞山遶路答佗」。更有一般道、「只是麻三斤便是」。且喜勿交渉！　儞若恁麼去洞山言句上尋討、参到弥勒下生、也未見得在。何故？　言句只是載道之器。殊不見古人意、只管去言句上作活計、有什麼巴鼻！　不見古人道、「道本無言、因言顕道」、見道即忘言。到這裏、還我第一籌来始得。這麻三斤、一似長安大路一条相似、挙足下足、無有不是。這箇語与雲門胡餅便是一対。不妨難会。五祖頌云、「賤売担板漢。怗（＝貼）秤麻三斤。千百年滞貨。無処著渾身」。儞但打畳得情塵意想、計校得失是非、一時浄尽、自然会去。（上・頁五八）

長いので、かりに三段に分けて読んでみる。

〔1〕　洞山麻三斤《まさんぎん》の公案、多少《いかほど》の人か錯《あやま》り会《え》せる！　直《た》だ是れ咬嚼《かみくだ》き難く、儞《なんじ》の口を下す処《ところ》無し。何が故ぞ？　淡《うす》くして滋味《あじ》無ければなり。古人、多少《いくばく》の答仏話か有る？　云く、「殿裏《でんり》底《てい》」。或は云く、「三十二相《さんじゅうにそう》」。又た云く、「杖林山下《じょうりんさんか》の竹筋鞭《ちっこんべん》」。却って洞山に到るや云く、「麻三斤《まさんぎん》」と。不妨《はなは》だ直截なり。

洞山の「麻三斤」の公案、これを誤解している者がいったいどれほど有ることか！　これはともかく咀嚼不可能な、口のつけようも無いものなのだ。なぜか？　それはこの話が淡薄にして味なきものだからである。「仏」を答えた古人の言葉は、実に枚挙にいとまない。いわく「仏殿のなかのもの」、いわく「三十二相」、いわく「杖林山下の竹筋鞭」。ところがこれが洞山守初に到って、なんと「麻三斤」と言われたのである。これは相当な直截さである。

「淡而無滋味」はふるく『老子』第三十五章の「道の口に出るや、淡乎として其れ味無し」に基づくが、直接にはおそらく『肇論』物不遷論の「夫れ真を談らば則ち俗に逆らい、俗に順わば則ち真に違う。真に違うが故に性を迷いて返る莫く、俗に逆らうが故に言は淡にして味無し」を踏まえていよう（『景徳伝灯録』巻二十八・南陽慧忠国師語にも引かれる）。圜悟はまずこの語を借りることで、「麻三斤」の語が分節的・論理的な世俗の思考回路——「常情」「情解」「情塵意想」——に反したものなのだという大前提を提示する。第四十四則「禾山解打鼓」の本則評唱に、「所謂る、言無味、語無味なり。……此の話は理性に渉らず、議論の処無し」（上・頁一八九）とあるのも、同趣旨である。

つづく「古人、多少の答仏話か有る？」とは「如何なるか是れ仏」という問いに答えた古人の言葉が無数にある、ということで、圜悟がその具体例として列挙しているのは次のような問答である。

僧問、「如何是仏？」師云、「殿裏底」。僧云、「殿裏者、豈不是泥龕塑像？」師云、「是」。僧云、「如何是仏？」師云、「殿裏底」。（『景徳伝灯録』巻十・趙州章、頁一五五上）

僧問う、「如何《いか》なるか是れ仏？」師云く、「殿裏底《でんりてい》」。僧云く、「殿裏の者は、豈《あ》に泥龕塑《でいがんそ》像《ぞう》に不是《あらざる》や」。師云く、「是《いかに》も」。僧云く、「如何《いか》なるか是れ仏？」師云く、「殿裏底《でんりてい》」。

問、「如何是仏？」師云、「三十二相天人仰」。……（『天聖広灯録』巻十七・潭州南岳山台院契曠禅師、中文出版社・禅学叢書之五—頁五〇〇上）

問う、「如何《いか》なるか是れ仏？」師云く、「三十二相《さんじゅうにそう》、天人《てんにん》仰ぐ」。……

問、「如何是仏？」師云、「杖林山下竹筋鞭」。（『天聖広灯録』巻十五・風穴延昭章、頁四七六下）

問う、「如何《いか》なるか是れ仏？」師曰く、「杖林山下《じょうりんさんか》の竹筋鞭《ちっこんべん》」。(8)

だが、圜悟からすれば、これらはみなそれなりに字義に沿った合理的解釈の可能なもの、少なくとも諸方でそう扱われているもの、でしかなく、この則の頌の評唱で圜悟はそのことを次のようにも述べている(9)——

諸方多用作答話会。如古人道、「如何是仏？」云、「杖林山下竹筋鞭」。云、「丙丁童子来求火」。只管於仏上作道理。（上・頁六〇）

諸方は多く用って答話《とうわ》の会《え》を作す。如《たと》えば古人道く、「如何《いか》なるか是れ仏？」云く、「杖林山下《じょうりんさんか》の竹筋鞭《ちっこんべん》」。云く、「丙丁童子来求火《へいていどうじらいぐか》」。只管《ひたす》ら〝仏〟の上に於いて道理を作す。

諸方ではこれらが、「仏」とは何かという問いに対して有意味な回答を示した問答として扱われている、という批判であり、それにひきかえ、洞山守初の「麻三斤」という答えは、「仏」という語との論理的な関係をいかようにも抽出しえぬ、解釈不能の「直だ是れ咬嚼き難く、儞の口を下す処無」き言葉だと、圜悟は言っているのである。

ところが、この「麻三斤」に対してさえ、諸方で行われているのは、これを「常情」「情解」によって理屈づける「話会」の類ばかりであった。

〔2〕 人《ひと》多く言句《ごんく》下に去《ゆ》き話会《わえ》して道《いわ》く、「洞山、是《こ》の時、庫下《くか》に麻《あさ》を秤《はか》りしに、僧有りて佗《かれ》に問う、所以《ゆえ》に如此《かくのごと》く答えたり」。有底《あるもの》道く、「洞山は東を問われて西を答えしのみ」。有者《あるもの》は道く、「儞《なんじ》是れ仏なるに、更に去《ゆ》きて仏を問う。洞山、遶路《まわりみち》して佗《かれ》に答えしなり」。更に一般《あるてあい》有りて道く、「只《まさ》に是の麻《ま》三斤《さんぎん》便ち是れなり」。且《まず》

は喜《めで》たくも勿交没《かかわりなし》！　儞《なんじ》、若《も》し恁麼《かよう》に洞山の言句上に去《ゆ》きて尋討《たず》ねなば、参じて弥勒の下生《あしょう》に到るも、也《な》お未だ見得ざる在《なり》。何が故ぞ？　言句は只だ是れ載道《さいどう》の器《き》なればなり。殊《こと》に古人の意を見ず、只管《ひたすら》に言句上に去きて活計《けい》を作《な》さば、什麼《なん》の巴鼻《とらえどころ》か有らん！

だが、にもかかわらず多くの者が、この「麻三斤」の言句にとりついて、そこに「話会」を施そうとしている。いわく「洞山はこのとき庫裏で麻の目方を量っていた。そこへこの質問を受けたので、〝麻が三斤〟と答えたのだ」。いわく「洞山はわざとアサッテのことを言って問いをはぐらかしたのだ[10]」。いわく「汝自身が仏である、だのに僧はさらに仏を問おうとした。だから洞山は遠まわしに、そのことを答えたのだ」。もっとヒドいのになると、こんなのもある、「この三斤の麻こそが、すなわち仏にほかならぬ」。

まったくオメデタイほどの見当違い。この調子で洞山の言句の上に意味を求めていったなら、弥勒仏の下生まで修行をつづけたところで、この語の真意を看て取ることはかなうまい。なぜか？　言句は「道を載せる器」でしかないからだ。古人の意をまったく知らぬまま、ひたすら言句の上でやっていって、何の手がかりが得られよう！

ここでは例によって、同時代に行われている「話会」が列挙され、批判が加えられている。いずれも本則の字義にそれなりの合理的解釈を施したものであり、かつ、ありのままの現実をありのままに肯うという唐代禅的傾向を顕著に示す見解である。「麻三斤」の語が「淡にして味無」きものであるのは、そういう「俗」の考えに逆らっているからなのであり、その連中には、道が言句の上にはない——言語は「載道の器」にすぎぬ——ということが、まるで分かっていないと圜悟は非難しているのである。

評唱はつづく——

〔3〕不見《みず》や、古人道《いわ》く、「道は本と言無し、言に因りて道を顕《あらわ》す」と、道を見れば即ち言を忘るなり。這裏《ここ》に到っては、我に第一籌を還《かえ》し来りて始めて得《よ》し。這《こ》の「麻三斤《まさんぎん》」は、一《ひと》えに長安大路の一条の似くに相い似て、挙足下足《こそくあそく》、是れならざる有ること無し。這箇《こ》の語と雲門《うんもん》の胡餅《こびょう》は便ち是れ一対。不妨《はなは》だ会《え》し難し。五祖頌して云く、「賤売の担板漢《たんぱんかん》。秤《はかり》に貼る麻三斤。千百年の滞貨。渾身を著《お》くに処《ところ》無し」。儞《なんじ》、但《た》だ情塵意想を打畳《しまっ》し得て、得失是非を計校《けきょう》すること、一時に浄《きよ》め尽《つ》くせば、自然《おの》ずと会《え》し去らん。

だから、古人の言にもあるではないか、「道には本来、言葉は無い、しかし、言葉によって道を顕わにするのだ」と。道そのものを見たら、言葉は、ただちに忘れられなくてはならないのである。ここまで来たら、話を原初の一点にもどさねばならない。すなわち、この「麻三斤」は、まっすぐのびる長安の都大路のようなもの、足の上げ下ろしの一つ一つ、どの一歩をとっても、その大路の上でのことでないものは無いのである。この語は雲門の「胡餅」の話(第八十二則/流布本では第七十七則)と好一対の、解釈不能の言葉である。五祖法演禅師の頌にもある、「〝仏〟を安売りする魯鈍の僧、秤にのせられた〝麻三斤〟。百年千年の売れ残り、その身の置き場はどこにも無し」と。ともかく情塵意想を始末して、是非得失の分別がきれいに一掃されたなら、自ずと悟ってしまえるのだ!

「道本無言、因言顕道」の句は、典拠未詳。澄観の『大方広仏華厳経随疏演義鈔』巻八に「故に生公(道生)云く、理は本と言無し、言を仮りて言う(理本無言、仮言而言)」(大正三六―六〇上)と見えるが、今のところそれ以上に遡りえない。[11] 圜悟がここでこの句を掲げた意については、第二十五則「蓮華峰拈拄杖《れんげほうねんしゅじょう》」の本則評唱が同句を引いて次のように言っているのが、恰好の注脚となる。

況此事雖不在言句中、若非言句却不能辨。不見道、「道本無言、因言顕道」。（上・頁一一九）
況《いわ》んや此の事は言句《ごんく》中に在らずと雖《いえど》も、若《も》し言句に非《あら》ざれば却って辨ずる能《あた》わず。道《い》うを不見《みず》や、「道は本と言無し、言に因りて道を顕《あらわ》す」と。

要はさきに引いた「此の事は其の実、言句に在らず、亦た言句を離れざるなり」（第六十五則「外道良馬鞭影」本則評唱）と同じことである。「道」は「麻三斤」の字義の上にはない、さりとてこの語を離れてそれを知ることもできぬ。「麻三斤」の語を契機としつつ、しかし「麻三斤」の字義とは関わりなしに「道」そのものを体得せよ、圜悟はそう説いているのである（第九十二則「雲巌大悲手眼」評唱の「古人の意は言句上に在らず、此らは皆な是れ事不獲已《ことやむをえず》して之を用いしのみ」も同様であろう）。だから、つづけて、「麻三斤」は長安の都大路の如きもの、一歩一歩、どの歩みもその大道の上でのことに非ざるは無い、と譬えられる。第四十五則「趙州七斤布衫《じょうしゅうしちきんふさん》」の評唱が、趙州の一句を、論理的な解釈は不可能だがその存在自体は決して否定しえない厳然たる一句、としていたのと同様に、「麻三斤」の語を、字義とも実数とも無関係の、無限大にして無分節なる絶待の一語として表象しようとしているのである。

そして、そこに傍証として引かれたのが、五祖法演の偈であるが、残念ながらその意味はよく解らない（『古尊宿語録』巻二十二、中華書局点校本、頁四一六。語録では「秤」を「称」に作るが、いずれも「はかり」の意。「貼秤」ないし「貼称」の語義は未詳）。ここではひとまず仮に、こう解しておく——「仏」を振れ売りして歩く僧、そこに洞山がその対価として「麻三斤」を秤にのせた。おかげで、百年千年ものあいだまともな買い手のなかった「仏」というシロモノは、ついに何処にも置き場が無くなってしまったのだった、と。正確なところは解らないが、「麻三斤」の一語のおかげで、「仏」はとうとう永遠に取り扱い不可能なシロモノになり得たのだ、そう逆説的に讃えているように思われる。

かくて最後に圜悟は言う、かくして「情塵意想」を始末し、是非得失の分別がきれいさっぱり――「浄躶躶、赤洒洒」に――一掃されてしまったなら、自ずと「会し去る」ことができるのだ、と。

ここには「活句」の語は用いられていないが、話の趣旨も運びもこれまで見てきた評唱とまったく軌を一にしている。一見難解な右の一段も、つまりは「麻三斤」の語を「活句」として参究せよ、そう説いているのに外ならない。圜悟が「活句に参じて、死句に参ぜず」という成句を用いるのは、ここで詳論されたような説明を省き、その趣旨を一言ですぱりと片づけているときなのであった。

三　宋代禅における「活句」の説

徳山縁密　以上、看たように、「活句」の説――直接には「活句」という術語を使っていない場合もふくめた、「活句」という考え方――は、『碧巌録』評唱における公案の取り扱いの核になるものである。だが、この考え方は、決して圜悟の独創ではない。そこでこれを巨視的に理解するために、ひとまず『碧巌録』を離れ、宋代禅における「活句」の説の様相を一瞥しておくことにしたい。

圜悟は「佗参活句、不参死句」の句をたいへん頻繁に引くが、それが誰の言葉であるか明示していない。大慧宗杲の『正法眼蔵』巻中は、これを雲門の法嗣、徳山縁密《とくさんえんみつ》（生没不詳、五代宋初の人）の語として次のように録している。

徳山円明和尚示衆云、「但参活句、莫参死句。活句下薦得、千劫万劫永無凝滞。一塵一仏国、一葉一釈迦、是死句。揚眉瞬目、挙指豎払、是死句。山河大地更無誵訛、是死句」。時有僧便問、「如何是活句？」曰、「波斯仰面看」。僧云、「恁麼則不謬也」。円明便打。（禅学典籍叢刊四―七三上）

徳山円明和尚、示衆して云く、「但《た》だ活句にこそ参ぜよ、死句に参ずる莫れ。活句の下に薦得《さと》らば、千劫万劫、永く凝滞無からん。〝一塵に一仏国、一葉に一釈迦〟は是れ死句。〝揚眉瞬目《ようびしゅんもく》、挙指豎払《こしじゅほつ》〟は是れ死句。〝山河大地更《たえ》て誵訛《あやまり》無し〟とは是れ死句なり」。時に僧有りて便ち問う、「如何《いか》なるか是れ活句？」曰く、「波斯《はし》、仰面《あおむ》きて看る」。僧云く、「恁麼《かく》なれば則ち謬《あやま》らざらん」。円明便ち打つ。

「一塵一仏国、一葉一釈迦――すべての事物の一つ一つに仏がやどっている」「揚眉瞬目、挙指豎払――眉目を動かし、一指や払子《ほっす》を立てるところに道がある」「山河大地更《たえ》て誵訛《あやまり》無し――天地いっぱいがそのまま真実の現成である」。これらの語は世俗的な論理では難解でも、禅的論理としては、つとに常識的で説明可能なものと言ってよい。だが、そうした言句はここでは「死句」とされ、それに対して「波斯《はし》、仰面《あおむ》きて看る――ペルシャの商人が上を向く」のごとき不可解の語が「活句」とされているわけである。しかし、質問の僧はその語を聞くなり、それをもまた新種の模範解答として奉じようとする。縁密は、ただちに、それを打ちすえた。

一般にはこの記録をもとに件の一句が徳山縁密に帰せられ、『碧巌録』の注釈類もみなそのように注している。しかし、同様の記録は、時代の下る『聯灯会要』や『五灯会元』の縁密章には見えるものの、『景徳伝灯録』や『宗門統要集』など、圜悟・大慧以前の古い書物の縁密章には見出されない。『碧巌録』が終始その出拠を言わぬことと考えあわせるなら、件の一句が当初から徳山縁密の語として伝えられていたものか否かは、実のところ、確かではない。むろん、だからといって、これが彼の言であることについて否定する理由も必要も無いのではあるが、少なくとも管見の限り、これを縁密の句と明示するのは、右の『正法眼蔵』以後のことのようである。

洞山守初　問題の一句のほかに、「活句」「死句」の出典としてもうひとつ逸せられないのが、洞山守初（九一〇―九九〇）の言葉である。さきに引いた「麻三斤」の問答で知られるこの人も、徳山縁密と同じく雲門の法嗣であった。覚範慧《かくはんえ》洪《こう》（一〇七一―一一二八）がその語録のことを『林間録』巻一に次のように記している。

予建中靖国之初、故人処獲洞山初禅師語一編。福厳良雅所集。其語言宏妙、真法窟爪牙。大略曰、「語中有語、名為死句。語中無語、名為活句。未達其源者、落在第八魔界中」。又曰、「言無展事、語不投機。乗言者喪、滞句者迷」。於此四句語中見得分明、也作箇脱洒衲僧、根椽片瓦粥飯因縁、堪与人天為善知識。於此不明、終成莽鹵。……　（禅宗全書三二―三二下／続蔵一四八―二九九右下）

予《われ》、建中靖国の初め（一一〇一年）、故《ゆかり》の人の処にて『洞山初禅師語』一編を獲《え》たり。福厳良雅の集むる所なり。其の語言は宏妙にして、真に法窟《ほうくつ》の爪牙《そうが》なり。大略に曰く、「語中に語有るを、名づけて死句と為し、語中に語無きを、名づけて活句と為す。未《いま》だ其の源に達せざる者は、第八魔界中に落在《おち》ん」。又た曰く、「言は事を展《の》ぶる無く、語は機に投ぜず。言に乗る〔＝言を承《う》る〕者は喪《うしな》い、句に滞《とどこお》る者は迷う」。此の四句の語中に於いて見《み》得て分明なれば、也《ま》た箇《ひとり》の脱洒《とらわれな》き衲僧と作《な》り、根椽・片瓦・粥飯の因縁もて〔わずかに一本の垂木と一枚の瓦、それにお粥があるだけで〕、人天の与《ため》に善知識と為《な》るに堪《た》えん。此《ここ》に於いて明らかならずんば、終に莽鹵《もうろ》〔がさつ、でたらめ〕と成らん。……

ここに引かれた二つの言葉は、いずれもよく引かれる有名な句である。「語中に語有るを、名づけて死句と為し、語中に語無きを、名づけて活句と為す」――いうこころは「有義句」「無義句」というのと同じであろうが、「活句」と「死句」をこれほど端的に言い切った言葉はおそらく他にあるまい。慧洪はこの説をとりわけ重視しており、『禅林僧宝伝』巻八・守初伝でも、これをその洞山住持の際の主要な説法として記録している（禅学典籍叢刊五―二五下／のちに大慧『正法眼蔵』巻上にも採られている。同、四―二七下）。

つづけて引かれた「言無展事」云々の句も、やはり、内実や関連をもたぬ語句をこそ真の言語とするというもので、「言無展事、語不投機――事を表さぬ言、相手とかみあわぬ語」は「語中無語」の活句に、「乗（＝承）言者喪、滞句者迷――言を文字どおりに受けとる者、句にとりついて動かぬ者」は「語中有語」の死句に対応しよう。この句は、古く『祖堂集』巻十や『景徳伝灯録』巻十八に、雲門と同門の鼓山神晏《くざんしんあん》の語として見えていたものだが、宋代の禅門ではこれがもっぱら洞山守初の語として伝えられ、『無門関』第三十七則「庭前栢樹」では、この四句がそっくりその則の頌として借用されている（その他、宋代の諸例については無著道忠『五家正宗賛助桀』参照。禅文化基本典籍叢刊本、頁七三九）。

覚範慧洪　右のように記す慧洪自身も、この「語中無語」の説を用いて、興味ぶかい論を展開している。薦福承古《せんぷくしょうこ》（?―一〇四五）が巴陵顥鑑《はりょうこうかん》（生没不詳、五代宋初の人）の語を批判したのを、さらに慧洪が「活句」説によって反批判するという議論である。巴陵顥鑑も雲門の法嗣であるが、いっぽう薦福承古は、雲門の語を機縁として悟り、世代を距て面授なしに雲門の法嗣を自称したという人であった。(12)

慧洪はまず『禅林僧宝伝』巻十二の承古伝に、次の語を録す。

且如親見雲門尊宿、具大声価。如徳山密、洞山初、智門寛、巴陵鑑、秖悟得言教、要且未悟道見性。何以知之？

如僧問巴陵提婆宗、答曰「銀椀裏盛雪」。問吹毛剣、答曰「珊瑚枝枝撐著月」。問仏教祖意是同別、答曰「鶏寒上樹、鴨寒下水」。云「我此三転語、足報雲門恩了也」。更不為作忌斎。大衆、雲門道、「此事若在言句、一大蔵教、豈無言句？」」豈可以三転語便報師恩乎！（禅学典籍叢刊五―三八上）

親しく雲門に見《まみ》えし尊宿の且如《ごと》きは、大いなる声価を具《そな》うるも、徳山密・洞山初・智門寛・巴陵鑑の如きは、秖《た》だ言教《ごんきょう》を悟得せるのみにして、要且《ともか》く未だ悟道見性せず。何を以てか之を知る？　如《たと》えば僧の巴陵に提婆《だいば》宗を問えるに、答えて「銀椀裏《ぎんなんり》に雪を盛る」と曰い、吹毛《すいもう》剣を問えるに、答えて「珊瑚《さんご》は枝枝に月を撐著《ささ》う」と曰い、仏教〔経典の所説〕と祖意〔祖師の意〕と是れ同か別かと問うに、答えて「鶏《にわとり》は寒うして樹《き》に上り、鴨《あひる》は寒うして水に下る」と曰い、「我が此の三転語《さんてんご》、雲門の恩に報《むく》ゆるに足れり」と云いて、更に為に忌斎を作《な》さず。大衆《だいしゅ》よ、雲門道く、「此の事、若《も》し言句《ごんく》に在らば、一大蔵教、豈《あ》に言句無からん」と。豈に三転語を以て便ち師恩に報ゆる可《べ》けん乎《や》！

徳山縁密・洞山守初・智門師寛・巴陵顥鑑、それら雲門の直弟子たちは、名声は高いけれども、実は言句の教えを悟っているだけで、真の見性悟道は得ていない。承古はそう非難しつつ、その実例として巴陵顥鑑の三つの問答を引く。ここに引かれる三則は「巴陵の三句」（『人天眼目』巻二）などと称されて名高いもので、『碧巌録』第十三「巴陵銀椀裡雪」の本則評唱でも、右とほぼ同様の話が紹介されている（ただし、仏教祖意の則のかわりに「如何なるか是れ道。明眼の人井《いど》に落つ」という問答を加える。上・頁六四）。承古はそれを雲門の真意に反して言句の次元にとどまったものと批判しているわけだが、慧洪は承古伝の「賛」においてこの批判を「巴陵の三語を罪して、活句を識らず」と断じ、巴陵に代わって次のように批判しかえすのであった。

何謂「罷巴陵三語、不識活句」耶？　曰、巴陵真得雲門之旨。夫語中有語、名為死句。語中無語、名為活句。使問提婆宗、答曰「外道是」。問吹毛剣、答曰「利刃是」。問祖教同異、答曰「不同」、則鑑作死語、堕言句中。今観所答三語、謂之語則無理、謂之非語、則皆赴来機活句也。古非毀之過矣。

何をか「巴陵の三語を罷して、活句を識らず」と謂う耶《や》？　曰く、巴陵は真に雲門の旨を得たり。夫《そ》れ語中に語有るを、名づけて死句と為し、語中に語無きを、名づけて活句と為す。使《も》し提婆《だいば》宗を問うに答えて「外道《げどう》是れなり」と曰い、吹毛《すいもう》剣を問うに答えて「利《するど》き刃《やいば》是れなり」と曰い、祖と教の同異を問うに答えて「同じからず」と曰わば、則ち鑑〔巴陵顥鑑〕も死語を作《な》して、言句中に堕ちん。今、答えし所の三語を観るに、之を語と謂えば則ち理無《な》し、之を語に非ずと謂わば、則ち皆な来機に赴く活句なり。古〔承古〕の非毀《そし》りの過《あやまり》ならん。

そもそも語中に語が有るのは「死句」であり、語中に語の無いのが「活句」である。提婆宗を問われて「外道のこと」、吹毛剣を問われて「鋭利な刃《やいば》のこと」、教義と禅の異同を問われて「同じではない」などと答えたならば（そんな通常の論理に従った、有意味で理解可能な回答は）すべて言句に堕ちた「死句」とならざるを得ない。だが、巴陵の三句はそうではない。それを「語」だといえば、そこに「理」は無い。だが「語」でないかといえば、それはいずれも相手や状況に自在に応じた「活句」となっているではないか。これこそ雲門の真意を得たものであり、誤っているのは実に承古の批判のほうだと言うほかない。

按ずるに、巴陵の語は必ずしも不可解ではなく、たとえば「鶏《にわとり》は寒うして樹に上り、鴨《あひる》は寒うして水に下る」という回答からは、仏教と祖意とは同一の内実の正反対の表現だという理解を引き出すことが可能であろう。だがそうした理解は、もとより慧洪のとる所ではない。慧洪は巴陵の三つの答えを徹底して脱意味的な「活句」――語としての理路は含まないが、しかし、それゆえに却って活きたはたらきをもつコトバ――そうとらえることによって、雲門下の立場を代弁し擁護しようとするのであった。

汾陽善昭と琅瑘慧覚　徳山縁密も洞山守初も雲門の法嗣であり、以上の例からは、「活句」という考え方が雲門下から生まれたものである可能性が感じられる。しかし、この考え方は北宋のごく早い時期から臨済宗の人々にも用いられており、その起源は確定し難い。たとえば琅瑘《ろうや》慧覚《えかく》（生没不詳、北宋の人）は、「須参活句、莫参死句」の句を師の汾陽善昭（九四七―一〇二四）の語として引きつつ、次のように説いている。

上堂、挙、汾陽先師云、「夫学般若菩薩、須参活句、莫参死句」。如今人便道、「函蓋乾坤是活句。截断衆流是死句」。漝麼会、莫辜負他汾陽也無？　衆中有一般禅客商量道、「如何是活句？」「今日好天晴」。「如何是死句？」「万里崖州」。若漝麼会、学到驢年也即是死句。山僧与你一時注破了也。作麼生是活句？　遂卓拄杖、便下座。
（『古尊宿語録』巻四十六、中華書局点校本、頁九〇一）

上堂、挙《こ》す、汾陽先師云く、「夫《そ》れ般若を学ぶ菩薩は、須らく活句に参ずべし、死句に参ずる莫れ」と。如今《いまどき》の人、便ち道《いわ》く、「乾坤《あめつち》を函蓋《おおいつく》すは是れ活句。衆流《しゅうる》〔あらゆる意識〕を截断《たちき》るは是れ死句なり」と。漝麼《かくのごと》く会《え》さば、他《か》の汾陽に辜負《そむ》くに莫《あら》ざる也無《や》？　衆中に一般《あるてあい》の禅客《ぜんかく》有りて商量して道く、「如何《いか》なるか是れ活句？」「今日は好《よ》き天晴《ひより》」。「如何《いか》なるか是れ死句？」「万里の崖州」と。若《も》し漝麼《かくのごと》く会《え》さば、学びて驢年《とこしなえ》に到るも也《な》お即ち是れ死句ならん。山僧《われ》、你《なんじ》が与《ため》に一時に注破し了《おわらん》也。作麼生《いかなる》か是れ活句？　遂《かく》て拄杖《しゅじょう》を卓《つ》きて、便ち下座《あざ》す。

むろん、これを以て、件の成句をただちに汾陽の語と認めるわけにはゆくまい。だが、少なくとも、それが当初から徳山縁密の語と確定していたわけでないこともうかがわれよう。ちなみに汾陽自身の語録に当該の語は無いようだが、「活句」「死句」の語を用いたものとして、「問う、如何なるか是れ活句。師云く、仰面《あおむ》きて蒼天と哭す。此れは猶お是れ死句なり。師云く、地に入りて更に深く埋む」という一則が見出される（『汾陽無徳禅師語録』巻一、大正四七―五九五下）。

さて、右の琅琊慧覚の言からは「活句」「死句」がすでに語句の分類の基準として定着し、修行僧たちの得意の談柄として弄ばれていたようすがうかがわれる。そこで用いられている「函蓋乾坤」「截断衆流」の両句は、いずれももと雲門の語で、徳山縁密が「随波逐浪」の句と併せて三句にまとめたものが「雲門三句」として知られているから、右の批判も主に雲門下を念頭に置いてのものと考えられる[13]。

字面から想像するに、その見解は、全面肯定の語を「活句」、全面否定の語を「死句」と定義するものらしく、「今日好天晴」は日常性がありのままに肯われる「活句」の例、「万里崖州」（「崖州」は広東の地名）は寄りつくすべなきかなたを示す「死句」の例、ということのようである。しかし、いずれにせよ、「活句」「死句」という規格をまず設け、それに合わせて語句の分類や運用を行うならば、それは本来の「活句」からあまりに遠いものと言わねばならない。いかなる意味にも規定されず、それゆえにあらゆる規格や系列を瞬時に解体し無化する語、それこそがそもそもの「活句」だったはずだからである。そこで慧覚は、拄杖をとって、「ガン！」と床をひと突きする。通行する「活句」談義を白紙に還し、「活句」の原点――いかなる線の上にも位置づけられぬただの一点――それを直示せんとした一撃である。この一撃は、いかなる語脈にも連ならず、いかなる意味の体系にも組み込まれない。

この一撃については、黄竜新和尚（死心悟新／一〇四三―一一一四）の次の語が恰好の注脚を与えてくれる。

参玄上士須参活句、莫参死句。何也？　若向活句下明得、死却天下衲僧。若向死句下明得、活却天下衲僧。且道、不落死活一句、作麼生道？　……（大慧『正法眼蔵』巻下、頁一〇四上）

参玄の上士は須《すべか》らく活句に参ずべし、死句に参ずる莫《なか》れ。何となれば、若《も》し活句の下に向《お》いて明得せば、天下の衲僧《のうそう》を死却せしめん。若《も》し死句の下に向《お》いて明得せば、天下の衲僧《のうそう》を活却せしめん。且《まず》は道《い》え、死活に落ちざる一句、作麼生《いかに》か道う。……

ここで悟新は、例の一句を、やはり誰の語とことわることなく引いたうえで、「活句」は修行僧を死なせ、「死句」は修行僧を活かす、と説く。だが、これは、「活句」を貶め「死句」を是認した語ではむろんない。これが、規格化された「活句」が却って人を死なせているという現状を、覆さんとした逆説であることは明らかである。「死活に落ちざる一句」とは、そうした「活句」「死句」という既成の分類の枠にあてはめられぬ、ただ一点の真の「活句」、それを示唆しようとしたものである。それはまさに、慧覚が「ガン！」という拄杖の一撃によって直示した一点に外ならない。

右の数例から、「活句」の説が五代・北宋初に雲門宗から生まれ、それがごく早い時期に臨済宗の人々に受容されていったという流れを想像することができるだろう。むろん、はっきりした起源や経緯は未詳だが、少なくとも「活句」の説が、北宋のごく初期から禅門のなかでひろく用いられ、唐代禅と異なる宋代禅独自の傾向が形づくられていったことは間違いない。

だが、唐代禅においては斬新な思想であった「無事」が、いつしか惰性的な現実肯定に堕落していったように、

「活句」の説もやがて、思考の短絡的放棄と不可解さへの安易な依存に傾斜してゆくことを免れなかった。『碧巌録』より後の話になるが、つづけて南宋期における「活句」の風の偏重とその通俗化の弊害を伝える同時代の証言を看ておこう。これは「活句」という考え方の特質を、反面から理解することに資すると思われる。

正理と顚倒　まず大慧の『宗門武庫』に次の言がある。

師云、今時人、只解順顚倒、不解順正理。「如何是仏?」云「即心是仏」、却以為尋常。及至問「如何是仏?」、云「灯籠縁壁上天台」、便道是奇特。豈不是順顚倒?（禅宗全書三二―二五三下／続蔵一四二―四六七左下）

師云く、今時《いまどき》の人、只《た》だ解《よ》く顚倒に順うのみにして、正理に順う解《あた》わず。「如何《いか》なるか是れ仏?」「即心是仏」と云わば、却って尋常《つきなみ》と以為《おも》う。「如何なるか是れ仏?」と問い、「灯籠《とうろう》、壁に縁《そ》いて天台に上《のぼ》る」と云うに及至《およ》びては、便ち是れ奇特なりと道《い》う。豈《あ》に顚倒に順うに不是《あらざ》るや?

師（大慧）が言われた。今時の連中は「顚倒」に順うことを知るのみで、「正理」に順うことを知らぬ。「仏とは何ぞや」と問われて「即心是仏」と答えたら（それこそ堂々たる「正理」の開示であるにもかかわらず）却って平凡な見解でしかないと思いなす。それが「仏とは何ぞや」と問われて「灯籠が城壁ぞいに天台山にのぼってゆく」などと答えた日には、たちまち格別の見解だなどと誉めそやす始末である。これが「顚倒」に順うものでなくて、何であろう。

「正理」は正面から呈示された第一義そのもの、「顚倒」は論理を反転し真実を裏返しに示唆するもので、両者はいわば「表詮」と「遮詮」に対応するであろう。ただし、「顚倒」は、ここではもっぱら、通俗化された「活句」を批判的に指す語として用いられているようである。[14]

この状況は、南宋の『枯崖漫録』巻一の次の記録によって、さらに裏づけられる。

> 金華元首座、剛峭簡厳、叢林目為飽参。見等庵於白雲、始了大事。僧問、「如何是仏?」曰、「即心是仏」。問、「如何是道?」曰、「平常心是道」。問、「如何是祖師西来意?」曰、「趙州道底」。聞者皆笑。後有僧問、「如何是仏?」曰、「南斗七、北斗八」。問、「如何是道?」曰、「猛火煎麻油」。問、「如何是祖師西来意?」曰、「亀毛長数丈」。伝者皆喜。噫！　若如此辨験答話、不惟埋没己霊、抑亦辜負前輩。（禅宗全書三二―五八三下／続蔵一四八―七七右下）
>
> 金華の元首座は、剛峭簡厳、叢林に目《な》づけて「飽参」と為す。等庵に白雲にて見《まみ》えて、始めて大事を了ず。僧問う、「如何《いか》なるか是れ仏?」曰く、「即心是仏」。問う、「如何《いか》なるか是れ道?」曰く、「平常心《びょうじょうしん》是道」。問う、「如何《いか》なるか是れ祖師西来意?」曰く、「趙州の道《い》いし底《もの》（趙州禅師が説かれたとおりのものだ）」。聞く者皆《み》な笑う。後に僧有りて問う、「如何《いか》なるか是れ仏?」曰く、「南斗は七つ、北斗は八つ」。問う「如何《いか》なるか是れ道?」曰く、「猛火、麻油を煎《に》る」。問う、「如何《いか》なるか是れ祖師西来意?」曰く、「亀毛《きもう》、長さ数丈」。伝うる者皆《み》な喜ぶ。噫《ああ》！　若《も》し如此《かくのごと》く答話を辨験せば、惟《ただ》に己霊を埋没せしむるのみならず、抑《さら》に亦《ま》た前輩にも辜負《そむ》かん。

周知のとおり「即心是仏」「平常心是道」は馬祖の語であり、『趙州録』には「栢樹子」の則をはじめ、祖師西来意に関する問答が数多く収められている。元首座のこれらの回答は、禅宗本来の考え方としては一々もっともであり、時代がかわっても、これらが禅の「正理」であることにかわりは無い。だが、すでに「活句」の風に馴れきった修行僧たちは、そういうまともな答えをハナからばかにして嘲笑する。そこで元首座が、いかにも「活句」らしい、論理の「顚倒」した不可解な答えに切りかえたところ、修行僧たちは大喜びでそれをもてはやしたというのである。かかる風潮は、己れの本分事を味《くら》ますのみならず、古人の心をも無にするものだ、著者、枯崖円悟《こがいえんご》は、そう嘆いてこの一段を結ぶのであった。

無理会話　『正法眼蔵』山水経の巻に見える道元の次の批判も、こうした風潮を背景とすることで始めてその意味が理解されよう。南宋の時代、かの地にわたって求法した際の経験にもとづく記述である。

いま現在大宋国《だいそうこく》に、杜撰《とせん》のやから一類あり、いまは群をなせり。小実《せうじつ》の撃不能《ぎやくふのう》なるところなり。かれらいはく、「いまの東山水上行話《とうざんすいじやうかうわ》、および南泉の鎌子話《れんすわ》のごときは、無理会話《むりうゐわ》なり。その意旨は、もろ〳〵の念慮にかゝはれる語話は仏祖の禅話にあらず。無理会話、これ仏祖の語話なり。かるがゆゑに黄蘗《わうばく》の行棒《ぎやうぼう》および臨済《りんざい》の挙喝《こかつ》、これら理会およびがたく、念慮にかゝはれず、これを朕兆未萌《ちんてうみばう》以前の大悟《だいご》とするなり。先徳の方便《はうべん》、おほく葛藤《かつとう》断句《だんく》をもちゐるといふは無理会なり」。（岩波文庫、二・頁一八九）

ここにいう「理会およびがたく、念慮にかゝはれ」ざる「葛藤断句」「無理会話」、それはまさに「語中無語」の「活句」のことであり、その反対の「念慮にかゝはれる語話」とは「語中有語」の「死句」のことに外なるまい。道元はこのあとこれを「禿子がいふ無理会話、なんぢのみ無理会なり、仏祖はしかあらず。なんぢに理会《りうい》せられざればとて、仏祖の理会路《りうぃろ》を参学せざるべからず」と非難してゆくが、これはさきほど見たような「活句」への常習的依存の風潮を、道元が厳しく批判したものと解せよう。

右の三条はいずれも「活句」の称は用いていないものの、宋代禅において禅問答が脱意味的・没論理的なものに変じてゆき、南宋の時代にはその安易な通俗化の弊害が目に余るほどとなっていたことを示していよう。(15) こうした禅問答の扱いは、今日もなお大きな影響力をもっている。

四　活句から看話へ

仰山汝名什麼　ここでふたたび『碧巌録』にもどる。以上の弊風はあくまでも後世の話であって、『碧巌録』において「活句」はなお、話頭解釈の反転をせまる斬新な技として活きている。すでにいくつか例を挙げたように、「佗は活句に参じて、死句に参ぜず」という一句は、公案解釈のきめの一句として『碧巌録』評唱に欠かせないものとなっているのである。第七十則「仰山汝名什麼」(流布本では第六十八則)の本則評唱もそのひとつで、その本則は次のような問答であった。

挙、仰山問三聖、「汝名什麼?」聖云、「慧寂」。山云、「慧寂是我」。聖云、「我名慧然」。仰山呵呵大笑。(下・頁五九)

挙《こ》す、仰山《きょうさん》、三聖《さんしょう》に問う、「汝、名は什麼《なん》ぞ?」聖云く、「慧寂《えじゃく》」。山云く、「慧寂は是れ我なり」。聖云く、「我、名は慧然《えねん》」。仰山、呵呵《かか》大笑す。

仰山慧寂が三聖慧然に名を問うたところ、なんと三聖のほうが自ら「慧寂」と名のったというやりとりだが、この問答を評してゆくなかで、圜悟は次のように述べている。

這裏公案、仰山不可不知佗名、却更恁麼問佗。所以作家要験佗人得知子細。「汝名什麼」、只似等閑、無道理計較。何故却不云「慧寂〔＝然〕」、却与麼対？　佗具眼者、自然不同。佗又不是顚。三聖攙旗奪鼓、意在仰山之外。此語不堕常情、難為摸索、却活得人。所以道、「佗参活句、不参死句」。若順常情、則歇人不得。佗古人用尽精神、所以大悟了、却問〔＝同〕未悟。随分一言半句、不落常情。……（下・頁六〇）

這裏《ここ》の公案、仰山、佗《かれ》〔三聖〕の名を知らざる可《べ》からざるに、却って更に恁麼《かくのごと》く佗《かれ》に問う。作家《さっけ》の、佗人を験《しら》べて子細《しさい》を知るを得んと要《ほっ》する所以《ゆえん》なり。「汝、名は什麼《なん》ぞ」、只だ等閑《なおざり》の似《ごと》くにして、道理の計較《はから》う無し。何故《なにゆえ》にか却って「慧然《えねん》」と云わず、却って与麼《かよう》に対《こた》えたる？　佗《か》の具眼《ぐげん》の者は、自然《もとよ》り同じからず。佗《かれ》、又た顚にも不是《あら》ず。三聖《さんしょう》の旗を攙《と》り鼓を奪うは、意、仰山の外に在り。此の語、常情に堕《お》ちず、摸索を為し難ければ、却って人を活かし得ん。所以《ゆえ》に道《いわ》く、「佗《かれ》は活句に参じて、死句に参ぜず」と。若《も》し常情に順わば、則ち人を歇《やす》ませ得ざらん。佗《か》の古人は精神を用《もち》い尽《つ》くし、所以に大悟し了《おわ》らば却って未悟に同じ。随分《かりそめ》の一言半句なりとも、常情に落ちず。……

ここの公案で、三聖の名を知らぬはずもない仰山が、わざわざこのようにその名を問うている。これは辣腕の禅匠が相手の内実を確かめんとする手立てである。「汝、名は什麼ぞ」、ただ適当に問うただけのようであり、思い計るべき道理が有るわけでもない。だが、にもかかわらず、三聖は何ゆえ自分の名を答えず、逆に仰山の名を答えたりしたのか。この具眼の男〔三聖〕は、むろんなみの者とは違っているし、頭がおかしいわけでもない。彼が仰山の名義を奪い取ったのは、仰山の意表の外をねらってのことである。その語は「常情」に堕ちず、手がかりを許さぬものであり、だから却って人を活かしうるのである。それゆえ、言うのだ、「佗は活句に参じて、死句に参ぜず」と。もし、「常情」に堕したならば、人は永遠に休歇を得られまい。いっぽうかの古人（三聖）はここ（最初の一句）で精魂を使い果たしてしまったからこそ、大悟ののちは却って未悟に同じ、ということになるのである。適当に口にする一言半句さえ、「常情」に落ちてはならぬのだ。[16]……

仰山から名を問われた三聖は、自らの名でなく、だしぬけに仰山の名を名のる。これを圜悟は、「常情」に堕ちず、思量の手がかりを与えず、それだからこそ逆に人を活かしうる言葉――すなわち「活句」――であると称えている。そして、三聖がつづけて「我が名は慧然」と当たり前に言いなおしたところを、「活句」によって精力を使い切ったうえでの休歇、すなわち、大悟したうえでの「未悟に同じ」だとするのであった。つまり圜悟はここで、かの円環の論理を前提としつつ、「死句＝常情」（０度）を「活句＝大悟」（一八〇度）によって打破し、最後に「休歇＝同未悟」（三六〇度）の地点に立ち返った話として、本則を説明しているのである。

ここで目につくのが「常情」の語のくりかえしであるが、この語は前節の注（9）に引いた第七十六則「金牛飯桶」の評唱でも、次のように用いられていた。

祖師西来の時、題目に什麼《なに》とか道《い》える？「教外別伝《きょうげべつでん》、単伝心印《たんでんしんいん》」と。古人の方便も、也《ま》た只《た》だ儞《なんじ》をして会《さと》り去らしめんことを要《もと》むるのみ。〔しかるに〕有る者は「那裏《いずく》にか許多《あれこれ》の事有らん？熱ければ則ち涼を承《と》り、寒ければ則ち火に向《あた》る。飢《う》えれば則ち飯を喫し、困《つか》れなば則ち打眠《ねむ》るのみ」と道《い》いて、即ち常情に落在す。知らざるや、古人の二六時中に向《おい》て、「此の事」を明かさんと要せるを。（下・頁七七）

ここで「常情」は無事禅と同義であり、かつ、二六時中を通じての「此の事」の究明——すなわち祖師西来意——の対立項である。それは第九則「趙州四門」の評唱において無事禅が「情識計較」の説と断ぜられていたこととも、また、さきに引いた第二十則「翠微禅板」の本則評唱で「活句」が無事禅の対立項とされていたこととも符合する。これはさらに、第九十二則「雲巌大悲手眼」の評唱で「死句」的解釈が「情解」「情塵意想」と貶称され、それと対立する「活句」の説がいわゆる作用即性説への批判を意図していたこととも通じ合う。つまり『碧巌録』評唱において、「常情」は「情識計較」「情解」「情塵意想」等と同義であり、それらの語はいずれも、「死句」=「無事禅」=「作用即性」という「0度」のありかた——ありのままの状態への自足——を指している。そして、それに対決しそれを打破するのが、ほかならぬ「活句」=「大悟」=「祖師西来意」という「一八〇度」の反転なのであった。より単純に言い換えれば、『碧巌録』評唱のうちには、「活句」によって「無事」を打破し「大悟」に到る、そうした禅への志向が、確かに潜在しているのである。

だが、評唱はそのことを、なお明言はしていない。このような筋道は、圜悟の所説をつづり合わせることによって我々が再構成しうるものであって、これが一つの自覚的な方法に集約され明示されるには、弟子の大慧宗杲による「看話禅」の確立を待たねばならなかった。むろん、はじめにことわったとおり、看話禅は大慧本人のさまざまな試行錯誤の遍歴の所産であって、決して五祖法演—圜悟—大慧という法系にそって伝授されてきたものではない。だが、こうした師承関係から受けた影響がそこに皆無であったとすることもまた不自然であろう。今は大慧の看話禅にいたる重要な流れの一つとしてこの系譜をたどりながら、「活句」から「看話」への連続性を考えてみたい。

五祖法演の無字　公案を「活句」として参究するということは、公案中の語句を、字義・文脈から断絶した絶待の一語一句として看るということである。そのための手立てとして最も手っ取り早いのは、まず公案の本文そのものを、脈絡や構成のない断片的な形に圧縮ないし切断してしまうことであろう。前節に引いた、土屋太祐「公案禅の成立に関する試論——北宋臨済宗の思想史」(『駒澤大学禅研究所年報』第一八号、二〇〇七年)が、すでに北宋の禅門のそうした動向を指摘しており、その例として五祖法演の趙州無字の扱いを取り上げている。趙州無字がのちに大慧の看話禅の中核をなす公案であることは、言うまでもない。[17]

上堂、挙、僧問趙州、「狗子還有仏性也無?」州云、「無」。僧云、「一切衆生皆有仏性、狗子為什麼却無?」州云、「為伊有業識在」。師云、「大衆、你諸人尋常作麼生会? 老僧尋常只挙無字便休。你若透得這一箇字、天下人不奈你何。你諸人作麼生透? 還有透得徹底麼? 有則出来道看! 我也不要你道有、也不要你道無、也不要你道不有不無。你作麼生道? 珍重」。(『古尊宿語録』巻二十二「黄檗東山演和尚語録」、中華書局点校本、頁四一六)

上堂、挙《こ》す、僧、趙州に問う、「狗子《くし》に還《は》た仏性有り也《や》無?」州云く、「無」。僧云く、「一切衆生皆《み》な仏性有り、狗子《くし》、為什麼《なにゆえ》にか却って無し?」州云く、「伊《かれ》に業識《ごっしき》有るが為《た》め在《なり》」。師云く、「大衆《だいしゅ》、你《なんじ》ら諸人、尋常、作麼生《いかに》か会《え》す? 老僧は尋常只だ無字を挙して便ち休す。你ら若し這の一箇字を透得せば、天下の人も你《なんじ》を奈何《いかん》ともせず。你《なんじ》ら諸人は作麼生《いかに》か透る? 還《は》た透得徹せる底《もの》有り麼《や》? 有らば則ち出《い》で来りて道《い》い看よ! 我は也《ま》た你《なんじ》の有りと道うを要せず、也《ま》た你《なんじ》の無しと道うを要せず、也《ま》た你《なんじ》の不有不無と道うを要せず。你《なんじ》は作麼生《いかに》か道う? 珍重《ちんちょう》」。

法演禅師は上堂し、まず次の公案を提起した——僧が趙州に問う、「イヌに仏性が有りましょうか」。趙州、「無」。

「一切衆生にあまねく仏性あるはず。それが何ゆえ、イヌには無いのでございましょう」。趙州いわく、「やつに業識あるがゆえだ」。

これについて法演は言う――諸君、汝らはみなひごろ、これを如何に解しておるか。わしはひごろ、ただこの「無」の字を提起して、それで止める。汝らもこの一字を突き抜ければ、天下のすべての人も、汝を如何にもしえぬであろう。では、汝らはこれを如何に突き抜けるか。これを徹底的に突き抜けうる者は、おるか。おらばここへ出てまいって、一言申せ！　だが「有り」と言うても「無し」と言うても「不有不無」と言うてもならぬ。さあ、そこで汝らは何と言うか。以上。

ここで法演が引く趙州無字の問答は、なお『趙州録』などが掲げるのと同じく、二度のやりとりからなる長い本文である。だが、そのやりとりには、ここではもはや何の意味も認められていない。法演は平生より、このなかの「無」の一字をのみ提起し、それで止めるのだと語り、そしてこの場の修行僧たちにも、ただこの「無」の一字をこそ突破せよと迫っている。語録には別に次の一節があって、この言葉をうらづける。

師室中常挙「趙州、狗子還有仏性也無？　州云、無」。僧請問、師為頌之。「趙州露刃剣　寒霜光燄燄　更擬問如何　分身作両段」。（同前、頁四二〇）

師は室中に常に挙《こ》す「趙州、狗子《くし》に還《は》た仏性有り也無《や》？　州云く、無」。僧請問《しんもん》し、師は為に之に頌す。「趙州の露刃剣《ろじんけん》　寒霜《かんそう》として光《ひかり》燄燄　更に如何《いかん》と問わんと擬《せ》ば　身《み》を分《わか》たれて両段と作《な》らん」。

公案の本文自体がすでに短い一問一答に縮約されており、「無」の一字がいっそう際立たされている。法演は常にこうした形でこの則を提起し、そして、このような偈をつけたというのである――趙州の「無」の一字は、寒々とした光をたたえる、抜き身の刃の如きもの。そこにわずかでも思議をはさもうとする者は、ただちにその身を二つに斬って捨てられよう、と。

無字に対するこうした扱いが、大慧の次のような所説の濫觴となっていることは一見して明らかであろう。

「僧問趙州、狗子還有仏性也無？　州云、無」。只這一字、便是断生死路頭底刀子也。妄念起時、但挙箇無字。挙来挙去、驀地絶消息、便是帰家穏坐処也。（『大慧普覚禅師語録』巻二十二、法語「示妙心居士（孫通判長文）」、禅宗全書四二―三九四上／大正四七―九〇三下）

「僧、趙州ニ問フ、狗子ニ還タ仏性有リヤ。州云ク、〝無《ム》！〟」。只だ這《こ》の一字こそは、便ち是れ生死《しょうじ》の路頭《みち》を断《た》つ底の刀子《かたな》なり。妄念の起る時、但《た》だ箇《こ》の〝無〟字を挙《こ》せ。挙《こ》し来り挙《こ》し去って、驀地《にわか》に消息《しょうそく》絶しなば、便ち是れ帰家《きけ》穏坐《おんざ》の処なり。

「僧、趙州ニ問フ、狗子ニ還タ仏性有リヤ。州云ク、〝無《ム》！〟」。この「無」の一字は生死輪回の路を断ち切る刀である。妄念が起こった時は、ただ、この「無」の一字を提起せよ。それをくりかえし参究するうち、突如、思考のたよりが切断されたなら、そこがそのまま、安らかに落ち着くべき我が家なのである。

圜悟と「徳山小参」の話　次に圜悟について、土屋論文は『羅湖野録』巻一に、次のようなきわめて興味ある記録のあることを指摘している。

西蜀表自禅師参演和尚於五祖。時圜悟分座摂納。五祖使自親炙焉。圜悟曰、「公久与老師法席、何須来探水？脱有未至、挙来品評可也」。自乃挙徳山小参話。圜悟高笑曰、「吾以不堪為公師。観公如是、則有余矣」。遂令再挙、至「今夜不答話」処、圜悟驀以手掩自口、曰、「止！　只恁看得透、便見徳山也」。自不勝其憤、趨出、以坐具摵地曰、「那裏有因縁只教人看一句！」於是朋儕競勉、自従圜悟指示。未幾有省。（禅宗全書三二―二〇六下／続蔵一四八―四八七左）

西蜀の表自《ひょうじ》禅師、演和尚〔法演〕に五祖〔五祖山〕に参ず。時に圜悟は分座して摂納す。五祖は自〔表自〕をして焉《これ》〔圜悟〕に親炙《しんしゃ》せしむ。圜悟曰く、「公、久しく老師の法席に与《あずか》る、何ぞ来りて探水するを須《もち》いん。脱《も》し未だ至らざるところ有らば、挙《こ》し来って品評するも可なり」。自乃ち「徳山小参《とくさんしょうさん》」の話を挙《こ》すに、圜悟高笑して曰く、「吾れ、公の師と為るに堪《た》えずと以《おも》いしに、公の如是《かよう》なるを観れば則ち余《あま》り有り」。遂《かく》て再び挙せしめ、「今夜は答話《とうわ》せず」の処に至りて、圜悟は驀《にわ》かに手を以って自の口を掩《おお》いて曰く、「止《や》めよ！　只だ恁《かくのごとく》に看得透せば、便ち徳山に見《まみ》えん」。自は其の憤りに勝えず、趨《はし》り出《い》で、坐具を以って地を摵《う》ちて曰く、「那裏《いずく》にか因縁《いんねん》有りて只だ人をして一句をのみ看せしめん！」是《ここ》に於いて朋儕《ともがら》は競いて勉《はげま》し、自、圜悟の指示に従う。未《いま》だ幾《いくば》くならずして省《せい》有り。

西蜀の表自禅師は五祖山で法演禅師に参じた。当時、圜悟はすでに首座として法演の補佐を務めており、法演は表自に、親しく圜悟の指導を受けるよう命じた。圜悟は言う、「貴公も法演老師の法席に連なって随分になる。なにも、わしがところへ来て、境地の深浅を試るには及ぶまい。しかし、まだ究められぬ点があるというなら、提起して品評してみるのも悪くはない」。そこで表自が「徳山小参」の公案を口述したところ、圜悟は高笑いして言い放った、「貴公の師など務まる器でないと自ら思うておったのだが、どうして、その様子では、このわしでも充分余裕があるようだ」。

そこで、いまいちどその話の口述を命じ、「今夜は答話せず」の一句を述べたところで、突如、表自の口を手でふさいだ。「ここでやめよ！　かく看ぬけば、ただちに徳山の真面目と対面することができるであろう」。表自は憤懣やるかたなく、そこを走り出て、坐具で床を叩いた。「くそっ！　どこに、ただの一句しか看させぬような公案があるか！」

しかし、朋輩たちが我も我もとこれを励ましたので、表自は圜悟の指教に従い、ほどなくハタと気づくところが有ったのであった。

圜悟も蜀の出であったから、法演が表自に圜悟への師事を命じたのには、同郷の先輩ならまた格別の心の通いようもあろうという親心あってのことかも知れぬ。表自がそこで未解決の問題として取り上げた「徳山小参」とは、よく知られた次のような話であった。

鼎州徳山宣鑑禅師、小参、示衆云、「今夜不答話。有問話者、三十棒」。時有僧出礼拝、師便打。僧云、「某甲話也未問、為甚打某甲？」師云、「你是甚処人？」云、「新羅人」。師云、「未跨船舷、好与三十」。（『宗門統要集』巻七・徳山章、禅学典籍叢刊一―一六一下）

鼎州徳山宣鑑《とくさんせんかん》禅師、小参、衆《しゅ》に示して云く、「今夜は答話せず。問話《もんな》する者有らば、三十棒」。時に僧有り出《いで》て礼拝するや、師便ち打つ。僧云く、「某甲《それがし》、話すら也《な》お未だ問わざるに、為甚《なにゆえ》にか某甲を打つ」。師云く、「你《なんじ》は是れ甚処《いずこ》の人ぞ」。云く「新羅の人なり」。師云く、「未だ船舷《ふなべり》を跨《また》がざるに、好《よ》し三十を与うるに」。

徳山の最後の言葉は、今この場での質問はおろか、聖なる価値を希求しようと思い立った当初の時点で、汝は早や誤っておったのだ——求めるべき聖解などそもそも有りはしないのだから——と解することができるだろう。だが、表自が二度目にこれを挙したとき、圜悟は話の途中で、ではなく、わずか開口の一句で、ただちに表自の口を封じ去った。そこには公案のスジも内容もない。ただ、脈絡なく切り取られた「今夜不答話」という言葉の破片、それがだしぬけに口に突っこまれただけである。いわば「活句」の実力行使であった。

大慧の栢樹子　こうした、理路・語脈の切断による言葉の断片化は、「活句」を実地の接化で用いるための必然的な手法と言えよう。それをさらに修行方法として実用化したのが、大慧の看話禅であった。そこで最も多用されたのが趙州無字の公案であったことは周知のとおりだが、大慧は他の多くの公案をも同じ目的に用いている。たとえば序論で考察した趙州の「栢樹子」の話について、大慧はこう説いている。

所以五祖師翁有言、「如何是祖師西来意？　庭前栢樹子。恁麼会、便不是了也。如何是祖師西来意？　庭前栢樹子。恁麼会方始是」。你諸人還会麼？　這般説話、莫道你諸人理会不得、妙喜也自理会不得。我此門中無理会得理会不得。蚊子上鉄牛、無你下嘴処。（『大慧普覚禅師語録』巻十六「悦禅人請普説」、禅宗全書四二—三五五下／大正四七—八八一中）

所以《ゆえ》に五祖師翁、言える有り、「如何ナルカ是レ祖師西来意？　庭前ノ栢樹子。恁麼《かくのごと》く会《え》さば、便ち不是と了也《なれり》。如何ナルカ是レ祖師西来意？　庭前ノ栢樹子。恁麼《かくのごと》く会《え》して方始《はじ》めて是なり」と。你《なんじ》ら諸人《しょにん》、還《は》た会《え》す麼《や》？　這般《かか》る説話《せった》は、你《なんじ》ら諸人の理会《りえ》し得ざるは莫道《いうにおよば》ず、妙喜《われ》も也《ま》た自ら理会《りえ》し得ず。我が此の門中には理会《りえ》し得ると理会《りえ》し得ざると無し。蚊子《ぶんす》の鉄牛に上れるがごとく、你《なんじ》の嘴《くち》を下す処無し。

それゆえ、わが師翁（師匠の師匠）、五祖法演禅師もこう言うておられる、「〝如何ナルカ是レ祖師西来意？　庭前ノ栢樹子〟。このように会得してはダメである。そうではなくて〝如何ナルカ是レ祖師西来意？　庭前ノ栢樹子〟と、こう会得してこそ正しいのである」と。どうだ、諸君、解るか。こういう言葉は、汝らのみならず、このわしにも解らぬのだ。わが法門には、そもそも解る解らぬということ自体が無い。鉄の牛にとまった蚊のごとく、クチバシ——すなわちコトバ——を挿しいれる余地が、そもそも存在しないのである。

「栢樹子」も、もとは序論で看たような複数のやりとりからなる問答であった。だが、それもここでは単純な一問一答に切り詰められ、かつそれが解釈の可否を絶した、分節不可能の、玩とした一箇の塊りとして提示されているのである。

「栢樹子」および「麻三斤」「乾屎《かんし》橛《けつ》」について、大慧は次のようにも説いている。

所以此事決定不在言語上。若在言語上、一大蔵教諸子百家偏天偏地、豈是無言？　更要達磨西来直指作麼？　畢竟甚麼処是直指処？　你擬心早曲了也。如「僧問趙州、如何是祖師西来意？　州云、庭前栢樹子」。這箇忒殺直。又「僧問洞山、如何是仏？　山云、麻三斤」。又「僧問雲門、如何是仏？　門云、乾屎橛」。這箇忒殺直。你擬将心湊泊、佗転曲也。……這箇如何将知見解会、計較得失玄妙是非底心去学得。你要真箇参、但一切放下。如大死人相似、百不知百不会、驀地向不知不会処、得這一念子破、仏也不奈你何。不見古人道、「懸崖撒手自肯承当、絶後再穌欺君不得」。（『大慧普覚禅師語録』巻十三「到雪峰値建菩提会請普説」、禅宗全書四二―三二四下／大正四七―八六三中）

所以《ゆえ》に「〃此の事〃は決定《けつじょう》して言語上に在らず。若《も》し言語上に在らば、一大蔵教・諸子百家の天に偏《あま》ねく地に偏《あま》ねきは、豈《あ》に是れ言無からんや？　更に達磨の西来直指《じきし》を要して作麼《いかんせ》ん？」畢竟《ひっきょう》、甚麼《いずれ》の処《ところ》か是れ「直《じき》」指の処？　你《なんじ》ら心を擬《ぎ》すれば早《つと》に「曲」となり了也《おわらん》。如《たと》えば「僧、趙州ニ問フ、如何ナルカ是レ祖師西来意。州云ク、庭前ノ栢樹子」。這箇《これ》、忒殺《はなは》だ「直」なり。又た「僧、洞山ニ問フ、如何ナルカ是レ仏。山云ク、麻三斤」。又た「僧、雲門ニ問フ、如何ナルカ是レ仏。門云ク、乾屎橛」。這箇《これ》、忒殺《はなは》だ「直」なり。你《なんじ》ら心を将《も》って湊泊《そうはく》せんと擬《ほっ》さば、佗《そ》は「曲」に転ぜん。……這箇《これ》、如何《いか》でか知見解会《ちけんげえ》、得失・玄妙・是非を計較《はか》る底の心を将《も》って去《ゆ》きて学び得ん。你《なんじ》ら真箇《まこと》に参ぜんと要《ほっ》さば、但《た》だ一切放下《ほうげ》せよ。大死人の如《ごと》くに相《あ》い似《に》て、百《すべ》て知らず、百《すべ》て会《え》せず、驀地《まくち》に不知不会《ふちふえ》の処に向《おい》て這《こ》の一《いち》念子《ねんす》の破るを得なば、仏すら也《な》お你《なんじ》を奈何《いかん》ともしえざらん。見ずや古人道《いわ》く、「懸崖《けんがい》に撒手《さっしゅ》して自ら肯《うけが》いて承当《じょうとう》す、絶後《ぜつご》に再び穌《よみがえ》るや君を欺《あざむ》き得ず」と。

それゆえ、「〃此の事〃は断じてコトバのうえにはないのである。もし、それがコトバのうえにあるのなら、すでに仏教の大蔵経や中国の諸子百家の書、それらが天地の間にあふれていて、そこにコトバがいやというほど有るではないか。そのうえに重ねて達磨が西来し直指する必要がどこにあろう」(つまり、コトバの教えに記されえない「此の事」、それを「直指」するためにこそ達磨は西来したのである)。

では、その「直指」の「直」とは、どういう処のことなのか。汝らがそこに(思考や判断の)心を差し向ければ、それはたちまち「直」ではなくて「曲」となる。たとえば、「僧、趙州ニ問フ、如何ナルカ是レ祖師西来意。州云ク、庭前ノ栢樹子」。これは、きわめつきの「直」である。また「僧、洞山ニ問フ、如何ナルカ是レ仏。山云ク、麻三斤」、あるいは「僧、雲門ニ問フ、如何ナルカ是レ仏。門云ク、乾屎橛」。これらも頗るつきの「直」である。だが、汝らがそれに(思考や判断の)心で取りつこうとすれば、これらも「曲」に転落してしまうのである。……

これがどうして、得失・玄妙・是非を思量し計算するような、知見解会の心によって学び得よう。もし真にこれを究めようと思うなら、ともかく一切を捨て去ることだ。徹底して死にきった人のごとく、何も知らず、何も解さぬ状態となれ。そして、何も知らず何も解さぬその処で、突如、この一念が大破し得たら、もはや御仏さえ、汝に手も足も出ぬこととなろう。かくて古人にこういう一句があるではないか、「切り立った崖っぷちから手をはなし、自らすべてを引きうけよ。大死して再び蘇れば、何者もそなたを欺き得ぬ」と。

最初の言葉は圜悟がよく引いていた雲門の語で、大慧もしばしばこれを引く。最後の「懸崖撒手」云々は、雲門の弟子の蘇州永光院真《えいこういんしん》禅師の語として『景徳伝灯録』巻二十などに見えるもので、これも『碧巌録』第四十一則の評唱などに引かれている(上・頁一七九)。この一段における「西来」「直指」の語義、および、「直指」と「曲指」の別は、前節「四　圜悟の経歴と「無事」」に引いた仏鑑慧懃の開悟の話(『宗門武庫』)と一致する。

右の一段で大慧は、かの「庭前の栢樹子」「麻三斤」「乾屎橛」の三つの話頭を掲げ、それを思量分別を加えず

「直」に受け取るべきものとする。そしてすべてを放下して、何ものも知らず、何ものも解さず、という「不知不会《ふちふえ》」の処において「這《こ》の一念子の破るを得なば」——すなわち意識の激発・大破が起こったならば——それが仏さえよせつけぬ無条件の悟りだというのである。ここでは「栢樹子」も「麻三斤」も「乾屎橛」も、解釈されているのでもなければ、説明されているのでもない。ただ、論理的思考の回路を断絶させ、大悟の契機をもたらす無分節な言葉の断片、すなわち「活句」として使用されているに過ぎないのである。

看箇話頭　つまりはどれも「語中無語」の「活句」だということになれば、公案をいくつとり挙げても同じことである。どの公案をとり挙げるかはもはや問題でなく、任意の公案によっていかに大悟徹底の実体験を引き起こすかということだけが、問題なのである。かくしてあらゆる公案が、結局、趙州「無字」へと収斂してゆくのはよく知られるとおりである。(18)

若要径截理会、須得這一念子嚗地一破、方了得生死、方名悟入。然切不可存心待破。若存心在破処、則永劫無有破時。但将妄想顛倒底心、思量分別底心、好生悪死底心、知見解会底心、欣静厭鬧底心、一時按下。只就按下処看箇話頭、「僧問趙州、狗子還有仏性也無？　州云、無」。此一字子、乃是摧許多悪知悪覚底器仗也。不得作有無会、不得作道理会、不得向意根下思量卜度、不得向揚眉瞬目処採根、不得向語路上作活計、不得颺在無事甲裏、不得向挙起処承当、不得向文字中引証。但向十二時中四威儀内、時時提撕、時時挙覚、「狗子還有仏性也無？　云、無」、不離日用。試如此做工夫看。月十日便自見得也。（『大慧普覚禅師語録』巻二十六「答富枢密」、禅宗全書四二―四二五上／大正四七―九二一下）

若《も》し径截《けいせつ》に理会《りえ》せんと要《ほっ》さば、須得《すべか》らく這《こ》の一念子《いちねんす》の曝地《バクチ》に一破すべくして、方《はじ》めて生死を了得し、方《はじ》めて悟入と名づく。然《しか》れど切に心を存して破を待つ可《べ》からず。若《も》し心を破の処に存さば、則ち永劫に破する時有ること無し。但だ妄想顛倒《もうぞうてんどう》の心・思量分別《しりょうふんべつ》の心・好生悪死《こうしょうおし》の心・知見解会《ちけんげえ》の心・欣静厭鬧《ごんじょうおんどう》の心を将《も》って、一時に按《お》さえ下《つ》けよ。只だその按《お》さえ下《つ》けし処に就きて箇の話頭を看よ。「僧、趙州ニ問フ、狗子ニ還タ仏性有リヤ。州云ク、〝無《ム》〟！」と。此の一字子、乃ち是れ許多《あまた》の悪知悪覚を摧《くだ》く底の器仗なり。有無《うむ》の会《え》を作《な》すを得ざれ。道理の会を作すを得ざれ。意根《いこん》下に向《おい》て思量し卜度《あてずいりょう》するを得ざれ。揚眉瞬目《ようびしゅんもく》の処に向《おい》て根を探《おろ》すを得ざれ。語路《ごろ》上に向《おい》て活計を作すを得ざれ。無事甲裏《ぶじこう》に颺在《ひょうざい》するを得ざれ。挙起《こき》の処に向《おい》て承当《うけが》うを得ざれ。文字《もんじ》中に向《おい》て引証するを得ざれ。但だ十二時中・四威儀の内に向《おい》て、時時に提撕《ていぜい》し、時時に挙覚《こかく》せよ、「狗子ニ還タ仏性有リヤ。云ク、〝無《ム》〟！」と。日用《にちゆう》を離れざれ。試みに如此《かくのごと》くに工夫《くふう》を做し看よ。月十日にして便ち自ら見得《み》ん。

もし、直截に会得したければ、必ずやこの一念がバカッ！と大破せねばならない。それでこそ生死が決着し、それでこそ悟入といえるのである。しかし、だからといって、意識してその大破の時を待ちかまえてはいけない。大破のところに意識を置いてしまうと、永遠に大破の時は起こり得ない。ともかく、妄想顛倒の心・思量分別の心・生を好み死を悪《にく》む心・知見解会の心・静寂を願い喧騒を厭う心、それらを一気に押さえ込むのだ。そして、その押さえつけたところで、一箇の話頭を看よ――「僧、趙州ニ問フ、狗子ニ還タ仏性有リヤ。州云ク、〝無《ム》〟！」と。この「無」の一字こそは、あれこれの悪しき知識・分別を打ち砕く強力な武器に外ならない。

この一字に対して、有る無しの理解を加えてはならない。合理的解釈を施してもいけない。分別意識のもとで思考し推量してもいけない。「揚眉瞬目」の作用を是認してもいけない。字義・文脈のうえで考えていってもいけない。「無事」の甲羅のなかに放りこんでもいけない。問うている己れがそのまま答えなのだ、と肯ってもいけない。古典のうちに論拠を求めてもいけない。ともかく、二六時中、行住坐臥すべての営為のなかで、時々刻々、つねにこの話頭を念頭に置き、つねにそこで心を覚醒させるのだ。「狗子ニ還タ仏性有リヤ。云ク、〝無《ム》〟！」そうして日常の営みを離れぬようにせよ。試しにこのように修行してみるならば、十日かひと月で、じき見て取ることができるであろう。

ここの「径截」は一つ前の引用の「直」に、また「這の一念子の嚗地に一破す」は「驀地に不知不会の処に向て這の一念子の破るを得」と対応している(19)。

ここにおいて趙州の「無」の一語が「ない」という意味でないことは、言うまでもない。種々の否定的な言い方がこれでもかこれでもかと重ねられているが、その趣旨は要するに、概念的・論理的な思路に陥らずに「活句」としての「無」そのものに参ぜよということに尽きるであろう。してはならない参じ方を数え上げてゆくなかで、「揚眉瞬目の処に向《おい》て根を探《おろ》す」とあるのは作用即性的見解、「語路上に向《おい》て活計を作す」は「死句」的解釈、「無事甲裏に颺在する」は「無事禅」への安住を、それぞれ指していて、圜悟の論からの連続性がうかがわれる。しかし、圜悟は一撃で悟れと説くのみで、どうやって一撃で悟るのかは説いていなかった。それがここでは、「但だ十二時中・四威儀の内に向《おい》て、時時に提撕し、時時に挙覚」して「日用を離」れない、という具体的な参究方法――すなわち「箇《ひとつ》の話頭を看よ」という方法――として提示されるに至っているのである。さきに看た圜悟のいくつかの論点が、ここで「看話」という実践的な技法に一元化されているのだと言えるだろう。

同様の語は、大慧の語録の中に枚挙にいとまない。もうひとつだけ例を看ておこう。

若有進無退、日用二六時中応縁処不間断、則噴地一下亦不難。然第一不得存心在噴地一下処。若有此心、則被此心障却路頭矣。但於日用応縁処不昧、則日月浸久、自然打成一片。何者為応縁処？　喜時怒時、判断公事時、与賓客相酬酢時、与妻子聚会時、心思善悪時、触境遇縁時、皆是噴地一発時節。千万記取、千万記取。世間情念起時、不必用力排遣。前日已曾上聞、但只挙「僧問趙州、狗子還有仏性也無？　州云、無」。纔挙起這一字、世間情念自怙怙地矣。「多言復多語、由来返相誤」。千説万説、只是這些子道理。驀然於無字上絶却性命、這些道理亦是眼中花。（『大慧普覚禅師語録』巻二十一「示鄂守熊祠部（叔雅）」、禅宗全書四二―三八六上／大正四七―八九九上）

若《も》し進《すす》むこと有りて退《しりぞ》くこと無く、日用《にちゆう》二六時中の応縁の処にて間断せざれば、則ち〝噴地一下《フンチいちげ》〟も亦《ま》た難《かた》からざらん。然《しか》れど第一《けっし》て心を〝噴地一下《フンチいちげ》〟の処に存するを得ざれ。若《も》し此の心有らば、則ち此の心に路頭《みち》を障却《さえぎ》られん。但《た》だ日用応縁《にちゆうおうえん》の処に於て昧《くら》まざれば、則ち日月浸《ようや》く久しく、自然《おのず》と打成一片《だじょういっぺん》ならん。何者か応縁の処為《な》る？　喜ぶ時、怒る時、公事を判断する時、賓客と相い酬酢する時、妻子《さいし》と聚会する時、心に善悪を思う時、境に触《ふ》れ縁に遇《あ》う時、皆な是れ〝噴地一発《フンチいっぱつ》〟の時節なり。千万《くれぐれ》も記取《おぼえおか》れよ、千万《くれぐれ》も記取《おぼえおか》れよ。世間《せけん》の情念起《おこ》る時、力を用いて排遣《しりぞ》くるを必《もち》いず。前日已《すで》に曾て上聞す、但《ともか》く只《た》だ挙《こ》せ「僧、趙州ニ問フ、狗子ニ還タ仏性有リヤ。州云ク、〝無《ム》〟！」纔《わず》かに這《こ》の〔「無」の〕一字を挙起《こき》するや、世間の情念、自ずから怙怙地《やすらか》とならん。「多言復《ま》た多語、由来返《かえ》って相い誤る」。千説万説も、只だ是れ這些子《これら》の道理なるのみ。驀然《まくねん》と「無」字上に於て性命を絶却せば、這些《これら》の道理も亦《ま》た是れ眼中の花なるのみ。

もし、退くことなくひたすら進み、日常二六時中の「応縁」のところで途切れることのなきようにすれば、「噴地一下」の激発の瞬間を得ることも困難ではない。しかし、決して、心を「噴地一下」のところに置いてはいけない。そういう心があると、その心が路を塞いでしまう。日常の「応縁」のところで心が暗まぬようにしていれば、しだいに月日がたつうちに、すべてがおのずと一枚になろう。

では「応縁」のところとは、如何なるものか。喜ぶ時、怒る時、公務をさばく時、来客の相手をする時、妻子と団欒する時、心に善悪を思う時、さまざまな事態・情況にでくわす時、それらすべてが皆な「噴地一発」の好機なのである。くれぐれも、くれぐれも、よく肝に銘じておかれたい。世俗的な妄念が起こった時には、それを力ずくで排除するには及ばぬことを。先だっても申し上げたとおり、ともかく、ひたすら「僧、趙州ニ問フ、狗子ニ還タ仏性有リヤ。州云ク、〝無《ム》〟！」と参究するのだ。この「無」の一字を取り上げたとたん、世俗の凡情は、自ずとおさまろう。「多言復た多語、由来返って相い誤る」という（懶瓚『楽道歌』）。あれこれの教えも、つまりは以上の道理を言っているにすぎないのである。だが、突如、「無字」で絶命すれば、こうした道理すらもまた、所詮、幻影にすぎぬのである。(20)

こうした「看話」の方法の確立によって、それまで優れた機根と偶然の機縁にたよっていた「開悟」の可能性が、多くの人に開放されることとなった。特に、日用を離れることなく「無字」を念じつづけよとする大慧の説が、在俗の士大夫層にいかに歓迎されたかは、想像するに余りある。しかし、その反面、これによって「悟り」が無機質で平均的な理念と化し、禅の個性的な生命力が衰退していったことも否めない。(21)禅がこのあと中国本土でほとんど新たな思想的発展をもち得なかったこと、しかしその一方で、固有の言語や文化の伝統を超えて東アジア各地に普及し、さらには二〇世紀には欧米社会にまで伝播し得たこと、その双方をこの「看話」の方法の結果として説明することができるであろう。

個別の生きた意味をもっていた唐代の禅問答は、北宋期の「文字禅」の営為のなかで一律に「語中無語」の「活句」として扱われるようになり、それが実践的方法化を加えられて「看話禅」となった。現実の自己をありのままに肯うという唐代の禅は、その過程を通じて「大悟」の体験を追求する禅へと再編されていった。今日から看れば、

『碧巌録』は、そうした歴史的な過程の中間で、転換点の位置にあった書物と言うことができる。それは唐代禅の問答を宋代禅的思考の表現へと読みかえていった書物であり、と同時に、北宋期の「文字禅」を集大成しつつ、それの「看話禅」への転化の道を開いた書物でもあった。『碧巌録』は、いわば文字禅の到達点であると同時に、看話禅の起点ともなる書物だったのであり、また、唐代禅から宋代禅への演変の様相を如実に伝える書物でもあったのである。禅に関するその後の膨大な言説は、こうした宋代禅のありかたを禅そのものと同一視し、しかも、そうであることをほとんど意識することがないまま、再生産されてきたものだったのであった。

（1）「文字禅」の語は覚範恵洪の『石門文字禅』にちなむ。詳しくは周裕鍇『禅宗語言』（浙江人民出版社、一九九九年）、同『文字禅与宋代詩学』（高等教育出版社、一九九八年）、参照。

（2）「活句」についても前注所掲の、周裕鍇の両書を参照。

（3）「西来無意」は、『景徳伝灯録』では、達磨が西来しようがしまいが、自己の心はもともと仏なのであり、したがって達磨によってあらためて伝えられた「西来意」など実は存在しない、という意で用いられていた。詳しくは、小川『語録のことば——唐代の禅』（禅文化研究所、二〇〇七年）の第三・四節を参照。

（4）同じく明代の雲棲袾宏『竹窗随筆』にも次のような言葉が見える。ここに見える「無義味語」も「無義語」と同義であり、この一段も、やはり「活句」に対する恰好の注解となしえよう。

二筆【八〇】無義味語

宗門答話、有所謂無義味語者。不可以道理会、不可以思惟通故也。後人以思惟心強説道理、則愈説而愈遠。豈惟謬説、直饒説得極是、亦只是鸚鵡学人語而已。円悟老人曰、「汝但情識意解、一切妄想都尽、自然於這裏会去」。此先徳已験之方、断非虚語。吾輩所当深信而力行者也。（荒木見悟監修・宋明哲学研討会訳注『竹窗随筆——明末仏教の風景』中国書店、二〇〇七年、頁二六六）

宗門（禅宗）の答話には、所謂《いわゆ》る「無義味語」なる者有り。道理を以って会《え》する不可《べか》らず、思惟を以って通ずる不可《べか》らざるが故也《なり》。後人、思惟の心を以って強《し》いて道理を説けば、則ち愈《いよい》よ説きて愈《いよい》よ遠し。豈《あ》に惟《ただ》に謬説のみならん、直饒《たと》い説き得て極《きわ》めて是《ただ》しきも、亦《な》お只だ是れ鸚鵡《おうむ》の人語を学《まね》ぶがごとくなる而已《のみ》。円悟老人曰く、「汝但《た》だ情識意解、一切妄想都《すべ》て尽《つ》きなば、自然《おのず》と這裏《ここ》に於て会《さと》り去らん」と。此れは先徳已《すで》に験《たしか》めしの方にして、断じて虚語に非《あら》ず。吾輩《われら》の当《まさ》に深く信じて力《つと》め行うべき者也《なり》。

また、同書、初筆【七二】宗門問答の条にも「古尊宿の作家《さっけ》の相見《しょうけん》は、其の問答機縁、或は義無く味無く（無義無味）、或は驚《おどろ》く可く疑《うたが》う可く、或は罵《ののし》るが如く譃《ふざけ》るが如く、而《しか》れど皆《み》な真参実悟の中自《よ》り来り、水乳の投じ凾蓋の合するがごとくならざる莫《な》く、一字一句として浪《みだ》りに施せる無き也《なり》」とある（頁八七）。後注（15）をあわせ看よ。

（5）「花薬欄」については入矢義高「禅語つれづれ――禅臭」（『求道と悦楽――中国の禅と詩』岩波書店、一九八三年、頁一二一）、「語録の言葉と文体」（『空花集――入矢義高短編集』思文閣出版、一九九二年、頁一五九）、参照。

（6）最後の一句は保福従展の語に基づく。『明覚禅師語録』巻一「挙、保福示衆云、〝此事如擊石火閃電光。搆得搆不得、未免喪身失命〟。僧便問、未審搆得底人、還免喪身失命也無？」（大正四七―六七二下）。同巻一「保福有言〝擊石火、閃電光。搆得搆不得、未免喪身失命〟」（六七四下）。のちには『聯灯会要』巻二十四・『五灯会元』巻七の各保福章にも載せられる。『碧巌録』では第十六則・頌評唱にも引かれている（上・頁七五）。

（7）洞山「麻三斤」の問答については、入矢「麻三斤」参照。『自己と超越――禅・人・ことば』（岩波書店、一九八六年）所収。なお芳澤勝弘「麻三斤・再考」と沖本克己「禅宗の教団（六）」に、入矢説をめぐる批判と討論がある。『禅文化』第一六〇号・一九九六年四月、および同第一六一号・同年七月、所載。

（8）『景徳伝灯録』巻十三は、質問を「如何是仏師」に作る（頁二五五上）。なお『景徳伝灯録』元版（大正蔵本）はここに次の細注を付す。

『西域記』云、昔摩竭陀国有婆羅門、聞釈迦仏身長丈六、常懐疑惑、未之信也。乃以丈六竹杖欲量仏身、恒於杖端出過丈六。如是増高、莫能窮実。遂投杖而去。因植根焉。今竹林脩茂、被山満谷。（大正五一―三〇三下／台湾版排印本、頁二四四）

『西域記』に云く、昔、摩竭陀《マカダ》国に婆羅門《バラモン》有り、釈迦仏の身長《みのたけ》の丈六なるを聞き、常に疑惑を懐《いだ》き、未だ之を信ぜざる也《なり》。乃ち丈六の竹杖を以って仏身を量らんと欲するに、恒《つね》に杖の端より出過《いず》る〔はみだす〕こと丈六たり。如是《かくのごと》く高さを増して、能く実を窮《きわむ》る莫《な》し。遂に杖を投《なげす》てて去る。因りて焉《ここ》に植根《ねづ》く。今、竹林脩《の》び茂《しげ》り、山を被《おお》い谷に満《み》てり。

これによれば「杖林山下《じょうりんさんか》の竹筋鞭《ちっこんべん》」の一句は、仏身の無相・無限定なることを答えたものと解しうる。

（9）次に引かれる「丙丁童子来求火」は玄則が法眼文益に参じた時の問答で、『景徳伝灯録』巻二十五・玄則章に初出（頁五一四下）。圜悟がこれを『碧巌録』第七則「慧超問仏」の本則評唱で取り上げているので、今、それを引く。

法眼会下監院不入室。法眼問、「院主何不入室？」主曰、「某在青林和尚処問、〝如何是学人自己？〟林云、〝丙丁童子来求火〟。従此有休歇処」。眼云、「是則是、儞試説看」。主云、「丙丁是火、将火更求於火、便是」。眼不肯。主便辞。過江却自云、「他是五百人善知識、必有長処」。復回如前問。法眼云、「丙丁童子来求火」〈丙丁是火将火更求於火便是〉。主於言下大悟。（上・頁三五）

法眼会下《えか》の監院《かんいん》、入室《にっしつ》せず。法眼問う、「院主《いんじゅ》よ、何ぞ入室せざる？」主曰く、「某《それがし》、青林和尚の処に在《お》て問えり、〝如何《いか》なるか是れ学人《それがし》の自己？〟と。林云く、〝丙丁童子《へいていどうじ》、来《きた》りて火を求む〟。此れ従《よ》り休歇の処有り」。眼云く、「是《ただ》しきことは則ち是《ただ》しきも、儞《なんじ》試みに説《と》き看《み》よ」。主云く、「丙丁は是れ火、火を将《も》って更に火を求む、便ち是れなり」。眼、肯《うけが》わず。主、便ち辞す。江を過《わた》りて却って自ら云く、「他《かれ》は是れ五百人の善知識、必ずや長処有るべし」。復《ま》た回《かえ》りて前の如くに問う。法眼云く、「丙丁童子《へいていどうじ》、来りて火を求む」。主、言下《ごんか》に於て大悟せり。

『景徳伝灯録』や『碧巌録』流布本ではこれを玄則の話と明記し、青林（青峰の誤り）への質問の語も「如何なるか是れ仏」に作っている。火の神である「丙丁童子」が火を求めてやって来る、ということから、もともと仏である自己がことさら外に仏を馳求する愚を戒めた話、とひとまず解し得る。ただし圜悟がその種の理解に反対であったことは、言うまでもない。詳しくは小川「『碧巌録』雑考（七）――汝は是れ慧超②」参照。『禅文化』第一九一号（禅文化研究所、二〇〇四年一月）。『続・語録のことば――《碧巌録》と宋代の禅』（禅文化研究所、二〇一〇年）、第三章―二。また、本章第二節注（18）参照。

（10）「問東答西」の語義については、第三十則「趙州大蘿蔔頭」本則評唱に次のようにあるのが参考になる。「江西澄和尚、判じて〈云〉之〈趙州大蘿蔔の公案〉を〝問東答西〟と為し、喚んで〝答話せず、人の綣繢《わな》に上《かか》らず〟と作《な》す」（上・頁一三七）。問いをはぐらかしてまともに答えず、それによって言語の陥穽に落ちることをたくみに回避し得たものだという意であろう。

（11）ほかに澄観『華厳経疏』巻十二に「理本無言、仮言而言」（大正三五―五八七下）、同巻四十二に「理本無言、仮言顕理」（八二四中）と見える。また、それよりさき、道宣の「続高僧伝序」に「原《たず》ぬるに夫《そ》れ、至道には言無けれど、言に非ざれば何を以ってか世に範たらん（原夫至道無言、非言何以範世）」（大正五〇―四二五上）と見え、くだって『景徳伝灯録』巻二十五・永明寺道潜章には次のような問答も録されている。「僧問う、至道無言、借言顕道。如何なるか是れ道を顕わすの言？師曰く、切に揀択を忌む」（頁五一三下）。

(12)　薦福承古についての最近の研究に、土屋太祐「玄沙師備三句綱宗与薦福承古三玄的比較——禅宗思想在唐宋之際的変化的一箇例子」(『普門学報』第三三期、二〇〇六年五月)がある。

(13)　「雲門三句」については、『雲門広録』下、『景徳伝灯録』巻二十二・徳山縁密章、『碧巌録』第十四則・本則評唱等を参照。

(14)　「表詮」と「遮詮」については入矢「禅語つれづれ——禅臭」(『求道と悦楽——中国の禅と詩』頁一一三)、同「表詮と遮詮」(『自己と超越——禅・人・ことば』)、参照。

(15)　明の袁中郎『珊瑚林』にも「無義味」の語が見える。これも以上の語と同様、安直な「活句」濫用の風潮に対する批判として読むことができよう。

問、「某子甲平生未曾做工夫。忽参一公案、一日自謂透悟于一切公案、都評品得来。後復寡廉鮮恥、依然如常人、何也?」答、「此如不会作文人因苦思之極、忽爾文機通。然所通者、止於文義、拏来、自己身上受用不得。故依旧如常、無所不為去也。其所評公案、非真能合祖意、不過謂公案乃無義味話、遂以無義味言語飣餖来評之耳」。(荒木見悟監修・宋明哲学研討会訳注『珊瑚林——中国文人の禅問答集』ぺりかん社、二〇〇一年、【一八六】頁二二四、訳注は同、頁一一七)

問う、「某子甲《あるひと》、平生未《いま》だ曾《かつ》て工夫《くふう》を做さず。忽《ふ》と一公案に参ずるに、一日、自《みずか》ら謂《おも》えらく、一切の公案に透悟し、都《すべ》て評品し得《え》来ると。後《のちま》復た廉寡《すくな》く恥鮮《まれ》にして、依然として常人の如くなるは、何ぞ也《や》?」答う、「此れは文を作る不会《あたわざ》る人の、苦思の極《きわみ》に因《よ》りて、忽爾《たちまち》に文機通ぜるが如し。然《しか》れど通ずる所の者は、文義に止《とど》まり、拏《と》り来《きた》れば、自己の身の上には受用《じゅゆう》し不得《えざ》るなり。故に依旧《あいかわ》らず常の如く、為さざる所無きことと去也《ならん》。其の評する所の公案は、真に能《よ》く祖意に合するに非《あら》ず、不過《ただ》、公案をば乃ち無義味の話と謂いなし、遂《かく》て無義味の言語《ことば》を以って飣餖《かざりた》て来りて之《これ》を評せる耳《のみ》」。

(16)　「精神」が漢語では身体的・生理的な活力・精力のことを指すことは前節で看た。「随分」は、いいかげんに、ほどほどに。現代漢語の「随便」に同じ。

(17)　趙州「無字」の話の歴史的変遷については、平野宗浄「狗子無仏性の話をめぐって」参照。『一休と禅』(春秋社、一九九八年)所収。

(18)　前川亨「〝看話〟のゆくえ——大慧から顔丙へ」(『専修大学人文科学年報』第三七号、二〇〇七年)に次のような指摘がある。

例えば、大慧の師・圜悟克勤(一〇六三—一一三五年)の場合、公案の使用法は概して遠心的というべく、『碧巌録』一百則を通してみる限り、公案群を一定の原理に基いて整序し、統一的な体系にまで組織しようとする意図が希薄なのに対し、大慧にみられる公案の使用法は逆に著しく求心的な様相を呈し、中心となる公案にそれ以外の公案を従属せしめ、統一的な公案の体系を組織しようとする意図が横溢している。大慧にとって「中心となる公案」とは「趙州無字」の公案（「狗子無仏性」あるいは単に「無字」の公案とも呼ばれる）以外にはない。「僧問趙州、狗子還有仏性也無、州云、無」。もっとも、「乾屎橛」「柏（栢）樹子」「麻三斤」など、大慧も「無字」以外の公案を全く用いないわけではない。しかしここで重要なのは、「無字」以外のこれらの公案群の使用が、これら諸公案の個性・独自性を何ら際立たせないことだ。「無字」以外の公案の使用は、言語の表層に多様性をもたらすことによって、公案が「無字」のみに収斂することに由来する堪え難い単調さを幾らか緩和する効果をもつであろう。しかし、その基調は依然として、結局のところ「無字」に帰着する。「看話は大恵《ママ》にはじまるのである。看話とは趙州無字を看ることである。このほかに公案はない。多少別の公案が用いられるにしても、すべて無字の代用であって、本当は無字に代るものではないのである」という柳田聖山氏の見解は、大慧における「無字」の公案の特殊な位置づけを説明したものに他ならない。（頁一〇六、傍点および「ママ」の注記はすべて前川。所引の柳田論文は、「無字の周辺」、『禅文化研究所紀要』第七号、一九七五年、頁三）

（19） 序論に引いた「栢樹子」に関する大慧の次の語も、ここの行論とよく合致する。若《も》し卒《にわか》に巴鼻《はび》を討《もと》め不著《えざ》れば、但《た》だ只《ひたす》ら箇の古人入道底の話頭を看よ。「僧、趙州に問う、如何《いか》なるか是れ祖師西来意？ 州云く、庭前《ていぜん》の栢樹子《はくじゅし》。僧云く、和尚、境を将《も》って人に示すこと莫れ。州云く、我れ境を将《も》って人に示さず。僧云く、既《すで》に境を将《も》って人に示さざれば、却って如何《いか》なるか是れ祖師西来意？ 州只だ云く、庭前《ていぜん》の栢樹子《はくじゅし》。其の僧、言下に於て忽然と大悟す」。伯寿〔この手紙の相手の名〕よ、但《た》だ日用《にちゆう》の行住坐臥の処、至尊に奉侍《つか》うる処、念念に間断せず、時時に提撕《ていぜい》し、時時に挙覚《こかく》せよ、かくて驀然《まくねん》と「栢樹子」上に向《お》いて心意識、気息《きそく》を絶さば、便ち是れ徹頭《てっとう》の処なり。（『大慧語録』巻二十三・法語「示太虚居士」、禅宗全書四二—四〇五上）
最後の「心意識、気息を絶」すが、「這の一念子の曝地に一破す」や「驀地に不知不会の処に向て這の一念子の破るを得」に対応する。また右の「但だ日用の行住坐臥の処、至尊に奉侍うる処、念念に間断せず、時時に提撕し、時時に挙覚せよ」と、本文の引用に見える「但だ十二時中・四威儀の内に向《おい》て、時時に提撕《ていぜい》し、時時に挙覚《こかく》せよ……日用《にちゆう》を離れざれ」の相似は一見して明らかであり、そこに提起された公案が「無字」であるか「栢樹子」であるかに何ら有意味な相違が見出しえないことは前注の前川論文が説くとおりである。

(20)　いわゆる朱子学の大成者である南宋の大儒朱熹は、儒教を正統とする立場から大量の仏教批判・禅批判の言をのこしている。しかし、よく知られているように、朱熹自身、若き日には大慧の弟子の開善道謙に自ら参じた経歴をもっている。朱熹の次の証言は、批判的立場からの要約であるために、その無意味さを誇張する口吻になっていることは否みがたいが、それでも大慧の看話禅の特徴をよく捉えたものと思われる。ここに見える「無頭話」はこれまで看てきた「無理会話」「無義語」「無義味語」と同義であり、つまりは「活句」のことに外ならない。

因語禅家、云、「当初入中国、只有『四十二章経』。後来既久、無可得説、晋宋而下、始相与演義。其後義又窮。至達磨以来、始一切埽除。然其初答問、亦只分明説。到其後又窮、故一向説無頭話、如『乾矢橛《ママ》』『柏樹子』之類、只是胡鶻突人。既曰不得無語、又曰不得有語、道也不是、不道也不是、如此、則使之東亦不可、西亦不可。置此心於危急之地、悟者為禅、不悟者為顚。雖為禅、亦是蹉了蹊径、置此心於別処、和一身皆不管、故喜怒任意。然細観之、只是於精神上発用」。(『朱子語類』巻一二六、中華書局点校本、頁三〇二八)

禅家を語るに因みて、云く、「当初、中国に入るに、只だ『四十二章経』有るのみ。後来《のち》既に久しく、得て説《い》う可《べ》き無し。晋宋より而下《のち》に、始めて相い与《とも》に義を演《の》ぶ。其の後、義又た窮す。達磨に至りてより以来《のち》、始めて一切埽除す。然れど其の初めの答問は、亦《な》お只だ分明に説くのみ。其の後に到りて又た窮す、故に一向《いちず》に、〝無頭話〟を説く。「乾矢橛《ママ》」「柏樹子」の如きの類は、只だ是れ人を胡鶻突《ぼんやり》せしむるのみ。既に無語なるを得ざれと曰い、又た有語なるを得ざれとも曰う。道《い》うも也《ま》た不是《よからず》、道《い》わざるも也《ま》た不是《よからず》、如此《かくのごと》くせば、則ち之をして東するも亦《ま》た不可《ならず》、西するも亦《ま》た不可《ならず》と、此の心を危急の地に置かしめ、悟れる者は禅と為り、悟らざる者は顚と為る。禅と為ると雖も、亦《な》お是れ蹊径《こみち》に蹉了《つまず》けるのみ。此の心を別処に置き、和一身《みぐるみ》皆《すべ》て管《かま》わず、故に喜怒は任意《ほしいまま》なり。然れど細かに之を観《み》れば、只だ是れ精神上に於いて用を発するのみ」。

禅のことを語ったおりに、先生(朱子)はこう言われた。「仏教が中国に伝わった当初は、ただ『四十二章経』一本有るのみで、その後ながらく、言うほどのものは無かった。晋宋以後になって、ようやく教理の展開がなされたが、それもやがて行きづまった。達磨の禅宗になってから、そうした教理が一掃されたが、それでもその初めの頃は、ただ、はっきりとよく解る問答をやっていたのであった。だが、やがて、それも行きづまり、そこでひたすら「無頭話」ばかり説くようになった。「乾屎橛」とか「柏樹子」とかいうその類は、人を(思慮を忘れて)茫然とさせるだけのもので、無語も許さず、有語も許さず、言ってもだめ、黙してもだめ、と迫るのである。これによって、ああでもならず、こうでもならず、という危急のところに心を置かせ、結果、悟った者は禅となり、悟らなかった者は気がふれるのである。だが、禅となった者だって、（大道とは無縁の）横路でつまずいているだけのこと。心をヨソに置いて、全身まるごと構うことなく、そのため喜怒は放ちほうだいだが、しかし、よくよく観察してみると、所詮、生理的な作用を発揮しているに過ぎないのである」。（「胡鶻突」は未詳。「胡突」「鶻突」はいずれも現代漢語の「胡塗《ぼんやり》」に当たるので、今かりに三字でその意味にとっておく。「精神上」については第四節参照）

ここにいう「無頭話」は、後段では「無頭当底説話」とも呼ばれている（頁三〇二九）。要するに、内実の無い言葉、とらえどころの無い言葉、ということで、これもつまりは「語中無語」の「活句」というのと同義であろう。公案があらゆる意味と論理を絶した、ただの一点となっているからこそ、それへの持続的な意識集中によって分節的思考回路の絶命と意識の大破という大悟の体験が起こりうるということを、右の発言はよく証している。朱熹は大慧の看話禅について、次のようにも言っている。

　禅只是一箇呆守法。如「麻三斤」「乾屎橛」、他道理初不在這上。只是教他麻了心、只思量這一路、専一積久、忽有見処、便是「悟」。大要只是把定一心、不令散乱、久後光明自発。所以不識字底人、才悟後便作得偈頌。悟後所見雖同、然亦有深浅。某旧来愛問参禅底、其説只是如此。其間有会説者、却吹嘘得大。如杲仏日之徒、自是気魄大、所以能鼓動一世、如張子韶、汪聖錫輩皆北面之。（『朱子語類』巻一二六、頁三〇二九）

　禅は只だ是れ一箇の呆守法《たいしゅ》なるのみ。「麻三斤」「乾屎橛」の如きは、他《か》の道理、初めより這《そ》の上に在らず。只《ひたす》ら他《かれ》をして心を麻了せしめ、只《ひたす》ら這《こ》の一路を思量し、専一にして積むこと久しく、忽ちに見処《けんじょ》有らば、便ち是れ「悟り」なり。大要は只だ是れ一心を把定《はじょう》して、散乱せしめず、久しくして後、光明の自ら発するのみ。所以《ゆえ》に字を識らざる底の人《ひと》も、才《わず》かに悟って後には便ち偈頌《げじゅ》を作り得る。悟後の所見は同じと雖《いえど》も、然れど亦《ま》た深浅有り。某《われ》、旧来《むかし》、愛《この》んで参禅せる底に問うに、其の説、只だ是れ如此《かくのごとき》のみ。其の間に会《よ》く説《と》く者《もの》有るも、却って吹嘘《ほらふ》き得て大。杲仏日（仏日大師大慧宗杲）の徒の如きは、自《もと》より是れ気魄《きはく》大なれば、所以《ゆえ》に能《よ》く一世を鼓動し、張子韶・汪聖錫の如き輩《やから》も皆な之に北面せり。

禅というのは一種の呆守法――茫然たる無思慮でいつづける法――でしかない。「麻三斤」とか「乾屎橛」などというのも、道理はハナからその語の上にありはしないのだ。ただ、ひたすら心を麻痺させ、いちずにそれを考え、長らく集中し続けていると、突如、見処が出てきて、それがつまり「悟り」だというわけである。要するに、一心をしかと握り緊め、散乱させず、それが長くつづくと光明が自ずと現れ出る、という次第に過ぎぬ。だから目に一丁字の無き者にも、悟るやいなや偈頌を作ることができたりするのである〔六祖慧能の故事を指す〕。悟った後の所見は同じだが、そこにはまた深浅もある。私は昔、参禅している人によく質問したものだが、その説は、結局この範囲を出なかった。その方面にもたくみに法を説く者があるが、そういう者は却って大言壮語が甚だしい。大慧禅師の門下などは、むろん大した気魄で、それゆえ一時代を揺り動かすことができ、張子韶・汪聖錫らのような連中が、そろってその軍門に下ったというわけである。

なお『朱子語類』の右の二段については、野口善敬・廣田宗玄・本多道隆・森宏之「《朱子語類》巻一二六「釈氏」訳注（五）」に詳しい訳・注が出た（『東洋古典学研究』第三〇集、二〇一〇年）。

(21)　「看話禅」の形成とともに禅が思想的発展の限界点に達し民間信仰のなかに溶解していった過程については、前川亨「禅宗史の終焉と宝巻の生成」（『東洋文化』第八三号「特集中国の禅」、東京大学東洋文化研究所、二〇〇三年）および前注(18)所掲「〝看話〟のゆくえ――大慧から顔丙へ」に、精緻かつきわめて精彩ある考察が展開されている。

第三章　胡適と大拙

——二〇世紀の禅——

第一節　胡適の禅宗史研究

はじめに

この章では、前二章で考察した中国唐宋代の禅思想が、二〇世紀においてどのように理解・再編され、現代の禅言説が形成されてきたのかを考えたい。

禅宗自身の歴史は悠久だが、「近代」的学問としての禅宗史学の研究は、まぎれもなく二〇世紀の産物である。いわゆる「客観」的・「合理」的な学問方法の移入と、ヨーロッパの探検隊による敦煌文献の発見、そのふたつの「西洋の衝撃―ウエスタン・インパクト」によって、「伝灯」の系譜として語られてきた伝来底の禅の歴史は、根本からの書きかえをせまられ、劇的な変貌を遂げることとなった。その起点を何処に定めるかは難しい問題だが、私はそれを胡適《こてき》の『神会《じんね》和尚遺集』（一九三〇年）に求めたい。「客観」的・「合理」的な研究方法も、敦煌文献への注目も、ともに胡適以前にかすかな先蹤を見出しうるものではあるが、その両者を禅宗史研究のうえで自覚的に結びつけ、伝統的な「宗学」や「禅学」とは一線を画する「近代」的禅宗史研究の形を始めて明確に提示したのが、正しくこの書物だったからである。

胡適の禅宗史研究には武断の点が多く、箇々の論文の結論としてはすでに否定されているものが少なくない。にもかかわらず、ここに胡適の禅宗史研究を回顧し、その全体的な傾向と特徴、あるいはその功績と限界について考えてみようとするのは、我々の禅宗史研究が今日もなお胡適の研究に多くを負うており、と同時にまた、胡適の研究を拘束していた時代的制約を、我々も決して超えられてはいないと考えるからに外ならない。胡適の禅宗史研究に対する再検証は、とりもなおさず我々自身もなおその影響圏内にある、二〇世紀の禅宗史研究の無意識の前提を、あらためて対象化し反省することに一つの契機を与えてくれるはずである。(1)

さて以下の行論の便宜のため、まず胡適の略年譜を掲げておく。胡適の活躍は多方面に渉り、しかもそれは往々にして同時代の政治・思想情況と深く関わっている。しかし、ここではそれらを網羅するのでなく、以下の論述の先後関係を確認する目安として、ごく簡単に最低限の事項を列記するにとどめておく。


一八九一年　上海に生まる。

一九〇四年(13歳)～　上海で新式学校に学ぶ。厳復訳『天演論』より進化論の感化。「適者生存」に因み「適之」と改名、のち「適」。

一九一〇年(19歳)～　米コーネル大学に留学。はじめ農学科、のち文科に転ず。

一九一五年(24歳)～　コロンビア大学大学院。デューイ(杜威)に師事して哲学を専攻。

一九一七年(26歳)　『新青年』誌に「文学改良芻議」を発表。*"A Study of the Development of the Logical Method in Ancient China"*(『中国古代哲学方法之進化史』)で哲学博士。帰国、北京大学教授就任。

一九一九年(28歳)　『中国哲学史大綱』上巻。五四運動。

一九二六年(35歳)　「庚子賠款」(義和団事件の賠償金)の交渉のため渡欧。パリ、ロンドンで敦煌文献を調査。神会関係の文献を発見。

一九二八年(37歳)　『白話文学史』上巻。

一九三〇年（39歳）　『神会和尚遺集』。

一九三七年（46歳）～　中華民国駐米全権大使（四二年・51歳まで）のち在ニューヨーク。

一九四六年（55歳）　帰国。北京大学校長。四八年末、蔣介石の用意した専用機で南京へ。

一九四九年（58歳）　台湾へ。同年渡米。在ニューヨーク。

一九五四年（63歳）　大陸で「胡適思想批判運動」開始。

一九五八年（67歳）　台湾へ。中央研究院院長。

一九六二年（71歳）　心臓病で急逝。


さて、その生涯を貫く自由主義的・個人主義的立場については、胡適自身の「介紹我自己的思想」（一九三〇年）に次のような概括がある。

かつてある禅宗の和尚が言っている。「菩提達摩《ぼだいだるま》が東にやって来たのは、人惑《にんわく》〔他人からの惑わし〕を受けぬ人間を求めてのことにすぎぬ」と。ここに収めた私の千言万語も、やはり人々に人惑を受けぬ方法を教えようとしているのに過ぎない。孔丘や朱熹に鼻づらを牽きまわされるのは、むろん高明と言えないが、マルクス、レーニン、スターリンに鼻づらを牽きまわされるのも、やはり好漢と言えない。私自身は、断じて誰の鼻づらも牽きまわしたくない。私はただ自分のささやかな力を尽くして、青少年諸君に身を守るスベを教え、一箇の人惑を受けぬ人になってもらいたいと望んでいるだけなのである。（葛懋春・李興芝編輯『胡適哲学思想資料選』（上）、華東師範大学出版社、一九八一年、頁三五〇）

その立場からする反共の姿勢が端的に表明されており、それゆえ「胡適思想批判」の文脈ではしばしば罪証として引かれた一節でもあるが、ともあれ、ここで、我々に馴染みのふかい『臨済録』（入矢義高訳注、岩波文庫、頁一二四）の語が引き合いに出されているのは、面白い。

その反共の立場ゆえに中国本土に身を置くことのできなかった晩年については、鈴木大拙《だいせつ》の「東西雑感」（一九五九年）に、次のような印象が記されている。

……可哀相なのは、胡適さんが近ごろ外科手術をやつたとかいふので、形容枯槁、昔日の面影の見えなかつたことである。わしとは議論が合はないのだけれども、自分は何となくその人柄が好きで、逢ふたびに、また逢へてよかつたと思ふのだ。この次はどこで逢へるかなどと、心細くなることもある。

中国の学者たちがシナの本土に落ち着くことができないで、あちらこちらに散在してゐなければならぬのは、気の毒千万なことで、いつもそのやうな人に会ふと、何とかならぬものかなあと、秘かに傷心する次第である。それから見ると、日本は、戦争にまけて馬鹿な目に逢つてはゐるが、まだ何とかやつていけるから有難いと云はなければならぬ。不幸な人々は東洋諸国は云ふまでもなく、西洋にも随所にゐるのである。（『鈴木大拙全集』巻二十、一九八二年、頁二六〇。以下『全集』とする。）

政治問題と無縁の素朴な印象記であるだけに、胡適の故郷喪失者としての孤独な一面が、ごく素直に伝わってくるように思われる。

民国期の思想界で華々しく活躍した近代的合理主義と西洋的自由主義の言論家、伝統文化の桎梏の打破を学術面で実践し、思想史・文学史の各分野に多くの新生面を開拓した学者、また国民党政権で駐米大使や行政院最高政治顧問を務めた政治家、しかし中国本土の急激な共産化と相い容れず、本土においてその価値を近年まで否定されてきた「近代」的知識分子——そのほかにも胡適については取りあげるべき様々の面が思い浮かぶ。だが、ここでの目的は、それらを総合した胡適その人の研究でなく、胡適を通して、二〇世紀の禅宗史研究のあり方を顧みることに在る。箇々の学説よりも、そこを貫く一貫した思考様式と研究手法を検討すべく、以下、胡適の禅宗史研究に対する初歩的な回顧と分析を試みたい。

一　胡適の禅宗史研究の特徴

胡適の禅宗史研究は大きく二期に分けられる。一九二二年から一九三五年までが第一期。その後、抗日戦争から国共内線をへて人民共和国の成立にいたる時期が空白となり、やがて一九五二年にふたたび禅宗史関係の札記や論文が書きはじめられる。そこから一九六二年の死去にいたるまでの間が、その禅宗史研究の第二期となる。だが、戦争のために時期は二分されているものの、胡適自身の研究方法や禅宗史観そのものに、本質的な相違は見出されない。

一―一　通史への志向

白話文学史と禅宗語録　胡適は大拙との「論争」（後述）で知られる *"Ch'an (Zen) Buddhism in China — It's History and Method"*（一九五三年）で次のように述べている(2)。

禅の運動は中国仏教史の不可欠の一部であり、中国仏教史は中国思想史全体の不可欠の一部である。中国哲学の諸学派がその歴史的背景のうちにおいて研究され理解されねばならぬのと同様、禅についてもまた歴史的背景の

うちにおいてこそ、正確な理解が可能となるであろう。（頁八三）

胡適の禅宗史研究を貫くのが、通史への強い志向である。ここで通史への志向と言うのには、二重の意味がある。ひとつはその研究が当初より禅宗通史の完成を企図していたということ、もうひとつは禅宗史が常に中国思想通史の一部として考えられていた、ということである。

もっとも、禅宗への注目は、当初は思想史よりも、むしろ文学史からの関心によるものであったらしい。胡適が中国の思想界・文化界で一躍脚光を浴びるきっかけとなるのは、五四新文化運動の先駆としてあまりにも名高い「文学改良芻議」（一九一七年）であるが、そのなかに早《つと》に次のような一節が見える。

蓋し吾が国の「言」と「文」の背馳せるや久し矣。仏書の輸入より、訳者、文言は以て意を達するに足らずと以《おも》い、故に浅近の文を以て之を訳す、其の体、已に白話に近し。其の後、仏氏の講義語録、尤も白話を用いて之を為す者多く、是れ語録体の原始為《た》り。宋人の学を講ずるに白話を以て語録を為すに及びて、此の体、遂に講学の正体と成れり（明人之に因る）。（姜義華主編『胡適学術文集・新文学運動』中華書局、一九九三年、頁二七）

ここで「仏氏の講義語録」と言われているのが禅宗の語録を指していることは、ここの文脈からも、後年の著述からも明らかである。「芻議」の提言は、空疎かつ固陋な文言（文語）の文学を打倒し、自由な白話（口語）による文学を創造すべしという文学革命の運動へと発展してゆき、魯迅の『狂人日記』等を産み出すことになる。胡適自身は後にその方向性を「国語の文学、文学の国語」と定式化するが、禅宗語録は当初より、そうした白話文学・国語文学の貴重な先蹤として重視されていたのである。

この種の関心はその後もつづき、一九二一年から二二年にかけての講義録である『国語文学史』（出版は一九二七年）では、第二編第三章「中唐的白話散文」において次のように記されている。

……この時代、禅門の和尚達はすでに白話で「語録」を作るようになっていた。白居易は和尚達と常に往来していたから、或いはその影響を受けたのかも知れない。しかし、純粋な白話散文となると、やはり禅宗の語録のうちに求めねばならない。庶民の白話は文人の散文には影響していなかったが、それら大和尚達には早くから影響をあたえていたのである。（『胡適学術文集・中国文学史』（上）、一九九八年、頁五一）

このあと「禅宗は仏家における一箇の革命的宗派であり云々」という論述とともに、『六祖壇経』、『馬祖《ばそ》語録』、黄《おう》檗《ばく》『宛陵録』からの長い引用が続いてゆく。また同第四章「晩唐的白話散文」では、『臨済録』からやはりかなりの長文を引いたうえでこう言っている。

この白話は、思想からみても、文字からみても、古今に絶妙たる文章である。こうした文章を看たあとで韓愈一派の古文を看ると、まるで活きた美人を看たあとに木彫りの美人を看ているようである。これの真実の価値は、久しく時が過ぎるうちに、自ずと人の認める所となった。後にこの体裁が講学の正体となったのは、べつに儒家が意図的に禅宗の模倣をしたわけではなく、ただこの種の文体の真の価値に、儒家も抗しきれなかったというだけのことなのである。（頁六〇）

くだって第三編第六章「両宋白話語録」では圜悟《えんご》克勤《こくごん》と大慧《だいえ》宗杲《そうこう》の語録を引いてその口語表現の精彩を賞賛しつつ、

その文体が儒家の語録へと受け継がれてゆくことが論じられており（頁一一七）、さらに、同じ時期、これら三章の内容を一篇にまとめなおした「禅宗的白話散文」（一九二二年）という文章も別に発表されている（『胡適学術文集・中国仏学史』一九九七年、頁一）。こうした研究をさらに発展させて完成するはずだった有名な『白話文学史』（一九二八年）は、残念ながら禅宗語録に及ばぬまま未完に終っているが、ともかく胡適の禅宗への関心が、初めは白話文学史からのものであったことは間違いない。それゆえその着眼は、すぐ上の世代の清末・民国期の思想家たち――たとえば章太炎《しょうたいえん》、康有為《こうゆうい》、譚嗣同《たんしどう》、梁啓超《りょうけいちょう》ら――による仏学研究の潮流とは、直接には繋がりのないものであったと言ってよい。現にこれらの人々の主要な研究対象であった法相唯識学や華厳学、『大乗起信論』等については、胡適はこの後も言及することきわめて罕《まれ》であった。中国古代思想史の研究については、種々の交渉や影響関係が見られるにもかかわらず、である。

中国思想史上の禅宗　こうした禅宗への関心は、ほどなく文学史的なものから思想史方面へと移行し、「従訳本裏研究仏教的禅法」（一九二五年）以後、もっぱら中国思想史の一部としての禅宗史研究が進められるようになる。胡適の思想史方面の代表作として名高いのが『中国哲学史大綱』（一九一九年）で、この書物も古代の諸子百家の思想を対象とした上巻のみで未完となっているが、しかし、彼の考えていた中国思想史の全体的な構成は、その第一編「導言」にきわめて明確に述べられている。そこで胡適は老子から韓非子までの「諸子哲学」の時代を「（一）古代哲学」、ついで漢から北宋までを「（二）中世哲学」とし、それをさらに漢から晋までの「（甲）中世第一時期」、東晋から北宋までの「（乙）中世第二時期」に分かち、それ以後を「（三）近世哲学」と名づけている。ここにいう「中世第二時期」とは、次のような時代とされるものである。

東晋から北宋まで、この数百年間は、印度哲学が中国において最も盛行した時代である。印度の経典があい前後して中国にもたらされ、印度の宇宙論・人生観・知識論・名学〔論理学〕・宗教哲学が、ともに諸子哲学の外に新生面を開き、独自の光彩を放っていたのである。此の時代、およそ一流の中国の思想家、たとえば智顗・玄奘・宗密・窺基らは、おおむね全精力を傾けて印度哲学を敷衍していた。いっぽう、その時代の中国系の学者、たとえば王通・韓愈・李翺といった人々は、いずれも二流以下の人物であった。その学説はすべて表面的で底が浅く、精緻な独創的見解をまったく欠いたものであった。したがって、この時期の哲学は完全に印度系を主体とするものだったのである。（『胡適学術文集・中国哲学史』一九九一年、頁一二）

このあと、印度哲学の咀嚼・消化をへて宋明理学が生み出され、それが清朝考証学によって古学の復興――中国的ルネッサンス――へ一転するという「近世哲学」の論述がつづく。つまり、古代→中世→近代という西洋史の三分法を適用しつつ、原中国思想→印度思想の受容→中国思想の再生、という三段階の発展図式が考えられているわけである（胡適はここでルネッサンスを、旧訳は「文芸復興時代」だがとことわりつつ、敢て「再生時代」と訳している）。(3)

この『中国哲学史大綱』につづいて、中世哲学の段階を論ずるべく着手されたのが『中国中古思想史長篇』（一九三〇年）である。この書物も実際には前漢までで未完となっているが、一九三一年から三二年にかけての北京大学での講義録『中古思想小史』によって、この後に書き継がれるはずだった思想史の梗概をうかがうことができる（『胡適学術文集・中国哲学史』所収）。胡適はその第一講冒頭で、「中古思想の特別な色彩」を、次のように掲げている。

（一）　思想の宗教化。
　（甲）黄老の学。（乙）漢およびそれ以後の儒教。（丙）道教。（丁）仏教。
（二）　人生観の印度化。貴生重己から仏教の焚臂遺身へ、忠孝から「出家」「出世」へ、樸実な「皆務為治」から冥想静観へ。

(三)　中国思想と印度思想の暗闘。

一、印度思想の勝利。

二、中国思想の反抗。

三、中国思想は中古仏教の下からしだいに頭をもたげてきたが、しかし、それはきわめて大きな傷痕をともなっていた。

こうした観点に基づきつつ、実際の講義は、次のような章立てで進められ――

1 中古時代、2 斉学、3 統一帝国下的宗教、4 道家、5 儒教、6王充、7 中古第一期的終局、8 仏教、9 仏教的輸入時期、10 仏教在中国的演変、11 印度仏教変為中国禅学、12 禅学的最後期

そして、最後に次の一文によって結ばれる。

禅の衰微の最大の原因は、それ自身の腐敗ということでしかなかった。禅があまりに多くなりすぎ、そこから逃れようがなくなり、最後は禅の下に死んだのである！　のちに理学が起こって、禅を「心学」だと指弾したが、これはつまり、禅はあまりに主観的であり、客観的な是非真偽の基準を欠いていたということなのである。

『中国哲学史大綱』導言の段階では、「中世第二時期」は、単に印度哲学受容期と定義されるにとどまっていた。そ

れが『中古思想小史』では、まず印度思想が中国思想を席巻し、ついで中国思想が逆にその印度思想を克服して禅となり、最後にそれが宋明理学に取って代わられる、という動的な過程として描き出されようとしている。言い換えれば印度思想に対する吸収と抵抗をへつつ、やがてそれを完全に中国化した禅が生み出され、それが近世以降の中国思想の再生の端緒を啓いた、とする看方である。

『中国哲学史大綱』と『中古思想小史』の間には一九二〇年代の十年間が挟まっているが、その期間は恰も胡適の禅宗史研究が開始された時期にあたる。この間、先にふれた「禅宗的白話散文」や「従訳本裏研究仏教的禅法」を皮切りに、禅宗関係の論文が相次いで発表されるようになっていたが、とりわけ一九二六年、英仏両国で敦煌文献を調査し、一九三〇年に『神会和尚遺集』を発表して以後の禅宗史研究は目ざましかった。中世思想史を印度思想すなわち仏教のみで代表させ、さらに仏教思想を禅のみに収斂するという大胆な図式の当否は別として、中世思想史に対する『中国哲学史大綱』導言から『中古思想小史』への独自の観点の具体化は、この間の彼自身の禅宗史研究の進展によるものと言っても、あながち我田引水にはあたるまい。

『白話文学史』(一九二八年)は唐代まで書かれているが、それは詩詞のみで終っており、敦煌変文や禅宗禅録に及ぶ直前で中断された形になっている(前述の『国語文学史』と比べることでその後に書かれるはずだった項目を推測できる)。また『中国中古思想史長篇』(一九三〇年)は中世第一時期の途中までで未完になっているが、これもこの後に続くはずだったのは、禅を到達点とする中世第二時期の思想史であった(やはり前述のように『中古思想小史』によってその基本構想をうかがうことができる)。そして現に胡適はこの両著を中断するのとほぼ時を同じくして『神会和尚遺集』(一九三〇年)を発表し、以後、当時ほとんど手つかずであった敦煌禅宗文献を探査しながら、未開の荒野であった初期禅宗史の分野を新たに切り拓いていったのである。今、発表の時期を異にする二つの回想を次の順序に並べかえてみるならば、年次に若干の齟齬はあるものの、如上の経緯を大まかにうかがうことができるだろう。

「禅宗史の新たな看方」というのは二十年あまり前にもよく考えていたテーマです。昔は禅宗史など何の問題も無いものと考えていました。ところが二十五年前、『中国思想史』を書き、禅宗のところまで書きすすんで、ようやくこれがそんな簡単なものではないと感ずるようになったのです。（「禅宗史的一箇新看方」一九五三年／『胡適学術文集・中国仏学史』頁一四二）

民国十三年（一九二四年）、私は『中国禅学史』稿の試作に取りかかったが、慧能まで書き進んだ頃にはすでに大いに懐疑がおこっており、神会まで書き進んだところで、ついに筆を擱くほかなくなった。私は『宋高僧伝』のなかで神会の対北宗闘争の記載を見つけ、さらに宗密の書物のなかで、貞元十二年の勅命によって神会が第七祖に立てられたという記載を発見した。そこで、神会に関する史料を探索しようと決心したのである。……だが、我々はどこへ行って唐朝の原典資料を捜せばよいのか。当時私は仮にひとつの計画を立ててみた。敦煌出土の写本のなかにそれを捜すのだ。……（「『神会和尚遺集』序」一九三〇年／同、頁三六三）

かくして一九三〇年の『神会和尚遺集』から三五年の「楞伽宗考」までが胡適の禅宗史研究の黄金時代となっているが、それは本来、独自の中国思想通史を完成するために、避けて通れぬ道だったのである。右にいう二十五年前の『中国思想史』とはおそらく『中国中古思想史長篇』を指しているだろうが、それと相い前後する「論禅宗史的綱領」（一九二八年／湯用彤宛て書簡）や『中古思想小史』（一九三一―三二年）、また“*Development of Zen Buddhism in China*”（一九三二年）や「中国禅学的発展」（一九三四年／北京師範大学での講演録）、それらにおいて当時考えていた禅宗通史の枠組みが開示されており、第二期に入ってすぐの「禅宗史的一箇新看方」（一九五三年）や“*Ch'an (Zen) Buddhism in*

China — It's History and Method"（一九五三年）も、まったくその枠組みに従ってまとめられている。

しかし、この段階の史観に自ら満足できなかった胡適は、第二期には個別の文献研究の諸論文と、それに関わる大量の札記を作成するようになる。第一期の通史への志向は一見後退したかに見えるが、最晩年の「与柳田聖山論禅宗史綱領的信」（一九六一年／柳田宛て書簡）や急逝のために未完となった「跋裴休的唐故圭峰定慧禅師伝法碑」（一九六二年）を看ると、そうした個別の考証の成果をふまえつつ、再び壮大で独創的な禅宗通史の完成に向かおうとしていたさまが読み取れる（いずれも『胡適学術文集・中国仏学史』所収）。

胡適の禅宗史関係の諸論は、本来いずれも彼の構想する禅宗史の一部をなすべく書かれたものにほかならない。中国思想の通史を構想しつつ、その主要な一部分として禅宗通史を考え、禅宗通史を構成するべく専題研究を積みかさねていた、それが胡適の禅宗史研究であった。現実には、禅宗史を完成できなかったがゆえに、文学史も哲学史も未完に終るという反対の結果とならざるを得なかったが、しかし、今日でもなお十分な禅宗通史が完成されていないことを考えるならば、未完の責めは、胡適一人に負わせて済むものではないであろう。宇野哲人の次の回憶からも、そうした消息が裏づけられる。

> 胡適の口語文学運動は、日本の言文一致運動に刺激されたものだ。明治四十二年にロンドンで胡適に会ってそれっきり彼に会わなかったが、胡適が昭和二十七年、八年の頃に東大にやって来たので、僕が貴方の哲学史の本を続けてやってくれないかと言ったら、「どうも仏教が難しくて。」と言った。逆に「貴方も仏教をやれ。」と彼に言われた。（宇野哲人遺著『一筋の道百年』集英社、一九七四年、頁七〇）

竹内好はかつて、胡適の学術面の仕事を次のように評している。

胡適という人は、新しいことに手をつけるのは早いが、すぐあきて、投げ出す質らしい。（『中国哲学史』も『白話文学史』も未刊だ。）……彼の哲学史は、馮友蘭があらわれるまでの、文学史は、鄭振鐸があらわれるまでの、ごく短い、つなぎの役割しか持たなかった。小説の考証にしても、民俗研究にしても、国語運動にしても、同様である。（竹内好「吉川幸次郎訳『胡適自伝』評」一九五二年／『竹内好全集』巻三、筑摩書房、頁四八・四九）

禅宗史研究に従事する立場から看ると、この評は、禅宗史研究における胡適の果敢で地道な開拓の努力を無視した、あまりに冷淡な言い方と思われてならない。

一―二　「科学」的研究　――実験主義と清朝考証学――

胡適が学術研究において一貫して主張していたのは「科学」的研究ということである。「大胆的仮説、小心的求証（大胆な仮説、細心の証明）」「評判的態度、科学的精神（批判的態度、科学的精神）」「歴史的眼光・系統的整理・比較的研究（歴史的眼光・系統的整理・比較研究）」――その他、「科学」的方法について彼が提起した口号は数多い。批判・反論もふくめて、その後世への影響の大きさははかりしれないが、しかし、実際のところ、それは「実験主義――プラグマティズム」の精神と清朝考証学の手法ということに尽きるであろう。

恩師デューイから受け継いだプラグマティズムについて、胡適自身は「杜威《デューイ》先生与中国」（一九二一年）で次のように要約している。

杜威《デューイ》先生は我々に特別の問題に関する特別の主張――たとえば共産主義とか無政府主義とか自由恋愛とか――を

与えたことはない。先生はただ、我々がその方法によって我々自身の特別の問題を解決するよう、我々に一箇の哲学の方法を与えられただけである。その哲学の方法は「実験主義《プラグマティズム》」と総称されるもので、次の二段に分けて説くことができる。（1）歴史的方法——「祖孫の方法」。ある制度や学説を一箇の孤立したものと看ず、すべて一箇の中間段階と看る。一方の端はその発生の原因、一方の端はそれ自身が発生させた効果で、つまり上には祖先あり、下には子孫ありと看るのである。この両端をしかと摑んでおけば、それはもはや逃げ出せない。この方法の適用は、一方では誠実で寛大なものとなる。ある制度や学説の発生してきた原因を随処に指摘し、その歴史的背景を指摘するのであるから、それの歴史上の地位や価値を理解することができ、ゆきすぎた糾弾をせずにすむ。しかし一方でこの方法は、最も厳格で最も革命的性質を帯びたものでもある。それが発生させた結果をもって一箇の学説や制度自身の価値を判定するのであるから、最も公平で最も厳しいものとなるわけである。この方法は批判的(critical)精神をもったあらゆる運動の重要な武器である。（2）実験的方法——実験的方法は、少なくとも次の三点を重視する。㈠具体的な事実と立場から着手する。㈡一切の学説・理想、一切の知識、それらはすべて証明を待つ仮設であって、天経地義ではない。㈢一切の学説および理想は実行によって試されねばならない。実験こそ真理の唯一の試金石である。（『胡適哲学思想資料選』（上）、頁一八一）

そして、この精神を実行するにあたって用いられたのが清朝考証学の手法であり、たとえばこれと同年の「清代学者的治学方法」では「中国の旧来の学術のうち、ただ清代の〝樸学〟だけが確かに〝科学〟の精神をそなえていた」と説きつつ、その内容として文字学・訓詁学・校勘学・考訂学（古書の真偽や著者について考証する学問）の四分野を挙げている（同『資料選』頁一九一）。

こうした精神と手法はむろん禅宗史研究にも貫かれており、たとえば「中国禅学的発展」（一九三四年）の冒頭で、胡適は旧来の禅研究を次のように批判している。

中国あるいは日本の禅学研究者は、禅宗を信仰しているにせよ、仏教全体を信仰しているにせよ、ともかく禅に対しては、おおむね新たな宗教的態度によって研究しているのでありまして、ただ信ずるだけで毫も懐疑するということをしない、これが第一の欠点です。次に歴史的眼光を欠いていて、禅を研究するのにその歴史に注意する必要がないと思っている、これが第二の欠点であります。そして第三が資料の問題です。禅宗はもとは仏教のなかの一小宗だったものが、後に属国が栄えて大国となり、しまいにはなんと中国仏教そのものに取って代わってしまったものです。ただ、中国の現存の禅宗関係の資料は、おおむね皆な宋代以後のものであります。しかし、実は禅宗が最も発達したのは、むしろ七世紀末から十一世紀――だいたい唐の武則天から北宋の滅亡前あたりまでのことでありまして、この四百年間の資料こそが、最も重要でありながら、しかし、また最も得難いものでもあるのです。正統派の人々は、あろうことか自身の観点からほしいままに禅宗の歴史を改変してきたのです。

（『胡適学術文集・中国仏学史』頁六一）

これにつづけて日本の古い伝世資料と敦煌文献を利用することの必要性が説かれるのであるが、ここには「懐疑」「歴史的眼光」「材料（資料）」といった胡適一流の「科学的方法」用語が集中的に現れており、その禅宗史研究の基本姿勢がきわめて明快に表明されている。また、唐の『曹渓大師伝』で創作された「中宗召曹渓慧能入京御札」（『全唐文』巻十七）について、胡適は「『全唐文』裏的禅宗仮史料」という札記（一九六〇年）のなかで次のような怒りを書きつけている。

『全唐文』を編纂した役人どもがこんなニセの詔勅を収録したとは、荒唐な誤謬と言うほかない。現代の日本の学者、たとえば宇井伯寿教授（『禅宗史研究』頁一九六、および第二冊、頁二二三）までもがこんなニセ文献を史料として引いているのは、なおさらもって赦すべからざる錯誤である。（『胡適学術文集・中国仏学史』頁一九五）

日本でも中国学の分野では、いわゆる京都学派によって早くから清朝考証学の手法が取りいれられていた。しかし、少なくとも戦前の禅学研究においては、史料自体の真偽や価値を吟味することなく、これこれの書物にこうあるという記述を書き列ねてゆくような研究が、ごくふつうに行われていたのである。それが、甲の書物にこうあるのは実は次の時代の乙がこういう目的で書いて仮託したのだとか、ある書物のうち甲の部分は古い層だが乙の部分は後人による増広ないし改変と考えられるとか、そういった類の研究は、禅宗史に関しては胡適から始まったと言ってよい。個別の結論としてはすでに否定された考証も少なくないが、しかし今日では当たり前のように思われている、文献批判を主軸とした実証的歴史研究という方法は、胡適以前の禅研究にはほとんど存在しなかったものなのである。伝統的な「宗学」や「禅学」と区別される「禅宗史」という学問分野の成立は、胡適の研究を以ってその嚆矢とすると言って、けっして過言ではないであろう。今日の「禅宗史」研究の方法に対して直接に最も大きな影響を与えているのは、何と言っても柳田聖山『初期禅宗史書の研究』（法蔵館、一九六七年）であろうが、その研究方法は多分に胡適の方法論の継承という面をもっている。厳密な史料批判にもとづく実証的研究などというと、何を今さら当たり前のことをと思われるかも知れない。だが、禅宗史の研究にそのような手法を導入すること、そしてその材料として敦煌文献と唐代の碑文資料を駆使すること、それらはまぎれもなく胡適によって始められ、柳田をへて今日に至っているものなのである。(4)

一—三　「方法」への関心

しかし、そうした胡適の研究には、そうであるがゆえの偏向や限界があったことも否めない。まず余英時『中国近代思想史上的胡適』第六章「方法論的観点」（聯経出版事業公司、一九八四年）の次の指摘を看ておこう。

> ここで指摘しておかねばならぬことは、胡適の思想には非常に顕著な集約化（reductionism）（原文「化約論」）の傾向があることで、彼はすべての学術・思想、ひいては文化全体をも方法の一事に集約してしまう。それゆえ彼は『中国哲学史大綱』で古代には「名家」など無い、各家にそれぞれの「名学」すなわち「為学の方法」が有ったのだと断定した。後にはさらにこの観念を中国哲学史全体に拡大し、よって程朱と陸王の相違も、とことんまで分析してゆくと、所詮は方法の相違でしかない、と考えている。彼の理解においては、西洋哲学史もやはり哲学の方法の変遷史なのであった。彼が最も重視した「民主」と「科学」もやはり方法の一点に集約可能で、民主と科学について論じた晩年の手稿の断片で、彼は「科学そのものは一箇の方法、一箇の態度、一種の精神にすぎない」、「民主の真の意義は一種の生活の方式にすぎない」、しかし「その生活の方式の背後にあるのは、やはり一種の態度であり、一種の精神なのである」と述べている。彼自身によれば、特に「方式」というものを強調するのは、デューイの影響によるものだということで、それはおそらく事実であろう。デューイの実験主義はたしかに方法を中心とするものだからである。……。彼が重視したものは、どこまでも一家ないし一派の学術・思想の背後にある方法・態度・精神だったのであって、その実際の内容ではなかったのである。」（頁四九／傍点、引用者）

胡適の思想史研究には、関心が「方法」にのみ集中し、思想内容自体には却って無関心であるという傾向があり、しかもそれは本人が自覚しない欠陥ではなく、むしろ本人の「実験主義」の信念によるものだったというわけである。ことは学術研究にとどまらない。かつて五四時期の伝統破壊の論調のなかでは突出した存在であった胡適が、やがて歴史の激動のなかで国家や民族の全体的な方向を提示しえず、漸進的改良主義に終止するうちに急速に政治世界の後景に退かざるを得なかったことは、彼のこうした思考様式とおそらく無関係ではなかったであろう（同書、第八章「胡適思想的内在限制」参照）。

思想の内容よりも方法のほうに関心が集中されるということの指摘は、禅宗史研究にも実によくあてはまる。胡適が思想史面から禅をあつかったのは「従訳本裏研究仏教的禅法」（一九二五年）が最初であるが、これは漢訳仏典を材料として禅定の方式と過程をまとめたもので、彼が当初から思想・教義よりもまず仏教の実践方法に注目していたことがうかがわれる。また、第一期のあと十数年の空白をへて五〇年代に禅宗研究を再開したとき、最初に書いた札記が「朱熹論禅家的方法」で、これも朱子の『語類』と『文集』から、主に宋代の禅宗の開悟の方法論に関する記述を集めたものであった。胡適の禅宗に対する思想史的関心が、二期ともに方法論から出発していることは、決して偶然ではない。

前述のように、一九三〇年代前半（第一期後期）、胡適は当時ひとまず形を成しつつあった禅宗史の枠組みをいくつかの場所で開示している。『中古思想小史』（一九三一―三二年）、"*Development of Zen Buddhism in China*"（一九三二年）、「中国禅学的発展」（一九三四年）等がそれであり、第二期に入ってすぐの"*Ch'an (Zen) Buddhism in China — It's History and Method*"（一九五三年）も、それらとほぼ同内容をまとめなおしたものに外ならない。それら諸篇の最後はいずれも禅宗の「方法」に関する章節を以てしめくくられており、とくに"*Ch'an (Zen) Buddhism in China*"に附された「*It's History and Method*――その歴史と方法」という副題は、胡適の禅宗史研究の基本原則を明快に示して余す所がない。また『中古思想小史』を講じた際、学期末に受講生に課したレポートの題目がのこっており（「中古思想史試題」）、七題のうちから一題を選び論文一篇を作成せよというものであったが、うち最後の二題は次のように禅宗に関するものとなっている。

（六）試みに六祖『壇経』を底本とし、神会の遺集を参考として、南方頓宗一派の根本思想を述べてみよ。参考書『壇経』、『神会和尚遺集』。また胡適『壇経考』之一（武漢大学『文哲季刊』第一期）を参照。

（七）試みに宗杲の『宗門武庫』及び『正法眼蔵』の二書を資料として、禅宗和尚に方法があったか否かを看てみよ。『宗門武庫』には単行本あり。また『続蔵経』二編二一・十五套・第五冊。『正法眼蔵』は『続蔵経』二編廿三套・第一冊。（『北京大学日刊』一九三一年六月一〇日／『胡適学術文集・中国哲学史』頁四六九、傍点、引用者）

これに対して当時どんな答案が提出されたのかたいへん興味あるところであるが、ともあれ右の二点が、胡適自身によって禅宗史の最重要の眼目と考えられていたことは確かであり、うち後者が禅宗の「方法」について問うものであったことが注目される。

ちなみに（七）で指定されている大慧宗杲の『宗門武庫《しゅうもんぶこ》』は、胡適愛読の禅籍だったらしく、現在北京大学に収蔵されているその手沢本には、数多くの書き入れがのこされている。そのなかでもネズミを狙う時のネコのごとくであれと説いた晦堂祖心《まいどうそしん》の語、およびさる屋敷内に置き去りにされた夜盗の息子が自力で脱出することでついに盗みの奥義を体得するという五祖法演《ほうえん》の説法、その両段はとりわけ胡適の注目する所だったようで、どちらにも「此れ乃ち方法論なり」という眉批がのこっているという。そして前者は「従訳本裏研究仏教的禅法」や「朱熹論禅家的方法」に、後者は「中国禅学的発展」や "*Ch'an (Zen) Buddhism in China*" に、それぞれ興趣に富んだ語り口で引用されており、禅の「方法」論に対する考察が、長期的かつ計画的なものであったことがうかがわれる。[5]

では、胡適が考えていた禅宗の「方法」とはいかなるものであったのか。上記諸篇に説かれる内容は基本的に一致しており、それぞれ禅籍から多くの実例を引きながら実に活き活きとそれを語っている。今、「中国禅学的発展」の第四講「中国禅学的方法」からその項目のみを抜き出してみると、次のようになる（『胡適学術文集・中国仏学史』頁八九〜）。

一「不説破」　師は真理を言葉で語らない。
二「疑」　そのため修行者には疑いが起こる。
三「禅機」　すると師は言葉によらずに啓発を与えるため、一見意味不明の言動を示す。
四「行脚」　しかし、それによっていっそう疑いのなかに追い詰められた修行者は、やむなく旅に出、さまざまな辛酸をなめながら経験を深めてゆく。
五「悟」　かくして機縁が熟すうち、ふとしたことで激発の契機を得、大悟の瞬間に至る。

そして同じ内容は“*Ch'an (Zen) Buddhism in China*”でさらに明確に、次の三段階にまとめなおされている（頁九九）。

一「不説破→疑」
二「禅機」
三「行脚→悟」

今、簡単に節略しながらその説を引いてみると、第一段階は――

まず第一に、「不説破」、すなわち、あまりに平易に説いてはならぬ、という大原則がある。修行者に対して物事をあまりに平明なものにしてはならない、それは師の務めである。師はあまりに分かりやすい言葉で説いてはならず、修行者自身に考えさせ、修行者自身に何かを発見させるよう鼓舞せねばならないのである。最も偉大な禅匠のひとり、五祖法演（一一〇四没）は作者不詳の次のような詩句を引いている。「鴛鴦は繡《ぬ》い出《いだ》して君の看るに従《まか》すも、金針をば人《にん》に度与《てわた》すこと莫かれ」。……また、ある偉大な禅者も、しばしばこう語っていたという。「我れ先師の道徳を重んぜず、亦た仏法の為ならず、只だ我が為に説破せざるを重んずるのみ」（洞山良价）。

かくて次に第二の段階となる――

ついで第二、この「不説破」の原則を実行するために、九―一〇世紀の禅者たちは、実に様々の、奇矯な応答の方法を編み出している。修行者が「如何なるか是れ道」とか、「如何なるか是れ仏法」といった問いを発するや、まずは横面をはり、あるいは杖で打ちすえ、あるいは峻厳な沈黙のうちに引きこもってしまうのである。また、さほど手荒な師家でなければ、流しに下がって鉢盂《はつう》を洗えと命じたり、一見無意味かあるいはことさらに意味深い矛盾を以て応じたりもするであろう。

かくして、雲門宗の祖、雲門文偃《うんもんぶんえん》（九四九没）は「如何なるか是れ仏」と問われて、「乾屎橛《かんしけつ》――干からびたクソ」と答えている。……

そして、最後に第三の段階をへて大悟に至る――

だが、修行者には、おおかたその意味は理解できぬであろう。そして流しに下がって鉢盂を洗い、途方に暮れ、自分が意を捉えそこねたことを恥じるのである。かくして彼は、しばしの後、そこを離れ、どこかで自分の運を試してみよと言われ、そこで、教育の第三の段階、つまりこの指導方法の三つめにして、かつ最も重要な段階が開始されるのである。徒歩による旅、すなわちいわゆる「行脚」である。……

行脚僧に話をもどそう。彼はいち雲水として、すべての道のりを己の脚で歩む。身にはただ一本の杖と一口の鉢と、そしてひとそろいの草鞋を帯びるのみである。道中ではすべての食と住を人に乞い、破れ寺のなかの小屋や洞窟や道ばたの廃屋を見つけねばならぬこともしばしばである。彼は過酷な自然に苦しみ、時には人の冷たさにも耐えねばならない。

彼は世界を見、ありとあらゆる人々と出あう。その時代の傑出した人物のもとで学び、よりよい問いを発し、借り物でない真の疑団をもち得るよう修練をつむ。また志を同じくする者と友となり、問題を論じあい、見解を交換しあう。かくして経験は拡げられ、深められ、自らの理解が育ってゆく。そうして、ある日、彼は女中のふとした言葉や伎女の他愛もない唄を耳にし、あるいは名もなき花の馨しさにふれる。そして、突如、悟るのだ。何とまことに「仏は乾屎橛のごときものか！」、何とまことに「仏は三斤の麻そのものであるか！」と。今やすべては明らかである。「桶底子、脱せり」。つまり、奇蹟が起こったのだ。


なかなか、魅力的な行文であると思う。しかし、ここで、ひとつ注意しておきたいことは、胡適の考えたこの過程が、実は宋の大慧宗杲が確立した「看話禅《かんな》」の「公案→疑団→大悟」という型を、遡って唐五代の禅にあてはめたものに外ならないということである（前掲「中古思想史試題」で、禅宗の「方法」を考える原典資料として指定されているのが大慧の『宗門武庫』と『正法眼蔵』だったことは、その現れのひとつである）。

そもそも唐五代の禅と宋以後の禅との間にきわめて大きな断絶と飛躍があることは、すでに前章で考えたとおりである。なかでも大慧の「看話禅」は、公案を使った開悟の「method」を開発し、禅を初めて方法化したことで、禅の歴史に一期を画するものであった。しかし、そうした禅の時代差は、ここでは意識されていない。ここにおいて唐五代の禅問答は、すべて宋代看話禅ふうの「方法」として一律に処理され、いわば「活句《かっく》」「無義語」「無理会話」と看なされている。つまり、禅者の問答が、初めから論理なきもの、それゆえに修行者の概念的思考を奪い、その意識を出口なき疑念の中へと追いつめ得るもの、そして、だからこそ、その極点で劇的な大悟の体験を起こし得るもの、としてしか扱われていないのである。それはさきにふれた「朱熹論禅家的方法」に端的に表れているとおり、禅的「方法」に対する胡適の理解が朱熹の所説に多くを負うており、朱熹の禅理解がもっぱら大慧系の看話禅に参じた経験に基づいているという事情にもよるのだが（朱熹の説については第二章第五節の注(20)参照）、いずれにせよ、こうした理解に立つ以上、唐代の問答に本来含まれていた禅独特の論理と多種多様な思惟が個別に読み解かれてゆく可能性は、初めからまったく存在し得ない。(6)

むろん、これは胡適に限ったことではない。大慧以後、禅の主流は看話禅によって占められ、今日でもその伝統は活きている。戦後、入矢義高によって禅宗語録の思想的解読が進められるようになるまでは、そうした看話禅的理解――理解してはならぬという理解、あるいは理解不可能なところに意味があるという理解――がほぼ唯一の禅問答の読みかたであった。その影響は、今日でもなお小さくない。禅宗文献のなかには、なぜか敦煌文献＝初期禅宗、伝世資料＝馬祖以後の禅宗という断絶があるのだが、発見者としてひたすら前者の開拓的研究に尽力していた胡適が、馬祖以後の禅の理解についてはそうした一般通念を超えるに至らなかったということは、今日の時点で考えて、不思議なことでも非難されるべきことでもない。

だが、当初、白話文学への関心から禅宗語録に着目した胡適ならば、禅問答の語学的解読にいち早く着手していてもよかったのではないかという、遺憾の思いは禁じ得ない。現にごく素朴なものではあるが、フランスではマスペロが一九一四年に、また中国でも高名凱が一九四八年には、禅宗語録を材料にした唐代口語の研究を発表している。(7)にもかかわらず、胡適の関心がそうした方面に向かわず、もっぱら看話禅的・活句的な禅理解に終始したのは、単に研究史上の限界や一般通念の拘束だけでなく、そこに胡適自身の思考様式が深く関わっていたためではなかろうか。すなわち、いかにも「方法」らしい形態をもつ――さらに言えば、内容理解を拒否し、開悟の「方法」としてのみ機能する――大慧以後の看話禅、それこそが、内容でなく「方法」として思想を捉えようとする胡適の思考様式にとって、最も適合的・親和的な禅だったからではあるまいか。(8)

一―四　伝統否定・偶像破壊と「全盤西化」

胡適が「近代」主義からする強烈な伝統否定と偶像破壊の立場に立っていたこと、そしてそれがそのまま極端な「全盤西化」すなわち全面的西洋化の主張と一体になっていたことは、あまりにもよく知られる所であろう。これもまた胡適の全体像を論ずるうえで不可避の問題のひとつであり、すでに林毓生《りんいくせい》『中国の思想的危機』(丸山松幸・陳正醍訳、研文出版、一九八九年/原著 *"The Crisis of Chinese consciousness"* 一九七三年)などでそれが詳しく論じられている。ことを禅宗史研究に限ってみても、やはりその種の動機が強くはたらいていることは見逃せない。たとえば晩年の自伝(英語口述・唐徳剛翻訳整理、一九七九年)で胡適は次のように言っている。

……私は仏教東伝時代の全体を中国の「印度化時代」と看なしている。私はこれは実に「中国文化発展上の」一大いなる不幸だと思う。そして、それはまた、私の禅仏教研究の基本的な立場でもある。私自身は禅宗理解に対してそれなりの貢献もしてきたが、しかし、私の一貫した立場はいささかも動揺したことはない。すなわち、禅仏教の九〇%、さらには九五%の内容は、すべてデタラメ、偽造、ペテン、粉飾、もったいぶった見せかけ、にほかならないと。言い過ぎかも知れないが、これが私の正直な言葉である。神会和尚ひとつ例にとっても、彼自身、大ペテン師にして偽作の専門家だったし、禅宗の大部の経典、たとえばかの五部の伝灯録……からして、すべて偽造の物語りと微塵も歴史的根拠のない新発明ばかりだったのである。……こうした不幸について、証明の方法はいくらでも有るのだが、ここで深く立ちいろうとは思わない。ただ率直に告白すれば、私の任務の一つは、まさにこの種の〝耙糞工作〟(muckraking／中国文化中のクズを掻き出すこと)にほかならないのである。(『胡適的自伝』第一二章・現代学術与箇人収穫「掲穿認真作仮的和尚道士」／『胡適哲学思想資料選』(下)、頁二六二)

この種の発言はほかにも枚挙にいとまなく、さきの「中国禅学的発展」(一九三四年)の「導言」でも、自身の禅宗史研究の基本的立場について、「かつて多くの大師たちは、禅宗の資料について、好んでウソイツワリをやっていました。それで、私がそれを暴露すると、多くの人の不興を買ってしまいました。けれども私は宗教家ではありませんので、ただ歴史的眼光と学術研究の態度にしたがって、正直にものを言うことしかできないのです」と言っている(『胡適学術文集・中国仏学史』頁六二)。

胡適は自らの禅宗史研究を語る時、「ウソ(仮)」と「暴露(掲穿)」という言葉を好んで使う。胡適にとって禅宗史を「科学」的・「歴史」的に研究するということは、とりもなおさず、禅宗史の伝承を虚構として暴きたてることに外ならなかった。さきに柳田の研究が胡適の方法論の継承という面をもつと述べたが、それは単線的な受容でなく、古代史研究における「疑古」から「釈古」への転換に似た批判的継承と言うべきものであった。虚構を非歴史として斬ってすてるのではなく、逆に虚構が生み出されていった過程をひとつの活きた歴史として解釈してゆくという観点の転換こそが、『初期禅宗史書の研究』(一九六七年)の最も画期的な点だったと、私は思う。その第一章第二節に記された次の一段には、なにか決然たる語調が感ぜられるが、それは胡適への対決の意を含むゆえではなかろうか。

かくて、灯史の書は決して単なる歴史的事実を記したものではなくて、寧ろ宗教的信仰的な伝承の表現である。

其らは作られたものと言うよりは、歴史的に生み出されたものである。言わば、伝承的な説話の一つ一つに、敢て虚構と言うならば、虚構される必然的な理由を内包しているのである。従って、此処では逆に歴史的事実そのものまでもが、すでに説話的な意味を以て記録されているとも言える。所謂、史実でないからという理由で、其等の説話を一概に否定し去るだけならば、すでに灯史を読む資格はないと言うべきである。灯史が史実を伝えるのみのものでないことは、そもそも自明の前提だからである。寧ろ虚構された記録の一つ一つを、丹念に吟味してゆく過程に於て、逆にそれを虚構した人々の、歴史的社会的な宗教的本質を明らかにし得るのであり、所謂史実と異った別次元の史実が、歴史的に洗い出されてくるのでなかろうか。灯史の虚構は、あくまで灯史の本質であって、単なる方便や表現の偶然ではない。（頁一七）

最晩年にあたる一九六一年、胡適は柳田から「灯史の系譜」（一九五四年／のちの『初期禅宗史書の研究』の基本構想となる論文）その他を贈られ、それへの返書の形で、当時考えていた禅宗史の梗概をきわめて詳細に書き残している（「与柳田聖山論禅宗史綱領的信」、『胡適学術文集・中国仏学史』頁一九八）。一通の私信とは思えぬ力のこもった長篇で、柳田の研究に対するなみなみならぬ評価と期待の高さをうかがわせるものだが、しかし、にもかかわらず、その初めのほうで、胡適は次のようにことわっている。

先生はおひとりの仏教信徒であり、また、おひとりの禅宗信徒でいらっしゃるようです。それにひきかえ私は、一介の中国思想史の「学徒」であり、如何なる宗教をも信仰していない者です。ですから、私と先生の根本的見解には、いくつか完全には一致し得ないところがあるのです。（頁一九九）

柳田の観点との不一致が、新たな歴史観の登場としては理解されず、依然として、伝統的宗教信仰と客観的学術との二項対立という図式でしか捉えられていない。その点は、今日から看れば、胡適の限界と言われて仕方ないところかも知れない。しかし、面白いことに、胡適は一方でこのように伝来底の禅宗史の虚構性を非難しながら、その一方でまったく同じ価値観から——すなわち反伝統と偶像破壊という立場から——過去の禅者を評価し顕彰してもいるのである。胡適が「介紹我自己的思想」（一九三〇年）において自らの個人主義と反共の立場を表明するのに、臨済の「人惑を受けざる底」の語を引証していたことは初めに見た。また「荷沢《かたく》大師神会伝」（一九二九年）の結びで、神会の地位を「南宗の急先鋒、北宗の破壊者、新たな禅の建立者、『壇経』の作者——これが我らの神会である。中国仏教史上、かくも偉大な功績とかくも永遠なる影響力とをもつ者は、二人とは現れなかったのである」と高らかに唱い上げているのも、よく引かれる所であろう。「北宗の破壊者」とは、この場合、伝統の破壊者というのと同義だが、これは第二期においてはさらに次のように言い換えられている。

この「南陽和尚」はたしかに大した人物だった。三十年前、私はこのように彼のことを紹介したことがある。「南宗の急先鋒、北宗の破壊者……」。三十年ののち、私は神会のことをよりはっきりと識るようになった。そして、その上でなお彼を大した人物と認めたい。「中国仏教史上、最も成功した革命者。印度禅の破壊者。中国禅の確立者。袈裟伝法の偽史の作成者。西天二十八祖の偽史の最も早い作成者。『六祖壇経』の最も早い原材料の作者。歴史の偽造をもって革命の武器とした最大の成功者。——これが我らの神会である」と。（「神会和尚語録的第三箇敦煌写本」／『胡適学術文集・中国仏学史』頁四四〇）

また、これまでたびたびふれてきた"*Ch'an* (*Zen*) *Buddhism in China — It's History and Method*"（一九五三年）では、

中国禅の思想史上の価値が「偶像破壊的〔iconoclastic〕」「革命的〔revolutionary〕」という語によって評価されている。胡適はまず神会の「北宗」批判の運動を次のように総括する。

こうして、革命成就の時は熟した。禅の諸派が勝ち馬にのろうとして殺到したかの変動は、この勝利が自由主義者からも、急進勢力からも、そして宗門の異端者たちからも歓迎されていたことの、よりいっそうの証明にほかならない。その人々にとってこの勝利は、伝統と権威の古い枷からの、思想と信仰の大いなる解放を意味していたのに相違あるまい。（頁九一）

このあと宗密の『円覚経大疏鈔』をもとに八世紀の禅宗諸派の思想を要約的に紹介したうえで、次のような総括が示される。

以上が九世紀の初頭に宗密が知っていた禅宗の諸派である。このうち保唐《ほとう》宗はあからさまに偶像破壊的であり、さらには反仏教的でさえあった。また他の三宗もひとしく急進的であり、哲学的な含みとしては、おそらくよりいっそう偶像破壊的であっただろう。（頁九四）

そして胡適はさらに、有名な丹霞《たんか》焼仏の話と龐《ほう》居士の「但だ願わくは諸もろの所有《しょう》を空ぜよ、慎んで諸もろの所無《しょむ》を実とする勿れ」という語を引いて賞賛し、この一節を次のように締めくくるのであった。

これによって中世の鬼神も仏菩薩も、また四禅も四無色定も六神通も、なにもかもすべてが斬りすてられ、打ち砕かれたのであった。これが八世紀の禅である。しかし、それは既に述べたように、もはやまったく禅でも何でもないものになっていた。これは仏教の中国的な改革ないし革命だったのである。(頁九五)

宗教の権威による中世的呪縛、それへの破壊者として禅を評価するのは、禅を、この後につづく「近世哲学」＝中国的ルネッサンスへの突破口に見立てようとしてのことであろう。禅宗の伝統を虚構の産物として糺弾することと、禅宗の思想を反伝統の立場から評価すること、あるいは、禅宗の伝統に対して偶像破壊を敢行することと、偶像破壊者の系譜として禅宗の歴史を顕彰すること、それらはひどく矛盾することのように思われる。だが、胡適自身がそれを矛盾と感じていたかどうかは分からない。あるいは五四以来の伝統否定と偶像破壊の信念から禅宗を看、「実験主義」の立場から、評価すべきは評価し否定すべきは否定しただけだ、ということなのかも知れない。しかし、例えば神会について、さきに引いた口述自伝の「大ペテン師にして偽作の専門家」という悪しざまな言い方と「荷沢大師神会伝」末尾の「南宗の急先鋒、北宗の破壊者」云々の熱を帯びた讃辞とを並べてみると、是々非々というには語調があまりにも両極端で、やはり神会なり禅宗なりに対する評価が分裂していたとしか思われない。この種の矛盾は禅宗史研究に限らず、孔子や儒教に対する評価においてよりいっそう深刻に現れているものであり、胡適の思考様式自体に関わる本質的な問題を含んでいると考えられる(林毓生前掲書、頁一三二)。その矛盾について考察することは小論のなし得る所ではないが、ただ、禅宗のことに限って言うならば、禅宗の思想がもっぱら反伝統的偶像破壊という価値観のみから評価されているために、禅の理解が一面的になっているということは指摘しておかねばならない。確かに胡適が言うとおり、禅ではすべての外在的な権威が否定される。しかし、それは否定の一面だけに終るものではなく、それがそのまま自己の日常性の即自的肯定と表裏一体になっているのである。龐居士を例にとって言えば、胡適はその「但だ願わくは諸もろの所有を空ぜよ」という一面のみを看て、「神通ならびに妙用、水を運びまた柴を搬ぶ」という一面は看ていない。この点も胡適の禅宗理解の大きな欠落と言わざるを得ないであろう。[9]

胡適は禅宗史研究の草創期に実証的・批判的な研究手法を導入したことで大きな貢献をのこした。今日の禅宗史研究も、基本的にはその延長線上にある。しかし、客観実証主義を標榜しながら、その実証を導く価値観が無反省に胡適流の「近代」主義——実験主義と伝統破壊——を前提としていたために、禅に対する看方が偏頗で平板なものとなることを免れなかった。研究対象に向けられた批判や懐疑が、翻って研究主体の方へ向けられることは、ついに無かったのだと言わざるを得ない。

しかし、人間の営為に、完全に主観の制約から免れた純粋な客観性というものが存在し得るであろうか。また、それがあり得たとして、それが人間にとってどういう意味があるであろうか。人文研究における客観性の保証と主体性の保持ということは、永遠に矛盾する課題でありつづけるのかも知れない。今日の時点から、胡適の研究の限界や偏向を指摘することはたやすい。しかし、それは胡適が自らの思考様式と研究手法を、きわめて自覚的かつ純粋に表明しているからであろう。胡適の禅宗史研究に現れている矛盾は、実は我々も現にそのうちにある同種の矛盾を、ごく原初的な姿で顕わにしているだけなのではあるまいか。

二　胡適と大拙

二—一　いわゆる「論争」について

さきにも言うように、一九五三年発表の“*Ch'an (Zen) Buddhism in China — It's History and Method*”は鈴木大拙との有名な「論争」の文章で、大拙の反論“Zen: A reply to Dr. Hu Shih”とともにハワイ大学の“*Philosophy East & West*”誌(Vol. III, No. 1)に掲載された。[10] これに関する概括としては、坂東性純「鈴木大拙との出会い」の次の一節が、公平でごく穏当なものと思われる。

禅学に関しては、ニューヨークで、お二人の間でしのぎを削る議論が展開されていたのです。……その論争というのは胡適博士は禅の文献学的研究を踏まえぬ抽象的思弁は学問的に全く価値なしという立場をとられたのに対し、大拙先生は、禅体験を伴わぬ禅籍の字句の解釈・論議は禅と無縁のもの、というお立場でした。この論争は何回かくり返された挙句、イギリスの東洋学者アーサ・ウェイレイ氏が、胡適博士に軍配を挙げて一応の終結を見たのですが、これは、禅に限らず、広く学問と信仰、科学と宗教という古来の根本問題に根ざしている論争だけに、終りなき問題というべきかも知れません。（『柏樹』第三四三号、一九九六年八月／今、上田閑照・岡村美穂子編『鈴木大拙とは誰か』岩波現代文庫、二〇〇二年、頁三二四より転引[11]）

この「論争」は決して個人的な悪感情からするものではなく、「その一歩も相互に妥協することのない思想的論争のさ中でも、お二人の仲はとても暖かく、人間としての相互敬愛の念は些かも失われることはなかったそうです」と坂東は伝えているが（同、頁三二九）、そのことは初めに引いた大拙自身の「わしとは議論が合はないのだけれども、自分は何となくその人柄が好きで」云々という言葉とも符合するし、さらに大拙の秘書であった岡村美穂子の次のような回憶によっても裏づけられる。

胡適博士と大拙先生は一九五三年頃同じニューヨーク市に滞在しておられた。コロンビア大学で講義をしておられた大拙先生を訪ねる博士はとても楽しそうでした。大抵の場合近所の中華飯店『グレート・シャンハイ』（大上海飯店）で食事に招待して下さった。食事が終るころには話の方が段々と熱を帯びてきて、それまでは英語で終始していたのが、博士は興奮のあまり場所も忘れて、最初は紙ナプキン、それがなくなると白い糊のきいたテーブルクロスに漢文で次から次へと溢れんばかりに諳んじておられる禅の語句を書きまくってゆかれた。それに応じて大拙先生も負けじと漢文で書いて答えてゆかれる。いかにもご両人だけが知るエクスタシーに似た境地を楽しんでおられました。私が面白く思ったのは、書くこと以外は、つまり話になると、お互いに英語に切り替わるのです。こうして、お会いになると何時も満喫したときを過ごしておられた。ニューヨークの空の下で東洋からの賢者が二人熱く漢文と英語で禅を論じ合ってる光景は「妙」そのものだと思いました。（『鈴木大拙とは誰か』頁三二九）

さて、禅に関する「論争」としてしばしばとり上げられる両篇ではあるが、今、虚心にその内容を看返してみると、派手な非難の語句が随処に挿入されているわりに、論点そのものは実はほとんどぶつかりあっていないことに気づかされる。従来その対立点を示すものとして両篇から抽き出されてきた言句は、双方がそれぞれ自己の前提とする立場を表明している部分であって、実際にその前提から展開された具体的論点ではなかった。胡適は「その失望の最たるものは、鈴木とその弟子たちが、禅を非論理的・非理性的で、それゆえわれわれの知的理解を超えたものだとする点にある」という大拙批判から論を起こす。しかし、実際にその後に書かれてゆくのは、第一期以来の胡適自身の禅宗史を、精彩ある筆致でまとめ直したものに外ならない。いっぽう大拙は「胡適氏は禅の歴史に関しては非常に多くの知識を有しておられるが、その歴史の背後に在って主役を演じている者に関しては何も御存じない」「禅とはその内面から領解されるべきもので、決して外面から領解されべきものではないのである。要は、先ず最初に、私の所謂〝般若直観〟に達しなければならない」と難じたうえで、禅の「内面」からの「領解」を述べてゆく。だが、それは過去の禅に対する理解というより、現に生きて在る大拙自身の禅思想の表出というべきものであって、そこには独特の滋味と多くの啓示がたたえられてはいるものの、だからと言ってそれによって胡適の歴史記述が覆されるわけでも修正されるわけでもない。つまるところ、両者は共通の問題をめぐって意見を闘わせているのではなく、初めから各自の領域で各自のかねてよりの問題を語っているのであり、悪く言えばスレ違い、良く言えば相補的なのである。要するに、対立しているのは論の内容ではなく、論以前の立場なのであった。

求道的なまたは哲学的な関心から両者の論を読むならば——大拙の著作をはじめ、禅に関する書物は多くそのような関心から読まれているのだと思われるが——そこでは文句なしに大拙の方が強い支持と共感を集めるだろう。[12] だが、その人々にとっては、胡適の書く歴史が歴史として不満なのではなく、初めから歴史記述そのものに関心が無いだけではなかろうか。禅を歴史研究の対象として扱う胡適と、生きた悟りの宗教として語る大拙。もしこれをあくまでも「論争」として突き詰めてゆくならば、結局この両篇の内容から離れて、宗教と学問はどちらが意味があるかという解決不可能な二項対立——坂東のいう「学問と信仰、科学と宗教という古来の根本問題」——に行き着くほかはないであろう。だが、両者の対立点は、ほんとうにそんなところに在ったのであろうか。

二—二　大拙の立場

胡適との「論争」だけで見ていると、大拙は知性に対して体験、近代に対して伝統を以て対抗しているように見える。しかし、大拙の平素の論は、決して伝統的体験主義という範疇に収め得るものではない。むしろ大拙自身、日本の禅門のその種の傾向には早くから批判的であり、「知性」や「思想」の確立によって伝統を打破すべきことをこそ随処で訴えているのである。例えば『今北洪川《いまきたこうせん》』(一九四四年序、四六年出版)のなかの、次のような主張を看られたい。

大道を学ぶには、第一、大憤志、第二、大疑団、第三、大信根であると昔から云ふが、実にその通りである。こ

> の何れもが欠けて居ては大事了畢しないであらう。併し、誰にでも是等が等分にあると云ふわけではない。人によりてその比例が違ふにきまつて居る。第一の憤志は意志型の人に多く、第二の疑団は知性型の人に多く、第三の信根は情性型の人に多いことは、自ら然るべきであらう。修禅者は第一を最も重要視するであらうが、創造的意識の発展は第二の疑団から出て来るのである。それ故、意志型に加ふるに知性型を以てしないと、修禅は伝統型態以上に超出すること、或は不可能であらう。これに反して、第二型の心理態はその本質として多少の安定性を欠くのであるが、その故に却つて何か新たなるものを打開すべき可能性をその中に蔵して居るのである。伝統は此点から崩れるが、それと同時に、その崩れたところから、新たな芽を萌え出させるのである。（『全集』巻二十六、岩波書店、一九七〇年、頁二二六／傍点、引用者）

また、胡適との「論争」の翌年、すなわち一九五四年、抱石居士こと久松真一にあてた書簡には次のようにある。

> 一、此点から見て、日本の仏教者は、何れも此上とも、しつかりした見識の上に立たなくてはならぬ、ひとりよがりではいけない、特に西洋人の思想と背景、伝統などをよく、しらべて、おかぬと、伝説《ママ》の禅だけでは役に立たぬ、どうしても、しつかりした思想の背景が要る、これは過去三ケ年間にわたつて、講義した経験からの決論である、……一、白隠禅とのみ云はずに、今からは世界禅を唱導しなくてはならぬと信ずる、それには世界的見地に立たなくてはなるまい、実地の修行の外に、思想がなくてはならぬ、これが貧弱ではいけない、基教だけでは、世界は救はれぬ、これには、どうしても大乗仏教が急々如律令である。（『全集』巻三十八、頁四／傍点、引用者）

同じく禅に関する大拙の所説でも、日本の国内むけに書かれたものと外国むけに書かれたものとでは大きな径庭があり、概して言えば、英文では西洋近代の合理性を超える面が強調され、日文では伝統を超えて西洋近代と連動すべき必要が強調されるという傾向がある。だが、いずれにせよ、大拙の立場が、西洋近代の合理的思惟を拒否して、禅の伝統と体験のうちに立て籠ろうとするのとは、正反対のものであったことは確かである。

といっても、右で大拙が言う「知性」や「思想」は、西洋近代の思考を禅にあてはめて説明し、禅に西洋人むけの味つけを施すということでは決してない。大拙が最終的に目指したのは、西洋近代を超えるもの、あるいは禅と西洋近代をともに含み込んで止揚するもの――すなわち「世界禅」――だったのであり、その為には禅を、まず西洋近代と共通の土俵の上に立たせなければならぬ、それが右に引いた言葉の意味する所であろう。

そのようなわけで、西洋社会に対する大拙の禅の語り方は、禅の中から西洋思想と同定可能な部分を探し出してみせるのではなく、逆に、禅がいかに西洋の合理的思考と異質であるかを説くものとなった（下村寅太郎「我々の思想史における大拙博士の位置」一九六一年／新版鈴木大拙禅選集別巻、一九九二年、所収）。それは言い換えれば、西洋近代の反転像として禅を表現し直すことによって、「近代」の限界に悩む西洋、およびそれを受容した日本の知識人に訴えるものをもちえたということであろうが、しかし、そうだとすれば、いかに西洋近代と異質に見えようと、大拙の説く禅は、本質的にはあくまでも西洋近代を基準として再構成された禅だったということにもなるであろう。大拙は心理学的解釈によって禅を伝統から切り離し、西洋人に受容可能なものとなしえたのだと論ずるエルンスト・ベンツ（一九〇七―七八）の次の評は、この看方を裏づけてくれるもののように思われる。

彼は……禅を、自分で英語に訳し、西洋的な解釈を附してヨーロッパ世界に広めた。鈴木教授は、臨済宗の指導的な禅哲学者の一人であり、またもっともよく禅仏教史に通じた人である。それにもかかわらず、臨済禅の出家的伝統による薫陶をかくも深く受けた当の彼が、禅をその仏教的基盤から引き離すことにもっとも力をつくし、まさしくそうすることで禅を西洋人に受容できるものにしているのである。(『禅　東から西へ』第七章「鈴木大拙――禅の心理学的解釈」、柴田・榎木訳、春秋社、一九八四年、頁三〇／原著は一九六二年刊)

二―三　胡適・大拙と西洋近代

大拙と胡適の対立点は論の内容にではなく、論以前の立場にあると上に述べた。それは表面的には学問対宗教、理性対体験という対立のように見える。しかし、その背後にあって真に両者を対立せしめているものは、実は両者の西洋近代に対する態度の相反だったと考えられる。両者の禅理解の相違は、実は歴史学か悟りかという相違ではなく、むしろともに西洋近代の基盤の上に立ちつつ、かたや西洋近代の思考によって禅を割り切ろうとし、かたや西洋近代の反転像として禅を再構成しようとするという相違であった。(13)いっそう単純化してしまうならば、それは西洋近代を順用するか逆用するかという相違、さらには西洋から「近代」を輸入しようとするか、西洋に反「近代」を輸出しようとするかという相違だったとも言うことができよう。そのことは、おそらく両者によって当初から自覚されていた。大拙は昭和八年(一九三三年)に横浜で胡適と会談したときのことを、戦後、『文藝春秋』誌に寄せた「胡適先生」(一九四八年)という文章で、次のように回憶している。

その年(昭和九年)の初夏に中国を訪ねた。さうして北平大学で胡適氏及びその他の学者達と会見した。胡氏には、その前年であつたが、彼が生国からの帰途、横浜へ立ち寄つたときを利して、横浜で会つたことがある。その時、日本と中国との関係などに就きて色々と話した。今覚えて居ることは、胡氏が中国における科学思想の普及に関して大なる感興を持つて居たことである。自分は東洋思想を大いに世界的に鼓吹して、世界思想の進展に寄与すべきを強調した。それ故、中国も日本も、徒らに西洋で発達したもののみを追ひまはすべきでない、東洋には東洋の環境もあり、事情も心理もある、それ故、日華の若い人達は、必ず先づ、而して深く東洋思想の伝統を学ばなくてはならぬと自分は主張する、と云つた。併し胡氏は、それもさうだが、今の中華民にとりては、何よりも古き伝統から醒めねばならぬと云つた。何れもそれ〳〵の立場があるので、その点では一致出来なかつた。胡氏は今でもさう考へて居ることと信ずる。自分も胡氏の立場を十分に領解する。（「胡適先生」一九四八年／『全集』別巻二、岩波書店、一九七一年、頁三五三）

出会いの当初から、胡適はさきに論じたような「科学思想の普及」と「古き伝統から」の覚醒を訴えており、「深く東洋思想の伝統を学ばなくてはならぬ」とする大拙とは、平行線のままだったのであった。しかし、大拙は反対の立場に立ちつつも、「胡氏の立場を十分に領解」していたのであり、一九五三年の「論争」の時点では、互いの立場の相違はとうの昔から百も承知であり、つとに相い許す所でさえあったのである(14)。件の「論争」は、いわば「東洋からの賢者」ふたりが、阿吽の呼吸で二十年来の台本を西洋人むけに派手に再演してみせたものに過ぎず、それゆえ当人どうしは中華料理をかこみつつ和やかに清談に興じて何の違和感もなかったのであった。この立場の差はおそらく単に両者の個性や思想信条の違いに還元できるものではない。右の大拙の回想からもうかがえるように、物質的近代化（＝富国強兵）の表面的成功のかげで精神の行き詰まりに逢著した明治日本の思想家と、物質的近代化（＝産業化と民主化）を開始するために精神の近代化をまず必要と考えた民国期中国の思想家、そうした歴史段階の差に由来する対比を、両者の禅理解のうえにも見て取ることができるのではあるまいか（辛亥革命で清朝が倒され翌年「中華民国」元年となったのは、あたかも明治が終って大正となったのと同じ年であった）。右の一文のなかで、大拙は胡適の立場を「中国における科学思想の普及」云々、「今の中華民にとりては、何よりも古き伝統から」云々、と要約している。これは、胡適が発言のなかで、現段階の中国にとって、という点をくりかえし強調したことが大拙の耳朶に刻み付けられたものではなかろうか。

さて、禅をめぐる両者の「論争」のことに話をもどす。さきに述べたように、今日の水準から看れば、胡適の禅思想に対する記述は確かに一面的に過ぎる。そして、禅に絶対的否定のみならず絶対的肯定の一面があること、および一見意味不明な禅者の言行が必ずしも作為的な「方法」でなく、それなりの内実をもったものであること、その二点を強調する大拙の論述は、胡適の欠落をよく捉えたものと言ってよい。しかし、その欠落が、大拙の断ずるような「禅体験」や「般若直観」の欠如によるものであったかどうか。それはむしろ、禅宗文献の解読が進んでいなかった当時の研究水準の限界と、内容でなく「方法」にのみ関心が集中するという胡適流の「実験主義」的思考様式、その両者に原因を求めるほうが、より胡適の学問の実情に適っているように思われる。

いっぽう、大拙の反論にはいくつも唐代の禅問答が引用されているが、それらは箇々の則の解釈を示すことなく、ただ「般若直観」を表すもの、それゆえただそのように言う外なくしてそのように言われたものとして、読む者の前に投げ出されている。なまじ分析や講釈を加えることなく問答が問答のままに放置されることによって、それらは大拙自身の文章と渾然と溶け合いつつ、非西洋的・非合理的な何ものかを暗示する——理解させるのでなく感受させる——ことに成功しているように思われる。しかし、そこにおいて、それらの言句はすでに箇々の禅者の言葉であることを失って、初めから大拙の語りの一部としてそこにある如くであり、そこから感じ取られるものは、あくまでも大拙自身の禅体験と禅思想に外ならない。そこがまた大拙の文章の魅力でもあるが、ただ石頭《せきとう》の語が引かれようと薬山《やくさん》の語が引かれようと、石頭や薬山が何を説いたのかはここでは知るよしもなく、もはや唐五代の禅語録の「本来面目」からは、あまりにも遠いものになっていると言わざるを得ないのである。

本読みなど、禅者からは無意味の業として一蹴されるべきことかもしれない。だが、大拙自身は禅宗古典の校勘や訳解にも相当の精力を注いでおり、禅籍のなかから古人の肉声を聞きとろうとする願いにおいては、大拙も我々と同じであったと信じたい。(15) しかし、結果的には大拙も、禅問答を内容に立ち入って分析・解釈すべきでないとする宋代禅的思考の圏内にあり、そのため、原典から意味を帰納するのでなく、逆に自身の価値観を原典のなかに演繹する結果となっている点では、やはり胡適と同様の限界下にあったことを否定できないのである。

胡適や大拙の禅研究は、二〇世紀前半という時代の相によって強く規定されている。そこでは圧倒的に押しよせる西洋近代といかに向き合うかということが不可避の課題であり、それに向かう両者それぞれの立場——近代と反近代——が禅籍のなかに読み込まれていった。今日、禅籍読解の水準は、入矢義高の開拓によって、当時よりも格段の進歩を遂げている。単に語学的・文献学的な技術の向上だけではない。唐五代の禅者の言葉の上に幾重にも堆積された後世の宗派的ドグマを解体し、その本来の語気・語調のままに問答の内実を読みとろうとする姿勢、それこそ入矢の登場を待って始めて我々に開かれたものに外ならない。その点で入矢以後の時代に禅を学ぶ我々は、大拙・胡適の時代に比べ、多くの問答を一律に割り切ることなく、箇々の内容に踏み込んで、より豊かに、より活き活きと、その意味と語感を読みとることに近づいていると思う。しかし、それでもなお自らの時代の価値観を無意識の前提とし、それを対象のなかに読みこんでしまうという問題、つまり蟹は自らの甲羅に似せて穴をほるなどと喩えられるような問題を、我々も何ら解決し得てはいないし、また逆に、同時代の思想的課題への取り組みという点から考えるならば、我々は胡適や大拙に遠く及ばないことを認めざるを得ないのではなかろうか。

禅について既成の正解を求めて彼らの著作を読むことは、今日では、おそらくあまり意味が無い。だが、彼らがいかなる時代の相のもとに生き、彼らにとっての現代をいかにとらえ、そしてそれをもとに、いかに禅を読みとり、読みかえていったのか、そうした関心から読んでゆくならば、彼らの著作は今後も——あるいは今後こそ——我々に多くの啓示や示唆をもたらしてくれるように思われる。次節では、そのような観点から、さらに大拙の思想について考えてみたい。

（1）以下、次の諸論考を参照して多大の学恩にあずかった。柳田聖山「胡適博士と中国初期禅宗史の研究」（『胡適禅学案』中文出版社、一九七五年）、楼宇烈「胡適禅宗史研究平議」（小川訳『宗学研究所紀要』創刊号、一九八八年／原載『北京大学学報』一九八七年第三期）、葛兆光『中国禅思想史――従六世紀到九世紀』導言「関于中国禅思想史的研究」（北京大学出版社、一九九五年）、山口栄『胡適思想の研究』第六章「胡適の禅学研究」（言叢社、二〇〇〇年）。

（2）原文は柳田編『胡適禅学案』に再録。以下、引用は小川訳「胡適『中国の禅――その歴史と方法論』」（『駒澤大学禅研究所年報』第一一号、二〇〇〇年）による。

（3）この三段階説は、“*Religion and Philosophy in Chinese History*”（一九三一年）でより端的に、一「神秘主義の時代（the Sinitic Age）」、二「仏教の時代（the Buddhist Age）」、三「中国のルネッサンスの時代（the Age of Chinese Renaissance）」として論じられている。周質平『胡適英文文存』第一冊再録（遠流出版、一九九五年、頁四三九）。

（4）江燦騰『中国近代仏教思想的諍弁与発展』（南天書局、一九九八年）第十三章「胡適禅学研究的開展与諍弁」は、胡適が神会研究に当たって忽滑谷《ぬかりや》快天《かいてん》『禅学思想史』に多くを負いながらそれを匿していると厳しく指弾している。しかし、忽滑谷のは伝世資料中の関連の記事を指摘したものであり、この批判は、胡適の特に敦煌禅宗文献発見以後の研究における視点と手法の画期的な新しさを、あまり正当に評価していない議論のように思われる。

（5）楼宇烈「胡適禅宗史研究平議」および同「胡適読禅籍題記、眉批選」（『胡適研究叢刊』第一輯、北京大学出版社、一九九五年、頁二八四）による。

（6）小川訳「胡適『中国の禅――その歴史と方法論』」、訳注（58）（59）（60）、参照。

（7）Maspero: “Sur quelques texts anciens de chinois parlé.”（BEFEO 14）、高名凱「唐代禅家語録所見的語法成分」（『燕京学報』第三四期）。

（8）丸尾常喜『魯迅――「人」「鬼」の葛藤』（岩波書店、一九九三年、頁一〇九）は、胡適の『紅楼夢』研究について、「それは作品の背景になった作者曹雪芹の家族の歴史の解明に熱心であったが、作品そのものの文学的な解明や価値評価についてはほとんど無関心であった」と指摘している。ここに述べた禅宗史研究の特徴とよく符合するので併せて参照されたい。

（9）小川訳「胡適『中国の禅――その歴史と方法論』」、訳注（42）（46）、参照。

（10）大拙の文章は、今、小堀宗柏訳で『鈴木大拙全集』巻十二に収録（岩波書店、一九六九年）。

（11）　ウェイレイ（ウェイリー）の論評は *“Philosophy East & West”* 誌（Vol. V, No. 1）所載。Arthur Waley “HISTORY AND RELIGION (Comment and Discussion)” 一九五五年。

（12）　たとえば傅偉勲「胡適、大拙与禅宗真髄」はそのような立場を代表するものの一つと言えよう（『従西方哲学至仏教』三聯書店・海外学人叢書、一九八九年）。

（13）　柳田「胡適博士と中国初期禅宗史の研究」（頁二九）に次のように言う。「要するに胡適は史家であり、大拙は仏教者であった。胡適が中国現代の仏教にどんな交渉をもっていたか明らかでないが、鈴木大拙は日本および欧米の現代の思想界に禅もしくは仏教の市民権を求めてやまなかった。胡適は、あくまで近代ヨーロッパ的合理主義者である。鈴木大拙は、近代合理主義を批判し超越するものとして禅を位置づける。鈴木大拙の関心は、禅そのもの仏教そのものにあって、時として歴史性をすら超える。胡適はこれを神秘主義、非合理主義として退けるのであり、両者の立場は根底より相い容れぬ」。この対比はきわめて的確であると思うが、ここでは、それがあくまでも西洋近代という共通の基盤にたった上での対比であったということを重視したい。

（14）　両者のそのような立場を示す例をひとつずつ挙げておく。

大拙「東洋学者の使命」（一九六一年）

何かの因縁だらうが、自分は「東洋的見方」といふことを強調したくてしやうがない。これを今時の西洋的、科学的、論理的、概念的などいふものに対抗させて、東洋民族はいふまでもなく、欧米一般の人々にも、広く知らせて、東洋文化の意義を高揚したいのである。さうしてこれを、これから来たるべき世界文化なるものを造りあげるに、一役つとめさせなくてはならぬといふのが、自分の主張なのである。（『東洋的な見方』、『鈴木大拙全集』巻二十、岩波書店、一九七〇年、頁二一七）

胡適「介紹我自己的思想」（一九三〇年）

以上三篇の文章において、私は容赦なく我が東洋文明を指弾し、熱烈に西洋の近代文明を賛美している。よく東洋文明は精神の文明で、西洋文明は物質の文明、あるいは唯物的文明だなどと言う人があるが、それは誇大妄想の妄人が、恥を覆うために造りだしたデマである。……だから私はこう述べたのだ。「物質的環境の束縛と支配を受け、懶惰で生長のできぬ民族の文明こそ、真の唯物的文明である」。そして逆に西洋の文明を看てみると、「このように充分に人の聡明と智慧を運用して真理を求め人の魂を解放し、天行を制御して人用に供し、物質的環境を改造し、社会的・政治的制度を改革し、そして、それによって人類の最大多数の最大幸福をめざす——このような文明こそが精神文明なのである」。これが私の東西文化論の大要である。（『胡適哲学思想資料選』（上）、頁三四四）

（15）　入矢義高「鈴木先生との因縁」（一九六九年）からも、大拙のそのような姿がうかがわれる（『自己と超越——禅・人・ことば』岩波書店、一九八六年）。

第二節　鈴木大拙の「禅思想」

はじめに

一九八〇年代の後半、私はある大学の哲学系の留学生として、二年半ほどの間を北京で過ごした。二十代後半のことである。当時、中国哲学史の教科書はなお主観唯心論・客観唯心論・唯物論という基準にしたがって書かれており、仏教・禅はそこで主観唯心論に分類され、もっぱら否定的にしか取り扱われていなかった。しかし、学問や出版の世界では、情況は確実に変わり始めていた。〝箇体戸〟という言葉がさかんに聞かれるようになっていた頃で、大学のなかにも国営の新華書店のほかに小さな個人営業の書店が開かれて目新しい本が並ぶようになっており、その書棚に「禅」という文字をともなった書名が、次々と見えるようになってきたのである。

今になって振り返ると、それは知識界がいわゆる〝文化熱〟に沸き立っていた時期で、その頃すでに中国の学者による禅の書物もいくつか出版されていた（たとえば葛兆光『禅宗与中国文化』上海人民出版社、一九八六年は、最も早くかつ最も反響の大きかったものの一つであろう）。だが、私がそれらを入手したのは、もっと後になってからのことであった。自分のごく限られた見聞の範囲だけで言うならば、当時、「禅」と名のつく書物の大半は、尼采《ニーチェ》や海徳格爾《ハイデッガー》、また仏洛伊徳《フロイト》や楊格《ユング》とともに並べられた、鈴木大拙の著作の翻訳であった。つまり、禅は中国自身の伝統のなかから発掘されるのでなく、〝Zen Buddhism〟という〝洋貨〟として、海の向こうから輸入されたもののように私には見えたのだった。もちろん、未熟な留学生の観察であったから、あまり確かなものとは言えないが、しかし、近ごろ目にした次の一節は、当時の自分の印象を裏づけてくれ、些か懐かしい気持ちのするものであった。

随後，在令人至今仍感到莫名激動的〝文化熱〟中，禅学顕然成為対於東西方文化的熱烈討論中最新鮮也最令人激動的思潮之一。一九八四年，中華書局出版了《五灯会元》，我記得那時在書店裏看著它，毫不猶豫地就将它〝請〟回了家中，愛玩不置。随後，鈴木大拙的書相継被訳成中文，他不僅在当初〝征服〟了欧美，看来，在八〇年代，他也〝征服〟了禅的誕生地的現代中国人！我記得有人曾為此而感到憤懣不平，但平心而論，鈴木是有魅力的。像他的書被訳過来的，我不假思索地就可以挙出如下数種：《禅学入門》（另一箇版本改為《通向禅学之路》）《禅与生活》《禅与日本文化》《禅風禅骨》《禅与心理分析》……如果再加上港台地区的，那就更多。（劉墨《禅学与芸境》河北教育出版社、二〇〇二年、頁一〇一七）

その後、あの名状しがたい感激を感じさせる「文化熱」のさなかにあって、禅は明らかに、東西文化に関する熱烈な議論における、最も新鮮かつ最も感動的な思潮の一つとなっていた。一九八四年、中華書局が『五灯会元』を出版したが、私はその時、書店でそれを眼にとめ、いささかの躊躇もなくそれを自宅に「お迎え」して、片時も手から離すことが無かったことを憶えている。そして、ほどなく、鈴木大拙の本が相次いで中国語に訳されるようになった。彼は当初、欧米を「征服」しただけでなく、八〇年代には、どうやら禅の誕生の地、現代中国の人々をも「征服」した如くであった！　そのことに不平不満を感ずる人があったことも記憶にあるが、しかし、虚心に論ずるならば、鈴木には確かに魅力があったのだ。たとえば翻訳された彼の本について、私は考える間もなく、たちまち次の数種を列挙することができる、『禅学入門』（別訳で『通向禅学之路』）『禅与生活』『禅与日本文化』『禅風禅骨』『禅与心理分析』……ここにさらに香港・台湾のものを加えたら、その数はもっと多くなるだろう。

ここに挙げられた本のうちのいくつかは、私も当時、大学内の書店で手に入れて、今も手もとにもっている。それらは当時、中国の知識人たちに、如何に理解され、如何に受容されたのであろうか。「鈴木是有魅力的」というその「魅力」は、その頃、どのようなものとして人々に感じられていたのであろうか。

残念ながら、日本では現在、鈴木大拙の名を知る大学生はきわめて少数である。仏教研究者や禅学研究者でも、大拙の書物を熱心に読む人は、おそらくあまり多くない。そういう私自身も、数年前まで、大拙の本はほとんど読んだことがなかった。いや、正直のところ、読みたくない、とさえ思っていた。禅宗史を専攻する若き学生であった私にとって、大拙の書物は、禅籍の読み方は語学的でなく、史料の扱いは歴史学的でない、つまり、体験の重要性を強調するばかりで、まったく学問的でない、と感じられていたからである。だが胡適の禅宗史研究に関心をもち、その論文を翻訳してゆくうちに、有名な大拙と胡適の論争の文章にゆきあたった。そして双方の論文を読み比べるなかで、私は胡適の研究への愛着を深めるとともに、大拙の文章にもいつしか「魅力」を感ずるようになっていった。客観的・実証的研究を標榜する胡適論文との対比によって、私はようやく気づかされたのである——大拙の文章がいかに多くの中国の禅籍を引用していようと、それは過去の禅宗について解説しているのではなく、現代における彼自身の禅思想を語っているのに外ならないのだ、と。禅宗史の勉強のために大拙の著作を読めば、失望するのは当然である。だが大拙自身の考えを知ろうと思って読むならば、大拙の文章は確かに面白い。中国の知識人が大拙という外なる鏡によって禅を再発見したように、日本人である私は、胡適という鏡によって大拙と出逢うことを得たのであった(1)。

だが、そのいっぽう、近年アメリカでは大拙批判の論調がさかんになっている。大拙の所説を日本のナショナリズムの表現と看なすもの(2)、或はオリエンタリズムにすぎぬと断ずるもの(3)、さらに戦時中の戦争肯定的言論を非難するもの(4)、そうした諸論が提出され注目を集めているのである(5)。たとえば、そのひとつ、ベルナール・フォール「禅オリエンタリズムの興起(上)」には次のようある。

鈴木の思想における拝外主義的な要素、狂信的愛国主義的な要素が、戦時中に膨れ上がったのはもっともなことだった。当時、鈴木は西田の著述に大きな影響力を振るっていた。鈴木の二冊の著作、『日本的霊性』と『禅と日本文化』は、おおよそ西田の絶筆と時期を同じくしていた。鈴木の文体は西田には及ばないとはいえ、当初鈴木が禅に与えた存在論としての特権性を、両者は日本的霊性一般へと拡大しようと試みた。鈴木にとって、無分別智(般若)――すなわち、禅――は日本文化の中に真実の姿を現している。結果として、こうした禅帝国主義によって、日本文化の側面の中で[禅と]関連づけられなかったものはない。儒教や武士道までもが[禅と]関連づけられた。『禅と日本文化』を鋭く批評した際に、ポール・ドゥミエビルが述べたように、「あの国のあらゆる文化は禅と関連づけて解釈されている。禅というものは、美的価値観(絵画、詩)だけでなく、日本の軍国主義に接近するためのマスターキーにもなったのだ」。禅は日本文化の所産であると捉える常識的な研究方法は鈴木によって転倒された。日本文化は、禅と名づけられた独特の現象、より正確に言えば、禅と名の付いた形而上学的原理を多面的に表現したものとなったのである。(6)……

すべてに超越する絶対的価値を禅に付与し、且つそうした禅の本質を特権的・排他的に「日本的霊性」と等置するものとして大拙の所説を批判しているわけである。この種の観点と情緒は、他の大拙批判の論にもおおむね共通しているように見受けられ、そこに、我々の盲点を突くある種の鋭さが有ることは間違いない。しかし、その一方で、右のような断罪が、大拙の著作を読んだときの素朴な印象とひどく乖離しているという感も否み難い。これがまったくの見当はずれだとも思わぬかわりに、これで大拙の真面目が尽くされているとも到底思われないのである。今、こうした批判をふまえてなお、大拙ののこした書物を如何に読むことが可能であり、また如何に読むことが有意義であるのか。

一　大拙略伝

金沢時代　鈴木大拙は一八七〇年（明治三）、日本の石川県金沢市に生まれた。「大拙」は参禅の師、釈宗演《しゃくそうえん》から与えられた居士号で、本名は貞太郎。その名が英文で「D. T. SUZUKI」と表記されるのは、「DAISETZ TEITARO SUZUKI」の略である。六歳の時、父を失い、貧窮のなか、母の手によって育てられた。第四高等中学校に学んで西田幾多郎（一八七〇―一九四五）らと親交をむすぶが、学費がつづかず中途退学。この時期、第四高等中学校の教師、北条時敬の感化で禅に関心をもち、富山県の国泰寺に雪門玄松和尚を訪ねるが参禅には失敗した。(7) 大拙はその時のことを振り返って言う。

家を離れて遠い町に出たのが、生まれて初めてだったし、部屋に坐禅していても誰もそばへ寄ってこないし、何か心の中がさみしくなって、二、三日すると家が恋しうなった。なんというて帰ったか分からんが、とにかく帰ってきてしまった。予備知識も何もなしに寺へ行くのが第一無茶なのだが、それでもあのときに、もう少し誰かがなんとか手引きしてくれたら、続けて参禅ができたであろうと思うけれども、そのときは何がなんだか分からんままに終わった。（秋月龍珉『世界の禅者――鈴木大拙の生涯』岩波書店、同時代ライブラリー、一九九二年、頁六〇）

上京　鎌倉での参禅　郷里で小学校高等科の英語教師などをしたあと、一八九一年（明治二四）、二十一歳の時、上京。

東京専門学校（今の早稲田大学の前身）に入学し、坪内逍遥の英語の授業を受けたりした。しかし、同じ年、鎌倉円覚寺の今北洪川《いまきたこうせん》（一八一六―九二）に参じた大拙は、学業よりも参禅のほうに励むようになっていった。洪川はその翌年には遷化してしまうが、大拙はその後もさらに、洪川の法嗣の釈宗演（一八五九―一九一九）に就いて参禅をつづけた。洪川に参じた期間はわずか半年ほどでしかなかったが、大拙は生涯にわたる影響を受け、後年『今北洪川』（一九四六年）という評伝を著わしている。

今覚えて居るのは、いつかの朝、参禅と云ふものをやつたとき、老師（洪川）は隠寮の妙香池に臨んで居る縁側で麤末な机に向はれ、簡素な椅子に腰かけて、今や朝餉をお上りになるところであつた。それが簡素極まるもの。自ら土鍋のお粥をよそつて、お椀に移し、何か香のものでもあつたか、それは覚えて居ないが、とに角、土鍋だけはあつた。そして如何にも無造作に、その机の向う側に在つた椅子を指して、それに坐れと云はれた。その時の問答も亦、今全く記憶せぬ。只々老師の風貌の、如何にも飾り気なく、如何にも誠実そのもののやうなのが、深く吾が心に銘じたのである。或る点では西田（幾多郎）君に似通ふところがあるやうに、今考へる。虎頭巌（隠寮は、妙香池の畔、虎頭巌の上に在つて、老樹で掩はれて居る）で、白衣の老僧が長方形の白木造りの机に向つて、夏の朝早く、土鍋から手盛りのお粥を啜る……禅僧と云ふものはこんなものかと、そのとき受けた印象、深く胸底に潜んで、今に忘れられず。（注、西田幾多郎君も昭和二十年六月七日に故人となつた）（『今北洪川』、『全集』巻二十六、頁一七六）

大拙は同じ年（一八九二年）、西田幾多郎の勧めによって東京帝国大学文科大学哲学選科に入学した。大拙はここで哲学・心理学・社会学等を聴講したが、しかし、生活は依然として鎌倉での参禅を主とするものであった。西田幾多郎は後年、大拙の『禅と日本文化』に寄せた序文（岩波新書、一九四〇年）で、当時のようすをこう書いている。「我々が大学へ入る頃、君〔大拙〕は独り円覚寺の僧堂に行つた。その頃なほ洪川老師が居られたが、すぐ遷化せられたので、君は宗演和尚の鉗鎚を受けることとなつた。暫く大学に来た事もあつたが、全然雲水同様にして苦修錬磨した」。

では、宗演和尚とはどのような人であったのか。大拙はいう――

宗演師の生活は、いつも必ずしも伝統に囚はれなかつた。禅への修行を了へてから、慶応義塾へ入学し、それから錫蘭《セイロン》へ行つて南方仏教を実地に生活せられた。帰国せられてからは、禅堂で雲水を接得することのみに没頭せられなかつた。適当な後継者を得られてからは、東慶寺へ隠退して、諸方の摂化に維れ日も足らずと云ふほどであつた。師の門に入つたものは、社会の各階層にわたつて実に千を以て数ふるであらう。師はまた、シナへも欧米へも行脚せられた。外人の弟子もあつた。此の如く広く行化の路を印せられたものは、近代の禅僧としても仏教徒としても、稀有に属する。（『今北洪川』、『全集』巻二十六、頁二二九）

ともに『今北洪川』から引いた右の二段の回憶には、固有名の懐旧にとどまらぬ歴史的な対比と転換が、意識的にか、無意識的にか、きわめて鮮やかに描き出されている。禅院の奥深くにあって古風で枯淡な生活を守る伝統的禅僧としての今北洪川、いっぽう、一般社会からさらには西洋諸国への布教にまで八面六臂の活躍を見せた近代的禅僧としての釈宗演、両師のこの対照的な姿は、単なる世代の相違ではなく、いわば、江戸時代最後の禅僧と「文明開化」明治の最初の禅僧とでもいうべき対比的形象としてここに描き分けられている(8)。近代的知識人に対しては反知的な体験的直観を説き、禅門の人に向かっては知性による伝統の打破を説く、大拙の所説のそうした二面性は、洪川的禅と宗演的禅の双方に深く共鳴し、その統合を目指そうとした大拙の苦心を示すものであったように思われる。

一八九三年（明治二六）、宗演はアメリカ・シカゴ万国博の宗教会議（The Parliament of Religions in Chicago World's Fair）に出席して仏教に関する講演を行った（その講演稿「仏教の要旨ならびに因果法」は大拙によって英訳された）。そこで宗演と知り合ったポール・ケーラス（Paul Carus）は、翌年その啓発のもとに〝*The Gospel of Buddha*〟一書を著わした。出版に先だって、ケーラスはその校正刷りを宗演のもとに送ってきて批評を求めた。宗演はただちに大拙に命じてそれを日本語訳させ、自ら序文を付して、一八九五年（明治二八）『仏陀の福音』として出版した。「科学的宗教」を標榜するケーラスの学説に傾倒した大拙は、この翻訳のあと、すぐに彼に手紙を書いて直接の指導を受けたい希望を伝えた。[9] かくて宗演の仲介によって、一八九七年（明治三〇）、渡米が実現。結果的にはその後、十年以上をアメリカで過ごすこととなったのであった。

渡米と見性　さて、渡米の決まった大拙は、宗演のもとでの参禅が続けられなくなることに焦躁を覚え、必死で公案に打ち込んだ。最初に洪川から与えられたのは「隻手音声」であったが、宗演はそれに替えて趙州「無」字の公案を大拙に課していた。「隻手音声」は日本の江戸期の禅僧、白隠（一六八五―一七六八）の創出にかかる公案で、「両掌相い打って音声有り、隻手に何の音声か有る?」というもの。「無」字は日本ではもっぱら『無門関』第一則に従って、「趙州和尚、因みに僧問う、狗子《くし》に還《かえ》って仏性《ぶっしょう》有りや也《ま》た無《な》しや? 州云く、〝無〟」という形で参究されている。[10] 日本の臨済宗においては、この二つの公案のうちのいずれかを、最初に参禅者に課すのがふつうであるという。懸命な参究の結果、渡米前年末（一八九六・明治二九）の「臘八摂心」で、大拙はついに「無」字を突破する。しかし、それはなお、大拙自身を満足させるものではなかったらしい。

「〝無字〟で一所懸命だったわけだ。富士見亭で夜坐をした話は前にしたな。舎利殿の中でも坐ったな。その裏に洞穴があるわい。開山仏光国師の坐禅の跡という、続灯庵の裏のほうだ。あそこへも行って独りで坐ったわい。そんなことで、アメリカに行く前の年の臘八の摂心に、〝これだ！〟ということがあったわけだ。……〝これで何年来の胸のつかえがおりた〟という感もなかったわけではないが、一方また〝これでまったくいい〟ということもなかった。このときはまあ無我無中のようなものだ。西田（幾多郎博士）も書いていたな。〈無字を許さる、されども余甚だ悦ばず〉というのだったかな。その人の性格にもよるが、わしもこのとき喜ぶということも特別なかったようだ」（『世界の禅者』頁一四〇／西田の語は明治三十六年八月三日「日記」に見える）

大拙はこの翌年はるかに大平洋をこえてケーラスのもとに赴くが、明確な「見性」の実感を得たのは渡米後一年ほどのことであったという。

アメリカに渡る前の年の臘八の摂心で、まあ〝これだ〟ということがあったわけだが、そのときはまだ、無我無中のようなものだった、というてよい。アメリカへ行ってラサールで何かを考えていたときに、〈ひじ、外に曲らず〉〔臂膊不向外曲〕という一句を見て、ふっと何か分かったような気がした。〝うん、これで分るわい。なあるほど、至極あたりまえのことなんだな。なんの造作もないことなんだ。そうだ、ひじは曲らんでもよいわけだ、不自由（必然）が自由なんだ〟と悟った。……

「あの句〔臂膊不向外曲〕はたしか『槐安国語』にあったかな。日本にいたとき洪川老師の講座で聞いたことがあったが、そのときは、なぜこんなあたりまえのことをいうのか、と不思議に思っただけでなんでもなく過ぎたが、アメリカではっきり分かった。それからは何を読んでもはっきりするわい。今までとはまったく別の境涯が出て来たわけだ。たぶんそのころ本を読んで、問題にしていた〝意志の自由と必然〟というようなことが、考えのきっかけであったろう。ネセスィティ(necessity)とフリーダム(freedom)の問題というか、そのころウィリアム・ゼームス〔William James〕などが、しきりにそんなことを問題にしていた。カント以来、いやもっと前からだろう、西洋にフリー・ウィル(free will)とネセスィティの議論があるな。この経験があってからだ、どうも西洋の哲学というか、論理学というか、これはだめで、やはり禅でなくては、ということがわしにははっきりしてきたのだな。森本(省念)さん式に言えば、〝無字がつぶれて〟そういう形でそのとき改めてわしの自覚に入ってきたわけだ」

(『世界の禅者』頁一四九)

「臂膊不向外曲」は、『碧巌録《へきがんろく》』その他に見える。中国語としては「胳膊総是要往裏彎(ウデは内にまがるもの)」などというのと同じく、人はしょせん身内を庇うもの、という意であるが、日本の禅門では伝統的にこれを「理当如是」「不離法位」——すべてはありのまま、一切はあるべきようにある——などと解していて、大拙もそのような意味でこの語を理解しているようである。[11]

大拙が禅について語る際、「体験」の重要性を強調するのが常である。その原点に、以上のような彼自身の「見性」があった。そして、とりわけ興味ぶかいのは、その「見性」が、伝統的な看話禅の参究だけでは完結せず、在米生活のなかで、西洋近代の思惟との契合という形ではじめて完成されている——少なくとも大拙自身が後年そのように意味づけている——ことである。[12]大拙は右の回憶のなかで「西洋の哲学」でなく「禅」でなければならぬと確信したと語っている。しかし、右の経緯をすなおに読めば、逆に伝統的な「禅」だけでも不足だったのであって、そこに「西洋の哲学」から得た「自由と必然」の一致という思想的な「意識」が裏打ちされて、始めて大拙独自の「見性」が成立したのであった。これはのちに考えるように、大拙の「禅思想」の核心となる考えである。大拙は、禅における「体験」の重要性を説くと同時に、禅が「体験」のみに止まるものではないという点をも強く訴える。その原点が、このアメリカでの個性的な「見性」にあったのであった[13]。

大拙は、ケーラスの主宰するオープン・コート出版社（The Open Court Publishing Company）で校正の仕事をしながら、十一年の歳月（一八九七年三月―一九〇八年二月／二七歳―三八歳）をシカゴ郊外のラサールの地で過ごす。その生活はきわめて貧しく、寂寞で味気ないものであったらしい。そのなかで彼は『大乗起信論』の英訳や初の英文著作『大乗仏教概論（*Outline of Mahayana Buddhism*）』等を完成し、またケーラスを助けて『老子道徳経』や『太上感応篇』など道教経典の英訳にも従事した。そして最後に約一年のヨーロッパ滞在をへて、一九〇九年（明治三九）、三十九歳で日本に帰国したのであった。

帰国　学習院時代　帰国後ほどなく大拙は東京の学習院高等部・中等部の英語講師となり、翌年より教授となって、一九二一年（大正一〇）までの十二年間、この職を務めた（この間、東京帝国大学に英語講師として出講した時期もある）。また、帰国の翌年にはアメリカよりビアトリス・レーン（Beatrice Lane／一八七三―一九三七）を迎えて結婚し、のちにはその母親も来日して同居した。英語は大拙にとって終生、外国語でなく、自身の生活の言語であった[14]。一九一三年（大正二）、明確に「禅」を主題とした最初の著作『禅学の大要』（翌年、増補改訂して『禅の第一義』）が刊行された。大拙はこれを皮切りに、禅関係の著作数点を出版する。しかし、学習院時代においては、むしろスウェーデンの神秘家・神智学者スエデンボルグ（Emanuel Swedennborg／一六八八―一七七二）の著作の翻訳・紹介のほうが目だっている。この期間もふたたび宗演について参禅していたが、一九一九年（大正八）、宗演が遷化。あらためて他の禅僧に参ずる気持ちもなく、東京に留まる理由のなくなった大拙は、一九二一年（大正一〇）、五十一歳の年、京都の大谷大学の教授に転ずる。西田幾多郎と佐々木月樵の勧めによるものであったという（一九六〇・昭和三五年、九十歳の時まで教授として名を列ね、それ以後は名誉教授となった）。禅僧に師事しての伝統的な看話禅の修行は、未了のままここで終った[15]。

京都　大谷大学時代　大谷大学は浄土真宗の大学で、当時はなお小規模ながら、仏教学と哲学の研究が盛んなところであった。ここで大拙は東方仏教協会(The Eastern Buddhist Society)を設立し、夫人とともに英文の仏教雑誌“*The Eastern Buddhist*”を創刊した。大拙は、これ以後、英文と日文の双方で、禅に関する大量の著作を公刊しつづける。それと同時に『楞伽経』や『華厳経』の研究をすすめ、一九三四年(昭和九・六四歳)、には“*Studies in the Lankavatara Sutra*”その他の研究によって大谷大学より博士学位を授与され、さらには浄土信仰にも関心をふかめて、独自の浄土観を展開していった(『浄土系思想論』一九四二年等)。そのなかで日本の江戸時代の禅僧、盤珪《ばんけい》(一六二二―九三)の「不生禅」や、無学で純朴な民間の浄土信仰者「妙好人《みょうこうにん》」の価値が発見され、有名な「即非の論理」も完成されていった。また、一九三六年(昭和一一・六六歳)には日本外務省の要請によって、イギリスのいくつかの大学で禅と日本文化に関する講義を行い、そのあとアメリカにまわって、やはり多くの大学で講演をおこなった。のちにその内容を補充して完成されたのが“*Zen Buddhism and Its Influence on Japanese Culture*”(一九三八年)であり(北川桃雄訳『禅と日本文化』一九四〇年、『続禅と日本文化』一九四二年)、現在もひろく読まれている“*Zen and Japanese Culture*”(一九五九年)は、その増補改訂版である。大拙の主著の大部分は、大谷大学赴任から、戦後の再度の渡米までの約三十年間――五十一歳から八十歳頃まで――に書かれたものであった。この間、一九三九年(昭和一四)にはビアトリス夫人、一九四五年(昭和二〇)には親友・西田幾多郎が死去し、深い悲痛と孤独も味わった。

戦後　松ヶ岡文庫　第二次大戦後は鎌倉に、禅籍の収集と研究の拠点となる、財団法人「松ヶ岡文庫」を創設。さらに一九四九年(昭和二四・七九歳)から一九五九年(昭和三四・八九歳)までの約十年間は、短期の帰国を除いて、ほとんどの期間をアメリカでの講義と著述のうちに過ごした(この間、アメリカからさらにメキシコやヨーロッパにも赴いている。

Erich Fromn 等との共著 *"Zen Buddhism and Psychoanalysis"*（『禅と精神分析』）一九六〇年は、一九五七年のメキシコでの学会の成果である）。一九六〇年（昭和三五・九〇歳）から一九六六年（昭和四一年・九五歳）の死去までは、主に松ヶ岡文庫で過ごしたが、この間にもインドとアメリカに渡って講演を行った。死の直前まで仕事の手は休められることなく、没後もなお数点新刊の出版が続いた。助手の岡村美穂子によれば、大拙の最期のようすは次のようであったという。

　大拙先生が亡くなったのは昭和四十一年七月十二日でした。前日の朝、突然、激しい腹痛を訴えられたのです。腸閉塞でした。病院に運ばれた先生は、意識が戻るたびに「美穂子さん、いま何時か」と必ずご自分で時間を確認しようとされました。酸素テントに入っている先生に「何か欲しい物はありませんか」と話しかけると、「No, nothing, thank you（いや、ない。ありがとう）」と英語で答えられ、「そんなに心配しなくてもいい」と、逆に私のことを気遣ってくださいました。そして最後にお聞きした言葉もやはり「No, nothing, thank you」でした。（上田閑照・岡村美穂子編『鈴木大拙とは誰か』岩波現代文庫、二〇〇二年、頁三三）

大拙「末後の一句」が「無」と「感謝」を意味する英語であったことに、深い象徴的な意味を感じている人は少なくない。(16)

二　大拙の著作とその評価

大拙の著作は膨大である。死後、その著作は一九六八年から一九七一年にかけて『鈴木大拙全集』全三十巻・別巻二（岩波書店）に編まれ、一九八〇―八三年には第二次『全集』全三十二巻が出版された。そして一九九九―二〇〇四年には、さらに大量の新資料を追加した増補新版『全集』全四十巻が刊行された（第一巻―第二十五巻は旧版『全集』と同内容）。しかも、これは日本語の著作、およびすでに日訳されている英文著作のみを集めたものであって、大量の未訳英文著作は含まれていない。また『仏果碧巌破関撃節』（日本に伝わる『碧巌録』の古写本、いわゆる一夜本『碧巌録』）や『趙州録』『驢鞍橋《ろあんきょう》』『盤珪禅師語録』等、禅の古典文献の校訂の仕事も『全集』には収められておらず、そのほか、大拙と縁のあった人々が書き留めた、大拙自身の言行も相当な数にのぼる。(17) そうした大拙の著述の全体を、加藤周一『日本文学史序説』（一九八〇年）は次のように概観している。

英語および日本語の著作は、およそ四つの種類に別けることができる（『鈴木大拙全集』、三〇巻、別巻二巻、岩波書店、一九六八―七二）。第一、禅およびその日本文化との関連を、一般読者のために説いた著作。その数は多く、繰り返しも少なくない。この種の最初の著作は、*"Outline of Mahayana Buddhism"* (Luzac & Co., London, 一九〇七)であり、代表的なものの一つは、『日本的霊性』（大東出版社、一九四四）である。第二、経典の本文の文献学的研究。その主要な仕事は、『楞伽経』the Lankavatra *Sutra* の研究で、その英訳、サンスクリット本文、ティベット語訳、漢訳の用語索引を含み、著者の専門的仏教学者としての一面を示す。第三、禅思想史家としての仕事。『禅思想史研究　第一』（岩波書店、一九四三）および『禅思想史研究　第二』（同、一九五一）が代表的である。日本の禅者のなかでは、殊に鈴木正三（一五七九―一六五五）や盤珪（一六二二―九三）についての独立の著作があり、実践的また大衆的な禅を強調する。第四、浄土真宗に関する論文。代表的なのは、『浄土系思想論』（法藏館、一九四二）であり、禅を説く場合よりもかえって、論旨が明快であり、叙述が緻密である。また無学な男の阿弥陀信仰を紹介し、分析した『妙好人』（大谷出版社、一九四八）は、仏教的民俗学の独創的な記念碑であり、著者のいわゆる、「日本的霊性」を見事に例証する。（第一〇章「第四の転換期　下」鈴木大拙と柳田国男／ちくま学芸文庫、一九九九年、頁三〇七）

この概観を見ただけでも、大拙の著作がひじょうに多方面に渉っていることがわかる（中国語に翻訳されているのは、今のところほとんど第一類のものに限られており、うち英文著作の中文訳には、日文訳からの重訳が少なくない）。だが、大拙の著述が多様で分析困難なのは、決して対象が多岐に渉るためではない。少なくとも大拙自身は、自分は様々の対象を論じたのではなく、様々な対象を通して「一真実」を探究したのだと言うであろう。(18)にもかかわらず、大拙の著述の一元的な規定が困難なのは、ひとつには著作の時期がほぼ六十年の長きに及びかつそれが日本近代史の激動の時代と重なっていること、そしてもうひとつ重要な理由は、大拙がつねに英語と日本語で書いていること、言い換えれば、欧米の読者に向けて書かれたものと日本人のために書かれたものとで、その筆致・論調が異なっているということに求められるであろう。たとえば上に引いた「見性」体験にしても、日文では「無」字の体得のことはごく軽く流し「ひじ、外に曲らず」のほうを西洋哲学から得た問題意識と結びつけつつ詳論しているが、かたや英文自述では「無」字の透過のほうが劇的な体験として印象的に詳述され、かつ「ひじ、外に曲らず」の見地ももっぱら禅に由来するものとして語られている。同じことが書かれてはいても、その比重と表現には自ずから相違があるのであるが、それは二つの文化圏・言語圏にまたがって活躍した人としては当然の苦心の結果であったろう。(19)国内に向かっては、伝統に甘んぜず西洋近代に学べと説き、海外に向かっては、西洋近代とは異質な自国の伝統の価値を訴える。そうした内への啓蒙と外へのナショナリズムの二面性は、大拙にかぎらず「後進国」の開明的知識人が等しく負わざるを得なかった重荷ではなかったか。

さきのフォール論文で批判されていた二つの書物、『禅と日本文化』と『日本的霊性』にも同じ問題がある。確かにいずれも「禅」と「日本」を一体的に論じたものではあるが、しかし少なくとも私にとって、両者の読後感は大きく異なる。前者はさきにもふれたとおり、一九三六年（昭和一一・六六歳）、日本外務省の要請によってイギリスやアメリカで行った講義がもとになっている。いわば独自の価値と魅力をもつ「日本＝禅」を英語で欧米の読者に紹介・宣伝するという使命を負った書物であって、おなじく英文で書かれた新渡戸稲造の『武士道』（一八九九年・明治三二）や岡倉天心の『茶の本』（一九〇六年・明治三九）などの系譜に遠く連なるものと言ってよい（中国の書物で言うならば、たとえば林語堂の“*My country and my people*”一九三五年などの役割に近いと言えようか）。それに対して『日本的霊性』のほうは敗戦まぎわの一九四四年（昭和一九）に日本語で書かれたもので、国粋主義を旨とする時局的な「日本精神」への批判の意図も読み取られるとはいえ、たしかに「日本的霊性」の発現としてのみ語られる禅は平板で偏狭だし、念仏についても、部分的にせよ、次のような説き方がなされていることは否定し得ない事実である。

もう一つ『ねぐさり』から借用する。先年上海事変のとき、戦争で日本の兵隊が突撃した。始めはワア〳〵で突進したが、いつのまにやら、それが「なむあみだぶつ」にかはつて、何れも念仏で敵陣へ切り込んだと云ふのである（頁一八一）。鈴木正三道人の『驢鞍橋』に、武士が念仏の申しやうを尋ねるに対して、正三の教へた「飛籠念仏を申さるべし」といふこと（巻下、第三十六節）を、ここでまた想ひ出す。自分の頸を切られるときも、「なむあみだぶつ」、他の胸をつくときも「なむあみだぶつ」。消極・積極・否定・肯定——何れにも念仏が出る。（『全集』巻八、頁一七〇）

こうした筆致を捉えて大拙の論を「ナショナリズム」「戦争肯定」と断ずる批判が出てくることはやむをえないし、それが今日の大拙理解において、無視し得ぬ一面であることは率直に認めねばならない。だが、だからといって、この評価をそのまま遡って『禅と日本文化』にあてはめることができるかどうか。それは大拙個人に対して不公平というよりも、近代日本が宿命的に背負ったナショナリズムの二面性を見落とした、あまりにも単純で偏頗な断罪ではないかと思われてならない。すなわち、欧米列強に対して独自の価値と地位の承認を要求する、いわば正当かつ切実な「民族主義」的自己主張としてのナショナリズム、そして欧米列強に対抗しつつアジアにおける権益の拡張を目指す排外的・侵略的な「国家主義」としてのナショナリズム、その両者が、「よい」ナショナリズムを採って「わるい」ナショナリズムを捨てるという素朴な二者択一を許さぬ複雑な連続性をもって推移したのが、日本の近代史ではなかったか。「日本」を語った問題の二つの書物も、『禅と日本文化』はナショナリズムの前者の面を、そして『日本的霊性』のほうは後者の一面を表現していると私には感じられる。それは正しくその両者の書かれた時期と想定される読者の差——昭和十一年と昭和十九年は当時の日本人にとってフォール論文が一括りにしているほど簡単に同時期と看なせるものではなかったはずだ——に対応したものに外ならない。また大拙の説く禅が「東洋」の「伝統」を標榜しながら、実は西洋近代の思想を摂取しつつ西洋近代に受容され得る形に再構成された、いわばオリエンタリズムの産物としての「ZEN」に過ぎぬという批判も、近代の日本ないしアジアの知識人の置かれた立場に対して、あまりにも非情で無理解な評価ではないかと私には思われる。かつて大拙の著作の影響のもと、西洋近代文明の対極にある美しき理想として「ZEN」を思い描いていた欧米の知識人が、大拙というひとりの人間の歴史的な限界や問題点に気づいた時、それが騙されていたという失望や怒りとむすびついて、過激な断罪調の論となることは理解できる。だが、歴史的状況をふまえずに「ナショナリズム」「オリエンタリズム」というレッテルを貼るだけでは、大拙に対する理解はもとより、有意味な批判さえ成り立ち得ないのではなかろうか。私は大拙の所説が「ナショナリズム」や「オリエンタリズム」に陥っていないという弁護をしたいのでは決してない。たとえば『禅と日本文化』をとらえて、西洋人の「オリエンタリズム」に迎合することで禅や日本文化を歪曲した著作だと論ずることは、今日、相当の説得力をもつだろう。だが、逆にこれを、「オリエンタリズム」を武器とすることで、日本という小国の文化と伝統を西洋社会に魅力的にアピールすることに成功した書物だ、と反対から評価することも可能であり、そういう観点から、大拙がその時期そういう仕事をしたことの意味や背景を考えてみることは、決して無意味ではないと信ずる。大拙の言説を「禅」そのものと短絡的に同一視せず、その言説を禅の思想史の一段階として相対化し、その内面的な解読と日本近代史の現実とをむすびつけて考えてゆくならば、大拙に対する批判的分析ももっと陰影を帯びた深いものになるのではなかろうか。

大拙自身は確かに、時間と空間の制約を超えた絶対・普遍の真理として「禅」を説いている。しかし、そうした大拙の「禅」言説自体はやはり歴史的現実の所産であって、大拙の著述も歴史的に研究されねばならぬことは、他の思想家の場合とかわらない。むろん、これは外国の研究者に期待する前に、まず我々が取り組むべき課題であろう。一朝一夕に解決される問題ではないが、以下、その端緒を開くべく、大拙の思考に対する初歩的な分析を試みたい。大拙の著作は崇拝されるか批判されるかで、文脈に即した分析的な解読は、実は意外と少ないように思われる。

三　大拙の「禅思想」

禅の「意識」　大拙の「禅思想」は『盤珪の不生禅』（一九四〇年・七〇歳）において確立したと言われる。[20] その冒頭で、彼は次のように述べている。

> 禅は元来体験で思弁でないと云はれるが、只体験だといふだけでは、禅は成り立たぬ。さうすると単なる感覚か感情といふものに過ぎなくなる。冷暖自知ではあるが、禅はそれだけでは済まぬ。冷暖自知的なもの以上に出ないと、人間の精神生活に基礎を与へるといふ工合には行かぬ。……即ち禅には冷暖自知底以上のものがある。それは何かといふに、其れは自覚の意識に外ならぬ。而して此の意識には思弁的発展がある。（『全集』巻

一、頁三五五）

禅体験を心理的だと云へば、禅意識は哲学的である。今之を無分別の分別といふことにして置くと、禅にも哲学的表詮とも名づくべきものがなくてはならぬ。……（同、頁三五六）

禅表詮は、何時も文字的、即ち概念的であると云ふわけではない。……併し、そんな場合——言語文字とは何等の交渉のないと見るべき場合でも、是等の行動を裏付けて居るものは、禅的意味とでも云ふべきものである。それは、即ち禅意識に外ならぬのだ。之を普通の意味で、思想とか思惟とか云ふわけには行かぬが、何か畢竟は文字で表詮せらるべきもの、或は表詮しないと、どうしても人間としては気が済まぬといふものが、その底に流れて居るのである。……（同、頁三五八／以上、傍点はすべて引用者）

一真実の「体験」は必ず哲学的・思弁的な自覚の「意識」へと発展し、それは「表詮」を求めずにはおかないものだ、というわけで、大拙は同じことを他の文章で「悟り」「悟りを悟ること」「悟りの表現形式」とも言い換えている（「不生禅の特徴につきて」一九四三年、同、頁四六七／また『禅思想史研究　第一・盤珪禅』第三章「悟りと悟る」、一九四三年、参照。『全集』巻一）。

　この考えを大拙は後に"*Living by Zen*"（一九四九年、『禅による生活』）でも、次のように述べている（この書物は亡き妻に捧げられている）。

……He〔=the dog〕lives Zen just the same, but he dose not live by Zen. It is man alone that can live by Zen as well as live Zen. To live Zen is not enough. We must live by it, which means that we have the consciousness of living it, although this consciousness is beyond what we generally understand by it.（三省堂、頁三）

……犬はまさに禅に生きるが、禅によつて生きるのではない。禅に生きると同時に、禅によつて生きるのは、人間だけである。禅に生きるだけでは不十分である。人間は禅によつて生きなければならない。即ち、人間は禅に生きる意識をもたなければならない、尤もこの意識とは、われわれが普通意識として理解する以上のものであるが。（北川桃雄・小堀宗柏訳『禅による生活』一九五七年、『全集』巻十二、頁二六九／傍点、原文）

犬が犬としての「平常生活」を生きることも「禅を生きること（to live ZEN）」すなわち「体験（悟り）」である。その点では、人間も犬もかわりはない。だが、人間だけが「禅を生きる」という「意識（悟る）」をもち、「禅によって生きる（living by Zen）」ことができるのだと大拙は言う。つまり、人や動物が自然のままに生きていることは自ずから「禅」を生きているのに外ならない。だが、人はその自然状態にとどまらず、それを自覚する「意識」をもち、その「意識」によって自覚的に生きなければならない、それが「禅によって生きる（living by Zen）」ということなのだというわけである。

「即非の論理」　伝統的な禅においても「体験」→「言語」という展開は考えられている。たとえば学人が悟った瞬間、老師が、しからばここで一句あるべしと迫る場面は禅籍中に珍しくない。しかし、その間においても「意識」の介在は徹底して否定されるべきものであった。だが大拙は逆にその展開の要として「意識」の必要性を強調する。むろん、大拙は、それは通常の分別意識とは別のものだと再三ことわってはいる。しかし、自覚的・哲学的な「意識」を不可欠のものとする論点は、それ以前の禅の伝統には見出し難い、大拙独自の新たな展開と言わねばならない。

それはおそらく、さきに伝記の部分で看た「ひじ、外に曲らず」の覚醒と深い関係がある。「無字」の透過という「体験」では満たされず、そこに「ネセスィティ(necessity)とフリーダム(freedom)」の一致という哲学的な「意識」の裏打ちを得て始めて自ら得心した、というさきの経緯は、後から遡って意味づけられたという印象の強い回想であるだけに、かえってこの出来事が、大拙の「禅思想」の原点と自覚されていることを感じさせる。

では、「体験」から生まれる「意識」とは、如何なるものであったのか。さきの回憶で、大拙はそれを「そうだ、ひじは曲らんでもよいわけだ、不自由(必然)が自由なんだ」という言葉で語っていた。これをさらに論理的に組織し定式化したのが、有名な「即非の論理」である。

周知のとおり、これは『金剛経』の「仏説般若波羅蜜、即非般若波羅蜜、是名般若波羅蜜」という文句から抽出された「AはAに非ず、故にAなり」という論理形式で、大拙は『金剛経の禅』(一九四四年)の初めのほうでこれを次のように定義している。(21)

これから『金剛経』の中心思想と考へられるものを取り上げてお話しする。此は禅を思想方面から検討するといふことになるのである。まづ第十三節にある「仏説㆓般若波羅蜜㆒。即非㆓般若波羅蜜㆒。是名般若波羅蜜」から始める。これを延書きにすると、「仏の説き給ふ般若波羅蜜といふのは、即ち般若波羅蜜ではない。それで般若波羅蜜と名づけるのである」、かういふことになる。これが般若系思想の根幹をなしてゐる論理で、また禅の論理である、また日本的霊性の論理である。ここでは般若波羅蜜といふ文字を使つてあるが、その代りに外のいろいろの文字を持つて来てもよい。これを公式的にすると、

AはAだと云ふのは、

　AはAでない、
　故に、AはAである。

これは肯定が否定で、否定が肯定だと云ふことである。……かういふやうな按配で、総ての観念が、まづ否定せられて、それからまた肯定に還るのである。（二―5「般若の論理」、『全集』巻五、頁三八〇）

この論理は、たとえば「慧能以後の悟るの道」（『禅思想史研究　第一・盤珪禅』第四章、一九四三年）では、次のように敷衍されている。

「そのままで不生だ」と云ふことは、単なる現成肯定ではない。此肯定は否定を経ての肯定である。……一本の竹篦を突き出して、これを竹篦と云はずに何と云ふかと問ふ。既に是れ竹篦ではないか、何でそれを竹篦でないと云ふのか。それのみならず、更に進んでそれを什麼と道ふかと詰る。如何にも人を馬鹿にしたやうな話だが、今云つたやうに、禅者の肯定は人間的企図を通つて来た肯定だから、狸奴白牯がわんと云ひ、きやんと云ふのと違ふ。そのまま禅は非そのまま禅である。それ故にそのまま禅だと、〝般若の即非の論理〟がないと成立せぬことになる。盤珪の不生禅はこんな意味でのそのまま禅である。（『全集』巻一、頁一九二／傍点は原文、〝　〟による強調は引用者）

ここで「人間的企図」と言われているのが、さきに見た「意識」のことであるのは明らかである。この「般若即非」という「意識」――すなわち「非そのまま禅」――を経過したうえでの「そのまま禅」、それこそが犬や狸奴白牯（ネコやウシ）とは違う人間ならではの「そのまま禅」、すなわち、ただ「禅を生きること（to live ZEN）」とは違う

「禅によって生きる（living by Zen）」というありかたなのだというのである。

だが、それにしても、右の結びの部分は解り難い。この文脈が一見不可解にみえるのは、「そのまま禅」という言葉が二重の意味で用いられている為である。そもそも大拙は「即非の論理」の典拠を『金剛経』としているが、実はその論理は経文の原意とは大きく隔たっているといわれる。(22) 確かに右の文脈は、インドの経典に根拠を求めるよりも、むしろ第二章の第三節・第四節で検討した圜悟らの円環の論理——

「無事」（0度）→「大徹大悟」（一八〇度）→「無事」（三六〇度）

「山是山、水是水」（0度）→「喚天作地、喚山作水」（一八〇度）→「依旧山是山、水是水」（三六〇度）

これをふまえて「そのまま禅（三六〇度）は非そのまま禅（一八〇度）である。それ故にそのまま禅（0度）だと、般若の即非の論理がないと成立せぬことになる。盤珪の不生禅はそんな意味でのそのまま禅（三六〇度）である」と解することで、はじめてすんなり腑に落ちる。

大拙の「そのまま禅」の語の用い方は、実は、0度の「無事禅」を批判しながら三六〇度の「無事」を肯定するという圜悟らの用語法の延長線上にあるのであり、現に大拙自身、『禅の思想』ではくだんの青原惟信《せいげんいしん》の語を引きつつ、次のように「即非の論理」を説明しているのであった。

吉州青原の惟信禅師と云ふは黄竜祖心《おうりようそしん》の嗣で、宋代十一世紀の末頃の人であるが、その人に有名な上堂がある。

「老僧三十年前、未参禅時、見山是山、見水是水。及至後来親見知識有箇入処、見山不是山、見水不是水。而今得箇休歇処、依前見山祇是山、見水祇是水。大衆這三般見解、是同是別。云云。」

（老僧三十年前、未だ禅に参ぜざりし時、山を見れば是れ山、水を見れば是れ水。後来、親しく知識を見て、箇の入処あるに至るに及んで、山を見れば是れ山にあらず、水を見れば是れ水にあらず。而今、箇の休歇《きうけつ》の処を得て、前に依りて、山を見れば祇《ただ》これ山、水を見れば祇これ水なり。大衆、この三般の見解《けんげ》、是れ同か、是れ別か。云云。）

これはどんな意味かと云ふと、まだ禅も何もわからなかつた時節には、世間並に、山は山、水は水と見て居た。それが後来お知識の下で入処（さとり）があつたが、そのときは反対に、山は山でなく、水は水でないと云ふことになつた。近頃、休歇の処――即ち落著くところへ落著いた此頃は、山を見ると山、水を見ると水と云ふことになつた。この三様の見方は一つものか、さうでないか。さあ道つてごらんと、云ふのが惟信の説法である。〃般若の即非的論理〃は此にも見られる。まづ常識的に分別上の肯定がある。それが全然否定せられて、分別はその根源のところで足場を失つた。が、もう一つの転機に出くはしたら否定がもとの肯定に還つた。〃無分別の分別〃が得られた、〃即非論理〃の過程を往還した。……（『全集』巻十三、頁一七六／（　）内の訓読は原著のもの。〃　〃による強調は引用者）

中国の唐代禅には、現実態を「そのまま」「このまま」（「只麼」「恁麼」）に肯うという思想が顕著である。だが、大拙は宋代禅の円環の論理を援用することで、それを空観的絶対否定を媒介にした絶対肯定の「意識」という意に読みかえ、それを「即非」の論理と称し、また「無分別の分別」とも称する（右の引用の最後に「〃即非論理〃の過程を往還した」とあるのが、この円環の論理をよく示している）。「無分別の分別」とは、差別意識にもとづくただの分別（0度）でなく、絶対否定的無分別（一八〇度）を経たうえでの高次の分別（三六〇度）という意味であり、要は「般若即非」の言い換えに外ならないのであった。[23]

『金剛経の禅』は「即非の論理」の典型として首山省念《しゅざんしょうねん》の次の一則を挙げるが、その則に対する大拙の扱いも右の論と同様である。さきの「慧能以後の悟るの道」の引用で「一本の竹篦を突き出して」云々と言われていたのは、この則のことである。

> 首山和尚、拈竹篦示衆云、「汝等諸人、若喚作竹篦則触。不喚作竹篦則背。汝諸人、且道、喚作甚麼？」（『無門関』第四十三則）
>
> 首山《しゅざん》和尚、竹篦《しっぺい》を拈じて衆《しゅ》に示して云く、「汝等諸人《なんじらしょにん》、若《も》し喚《よ》びて竹篦《しっぺい》と作《な》さば則ち触《ふ》る。喚《よ》びて竹篦《しっぺい》と作《な》さざれば則ち背《そむ》く。汝諸人、且《しば》らく道《い》え、喚《よ》びて甚麼《なに》とか作《な》す？」

これを紹介したうえで、大拙は言う。

> 触れると云ふは肯定のこと、背くと云ふは否定である。肯定もせず、否定もせず、即ち肯定と否定とを離れて、竹篦の竹篦たる所以を示せと云ふのである。言葉で云ふとかうなるが、竹篦の実体は眼前に露堂堂たることを忘れてはならぬ。『金剛経』の、般若は般若でないから般若だと云ふのと同じ理屈である。否定と肯定とは元来相容れない。これは矛盾である。その矛盾を事実の上に解消しようといふのが禅の狙ひどころである。（『全集』巻五、頁三八四／傍点、引用者）

「触」は実名を「触犯《おか》す」こと、「背」は実体に「違背《そむ》く」ことで、大拙の理解は語学的には少々不正確である。だが、そのことは今、問題ではない。ここで重要なことは、大拙のいう「即非の論理」が、決して対象世界を分析するための論理でなく、「矛盾を事実の上に解消」し、現実をありのままに——竹篦を竹篦のままに——大いに肯定する論理として説かれていることである。

そのような大いなる肯定の世界を、大拙はさきの引用のように「そのまま」とよぶ。『金剛経の禅』にも次のようにある。

印度の仏教者は、この端的を「如」と云ふ。如は、如如と続けられる場合もある。また真如とも云はれる。如といふ字は甚だ深き意味をもつてゐる。如とは「そのやうである」といふことである。「そのやう」とは「只麼《しも》」である。印度的には如、シナ的には只麼である。只麼は禅で盛んに用ゐられる言葉である、頗る面白い言葉である。只麼の日本語は「そのまま」である。併し、「そのまま」と云ふとまた、大なる誤解の因になる。分別意識の上では、いつも何かで曲折のあるものである。

……そのままと云つても、ただのそのままでなく、そのままを自覚しなくてはならぬ。この自覚、この認識のないそのままでは口頭禅である。ただ口先でそのままだと云ふだけではいけないのである。禅には自覚がなくてはならぬ。そのままをそのままと見る知がなくてはならぬ。この知が悟りである。この知が霊性的直覚である。これは分別識上の自覚ではない。「了了自知」といふことは無分別智の上で云ふことである。（三一一〇「如・只麼・自知」、『全集』巻五、頁四〇六／傍点いずれも原文）。

ここで「自覚」と等置されている「霊性的直覚」「無分別智」は、本書においては「即非の論理」の別名であり、つまりさきにいう「意識」のことである。「そのまま」は「ただそのまま」（0度）であってはならず、「そのままをそのままと見る知」すなわち絶対否定即絶対肯定という「即非」の「意識（悟る）」に透徹されることで、はじめて真に「そのまま（悟り）」（三六〇度）たりうるというのが右の趣旨だが、これが、さきに引いた「慧能以後の悟るの道」の一節と完全に同義であることは見やすい。これはさらにさきに看た、「悟り」と「悟る」、また「to live Zen」と「living by Zen」の関係とも符合する。

「そのまま」と「無分別の分別」　そうした意味での「そのまま」を体現し、そこに活きた「表詮」(「悟りの表現形式」)を与え得た好例として大拙が尊重したのが、盤珪と妙好人であった。大拙の説く所は常に説明不要かつ説明不可能な直観的事実であり、大拙はそれを論証するかわりに、その実例を古今の書物から縦横に挙げてゆく。大拙の研究が、禅から浄土、さらにはキリスト教や神秘主義など、一見多方面に渉るのは、そうした実例を求めた渉猟の結果であって、決して多種の問題を個別に研究していった結果ではない。対象が何時代の何教・何宗のものであるかは、大拙にとって、まったく問題でなかったはずである。

たとえば、盤珪に関する著作が集中的に出版されたのが一九四〇年(七〇歳)から一九四三年のこと(一九四〇年『盤珪の不生禅』、四一年『盤珪禅師語録』、四二年『盤珪禅の研究』、四三年『盤珪禅師説法』『禅思想史研究 第一』)。それに続けてすぐに妙好人関係の出版が相次ぎ、両者の研究が一貫した問題意識の線上にあったことがうかがわれる(一九四三年『宗教経験の事実』、四四年『日本的霊性』、四八年『妙好人』)。盤珪も、妙好人も、それまで一般にはほとんど知られず、大拙によって始めて光を当てられた人々であった。そして同じ問題意識は、同じころ精力的に進められていた、敦煌出土の初期禅宗文献の研究のうちにも貫かれていた。

『盤珪の不生禅』(『全集』巻一、頁四一四)のなかで、大拙は盤珪の「不生」禅を説明するために、敦煌出土の『暦代法宝記』の次の一文を引く(訓点は省略、( )内の訓読は原著のもの)。

無住為説一箇話。有一人。高塠阜上立。有数人同伴路行。遥見高処人立。遞相語言。此人必失畜生。有一人云。

失伴。有一人云。採風涼。三人共諍不定。来至高処。問堆上人。失畜生否。答云。不失。又問。失伴不。云。亦不失伴。又問。採風涼否。云。亦不採風涼。既総無。縁何立高塠上。答。我只没立。

（無住為めに一箇の話を説かん。一人あり高塠阜上に立つ。数人あり同伴して路を行く。遥に高処に人の立つを見る。遞に相ひ語りて言ふ、此人必ず畜生を失ふと。一人あり云く、伴を失ふと。一人あり云く、風涼を採ると。三人共に諍つて定らず。来りて高処に至り堆上の人に問ふ、畜生を失ふや否やと。答へて云く、失はずと。又問ふ、伴を失ふや不やと。云く、亦た伴を失はずと。又問ふ、風涼を採るや否やと。云く、亦風涼を採らずと。既に総て無し。何に縁つて高塠の上に立つや。答ふ、我只《しも》没に立つと。）(24)

これにつづけて、盤珪の説法から次の二段が引かれる。原著では長文の引用だが、ここではごく一部の抜粋にとどめる。

平生不生の仏心決定して居る人は、寝れば仏心で寝、起きれば仏心で起き、行けば仏心で行き、坐すれば仏心で坐し、立てば仏心で立ち、住すれば仏心で住し、睡れば仏心で睡り、覚むれば仏心で覚め、語れば仏心で語り、黙すれば仏心で黙し、飯を喫すれば仏心で喫し、茶を喫すれば仏心で喫し、衣著れば仏心で著、脚を洗へば仏心で洗ひ、一切時中、常住仏心で居て、片時も仏心にあらずと云ふ事なし。事事物物、縁に随ひ運に任せて、七通八達す。……〔鈴木大拙編校『盤珪禅師語録』岩波文庫、一九四一年、では頁九九に当るが、仮名づかいに少許の異同がある〕

……みなが仏にならふと思ふて精を出す。それ故眠れば、しかりつ、たゝいつするが、それはあやまり。仏にならふとせうより、みな人々親の産付たは余のものは産付はせぬ、只不生の仏心一つばかり産付た所で、常に其不生の仏心で居れば、寝りや仏心で寝、起りや仏心で起て、平生活《いき》仏でござつて、早晩《いつ》仏で居ぬといふ事はない。常が仏なれば、此外又別になる仏といふてありやせぬ。仏にならふとせうより、仏で居るが造作がなふて、ちかみちでござるわいの。〔岩波文庫本では頁九〇に対応〕

そして、これらを引いたうえで、大拙は次のように説くのであった。

「仏にならふとせうより、仏で居るが造作がなふて、ちかみちでござるわいの」と云ふところ、禅意識の端的を道破したもの。こんなところに対して、本能的とか、物理機械的とか、自由主義的とか云ふ批評をするのは、全く的を外れて居ると云はなくてはならぬ。分別意識の上から見る所謂る科学的方法論なるものでは、〝無分別の分別〟である当体はつかめぬ。不生の仏心は理事無礙の世界でなくて、実に事事無礙の世界である。無分別と分別とを二つに分けて、而して分別が無分別、無分別が分別と云ふのではなく、直ちに〝無分別の分別〟なのである。ここから出てくる働きを不生と云ふのである。（『全集』巻一、頁四一六／〝〟は引用者）

ここに見える「無分別の分別」は、大拙が「即非の論理」の別名として多用した語のひとつで、青原惟信の上堂を引いていたさきの『禅の思想』の一段でも、すでに「〝無分別の分別〟が得られた、〝即非論理〟の過程を往還した」と説かれていた。大拙は「不生禅概観」（『禅思想史研究　第一』）でも、「また禅録には到る処に「如是《エーワム》」、「如実《ヤトハーブフトハム》」、それから支那文字に直して、「只没《しも》」、「祇麼《しも》」、「与麼《よも》」など書くのが見られる」と述べたあとで、やはり盤珪の右の語をふまえつつ次のように説いている。

尚次ぎに盤珪は寝ても起きても、行いても坐しても、悉く仏心そのままだと云つて居る（語録、頁九九）。是等の法語は何れもそのままの如是観であるが、考へなしにこれを読むと、分別意識の最もおち易い陥穽裡に没入し去るのである。もしこれが、分別意識以上を出ないそのままならば、狸奴白牯も、ある点では張三李四も皆それである。併しこんなそのままでは取り返しのつかぬ過失を重ねる。彼等には絶対に不生禅はない。不生禅には〝無分別の分別〟がなくてはならぬ。見るものも見られるものもなくして、而かも見ると云ふことのある境地を経過しなければならぬ。この経過があつてから、「そのまま」が生きてはたらく。これのない「そのまま」は物理的・機械的乃至生物学的で、人間的ではない。人間外に不生もそのままもないことを認識しなくてはならぬ。この認識が悟りへの途である。（『全集』巻一、頁五五／傍点、原文。〝　〟は引用者）

この論旨は、これまでにも何度も見られたもので、かさねて解説するには及ぶまい。大拙のいう「そのまま」は「無分別の分別」「般若即非」の言い換えであり、唐代禅の「只没」「与麽」も、盤珪の「不生」も、みなそれの同義語とされているのである。[25]

さらに大拙は、親友西田幾多郎の「絶対矛盾の自己同一」の語をも「即非」の同義語として借りる。最晩年の随筆「自由・空・只今」（一九六二年）にいう。

真実は消極が積極で、否定が肯定である。これを「絶対矛盾の自己同一」といふのである。否定そのものを肯定にするはたらき、ここに東洋的なるものの神髄に触れることが可能になる。西田君の論理は実にこれを道破して遺憾なしである。「Aは非Aだから、それ故にAである」といふところまで徹底しなくては、仏教およびその他

の東洋的なるものの深処に手を著けるわけに行かないのである。(『東洋的な見方』、『全集』巻二十、頁二三五)

盤珪は大拙によって、以上のような意味での「そのまま」の巧まざる体現者・表現者として注目されているわけであるが、同じ意味から大拙が盤珪とともに注目したのが、妙好人《みょうこうにん》であった。右の随筆の続編「このままといふこと」(一九六三年)で大拙は、「娑婆がこのまま極楽になり、凡夫がそのまま仏だといふ鑑覚の、すこぶる著しき実例は、真宗の妙好人なるものに見出すことができる」(頁二五五)としつつ、妙好人、浅原才市《さいち》の歌を紹介している。才市は一九三二年(昭和七)に八十三歳で亡くなった人で、学問はまったくなく、下駄つくりをしながら自分の浄土信仰の心を木の削り屑に書き付けていたという。

ある面から見ると、このままは、「絶対矛盾の自己同一」を事実に例証するもので、才市の娑婆観およびその他に、覿面に、それが見せつけられる。

このしやば(娑婆)せかいから、ごくらく(極楽)に、
うまれるはやみち(早道)わ、ほかにない、
やうぱり(やっぱり)、この娑婆世界なり。
娑婆の世界も、なむあみだぶつ、
極楽の世界も、なむあみだぶつ。
ありがたいな、ありがたいな、
さいち(才市)が、このめがさゐ、

なむあみだぶつ、なむあみだぶつ。
わたしや、しやわせ、をもをてもみいよ《思うても見よ》。
なむあみだぶにしてもらい、
浮世から、なむあみだぶで、浄土たのしむ、
なむあみだぶに、むかい〔＝迎え？〕られて、
なむあみだぶにつれていなれる。
（『東洋的な見方』、『全集』巻二十、頁二五六）

また、これよりさらに後年の随筆「妙好人――〝そのまま〟といふこと」（一九六五年）には、次のようにある。

才市老人の歌に、
〇こころ、ほどけた、
ほどけと、わたし、
なむと、みだと、
こころ、ほどけて。
心ほどけて、「南無」といふ自分と、これが対象となつた「弥陀」すなはち無量光仏とが一つになつた、同一体に解け合つたといふのが、この歌の真義である。「南無」と「弥陀」、有限と無限、分別と無分別との絶対矛盾が自己同一になつたといふ、その端的を表現したのが、才市の歌である。
この自己同一底の消息に、ひとたびは接しなくては、何人も本当の安心は得られないのである。近代人の悩み

の底まで、徹し尽くすのは、この一瞬時を味はふことによりてであることを忘れてはならぬ。本来「そのまま」の水の流れにまかせてきたものが、ちよつと分別の心を動かして、歩みを止めた、それが基となつて、左顧右眄といふことになり、矛盾に矛盾を重ねて、闇より闇へ途方にくれたものが、今や自己同一の「そのまま」に帰つて来た。有限の自分と無限の弥陀とが親子一体になる、これほど安心なことはあるまい。矛盾の「もつれ」が同一体の「そのまま」にほどけて行くところに、念仏のおちつくところがあるのである。(『大拙つれづれ草』、『全集』巻二十、頁四〇四／傍点、引用者)

用語は異なるが、これが盤珪の語の引用とともに説かれていたのと同一趣旨であることは明らかであろう。盤珪も妙好人も、字句を素直に読む限りでは、ありのままの状態をありのままに肯っているように見える。だが、大拙は、これらを絶対否定を経た上でのありのまま、いわば0度でなく三六〇度の「そのまま」を表現したものだと捉えるのであり――「今や自己同一の「そのまま」に帰つて来た」という表現がそのことをよく示している――盤珪も才市も、そうした「そのまま」の「体験」を「意識」し「表詮」し得た人たちという、大拙独自の意味づけのもとに再評価されているのであった。(26)

才市の歌を、もう少しだけ引いておこう。

わしが阿弥陀になるじやない、
　阿弥陀の方からわしになる。
　　なむあみだぶつ。
(『日本的霊性』、『全集』巻八、頁一九一・頁二一二)

才市どこか
浄土かい
ここが浄土の
なむあみだぶつ

（*Living by Zen* 頁一六七、『全集』巻十二、頁四一六）[27]

真空妙用　大拙のいう「即非の論理」は、大略、以上のようなものであった。だが、絶対否定を経た絶対肯定というだけで終るならば、むかしから仏教で言われている「有→真空→妙有」あるいは「色即是空→空即是色」という論理と同じことであろう。大拙は『禅の思想』（一九四三年）で「禅思想はやがて禅行為であり、禅行為はやがて禅思想である」と述べている（『全集』巻十三、頁一一）。大拙において「即非の論理」という思想は、空と有の相即に対する直観にとどまらず、さらに禅的な行為と表裏一体でなければならなかったのである。

大拙は晩年、こう説いている。

大乗仏教の極意は「色即是空・空即是色」である。また「大智で大悲、大悲で大智」だとも言い得られる。また「真空妙用」（自分は妙有というより妙用と言いたい）と道取してもよい。（「校訂・国訳趙州禅師語録序」一九六一年、『世界の禅者』頁三〇二／傍点、原文）

……万徳を直ちに万法と云つてよい。あるひは大用とも、妙用ともいふ。「真空妙有」といふこともあるが、「真空妙用」のはうがよい。これはいづれも無限の自由だから、「軌則」を存せぬ。組織に囚へられぬ、かへつて組織をつくる主人公である。（「現代世界と禅の精神」一九六一年、『全集』巻二十、頁二一一／傍点、原文）

おそらく、これが大拙自身による最も簡潔な「即非の論理」の要約であろう。「色即是空・空即是色」が「有→真空→妙有」でなく「有→真空→妙用」と言い換えられるところ、すなわち空観的認識の論理が人格的・主体的な行為の論理に転換されるところ、そこにこそ「即非の論理」の精彩があったのである。(28)『金剛経の禅』第二章はそのことを、『金剛経』の「応無所住而生其《おうむしょじゅうにしょうご》心《しん》——応に住する所なくして而もその心を生ずべし」の語にもとづきつつ、次のように説いている。

「その心を生ずる」といふ、この心であるが、これがなかなか紛糾した問題である。……併し、禅などで云ふ心は、もつと〳〵深い意味のものである。分別心でも、思慮心でも、集起心でもない。これを無分別心と呼んでゐるが、分別を超越したところに働く心である。分別心又は分別意識と云ふが、かういふものの底に無分別心が働いてゐると自分は云ふのである。この無分別心の働きを見ないで、ただ分別心だけを見てゐる時に、吾等は本具底の自由を失ふのである。つまり何処かに住するところがあるといけないので、分別心では有所住とならざるを得ないのである。無分別心が分別心を通じて働いて出るといふことが分ると、この住から離れられるのである。それで「住するところなくして、その心を生ずる」と云ふのは、無分別心が、即ち住するところのない心が、分別意識上に働くの義である。「その心を生ずる」ところは分別意識であるが、それは無分別心からでなくてはならぬ、無分別心を往往に解して単なる分別を否定したものとするやうであるが、それはそうでなくして、無分別心は分別心と共に働いてゐるのである。無分別心即ち分別心、分別心即ち無分別心。有が無、無が有であると云ふところに、「応無所住而生其心」の妙用が、働きが、出て来るのである。この働きは妙用である。（三―三「心」、『全集』巻五、頁三九二／傍点、原文）

これはいわば「即非の論理」を行為的側面から言い換えたものであり、右の行文も「分別（「山は山、水は水」）→無分別（「山は山でなく、水は水でない」）→分別（「山は山、水は水」）」という件の円環の論理を前提にすることで、はじめて意味が通ずる。通常の分別心による分別は、分別された諸相への住著をもたらす。そうでなく、無相にして平等一如なる本来の「心」が、その本来のありようのままに諸相を分別するならば、諸相への住著に陥ることなく、個別の種々相に応じた「妙用」が自ずからに働き出る、と言うのである。空観的否定を媒介とした高次の現実肯定に立つことで、箇々の事物・事情に即した最も自由で最も適切な行為――「妙用」――が自ずからに発揮される、そこにこそ「即非の論理」の眼目があるのであった。

人《にん》　しかし、ここにも、なぜ「無所住」（無分別・「真空」）から「其心」（善分別・「妙用」）が出てくるかという説明はない。ただそうであるということが、自明のこととして繰り返されるのみである。大拙にとって、これもまた、説明不可能で、且つ説明不要な、事実であり実感であったのだろう。大拙はその実感を「人」（日本語では「ひと」と区別して「ニン」と音読みする）という言葉でも表している。「真空妙用」や「無分別の分別」が「即非の論理」の行為的側面からの表詮であったとすれば、「人」は、その論理の行為主体の面からの表現である。

この人は、行為の主体である、霊性的直覚の主人公である。ここから「而も其心を生ずる」のである。絶対無の場処といふ方に気をとられないで、はたらきの出る機《はずみ》を見得したいのである。そこに人があるのである。

かう云ふと、またこの人といふものには、何か手があり、脚があり、意識がある一個の個己的実体を考へるかも知れないが、さうではない。「応無所住而生其心」と云ふやうに、「無所住」は絶対無であり、「而生其心」といふのが行為の主体で、即ち人で、それがそこから飛び出して来るのである。（『全集』巻五、頁四〇二）

この「人」という考えを打ち出した書物としてよく言及されるのが『臨済の基本思想』（一九四九年）であるが、そこではこの「人」という考えを自明の前提としながら唐代の禅者の言行が次々にその実例として挙げられてゆくだけで、それについて更めての説明はなされていない。(29) それが見えるのは、むしろ『禅の思想』の第二篇「禅行為」においてである。『禅の思想』で大拙は、本来性と現実態を、「超個」と「個」、「法身」と「現身」、「宇宙霊」と「己霊」、「無分別」と「分別」、「唯一」と「個多」などの用語で様々に論じ、ここでもやはり中国の禅籍から数多くの例を引いている。その最も印象的な例が、雲巌と道吾の次の問答である（この問答については本書第一章第二節―三を参照）。

次ぎに引くところの問答は法身の一人と現身の一人とがどんな関係ではたらいて居るかを示唆するものである。これでまた、上来くど〳〵しく説いて来た宇宙霊と己霊、無分別と分別、唯一と個多など云ふ思想が、禅ではどんな風に受取られて居るかを見るに役立つであらう。

雲巌曇晟《うんがんどんじょう》が茶を煎じて居たとき同侶の道吾が、

問、「煎与二阿誰一。」（誰に煎《に》てやるつもりなのだい。）

答、「有二一人要一。」（一人欲しいと云ふものがあるのだよ。）

問、「何不レ教二伊自煎一。」（自分で煎さしたらよいではないか。）

答、「幸有二某甲在一。」（わしが此に居るのでな。）

一寸見ると、何でもない日常の談話のやうである。そしてその言葉遣ひもまた何等幽玄なものを示唆するのでもないやうである。「その御茶誰れにやるのかい」。「これが欲しいと云ふものがあつてな」。「その人自身でわかすわけに行かぬのかい」。「丁度わしが此にゐるからなあ」。（『全集』巻十三、頁一六〇）

そして、この「一人」を普遍者（「超個」「法身」「宇宙霊」）に、「某甲」を個別の行為者（「個」「現身」「己霊」）に配当しつつ、大拙は両者の関係を次のように説いてゆく。

一問一答これだけであるが、その中に含まれて居るものを、もつと分別知の上で評判するとかうである。「有㆓一人要㆒」と云ふ此一人は、自分では茶を沸かすわけに行かぬのだ、また一人だけでは茶を要することもないのだ。「幸有㆓某甲在㆒」と云ふ某甲があるので、その手を通して茶が煮られる、而してさきに茶を要すると云つた一人も亦此某甲を通して要意識がはたらくのである。一人と某甲とは分別性の個多の世界に居るのではない。が、要と云ふはたらき、煮ると云ふはたらきは、某甲のゐる分別又は個多の世界でなくては現実化せぬ。要るも煮るも現実の個多の世界で始めて云へることだが、そのうらに一人がなくては現実も現実でない、個多もその個多性を維持できぬ。一人は自分だけでは煮ることをしない、或は出来ないとも云つてもよい、どうしても某甲でないといけない。某甲も某甲だけでは要も煎もないのである。それだと云つて、一人が某甲を包んで居るでもない、またその上に居るでもない。某甲も一人を自分の中に入れて居るでもなく、自分が即ちそれだと云ふでもない。一人と某甲とは両両相対して居て、而かも回互性・自己同一性を失はぬのである。（同前／傍点、原文）

つまり、普遍は個別を通してしか存在しえず、個別も普遍の裏づけなしには存立しえない。両者は絶対的に矛盾・

対立するものでありながら、禅者は時々刻々の行為のなかでそれに活きた統一を与えるのだ、ということを説こうとしているのだが、言葉で言うかぎり、どう言っても事の一面ずつをしか表しえないというもどかしさが伝わってくるような行文である。『臨済の基本思想』が敢えて説明を避け、次々に臨済および他の唐代禅者の言行を引いて、ここに「人」があるのだと、ほとんど連呼するような調子でくり返してゆくのは、その反動であったかとさえ思われる。

妙用と近代　認識の形式としては「即非の論理」、行為のありかたとしては「無分別の分別」、その行為の人格的主体としては「人」、と、ひとまずは整理できよう。しかし、大拙はそれらの考えを相互に関係づけて思考の体系を構築しようとしているのでは全くない。大拙にとって説くべきものは、いわば「ひじ、外に曲らず」という一点の直観に尽きる。全一にして無相なる本来性と種々相に限定され限界づけられた現実の諸局面――論理の上では解決しえないその両者の矛盾が「そのまま」に統一され、自ずからに「妙用」がはたらき出てくる世界、それが大拙の描き出そうとしたものに外ならない。大拙はそれを多くの人に伝えようと、様々な独自の術語を編み出しながら英文と日文で膨大な著作を刊行した。しかし、それらはいずれも、本来、言語による説明や論理による解決を超えた一点の直観を、何とか文字で表現しようと苦心した方便の跡にすぎず、それゆえ造語の多様さと引用の広範さにもかかわらず、書かれている趣旨はどこを開いても同じであり、その書き方が非体系的・没論理的であることもまた一種の必然であった。大拙の著作が「即非の論理」＝「無分別の分別」＝「人」＝「真空妙用」という等式を自明の事実として反復しながら、次々に禅者や妙好人の言行を引用してゆくという体裁になっているのは、それが大拙にとって、自らの一点の確信と実感を裏切らない、ほとんど唯一の書き方だったからである。

だが、そこでは「妙用」が自ずから出てくる根拠は何か、また、そもそも何が「妙用」であるのか、といった問題は、永遠に論ぜられることがない。固定的な価値観や規範意識を一切定立せず、すべてを「空」と徹見することで、随時随処に最も自由な行為をなしうる、それがこの論理の眼目だからである。大拙はそうした境涯を表すものとして、しばしば日本の禅僧、無難（一六〇三―七六）の「生きながら　死人となりて　なり果てて　心のままに　するわざぞよき」という歌を引く。たとえば『金剛経の禅』にいう。

何れもみんな同じ意味合ひの言葉である。之を自分は「無分別の分別」と云つてゐる。分別のないのではない、無分別から出る分別なのである。所謂る赤児の嬰孩心ではあるが、ただの無分別ではない、分別はある。無分別の分別、分別の無分別と云ふと、ここの意味が見えると思ふ。霊性的生活の知性的及情性的なるものと違ふ所以はここに在る。所謂る孔子の「心の欲するところに従ひて矩を踰えず」といふのがそれである。また、無難禅師の歌に、

　生きながら死人となりてなり果てて心のままにするわざぞよき

といふのがある。これが無分別の分別、分別の無分別である。また行為の般若論理であるとも云へる。……

（『全集』巻五、頁四〇三）

ここで「生きながら死人となる」は「Aに非ず」（「応無所住」＝無分別）に、「心のままにする」は「故にAなり」（「而生其心」＝無分別の分別）に対応させられており、それゆえこの一首の趣旨は「行為の般若論理」と要約される。これはこれまで看てきた論旨とまったく同じことであり、ここにいう「般若論理」が「即非の論理」と同義であることももはや言うまでもないであろう。

これにつづけて大拙は言う。

> 生きながら死人となるとは如何、しかも「なり果てて」とさへ云ふのは何の義であるか。絶対に死人となると云へば、全く生きてゐないといふことである。絶対死人になるとすれば、どこから「心のまま」などといふ心がはたらき出るか。これほど矛盾した考へ方、云ひ現はし方はないであらう。併し霊性的直覚から見ると、これほど直叙的な云ひ現はしはないのである。無難禅師は、ここでは心と云つてゐる。が、それは人である。この人、この心のままにする業、即ち行為は、みな善であるといふのである。これが霊性的生活の模様である。どこかで云つたことがあるが、悟る前には善悪があるが、悟つた後は善も悪も悉くが善である。悟らない先には善も悪もと云ふ分別がある。この分別が悪いと云ふのであるから、何れも悪である。死ぬと云ふは、分別の境から出ることである、霊性的自覚に体達することである。無難禅師の歌にある「心のまま」といふ、その心、それが盤山禅師の云はれる「全仏即人」といふ人である。又、臨済禅師の「一無位の真人」である。人も、心も、仏も、皆一つの霊性的自覚である。（同前／傍点、原文）

「霊性的自覚」に立脚する主体において、「この人、この心のままにする業、即ち行為は、みな善」であり、「悟る前には善悪があるが、悟つた後は善も悪も悉くが善である」と大拙は断言する。しかし、ここでもやはり、すべてが善となりうる根拠も、また、そもそも何が善であるのかも、説明はされていない。大拙はこのことを、しばしば「大用現前、不存軌則」という禅語を用いて説明しているが、この問題に言及がないことは、最晩年の随筆「自由・空・只今」（一九六二年）に到っても同じである（『全集』巻二十、頁二三三）。それは大拙の考える「禅」が次のようなものであったことによる。『禅の思想』第二篇「禅行為」の書き出しの文の一部である。

> 但ゞ禅は一一の個化した事象につきて、一定の理論・思想・指導方針を持つて居ると云ふのではない。一定の所

与の事件を処理するに当りては、当局の人各ゝその分別智によりて意見を異にすることはあり得る。禅の寄与するところは、是等分別の思想を働かす原理だけなのである。此原理を無功用又は無功徳と云ふのである。知の上で云ふときは、無知の知又は無分別の分別であるが、行の上では無功徳の功徳、無用の用である。（『全集』巻十三、頁九七／傍点、原文）

現実の問題を処理するためには、むろん「理論・思想・指導方針」といった具体的「分別」が必要である。だが、禅はそれを提供するものではなく、それら「分別の思想を働かす原理」なのだと大拙はいう。では、それによって働かされる現実的な「分別」はどこから来るのか。「自由・空・只今」の続編「このままといふこと」（一九六三年）で大拙は、才市の歌の紹介の前に、次のように書いている。

……（禅者も妙好人も）いづれもこのままなることにおいては変はらぬ。ただ、近代人はこのままを近代的社会環境において活現させてゆくことを怠ってはならぬ。これには近代的な物の見方、身の振り方を、十分に極めぬくだけの分別識と文字的知能を用意しておかなくてはならぬと信ずる。ここで「直覚（または直感《ママ》）なき概念は盲目で、概念なき直覚は空虚である」といったカントの至言を思ひ出さずにはをれぬ。（『全集』巻二十、頁二五六／傍点、原文）

似たような言葉は、大拙の文章のなかにたびたび見出すことができる。たとえば前掲、「慧能以後の禅」の結びにも、次のようにある。

> 〔禅の思想に〕もし何か新たな転出があり得たとすれば、それは此体系の上に、今まで遭遇しなかつた新勢力が加はるときであらう。即ち今日の如き欧洲系統の思想の流入によりて、それとの接触が深まるときであらう。此方面から見て、これからの日本の思想界は、従来の禅経験につきて益ゝ深き研究を続けると同時に、西洋思想の摂取を怠つてはならぬ。（『全集』巻二、頁四三五）。

西洋近代の知性の重視は大拙の古くからの一貫した主張であり、たとえば比較的早い時期の文章「仏教革新の意義」（一九二一年）でも、つとに次のように説かれている。「仏教革新の積極的第一歩」として「社会的運動」が必要だという主張の一部である。

> 併しこれをするには一面仏教の真精神にふれて本当の仏教徒となると同時に、他の一面では日新の知識を吸収し活用するだけの素養を作らねばならぬ。……世間の推移を洞察する知的識見がなくては、折角の高僧でも間抜けた行動に出ることがあらう。……
>
> 予の革新意見も別に大した事はない。目を開きて外を見、目を閉ぢて内を養へと云ふに止まる。因襲に囚はれず、デカートが何でも疑へと云うて、近世哲学の基礎を建てたやうに、封建主義の仏教に対しては何でも疑ふべきである、さうして其の取るべきを取り、去るべきを去るとき、自ら仏教の精神に触れる。それから科学の所説を参酌して、今日那辺に目をつけ歩を進むべきかを察する。此に始めて仏教の改新が可能となる。個人的準備がやはり何よりも先である。（『随筆　禅』、『全集』巻十九、頁四三〇）

「無分別の分別」は「分別」を自在に機能させる「原理」であって（「大用現前」）、「分別」そのものの内容については空虚である（「不存軌則」）。したがって近代社会における善分別の具体的内容は、おのずと西洋近代の知性と良識に俟つ、ということになるのであろう。大拙が悟りのうえに人間的な「意識」の不可欠なることを強調し、さらにその「意識」が「妙用」として展開されることの必然性を説いてやまない理由がここにあった。禅の悟りを近代の知性やそれにもとづく制度・技術と連動させることを目指す大拙にとって、この「意識」こそが、禅的な「無分別」の悟りと西洋近代の「分別」とを連動させる要になるものだったのである。(30)

しかし、「無分別の分別」は固有の内容をもたざるがゆえに、いかなるイデオロギーとも連動可能であり、ある時代にはナショナリズムや戦争肯定との接続を避け得なかった。市川白弦「遥かなる回想」はいう。

先生は知られる通り、自由無礙、東洋的寛容の典型であらわれた。「あれか、これか」のジャングルをうろつきまわる私は、先生の前でとまどうことがあった。「禅はアナキズムだ」といわれる時があると思うと、「禅は資本主義とも共産主義とも、何とでも一つになれる」と言われたりもする。……（『鈴木大拙――人と思想』岩波書店、一九七一年、頁一三〇）。

大拙が右のように語った時、おそらく「何とでも」のなかに軍国主義や戦争肯定等は想定されていなかったろう。しかし、「即非の論理」「無分別の分別」に、それらを拒否し排除する論理が具わっていなかったことも、また反面の事実であった。『金剛経の禅』にも、ごくわずかながら、やはり次のような一節が見える。

分別の世界、合目的的世界では、常に闘争があり、喧嘩があつて騒々しい。併し、無分別的・霊性的世界が一たび瞥見せられると、喧嘩は出来ても、そこには憎悪がない。我執がない、自我を忘れた争ひであるから、如何に烈しく戦つても、憎しみといふものは出ない。敵を殺しても、それは憎しみの鏖殺でなくて、愛のたしなめである。禅者は活人剣と殺人刀と二つを使ひ分けると云ふが、人を殺すのが即ち人を活かすこと、殺人刀が直ちに活人剣とならなければならぬ。「応無所住而生其心」でないと、此の如き神変は行ぜられない。（『全集』巻五、頁三九八／傍点、原文）。

むろんこうした言葉はごくまれであり、同書のなかには逆に「死」を讃美し「死」を急ぐことをよしとする、当時の――つまり戦時中の――風潮を戒める節も設けられているし（五―三「死ということ」、頁四三三）、『宗教経験の事実―庄松底を題材として』（一九四三年）には「八紘為宇」の口号を敢然と非難する一段も見出される[31]。だが、だからといって右のような発言と相殺されるというものではないであろう。『金剛経の禅』の右の一節は、次のような朱熹の禅批判の語を想起させる。

「作用是性、在目曰見、在耳曰聞、在鼻嗅香、在口談論、在手執捉、在足運奔」即告子「生之謂性」之説也。且如手執捉、若執刀胡乱殺人、亦可為性乎！（『朱子語類』巻一二六、中華書局点校本、頁三〇二二）。

「作用がそのまま仏性である。それは目においては見るといわれ、耳においては聞くといわれ、鼻においては香を嗅ぎ、口においては談論し、手においては執捉し、足においては運奔するのである」という（禅の）説は、「生、之を性と謂う」という告子の説と同じである。「手においては執捉する」というのなら、手に刀をもってめちゃめちゃに人を殺すのも仏性なのか！

現実関与における善悪の規範の欠如は、古くから禅の問題点として認識されていた。禅的な「無分別」と近代社会の「分別」とを連動させようとした大拙も、近代社会そのものが異常になってしまった時代には、この限界をのりこえることができなかったのだと言わざるを得ない。近代社会における「ネセスィティ(necessity)とフリーダム(freedom)」は、残念ながら、かつて大拙が楽観したほど予定調和的に「そのまま」一致するものではなかったのであった。(32)

四　むすび　――行為的矛盾即ち悲劇――

伝統的な禅宗、とくに看話禅は、言語を否定し知性を否定することで「悟り」の「体験」を得ようとするものであった。だが、大拙はこの関係を逆転し、「そのまま」の「体験」は、知的な「意識」と一体であり、そこから言語・行為が必然的に展開してゆくと考えた。つまり、言語の否定↓知性の否定↓体験の獲得、という否定と集中の論理を、体験↓知性↓言語・行為という、肯定と発展の論理に組み換えたのである。むろん伝統的な看話禅でも、「体験」を得た後のこととして、「体験」↓言語・行為という方向が説かれてはいた。しかし、実際には前者の否定の論理が優先され、かつ知性を排除した後者の論理の応用は、僧院内の日常的な起居の範囲に止まっていて、少なくとも近代社会に対応し得るような形では機能していなかった。それに対して大拙は、後者の肯定の論理を軸としつつ、そこに知的な「意識」を組み込んで「禅」を近代社会と連動可能な行為の論理として再編しようとしたのであった。むろん、大拙は、その「意識」は般若即非の智慧であって世俗的な分別意識とは別ものだと再三警告する。しかし、かといってそれは、禅宗の反知主義・反俗主義の伝統とは、もはや同じものでなかった。おしよせる近代化の激流のなか、西洋近代の知性や文明を否定せず、むしろ、西洋近代に接合しそれと連動するものとして、大拙は自らの「禅思想」を構想したのであった。だが、現実世界を分析・検証する回路をもたない「即非の論理」は、近代が歪曲されれば、その歪曲された近代ともそのまま連動してしまう無力さあるいは無防備さを一面にもっていた。

さきに引いたように、『禅の思想』第二篇「禅行為」は、多くの禅者の例を挙げながら一身上における「超個」(普遍)と「個」(個別)の相即について論じている。しかし、そのなかに「個と超個の矛盾」と題された次のような小節が見える。

個と超個とは矛盾するやうに出来て居る。此矛盾は脱却せられぬもの、解消せられぬものである。矛盾を矛盾としてそのままに受け入れることが脱却であり、解消である。般若の論理はそれを即非と云ふ。即非の論理即ち無分別の分別は、それ故に、行為の上ではいつも悲劇とならざるを得ぬ。それが喜劇となるのは、行為を離れて、純粋に知的立場を取り得るときである。一般に人間の実際生活は悲喜両劇の交錯である。ここにも亦人間の自由性が認められる。

国のために死んだと云ふ、人のために身を殺したと云ふ。超個者自身の側からすれば——そんなことが云はれるなら——それは問題にならぬことである。それから個者の心に動いて居る超個的意志からも、それは当然の事件で、何も彼是云ふべきでない。当事者は固よりの事、その集団所属の他の人々から見ても、身を殺して仁を成すは、固よりしかあるべき事で、何もそれがために悲しむ要は少しもないのである。併し人間はこんな実例を見ると、手を叩いて喜ぶことをせぬ、頭を垂れて泣く。何のために泣くのか。人間仲間には悲壮と云ふ言葉がある。論理的矛盾は行為的には悲壮である。又は義烈である。こんな言葉の聞かれる限り、人間は個であり、自由であり、創造的である。

封建時代には義理と人情と云つた。人情は個所属であり、義理は超個者である。今日では又別の言葉を使ふであらう。言葉は時代で違ふが、行為的矛盾即ち悲劇は永遠に相続する。人間は泣くために生れたと云つてよい。又これを人間の業とも云ふ。（『全集』巻十三、頁一〇〇）

この一段で大拙は、「般若即非」や「無分別の分別」は「矛盾を矛盾としてそのままに受け入れる」ことであり、しかもそれは「悲劇とならざるを得ぬ」ものだという。「超個」と「個」の矛盾の絶妙な止揚や鮮やかな超越を説いてゆこうとする行論のなかで、いかにも悲痛なあきらめの情緒をたたえたこの言い方は、どこか唐突で異質である。それは、末尾の数行を注意深く読むことで察せられるように、この一段で漏らされているのが、実は「今日」の「悲劇」のことに外ならないからである（『禅の思想』は昭和十八年刊）。時局に関わる表現は慎重に避けられているものの、この文脈において、「超個者」はいつしか全体主義・国家主義の隠喩となり、「矛盾を矛盾としてそのままに受け入れる」ことは戦争のために死ぬことを意味している。「ネセスィティ（necessity）とフリーダム（freedom）」を無残に引き裂く圧倒的な現実を前に、「般若即非の論理」は「人間は泣くために生れた」という悲嘆に終るほかなかったのであった。

大拙の思想的限界を論ずることは容易い。だが、その限界は、おそらく誰に指摘されるまでもなく、大拙自身が最も早く最も痛切に感じていたものに違いない。戦後、八十をこえ九十をこえた大拙が、老軀に鞭打つようにして死の直前まで世界各地での著述と講義に精進しつづけたのは、その原点に、戦時中のこの痛切な悲嘆と悔恨があってのことではなかったろうか。

“*Living by Zen*”（『禅による生活』）の訳者小堀宗柏によれば、自身の「見性」体験について問われたときの大拙の答えは、次のような一句であったという（春秋社版・鈴木大拙禅選集三「解説」）。

――そうだな、衆生無辺誓願度がわしの見性だな。

自らの「見性」をこのように語ったとき、大拙の心のなかにあったのは、「無字」でも「ひじ、外に曲らず」でもなく、あの「人間は泣くために生れた」という言葉ではなかったか。これを看るたび私には、なぜか、「大悲」という言葉が思い起こされてくるのであった。

（1）小川訳「胡適『中国における禅――その歴史と方法論』」（『駒澤大学禅研究所年報』第一一号、二〇〇〇年）、「胡適博士の禅宗史研究」（同第一二号、二〇〇一年／本書前節に加筆再録）、「大拙と胡適――世界との対話」（新版『鈴木大拙全集』巻二十九月報、岩波書店、二〇〇二年）

（2）ロバート・H・シャーフ（菅野統子・大西薫訳）「禅と日本のナショナリズム」（『日本の仏教』第四巻「近世・近代と仏教」、法蔵館、一九九五年／Robert H. Sharf *"The Zen of Japanese Nationalism"* 一九九三年の日訳）。

（3）ベルナール・フォール（金子奈央訳）「禅オリエンタリズムの興起（上）――鈴木大拙と西田幾多郎」（『思想』二〇〇四年四月号「特集：禅研究の現在」、岩波書店／Bernard Faure *"Chan Insights and Oversights: An Epistemological Critique of the Chan Tradition"* 一九九三年の第二章 "The Rise of Zen Orientalism" の日訳）。

（4）ブライアン・ヴィクトリア（エィミー・ルィーズ・ツジモト訳）『禅と戦争』（光人社、二〇〇一年／Brian Victoria *"Zen at War"* 一九九七年の日訳）。

（5）そうした状況については、末木文美士「内への沈潜は他者へ向かいうるか――明治後期仏教思想の提起する問題」の第四節「大拙は好戦的か」（『思想』二〇〇二年一一月号「特集：仏教／近代／アジア」、岩波書店）、およびポール・スワンソン「禅批判の諸相」（前掲『思想』二〇〇四年四月「特集：禅研究の現在」）、参照。なお上に挙げた近年の批判と同様の論点は、つとに梅原猛「日本文化論への批判的考察――鈴木大拙・和辻哲郎の場合」にも見られる（一九六六年／『美と宗教の発見』ちくま学芸文庫、二〇〇二年、秋月龍珉『現代のエスプリ一三三・鈴木大拙』至文堂、一九七八年、に再録）。

（6）注（3）所掲、金子訳、頁一五〇。［　］内は訳者の補足。

(7) 雪門の生涯については水上勉『破鞋《はあい》』(岩波書店、同時代ライブラリー、一九九〇年)、参照。

(8) 釈宗演と大拙については、M・モール(Mishael MOHR)「近代「禅思想」の形成——洪嶽宗演と鈴木大拙の役割を中心に」(前出『思想』「仏教/近代/アジア」)、参照。

(9) 前出、シャーフ「禅と日本のナショナリズム」。

(10) 釈宗演『無門関講議』(光融館、一九〇九年)ではこれを次のように説く。「無とは、無いと云ふ字であるが、そんなら、無いと云ふ事か。有無の無か断無の無か、どういふ無字であらう」(頁一)、「参禅工夫は、啻に座蒲団の上ばかりには限らぬ、又昼夜の隔ては無い、起きる上、寝る上、喰ふ上、屙《くそた》れる上、応対の上、作務の上、一切時、一切処に於て、無字三昧に成りきれと云ふ、のである」(頁六)。

(11) 芳澤勝弘「ひじ、外にまがらず」(『禅文化』第一五九号、禅文化研究所、一九九六年一月)、参照。

(12) 同じ経緯は大拙の英文自述「Early Memories」でも次のように語られている。

This greater depth oh realization came later while I was in America, when suddenly the Zen phrase hiji soto ni magarazu, “the elbow does not bend outwards”, became clear to me. “The elbow does not bend outwards” might seem to express a kind of necessity, but suddenly I saw that this restriction was really freedom, and I felt that the whole question of free will had been solved for me.(Masao, Abe “A Zen Life: D. T. Suzuki Remembered” N. Y. Wentherhill 一九八六年、頁一一)。

しかし、顧偉康『禅宗六変』(東大図書公司、一九九四年)はこの自述から円覚寺での「見性」体験——「無」の体得——の部分のみを引用して大拙の「開悟」と称し、「ひじ、外にまがらず」の一事に言及していない。大拙の禅と伝統的な禅宗の禅との相違が充分に注意されていないようである。

(13) 大拙が参じたのは、江戸時代の臨済宗の僧、白隠慧鶴によって集大成された、階梯的・体系的な看話禅であった。「無字」「隻手音声」などによっていわゆる「見性」の体験を得ることは、この種の禅においては、言わば悟りの第一段階(「初関」)にすぎず、その後さらに数多くの公案を参究して悟りを完成してゆくことが求められる。大拙について言えば、「無字」の透過は白隠禅における「見性」と認めることができるが、ラサールでのこの体験は、すでに白隠禅の体系の外のものである。しかし、今は大拙が独自の意味をこめて使っている「悟り」「体験」などの語を避けるため、不正確と不明瞭を承知で、便宜的にこの出来事をも「見性」と呼んでおく。伝統的な白隠禅の公案体系については、朝比奈宗源「禅の公案」(『禅』第三巻、雄山閣、一九四一年）や秋月龍珉『公案』（一九六五年／ちくま文庫、一九八七年）によって、その梗概をうかがうことができる。

(14) 大拙の英語については、斉藤兆史『英語達人列伝——あっぱれ、日本人の英語』第四章（中公新書、二〇〇〇年）、参照。

(15) 秋月『世界の禅者』頁二三五。この点から言えば大拙を臨済系の禅者と規定することは不正確であろう。また大拙自身の「公案」に対する見方も、後期になるほど否定的になってゆくようである。

(16) 上田閑照「外は広い、内は深い」にいわく、「生を生ききったというか、生を尽くしたというか、こがねを打ち延べたような九六年のいのちが"No, nothing, thank you"という言葉となって——さらに言えば「無」となって、そしてその「無」が感謝しつつ、芳しい風のように消えていった。」（一九九九年／上田・岡村編『鈴木大拙とは誰か』岩波現代文庫、二〇〇二年、頁四〇）。

(17) 大拙の著作年表は、桐田清秀編のきわめて詳細なものが新版『鈴木大拙全集』巻四十（岩波書店、二〇〇三年）に収められ、同編『鈴木大拙研究基礎資料』（松ヶ岡文庫、二〇〇五年）でさらに補訂が加えられている。

(18) 大拙自身は、生前、「わしは体系家ではないよ」と言い、「わしは、ドリルのように、ただ一点を掘り下げてゆくのだ」と語ったという（増谷文雄「鈴木大拙の方法」／『鈴木大拙——人と思想』岩波書店、一九七一年、頁八八）。そのことは以後の行論のなかで実感されるであろう。

(19) 加藤周一『日本文学史序説』は大拙の著作について、「重要なのは、彼が何語で書いたかということではなく、本来何語でも書き得るように考えたということであろう」と言い、そして、次のように言っている。「……おそらく禅の核心は、それを理解した、または経験した誰にとっても、常に同じものであった。大拙はそれを、彼自身の言葉でいえば、「直覚」した一人の人物であったに過ぎないだろう」。「その「直覚」の内容を、彼は「東西古今の思想の絶巓」であると考えていたらしい。すなわち文化と歴史に超越するものである。したがって禅は、もし語り得るとすればいかなる言語でも語り得るはずのものであった。大拙の独創性は、その言葉の普遍性以外のものではない。すなわち禅の対象化である」（頁三〇九）。しかし、実際には日文の著述と英文の著述の間にかなり開きがある。上田閑照「禅と世界——西田幾多郎と鈴木大拙」は、英語で語る「状況に迫られて」、禅体験が、定型化した漢語・漢文の禅語表現から切り離されて新たに捉え直され、結果、英語はもとより日本語による表詮においても、独自の用語と文体が生み出され得たのだと論じている（『禅と哲学』禅文化研究所、一九八八年、頁一五〇)。

(20)　堀尾孟「鈴木大拙における思想」(『禅と現代世界』禅文化研究所、一九九七年)参照。また、以下、大拙の思想に対する理解については、末木剛博「鈴木大拙の非大拙的理解」に多くを負う(『講座比較文学五・西洋の衝撃と日本』東京大学出版会、一九七三年/秋月『現代のエスプリ一三三・鈴木大拙』再録)。

(21)　この論理形式自体は早に"*An Introduction to Zen Buddhism*"第四章などでも説かれている。

(22)　末木文美士『仏教――言葉の思想史』第五章「即非」(岩波書店、一九九六年/初出は一九九四年「〈即非の論理〉再考」)、参照。

(23)　さきに『金剛経の禅』から「即非の論理」の定義を引いたが、その文のつづきにも次のようにある。これもまた、大拙が実際には、圜悟や青原惟信らの円環の論理に依拠しつつ「即非の論理」を考えていたことの証左といえよう。

これは如何にも非合理だと考へられよう。即ち、もつと普通の言葉に直して云ふとわかる。山を見れば山であると云ひ、川に向へば川であると云ふ。これが吾等の常識である。ところが、般若系思想では、山は山でない、川は川でない、それ故に、山は山で、川は川であると、かういふことになるのである。一般の考へ方から見ると、頗る非常識な物の見方だと云ふことにならざるを得ない。凡て吾等の言葉、観念又は概念といふものは、さういふ風に、否定を媒介にして、始めて肯定に入るのが、本当の物の見方だといふのが、般若論理の性格である。(『全集』巻五、頁三八一)

また晩年の作「現代世界と禅の精神」(一九六一年)も、青原惟信の語を引いた上でこう言っている、「山が山でない、水が水でない時節を、一遍、通らなくてはならぬ。さうでないと、本当の山が見られぬ、水は見られぬ。『般若経』には「AはAでない、それ故に、AはAだ」といふやうなことが説かれてゐる。」(『東洋的な見方』、『全集』巻二十、頁二〇九)。序論でとりあげた井筒説がこうした思考の延長上にあることは明らかであろう。

(24)　この話については、入矢義高「禅語つれづれ――只没と与没」(『求道と悦楽――中国の禅と詩』岩波書店、一九八三年、頁一三一)、柳田聖山『初期の禅史Ⅱ』(筑摩書房・禅の語録三、一九七六年、頁三〇四)、参照。小川『神会――敦煌文献と初期の禅宗史』(臨川書店・唐代の禅僧二、頁二一一)でも詳しくとりあげた。

(25)　『禅思想史研究　第二・達摩から慧能に至る』(一九五一年刊)の第六篇「慧能以後の禅」はもと一九四二年に発表されたものだが(『積翠先生華甲寿記念論纂』)、そこで大拙は唐代禅の到達点として「只没禅」を詳論しており、そのなかで、「そのまま禅」に「好い方」と「いけない方」の両面があり、前者すなわち「ほんとうのそのまま禅」を「只没禅」とよぶと定義している（『全集』巻二、頁四〇四）。『禅思想史研究』の第一が盤珪の研究で、第二が新出の敦煌文献を駆使した初期禅宗の研究になっていることは、「思想史」の構成としては不自然なようだが、大拙にとってはこの順序であってはじめて、原点とその展開という「思想史」的脈絡が表現されると考えられたのであろう。

(26)『禅思想史研究　第二』（一九五一年）は一九四三—四四年（つまり『日本的霊性』などと同じ時期）にかけてまとめたものだというが、その第六篇「慧能以後の禅」では唐代禅の到達点として「只麼禅」＝「そのまま禅」の思想が詳論されている。唐代禅研究にも上記と共通の問題関心が貫かれていたことがわかる。

(27)　この歌は『日本的霊性』頁二一七にも引かれているが、「どこが浄土かい」に作る。今は『禅による生活』の英文から推して「どこか」に従う。大拙による英訳は次の如し。「Where are you, Saichi〔才市〕? In the Pure Land〔浄土〕?/Here the Pure Land./Namu-amida-butsu〔南無阿弥陀仏〕.」（頁一三一）

(28)『鈴木大拙集』（近代日本思想体系十二、筑摩書房、一九七四年）の古田紹欽「解説」に言う。「この禅行為で思い起こすことは今から十数年前のことになるが、日本仏教学会での先生の特別公開講演（仏教大学において）の中で、先生が「真空妙用」を言われたことである。真空は妙有でなく妙用でなくてはならぬと主張された。妙用論は纏まったかたちの論文として書かれることはなかったが、先生の晩年の思想にはこの妙用が常にあった」（頁三八五）。

(29)『全集』巻三の古田紹欽「後記」によれば、『臨済の基本思想』は一九四七年に雑誌に発表され、原稿はその二、三年前には完成されていたというから、今、検討している諸研究とほぼ同時期の作品と言ってよい。そのなかで、大拙は臨済の「無位真人」について次のように言っている。

臨済の「自省」は、自が自を省するので、しかもその自は始めから分れてゐないところのものなのである。霊性的自覚である。それ故に、全体作用が可能になる。臨済の言葉で云ふと、霊性は人である（「人」はすべて「にん」と発音す）。「一無位の真人」である。また「無依の道人」である。『臨済録』は、この人によりて説かれ、この人のはたらきを記録したものである。この人がわかると、この書を貫通してゐるものが攫まれる。彼はこの人を「自省」したのである。……この人は超個者であつて兼ねて個一者である。換言すると、臨済は臨済であつて、また臨済ならぬものである。般若は般若でないから般若である。人は即非の論理を生きてゐるものである。臨済はこれに撞著した。（『全集』巻三、頁三五〇／傍点、原文）

「人」とは、「超個者であつて兼ねて個一者」たるもの、つまり普遍性の全体とひとつでありながら個別の行為者である者、ということだが、「人」について該書ではこれ以上の理論的な掘り下げはなされていない。

(30)　さきに引いた『禅の思想』第二篇「禅行為」の冒頭の文の全体は、次のような文章になっている。長文だが、これまで考えてきた大拙の論旨が集約的に示されているので、ここに引く。段落ごとの〔1〕～〔4〕の番号は、理解の便宜の為にここでかりに付したものである。大拙自身は区別していないが、ここでいう「禅」は、歴史上に嘗て存在したものでなく、あくまでも大拙自身がかくあるべしと考えている理念としての「禅」のことである。

〔1〕禅窮極の経験事実は、論理的に見て、無知の知、無分別の分別と云ふ形で出来て居ると云ふと、禅は只それだけのことで、その中から倫理も宗教も出てこぬやうに思はれもしよう。実際そんな考を持つて居るものもある。例へば宋儒の如きはそれである。日常の行事を規定するものが禅にないとか、高遠な論理はあつても、卑近の生活は只それだけでは動かないとか云ふ批評はよく耳にするところである。或る点ではそれもさうだと云へる、その実は決してさうではないのであるが。

〔2〕それは何故かと問ふに、禅はどうしても知識人でないといけないやうに考へられる。学問のないもので禅者となつたものもあるにはあるが、而して学問は時によると却て禅の了得を妨げると云はれもするが、事実上修禅は知識にあるものの方がよい。元来何事にによらず、思想の背景がないと、視野が狭くなり、信仰が衰萎し、人間が偏枯になつて、世間の役に立たぬ、又それでは自分をも十分に救はれたとは云はれぬ。宗教は信だ、知識は不要だと云ふかも知れぬが、事実はさうでない。知識・思想・反省は、何につけても人間としては欠いてはならぬ。

〔3〕禅は無分別の分別を宗となすと云ふのは只論理の上の事ではないのである。禅は実に用を離れては何もないのである。無分別の分別は行を意味する、行の論理である、即ち禅は用の論理である。大機大用のないところには禅はないのである。謎見たいなことばかりが禅であり、無知の知を云はぬと、禅は成り立たぬと思ふのは、大なる間違である。禅は揚眉瞬目、咳唾掉臂、屙屎送尿のところにありとすれば、天下国家を料理するところは云ふに及ばず、各ゝその職域を守りてその務めを果すところにも亦ありと云はねばならぬ。即ち政治の上にも、社会生活の上にも、民族相互の交渉にも亦禅ありと云ふべきである。

〔4〕但ゝ禅は一一の個化した事象につきて、一定の理論・思想・指導方針を持つて居ると云ふのではない。一定の所与の事件を処理するに当りては、当局の人各ゝその分別智によりて意見を異にすることはあり得る。禅の寄与するところは、是等分別の思想を働かす原理だけなのである。此原理を無功用又は無功徳と云ふのである。知の上で云ふとき

は、無知の知又は無分別の分別であるが、行の上では無功徳の功徳、無用の用である。(『全集』巻十三、頁九六／傍点、原文)

段落ごとに要約すれば、こうなろう――〔1〕「禅」は単に「無知の知、無分別の分別」にとどまるものではない。〔2〕したがって、「禅」を修める者には「知識・思想・反省」が必要である。〔3〕「禅」の「無分別の分別」は現代の実社会に対して有効である。〔4〕「無分別の分別」は現代社会の運営に必要な諸「分別」をよく機能させる「原理」だからである。これを〔1〕〔3〕〔4〕〔2〕の順序にならべかえれば、大拙の立場がより理解しやすいであろう。ただし、これは主に日文の著書における主張であり、英文著作の場合には、「禅」的＝「東洋」的な「無分別」の立場から西洋近代の限界と弊害を批判するという論調のほうが主となるようである。

(31)「〝八紘為宇〟を、政治的に、帝国主義的に、また所謂る個人主義的に解して、それでわが日本の国柄の土台及びその行動を規定せんとする人々ほど危険な思想の所有者はない。彼等は二元論者である。……」「此の精神〔〝自然に随順する〟という東洋の民族精神〕の正当な宣揚とは、只々の〝随順〟主義でなく、〝随順〟と共に、西洋的・科学的理智と批判とを兼備したものとの義である。……」(『全集』巻十、頁八一／〔　〕内は引用者)。なお、これは昭和十八年の初版の文で、昭和二十二年の再版ではより一般的な内容に書き換えられている。

(32) 山折哲雄「アジア型宗教イデオロギーの純血種」にいう。「右からも分るように、即非の論理が志向するものは、客観的事物の矛盾対立を客観的に追求することではなく、極度に緊張した意識の切点で、非合理のままにその矛盾対立を撥無――転換することであり、その意味でこの論理構造は歴史的な過程弁証法とはなりえず、絶対弁証の絶えざる断言命題に帰着する。したがって〝即非の論理〟は事物そのものを処理する代りに、意識の転換を処理するのである」(『アジアイデオロギーの発掘』勁草書房、一九六八年／秋月『現代のエスプリ一三三・鈴木大拙』頁一一六)。

あとがき

二〇〇六年度と二〇〇七年度の二年間、勤務先の駒澤大学から機会を与えられ、東京大学東洋文化研究所の丘山新教授のもとに国内留学させていただいた。本書はその期間にまとめて同大学に提出した学位請求論文『語録の思想史――中国禅宗文献の研究』に補訂を加え、副題を改めて公刊するものである。論文は留学の終る二〇〇八年三月、『神会――敦煌文献と初期の禅宗史』(臨川書店・唐代の禅僧二、二〇〇七年)を参考論文として添えて提出した。同書を参考に付したのは、巻頭の「論文要旨」にことわったとおり、論文で扱っていない初期禅宗史――いわば論文の前史にあたる時代――に関する記述を、これによって補うためである。

その後、審査をへて、二〇〇九年二月、「博士(文学)」(第一七一〇七号)の学位を授与された。審査に当たってくださったのは、主査の川原秀城先生(中国思想)、副査の末木文美士先生(仏教学)、横手裕先生(中国思想)、大西克也先生(中国語学)、そして指導教授の丘山先生(仏教学・中国宗教思想)であった。中国思想史・中国宗教史・仏教学・漢語史、そうした諸方面から多角的な審査と懇切な指教を受けることができたことは、実に得がたい幸せであった。ご多忙のなか、貴重な時間を割いて審査してくださった先生方に、あらためて心より感謝申し上げます。

学位授与後、審査員のおひとりである末木先生と、さらに吉川忠夫先生に推薦状をいただくことで、本書を岩波書店の出版計画に加えていただくことができた。吉川先生には、むかし入矢義高先生ご指導の『景徳伝灯録』研究班(京都・禅文化研究所)でごいっしょさせていただいていた縁をたよって、推薦状をお願いした。おそらく入矢先生の拓かれた禅籍解読の学が次代にひきつがれるようにとのご配慮からであろう、先生はこころよく引き受け、さっそくお心のこもった玉稿をお送りくださった。入矢先生ありし日の思い出が織り込まれた文章からは、往時のことが懐かしく思い出され、読んでいて胸が熱くなった。

出版に当たっては、編集部の鈴木康之氏に苦労と面倒のかけどおしであった。本来は学位授与の後、ただちに公刊のための作業にとりかかる予定であったが、二〇〇九年春、勤務先の思いがけぬなりゆきから、募生と入試を所管する事務部局の責任者に充てられ、学業をしばらく中断せざるを得ない状態になった。そのまま一年余りが過ぎ、当分は無理かとあきらめかけていたが、鈴木氏のひとかたならぬ努力によって、本書はようやく形を成すことができた。

そのほかにも、多くの方々のお世話になった。中国学については三浦勝利先生（内山書店）、禅宗史研究については石井修道先生（駒澤大学）、禅籍解読については衣川賢次先生（花園大学）に、長年、親身のご指導をいただいてきた。また、丘山先生主催の『碧巌録』研究班で会の運営と読解の指導に当たってくれている土屋太祐君（新潟大学）、論文作成の際と本書の校正の際、二度にわたって引用原典の点検をしてくれた柳幹康君（東京大学大学院）など、若い学友たちからの助力も忘れられない。これまで学恩をたまわったみなさま、そして、本書刊行のためにご尽力くださったみなさまに、ふかくお礼を申し上げます。

本書のうち既発表の論文を用いた章は下記のとおりである。ただし、本書の作成にあたって、それぞれかなりの修改と補足を行っている。

序論…「庭前の栢樹子——いま禅の語録をどう読むか」（『思想』第九六〇号、岩波書店、二〇〇四年）

第一章第二節…「唐代禅宗の思想——石頭系の禅」（『東洋文化』第八三号、東京大学東洋文化研究所、二〇〇三年）

第二章第一節…「禅者の後悔——『碧巌録』第九十八則をめぐって」（『禅学研究の諸相』大東出版社、二〇〇三年）

第三章第一節…「胡適博士の禅宗史研究」(『駒澤大学禅研究所年報』第一二号、二〇〇一年)

このほか第二章の内容は、『碧巌録』の底本は異なるものの、論旨において「『碧巌録』雑考」(一)―(二四)と重なる部分が多い(季刊『禅文化』第一八五号―第二〇八号、二〇〇二年七月―二〇〇八年四月)。直接に対応する部分は各節に注記したが、ほかに単行本(後掲『続・語録のことば』)に再録しなかった回の原稿を再構成して、第二章の第四節・第五節に組み入れた部分がかなりある。また第三章第二節の大拙論は、末木先生からのご紹介で中国の出版物のために書いてあったものだが、その計画が立ち消えになったので、大幅に書き改めて学位論文に収めた。当初、提出していた旧稿は朴光哲君(中国人民大学哲学系博士生)によって中訳され、のちに中山大学人文学院仏学研究中心編『漢語仏学評論』第一輯(上海古籍出版社、二〇〇九年)に掲載された。ほかにも本書の内容は、左記の拙作と相互に重なりあう点が少なくない。あわせて参照していただければ幸いである。

「禅宗の生成と発展」(『新アジア仏教史』第七巻・中国Ⅱ隋唐、第五章、佼成出版社、二〇一〇年)
『臨済録――禅の語録のことばと思想』(岩波書店・書物誕生、二〇〇八年)
『語録のことば――唐代の禅』(禅文化研究所、二〇〇七年)
『続・語録のことば――《碧巌録》と宋代の禅』(同、二〇一〇年)
「鉄酸餡――問答から公案へ　公案から看話へ」(『臨済宗妙心寺派教学研究紀要』第八号、二〇一〇年)

二〇一一年一月二十三日　　小川　隆

■岩波オンデマンドブックス■

語録の思想史――中国禅の研究

2011年2月17日 第1刷発行
2018年7月10日 オンデマンド版発行

著 者 小川《おがわ》 隆《たかし》

発行者 岡本 厚

発行所 株式会社 岩波書店
〒101-8002 東京都千代田区一ツ橋2-5-5
電話案内 03-5210-4000
http://www.iwanami.co.jp/

印刷/製本・法令印刷

ISBN 978-4-00-730782-9 Printed in Japan

人名索引

さ 行

た 行

な 行

は 行

ま 行

や 行

ら 行

書名索引

あ 行

か 行

さ 行

た 行

な 行

は 行

ま 行

や 行

ら 行

＊

語彙索引

・原則として語句の音読みで排列したが，同一の漢字が集まるよう排列を変えた場合がある．「平(へい・びょう)」「無(む・ぶ)」など，複数の読みがある場合は，1箇所にまとめて，読みを注記した．
・和語・和文の項目も漢字で始まるものはすべて先頭の漢字の音読みの並びに集めた．
山(やま)は山 ⇒ 山(さん)は山

け

こ

さ

し

ち

つ

ひ

ふ

む

め

も

や

ゆ

よ

ら

り

る

れ

ろ

わ

＊

中国禅宗法系図略

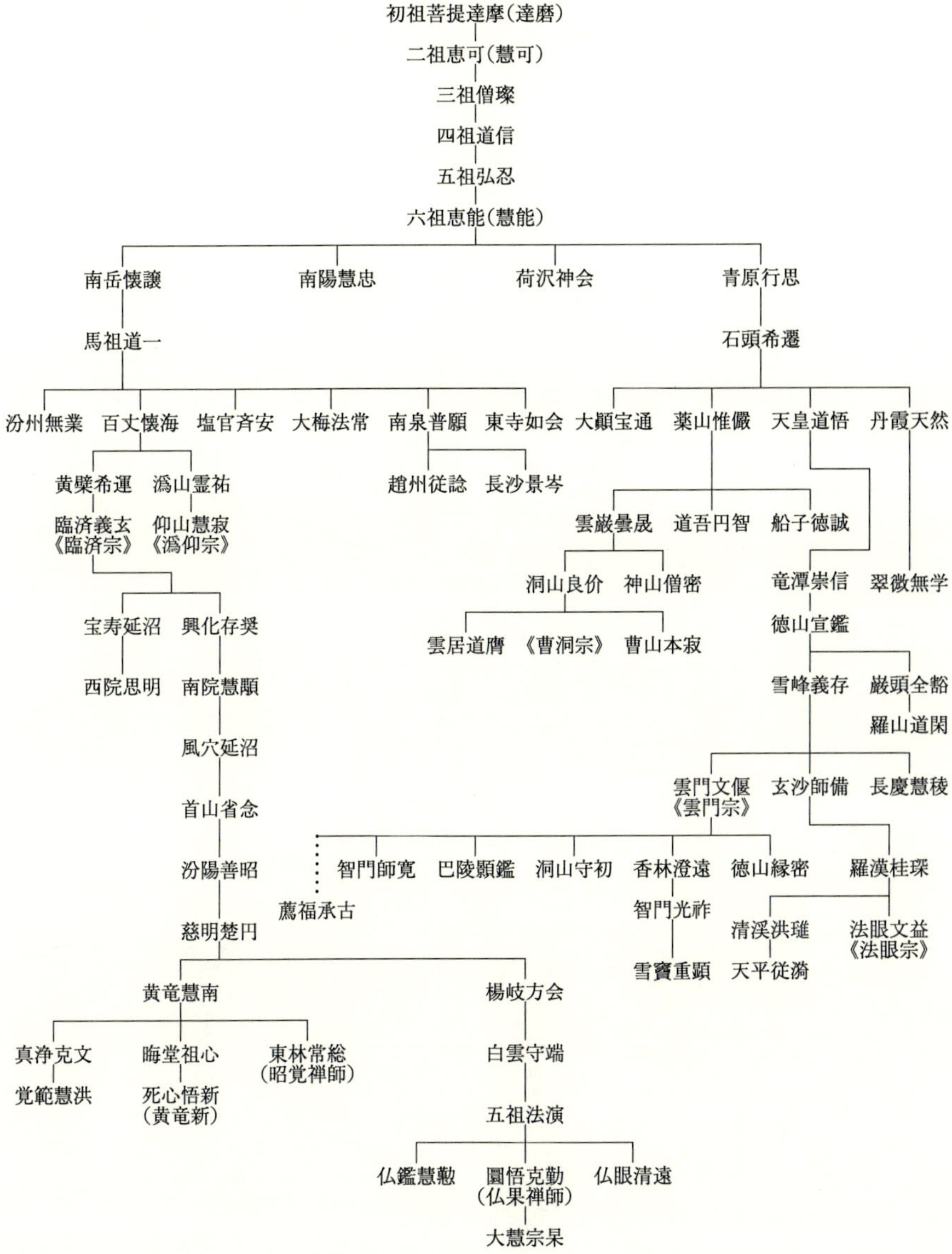
初祖菩提達摩（達磨）
二祖恵可（慧可）
三祖僧璨
四祖道信
五祖弘忍
六祖恵能（慧能）
南岳懐譲
南陽慧忠
荷沢神会
青原行思
馬祖道一
石頭希遷
汾州無業
百丈懐海
塩官斉安
大梅法常
南泉普願
東寺如会
大顛宝通
薬山惟儼
天皇道悟
丹霞天然
黄檗希運
潙山霊祐
趙州従諗
長沙景岑
臨済義玄
《臨済宗》
仰山慧寂
《潙仰宗》
雲巌曇晟
道吾円智
船子徳誠
洞山良价
神山僧密
竜潭崇信
翠微無学
宝寿延沼
興化存奨
雲居道膺
《曹洞宗》
曹山本寂
徳山宣鑑
西院思明
南院慧顒
雪峰義存
巌頭全豁
羅山道閑
風穴延沼
雲門文偃
《雲門宗》
玄沙師備
長慶慧稜
首山省念
智門師寛
巴陵顥鑑
洞山守初
香林澄遠
徳山縁密
羅漢桂琛
汾陽善昭
薦福承古
智門光祚
清渓洪進
法眼文益
《法眼宗》
慈明楚円
雪竇重顕
天平従漪
黄竜慧南
楊岐方会
真浄克文
晦堂祖心
東林常総
（昭覚禅師）
白雲守端
覚範慧洪
死心悟新
（黄竜新）
五祖法演
仏鑑慧懃
圜悟克勤
（仏果禅師）
仏眼清遠
大慧宗杲